网络营销运营之道

蒋晖·编著

内 容 提 要

本书从运营推广者的角度全面介绍了运营推广的具体工作内容和方法，包括文案写作、百度推广、社群推广、百科推广、文库推广、短视频营销、数据营销、网站运营、微信运营及微博运营等。本书讲解的内容均与真实的运营工作场景相结合，涉及的内容均为具体的实战方法和技巧，而非把运营抽象化、概念化，使读者看了以后难以应用到工作中。书中还选取了大量互联网公司的实际案例，力求让每个运营者在提高运营能力的同时，能与企业的实际情况接轨，真正做到学完本书就能立即开展工作，从而得到技能上的提升。

本书不仅适合运营新手学习，还适合有一定运营工作经验、想要进一步提高运营技能的网络营销推广工作者学习。另外，本书也适合想从事互联网工作的应届生、转行至互联网行业的工作者、网站站长、微商、企业电商、自媒体等人员学习使用。

图书在版编目(CIP)数据

网络营销运营之道 / 蒋晖编著. — 北京：北京大学出版社, 2019.8
ISBN 978-7-301-30567-6

Ⅰ.①网… Ⅱ.①蒋… Ⅲ.①网络营销 Ⅳ.①F713.365.2

中国版本图书馆CIP数据核字(2019)第133526号

书　　　名	网络营销运营之道 WANGLUO YINGXIAO YUNYING ZHI DAO
著作责任者	蒋晖　编著
责 任 编 辑	吴晓月　冯磊
标 准 书 号	ISBN 978-7-301-30567-6
出 版 发 行	北京大学出版社
地　　　址	北京市海淀区成府路205号　100871
网　　　址	http://www.pup.cn　　新浪微博：@北京大学出版社
电 子 信 箱	pup7@pup.cn
电　　　话	邮购部 010-62752015　发行部 010-62750672　编辑部 010-62570390
印 刷 者	河北滦县鑫华书刊印刷厂
经 销 者	新华书店
	787毫米×1092毫米　16开本　23.5印张　548千字 2019年8月第1版　2020年1月第2次印刷
印　　　数	4001-6000册
定　　　价	69.00元

未经许可，不得以任何方式复制或抄袭本书之部分或全部内容。
版权所有，侵权必究
举报电话：010-62752024　电子信箱：fd@pup.pku.edu.cn
图书如有印装质量问题，请与出版部联系。电话：010-62756370

当我们每天刷着微博讨论某某又上热搜时,许多运营者已经提前瞄准热搜话题榜的广告位了,于是我们在刷热搜时,总能看到置顶的广告。

当我们浏览短视频笑得前仰后合时,会发现自己不知不觉又关注了一个品牌,或跟随潮流去网红地、网红餐馆打卡,这背后离不开运营推广者的努力。

当我们在微信上看到一篇深度好文而发出感慨时,突然来了个广告植入,我们也不反感,反而点赞评论,文案推广的价值在这里体现得淋漓尽致。

…………

在互联网世界中,用户每天都被各式各样的营销广告包围。对于每位运营推广人员来说,如何写出一篇高转化率的文案就是自己需要深思的事。

初做运营时,会有很多难题摆在每位运营推广者的眼前,运营推广的工作有哪些?为什么懂了很多理论还是做不好运营推广?为什么运营的水平一直得不到提升?……

为了帮助想要入行或转行到网络运营推广的人员掌握运营工作的内容和方法,我编写了本书。

"运营"究竟是什么,不容易讲得清楚,因为运营如果不落实到具体的工作中,就是一个比较抽象的概念。从大的方向来看,运营的工作有拉新、留存和促活;从方法和途径上来看,运营推广包含的工作有文案写作、微信公众号运营、微博推广、短视频营销、网站推广、App运营及数据分析等。在本书中,读者能学到各种可以上手实操的运营推广工作技能。本书分为13章,具体划分如下所示。

第 1～2 章主要从网络运营的基础知识与文案的写作方法入手。通过这些内容的学习，读者会对运营推广的工作内容有一个全面的了解。同时，可以提升运营推广工作者文案写作的能力。

第 3～6 章介绍了主要的引流工具，包括百度推广、二维码推广、IM 推广、论坛推广、百科推广、文库推广、短视频推广及数据营销等。通过该部分的学习，读者可以正式进行推广实操，了解这些推广方法的核心策略，并运用到工作中去，让推广的效果越来越好。

第 7～11 章主要介绍了各平台推广营销的特点与方法。网站、微信、微博、App 和电商平台是大多数企业及自媒体首选的营销平台，也是人们最常打交道的平台。这几个平台都有各自的特点，推广运营的方法也不同，但彼此之间又是互相联系的，如微信和微博可以互推，微信可以接入各类 App 入口，微博上可以进行电商卖货。所以，在学习这些内容时，建议读者综合起来阅读，而不是把它们分离开来。

第 12～13 章主要从内容运营、活动运营、用户运营及营销案例 4 部分入手，这部分内容带给运营推广工作者更多的是启发，而不是具体的方法。希望运营者能用互联网思维来看待运营推广，通过学习他人的经验来让自己少走弯路，在运营推广工作上更得心应手。

在内容的安排上，本书除了基本的知识、方法讲解外，还搭配了"秘技一点通"，该版块主要讲运营推广的技巧。另外，本书还附有"职场心得"版块，该版块的内容主要是运营推广工作中的一些小故事，这些故事有的来源于我的朋友，有的是我自己入行时的一些经历，希望通过这些小故事，能够让运营推广人员收获一些心得体会。

最后，希望每位运营推广工作者都能从本书中获益。

蒋晖

第 1 章 快速入行，走进网络推广与运营 /1

1.1 认识网络推广与运营 /2

1.1.1 了解网络推广与运营的发展历程 /2
1.1.2 什么是推广与运营 /2
1.1.3 运营推广的目标是用户转化 /3
1.1.4 运营推广应该关注哪些数据指标 /4

1.2 网络运营推广的基础 /4

1.2.1 网络运营推广团队的架构 /5
1.2.2 运营推广专员应具备的5种能力 /6
1.2.3 写好文案是运营推广的基石 /7
1.2.4 选择合适的推广渠道 /7

1.3 网络运营推广策划案的编写流程 /8

1.3.1 厘清产品的细节 /8
1.3.2 为产品做清晰的定位 /9
1.3.3 选择合适的推广方案 /10
1.3.4 整合方案确立预算 /11

秘技一点通 /12

技巧1 使用思维导图梳理运营工作 /12
技巧2 了解互联网公司运营工作的职能分工 /13

职场心得 /14

第 2 章 做运营推广，不懂文案写作怎么行 /16

2.1 文案的基本写作方法 /17

2.1.1 做好产品调研，确定写作方向 /17
2.1.2 写作前要先找到有说服力的卖点 /18
2.1.3 文案写作要"说人话" /19
2.1.4 从用户的痛点出发 /20
2.1.5 文案内容必须有价值 /21

- 2.1.6 几种网络文案的不同写法 /22
- 2.1.7 用 4P 模式构建文案结构 /23
- 2.1.8 收集并整理优秀文案 /24

2.2 在文案中体现产品的优势 /26

- 2.2.1 产品的特点就是利益转化点 /26
- 2.2.2 围绕用户体验设计文案 /27
- 2.2.3 在文案中增加产品的附加值 /29
- 2.2.4 让消费者满意的承诺 /30
- 2.2.5 给用户一种"诱惑力" /31

2.3 高转化率文案的写作技巧 /32

- 2.3.1 让产品有亮点的一些套路 /32
- 2.3.2 文案主体是否清晰 /34
- 2.3.3 4 种布局文案的方法 /34
- 2.3.4 一定要会写有销售力的文案 /36
- 2.3.5 运营推广中几种经典的文案类型 /37

2.4 写出高质量文案的建议 /38

- 2.4.1 通过自我训练提高写作能力 /39
- 2.4.2 学会用"你"和"我" /40
- 2.4.3 好的文案还需搭配好的图片 /40
- 2.4.4 写文案不要一味地追求字数 /41
- 2.4.5 如何写电商自我介绍类文案 /42
- 2.4.6 社交媒体活动文案如何吸引精准粉丝 /42

💬 秘技一点通 /43

技巧 1 提高成交率的文案优化方法 /43
技巧 2 没有文案写作灵感怎么办 /45
技巧 3 这样做,让你知道每天要写什么 /46

职场心得 /47

第 3 章
搜索引擎的引流方式:百度推广 /49

3.1 初识百度搜索引擎推广 /50

- 3.1.1 百度推广的优势 /50
- 3.1.2 百度推广的三大方式 /51
- 3.1.3 百度推广费用的扣费方式 /51
- 3.1.4 百度推广价格排名原理 /52
- 3.1.5 百度推广的成本计算 /53
- 3.1.6 百度其他推广方式及其特点 /53

3.2 如何进行百度搜索引擎推广 /54

- 3.2.1 建立百度搜索推广账户结构 /54
- 3.2.2 为推广单元添加创意 /56
- 3.2.3 选择合适的关键词很重要 /58
- 3.2.4 为关键词设置显示 URL 和访问 URL /59
- 3.2.5 给关键词设置匹配方式 /60
- 3.2.6 设置关键词出价并投放 /61

3.3 善用百度工具进行数据分析管理 /62

- 3.3.1 百度统计:用户行为统计分析 /62

3.3.2　百度商桥：实时访客管理　/63
3.3.3　百度云观测：了解安全指数　/63

3.4　如何让百度推广效果更好　/64

3.4.1　时时观测后台数据以便调整　/64
3.4.2　百度推广着陆页的选择　/65
3.4.3　百度付费推广成本过高怎么办　/65
3.4.4　如何提高百度付费推广效果　/66
3.4.5　如何利用其他搜索引擎来推广　/67

💬 秘技一点通 /67

技巧1 专题页面是提高效果的有效页面　/67
技巧2 百度竞价优化方案　/69
技巧3 如何利用"黄金组合"来做优化　/70
技巧4 销售旺季如何进行有效拓流　/70

职场心得　/70

第4章
社群推广，渠道上的精准营销　/72

4.1　二维码推广，让用户扫一扫关注　/73

4.1.1　如何制作正确有效的二维码　/73
4.1.2　二维码的推广途径　/74
4.1.3　制作"诱饵"，让用户愿意扫码　/74
4.1.4　降低商务成本的二维码　/75
4.1.5　二维码互动营销带来新玩法　/76
4.1.6　如何提高二维码营销活动的用户参与度　/76

4.2　IM推广，即时通信推广方式　/78

4.2.1　QQ推广的特点　/78
4.2.2　QQ基本资料的设置与操作　/79
4.2.3　如何通过QQ获得基础流量　/80
4.2.4　自建QQ群，管理自己说了算　/81
4.2.5　QQ群营销的推广技巧　/82
4.2.6　利用QQ空间做推广　/83
4.2.7　利用QQ邮件做推广　/84
4.2.8　QQ沟通中的注意事项　/86

4.3　论坛推广，开放性的推广　/87

4.3.1　论坛推广的特点　/87
4.3.2　论坛推广的主要步骤　/88
4.3.3　发推广信息前，先要混个脸熟　/89
4.3.4　怎样发论坛帖子才能提高曝光度　/90
4.3.5　如何让帖子被加精或推荐　/91
4.3.6　做论坛推广，要不要去广告区　/91

4.4　SNS推广，分享式的推广　/92

4.4.1　SNS的分类　/92
4.4.2　SNS推广的步骤　/93
4.4.3　SNS平台的推广技巧　/94

💬 秘技一点通 /94

技巧1 直接在手机上生成二维码　/94
技巧2 获取大量邮箱地址，一对一进行邮件营销　/95

职场心得 /96

第 5 章
善用第三方推广渠道，获取超多流量 /98

5.1 百科推广，通过词条进行宣传 /99

5.1.1 百科推广的优点 /99

5.1.2 如何创建百科词条进行推广 /99

5.1.3 百科词条内容的创建技巧 /100

5.1.4 如何提高百度百科词条的通过率 /102

5.2 文库推广，互动式文档分享 /103

5.2.1 文库推广的优势 /103

5.2.2 做好推广前的准备 /103

5.2.3 做好文档优化，提高推广效果 /104

5.2.4 上传文档到百度文库 /105

5.3 图片推广，以图片形式进行包装 /106

5.3.1 图片推广的几种方式 /106

5.3.2 利用百度图片做推广 /106

5.4 问答推广，回答用户提升知名度 /107

5.4.1 问答推广的答题实施步骤 /107

5.4.2 自问自答进行推广 /109

5.5 博客推广，网络交互性推广 /110

5.5.1 做博客推广要明白以下几点 /110

5.5.2 如何利用新浪博客做推广 /113

5.6 分类信息推广，借助高流量平台传播 /114

5.6.1 如何选择分类信息平台 /114

5.6.2 分类信息推广的技巧 /115

5.6.3 适当采用付费推广方式 /116

秘技一点通 /117

技巧 1 查询网站的百度图片收录情况 /117

技巧 2 在线快速制作 GIF 动图 /117

技巧 3 如何批量为图片打水印 /118

技巧 4 如何在百度知道快速提高账号等级 /119

技巧 5 做博客推广如何查看收录情况 /120

职场心得 /120

第 6 章
新营销模式：短视频与大数据 /122

6.1 越来越火的短视频 /123

6.1.1 短视频成为营销的新蓝海 /123

6.1.2 面对众多短视频平台要如何选择 /123

6.1.3 制作有吸引力的短视频 /124

6.1.4 用户眼中的优质短视频 /125

6.1.5 短视频营销的几种方式 /127

6.1.6 如何做好短视频营销 /127

6.1.7 短视频营销的几个关键点 /129

6.2 让短视频变现的盈利模式 /130

6.2.1 电商变现，让销售更易于接受 /130

6.2.2 广告代言，通过流量来实现营收 /132

6.2.3 内容付费，为用户提供知识服务 /133

6.2.4 补贴打赏，粉丝量创造的价值 /134

6.3 分析消费大数据，营销更有效率 /136

6.3.1 什么是真正的大数据营销 /136

6.3.2 中小型企业做数据营销的难点 /137

6.3.3 海量的用户资源从哪里来 /138

6.3.4 如何利用数据指导营销 /139

6.3.5 数据挖掘的3方面内容 /140

6.3.6 态度数据，数据营销的关键点 /141

6.4 数据在营销推广中的运用 /143

6.4.1 腾讯手游用大数据做精准营销 /143

6.4.2 百度大数据营销实例 /144

6.4.3 海尔用数据提供互动服务 /145

6.4.4 通过数据挖掘，提升会员客单值 /146

秘技一点通 /146

技巧1 如何让短视频获得今日头条的推荐 /146

技巧2 上传视频反复提示重复怎么办 /147

技巧3 做抖音爆款，获取高流量的方法 /148

技巧4 蓝V官方入驻，做抖音品牌营销 /149

技巧5 用短视频数据进行效果跟踪 /151

职场心得 /152

第7章
网站运营与高效营销 /153

7.1 让网站运营更有效率的策略 /154

7.1.1 营销型网站必备要素 /154

7.1.2 整体结构的设计要点 /155

7.1.3 网站整合营销策划 /157

7.1.4 为何要打造网站品牌 /158

7.2 站内外优化是SEO的重点 /158

7.2.1 搜索引擎工作的原理 /158

7.2.2 PR值和百度权重 /159

7.2.3 利用站长工具监控网站状况 /160

7.2.4 提升关键词的自然排名 /161

7.2.5 SEO六大忌 /162

7.2.6 URL优化原则 /164

7.2.7 网站被降权了怎么办 /165

7.3 网站运营效果的数据分析 /165

7.3.1 检测SEO的效果 /166

7.3.2 常用的SEO分析工具 /167

7.3.3 流量统计工具 /168

7.3.4 网站流量指标分析 /169

秘技一点通 /171

技巧1 新建立的网站如何才能更快被收录 /171

技巧2 "4点建议"即可突破网站运营 "瓶颈" /173

技巧3 建立网站时如何选择合适的 网络公司 /174

职场心得 /175

第8章
微信平台，实现用户精准营销 /176

8.1 微信公众号的申请与设置 /177

8.1.1 微信公众平台账号的类型 /177
8.1.2 公众号的主要功能 /178
8.1.3 了解公众号的注册规则 /180
8.1.4 微信公众号的注册 /180
8.1.5 微信公众号的认证 /183
8.1.6 微信公众号的基本设置 /184

8.2 做好内容推广规划，提高留存率 /185

8.2.1 公众号运营的关键是内容 /185
8.2.2 标题是公众号引流的第一步 /186
8.2.3 文章导语的5个撰写技巧 /188
8.2.4 爆款文章的4种结尾方式 /189
8.2.5 从视觉效果上提升人气 /191
8.2.6 快捷编辑公众号文章 /192
8.2.7 学会推广，让公众号获得 更多关注 /194

8.3 运营五招，让用户活跃起来 /196

8.3.1 通过数据了解文章状态 /196
8.3.2 从统计报表查看公众号营销 效果 /197
8.3.3 提升历史文章的利用价值 /199
8.3.4 让用户主动留言和点赞 /201
8.3.5 策划活动，吸引粉丝积极参与 /202

8.4 如何利用公众号变现赚钱 /204

8.4.1 确定公众号的盈利模式 /205
8.4.2 流量广告，通过点击情况获利 /205
8.4.3 互选广告，双向互选自由合作 /206
8.4.4 软文广告，常见的变现方式 /207
8.4.5 点赞打赏，让推文内容也赚钱 /208
8.4.6 电商盈利，引导粉丝尝试购物 /209
8.4.7 付费阅读，知识分享的传播力 /210

8.5 利用微店提升产品销量 /211

8.5.1 将微信用户引流到微信店铺 /211
8.5.2 产品推广的流程 /213
8.5.3 做好图片与文案，提高产品 点击率 /214
8.5.4 善于提炼产品卖点 /215
8.5.5 掌握定价的秘诀 /215
8.5.6 促销活动让买家果断下单 /216
8.5.7 提高粉丝忠诚度才能持续变现 /218

8.6 日益火爆的小程序运营推广 /219

8.6.1 怎么申请小程序账号 /219

8.6.2 让小程序更容易被用户搜索到 /221

8.6.3 如何让小程序实现"分裂式传播" /222

8.6.4 微信公众号关联小程序，实现双赢 /223

8.6.5 提高小程序黏度，避免用户"用完即走" /225

秘技一点通 /225

技巧 1 简单易上手的排版技巧 /225

技巧 2 如何修改公众号历史文章 /226

技巧 3 如何使用微信指数查看关键词数据 /226

职场心得 /227

第 9 章
微博，让"微"账号创造价值 /229

9.1 微博页面的形象定位和管理 /230

9.1.1 开设多账号进行矩阵联动推广 /230

9.1.2 微博名称要夺眼球 /231

9.1.3 明确的身份信息有助于粉丝深入了解 /232

9.1.4 让微博账号在搜索中的排名靠前 /233

9.1.5 微博账号的形象定位 /234

9.2 微博账号的吸粉和涨粉 /236

9.2.1 借势热点事件实现曝光 /236

9.2.2 利用微博大V被动吸粉 /237

9.2.3 微博互粉为账号增加真人活粉 /239

9.2.4 如何找到精准粉丝进行引流 /240

9.2.5 坚持微博内容的发布和转发 /241

9.2.6 奖品激励是最直接有效的手段 /243

9.2.7 设置微博标签以便微博用户搜索 /244

9.2.8 通过微博推广上热门涨粉 /245

9.3 微博实战：粉丝互动运营 /247

9.3.1 了解多种多样的微博活动形式 /247

9.3.2 自行策划活动与粉丝进行互动 /248

9.3.3 独立运营话题与粉丝互动 /250

9.3.4 对重点粉丝进行培养和维护 /251

9.3.5 如何借势玩走心互动营销 /253

秘技一点通 /254

技巧 1 创建微博橱窗为网店引流 /254

技巧 2 利用微博红包活动互动涨粉 /255

技巧 3 以头条文章创建微博内容 /256

技巧 4 找大V转发微博，如何判断其性价比 /257

技巧 5 开启微任务，保障在交易的条件下做推广 /258

职场心得 /261

第 10 章
App，移动互联网络上的推广营销 /262

10.1 移动端的 App 运营推广 /263

- 10.1.1 App 产品运营的 4 个阶段 /263
- 10.1.2 App 拉新阶段有哪些渠道可以选择 /264
- 10.1.3 选择主流应用市场提交 App /265
- 10.1.4 做好 ASO，提高 App 下载量 /265
- 10.1.5 如何做安卓应用市场关键词覆盖 /267
- 10.1.6 换量，常见又有效的推广方式 /270
- 10.1.7 增长下载量的营销活动策划 /273
- 10.1.8 激发老用户带来新用户 /274

10.2 App 运营推广的技巧 /276

- 10.2.1 让应用精准覆盖关键词 /276
- 10.2.2 投放 CPD 时如何获得更多 ROI /277
- 10.2.3 利用应用首发，免费推广 App /279
- 10.2.4 积分墙怎么玩才不会被坑 /280

10.3 留住用户的互动体验营销 /282

- 10.3.1 推送消息，唤醒沉睡的用户 /282
- 10.3.2 建立 App 奖励机制，留住用户 /284
- 10.3.3 提高微社区用户活跃度，留住用户 /285
- 10.3.4 如何让用户自愿给评论 /286

10.4 分析 App 数据，了解运营全貌 /287

- 10.4.1 精细化运营要分析这些指标 /288
- 10.4.2 利用数据分析工具进行 App 分析 /288

秘技一点通 /290

技巧 1 如何快速通过 App Store 审核 /290
技巧 2 App 被下架，运营者要怎么做 /291

职场心得 /291

第 11 章
电商平台，推广营销与变现 /293

11.1 做好商品发布，提高网店流量 /294

- 11.1.1 好标题让买家搜得到 /294
- 11.1.2 精心选择商品发布的时间 /296
- 11.1.3 优化商品详情页，提高访客转化率 /297
- 11.1.4 商品定价要考虑的策略 /298

11.2 充分利用平台自身的推广工具 /299

- 11.2.1 加入淘宝直通车推广 /300
- 11.2.2 利用钻展投放广告 /301
- 11.2.3 让淘宝客选择与卖家合作 /302
- 11.2.4 加入试用中心打造爆款 /303
- 11.2.5 如何让淘抢购卖得更好 /304

11.2.6 加入聚划算活动参团 /305

11.3 提升店铺销量的新玩法 /306

11.3.1 被内容营销所占据的手淘 /306
11.3.2 微淘如何吸粉引流 /307
11.3.3 布局微淘内容做产品推广 /309
11.3.4 手淘"问大家"如何运营优化 /310
11.3.5 集市卖家如何开通淘宝直播 /312
11.3.6 卖家怎么找到淘宝主播合作 /313
11.3.7 卖家自主直播时,如何提高
带货能力 /314

11.4 通过运营扩大店铺影响力 /315

11.4.1 从数据中分析运营问题 /315
11.4.2 多用网店营销工具提高产品
销量 /316
11.4.3 做好服务提高店铺订单量 /318

秘技一点通 /319

技巧 1 撰写标题时如何避免权重分散 /319
技巧 2 网店如何应对负面评价 /319

职场心得 /320

第 12 章
网络推广运营的进阶策略 /322

12.1 内容运营提高用户关注度 /323

12.1.1 做好内容运营有四大手段 /323
12.1.2 结合产品阶段来做内容运营 /324

12.1.3 从抓取内容到筛选内容 /324
12.1.4 把内容正确地分发到媒体
平台 /325

12.2 活动运营提高用户活跃度 /327

12.2.1 做活动运营要明确的几点 /327
12.2.2 通过 SWOT 分析,做好活动
运营的准备 /328
12.2.3 如何利用活动实现粉丝裂变 /329
12.2.4 如何提升在朋友圈做活动的
效果 /331

12.3 用户运营提高用户价值度 /335

12.3.1 从零开始的社群,如何运营 /335
12.3.2 保证社群活跃度,提升社群
价值 /336
12.3.3 如何与群成员相处 /338
12.3.4 用好群管理员新功能,
助力群运营 /339

秘技一点通 /339

技巧 1 做内容排版时要用表情包怎么办 /339
技巧 2 通过活动涨粉,快速积累用户 /340
技巧 3 在社群发起签到活动,
实现群友互动 /341

职场心得 /342

第13章 互联网运营推广案例实战 /344

13.1 微博运营推广案例实战 /345

- 13.1.1 支付宝锦鲤，转发量破百万的营销方式 /346
- 13.1.2 海尔微博成为"新晋网红" /348
- 13.1.3 海底捞的微博口碑式营销 /349
- 12.1.4 加多宝凉茶微博借势营销 /350

13.2 微信运营推广案例实战 /351

- 13.2.1 杜蕾斯活动互动营销策略方案 /351
- 13.2.2 星巴克通过微信打造贴心服务 /353
- 13.2.3 小米公众号客服式营销 /355
- 13.2.4 1号店公众号利用游戏进行营销 /356
- 13.2.5 try try 用微信小程序实现用户裂变 /357

13.3 其他网络运营推广案例实战 /359

- 13.3.1 旺仔借助抖音玩出自己的营销风格 /359
- 13.3.2 "自律的我"小程序提高用户留存率 /360
- 13.3.3 德芙用主题活动实现品牌营销 /361

01 第1章
快速入行，走进网络推广与运营

本章导读

在互联网迅猛发展的今天，流量越来越值钱，"推广与运营"也越来越重要。每年都有很多新人选择"运营专员"职位。那么，一名互联网营销人员如何才能真正做好运营呢？对于刚入行的运营人员来说，首先要对网络推广与运营有充分的认识，并为做好这一工作做足准备，如此才能更快地在这一行站稳脚跟。

学习要点

- 了解网络推广与运营的发展历程
- 什么是推广与运营
- 运营推广的目标
- 运营推广应该关注的数据指标

1.1 认识网络推广与运营

对于大多数运营新人来说，在选择运营推广这份工作前，可能并不清楚运营推广究竟是做什么的，有一部分人甚至将运营推广理解为营销，这样的理解并不正确。不得不说，运营推广确实有营销的成分，但不限于此。

1.1.1 了解网络推广与运营的发展历程

在互联网发展初期，很多人并不清楚网络推广与运营是怎么回事儿，只有很少的企业开始主动涉及网络推广与运营，在网络上展示自己的产品信息。

随着电子商务的发展，开始接触网络购物的人逐渐增多，网络广告、各类型的黄页开始出现。

那时，网络运营推广的方式比较简单，企业只需建立一个网站，在黄页上添加自己的信息，就很容易被他人找到，因为当时网络上的干扰信息较少。这就好比早期做淘宝电商的店主，只需上传自己的产品，就能轻易地被买家找到，也不用担心被"淹没"。但在互联网迅猛发展的今天，如果不进行运营推广，那么想要自己的店铺被买家找到是很难的。

因此，越来越多的人意识到网络推广的重要性，更多的企业与个人加入网络推广和运营中，逐渐形成了网络营销服务市场。最明显的表现就是企业网站数量的迅猛增长。

如今，随着网络购物浪潮的到来，网络营销的方式也发生了变化，不少企业开始寻找新的改变，比单纯的网络营销更专业、更具有产业化、流程化的网络营销方式逐渐出现，那就是运营体系。其实，早期的网络营销也可以看作运营，只是那时的运营比较简单，还没有形成知识体系。

网络推广主要考虑如何利用网站引流，如何产生交易，如何利用各种推广方式实现整合营销。通过建立整合营销方式结合后台数据与指标，不断加深企业或产品与用户之间的情感联系，在用户与平台之间搭建互动环节，让用户主动生产内容，主动进行传播分享，主动转化，而不是将用户生拉硬拽过来，此层次的运营会形成一个"生态系统"。

1.1.2 什么是推广与运营

那么，究竟什么是推广与运营？大多数新手对这个概念的认知都是模糊的。但是，作为一名从事网络推广与运营的人，你必须正确认识它，这样才能真正做好推广与运营。

结合下面的案例可以帮助你更好地理解推广与运营。

老张有一门烤羊肉串的手艺，过去他在其他店里当烤羊肉串的师傅，现在他想自主创业开一家烤羊肉串的店铺，因为他对自己的手艺有足够的信心。

店铺开起来后，老张雇用了小王为其店铺做宣传。小王每天都在店铺附近发宣传单，刚开始确实有一批又一批的食客前来消费。但半个月后老张发现，小王虽然能带来客户，但店里的来客却越来越少了，生意也不见起色。老张纳闷了：自己烤的羊肉串很好吃，小王也没有偷懒，为什么来客会越来越少呢？后来老张又雇用了小李来做宣传推广。

小李开始在店内搞起了活动，买20串送啤酒、关注微信公众号成为微信会员可享9折优惠、"老带新"打5折……就这样，老张店铺的知名度越来越高，生意也越来越火爆。

通过上面的案例可以看出，老张、小王和小李都有各自的分工与定位。老张其实代表了产品；而小王代表了推广；小李则代表了运营。上述案例中的会员打折、"老带新"等，都是运营者常用的运营手段。

虽然运营有不同的岗位和职能，但最根本的东西没有变。归纳起来，可以将运营理解为：以产品或服务为基础，围绕用户所进行的能让产品持续稳定盈利或发展的一切手段。

1.1.3　运营推广的目标是用户转化

对于运营人员来说，用户转化是运营中的核心环节，通过用户转化，才能实现平台的营收。用户的转化是时时刻刻都在进行的，那么转化是如何实现的呢？下面来看一个蛋糕店的案例。

小洪新开了一家蛋糕店，为了提升蛋糕店的知名度，小洪在开业前进行了多种方式的宣传，包括发DM单、拉横幅、在团购网站上做优惠活动。

通过一系列的宣传，小洪的店铺迎来了一批买家，这些买家中有的是路过的人，有的是通过团购网站来咨询的人。这一过程可以看作运营中的拉新。

买家进入蛋糕店后，并不代表他不会马上离开，为了让他能多停留一会儿，蛋糕店需要有能吸引他的地方，具体有以下几方面。

（1）有格调的装修风格。

（2）外观好看并且奶香十足的蛋糕。

（3）有力度的优惠。

让买家能在蛋糕店内停留，这就是运营中的留存。买家留下来了，但他是否会消费还不得而知。那么，在什么样的情况下，进店的买家才会消费呢？站在买家的角度来看，他买蛋糕可能会出于以下几个原因。

（1）还没吃饭，用蛋糕来充饥。

（2）新店开业，准备尝尝鲜。

（3）被优惠所吸引而买来充当零食。

当买家出于以上几个原因，拿着选好的蛋糕到收银台结账后，才实现了一次用户转化。

从上述案例中可以看出，用户转化并不是一蹴而就的。作为运营人员，所要做的就是创造各种条件来影响用户的行为，从而实现转化。

以上案例只是一个简单的例子，在实际的互联网运营中，用户转化会更为复杂。除了新用户转

化外，还有更深层次的老用户转化，转化过程中的每个细节都考验着运营者的运营能力。

■ 知识看板

转化率是指流量中的成交量与总流量的百分比。例如，通过推广引流了10个客户到你的店铺里来，最终有2个人买了你店铺里的商品，也就是说，有2个客户被转化了，转化率为20%。转化率高不高与前期的推广和运营做得好不好有关。由此可见，推广与运营的最终目的就是转化，转化率越高，表示推广和运营做得越好。

1.1.4 运营推广应该关注哪些数据指标

做运营推广少不了对数据进行分析，那么哪些数据是运营者需要关注的呢？主要包括以下核心数据。

1．内容运营数据

与内容运营有关的数据包括内容的阅读次数、页面的停留时长、用户重复阅读次数、内容分享次数、分享渠道、内容转化付费人数及内容转化付费金额等。

2．活动运营数据

活动运营主要从活动效果和成本两个方面来分析，因此与活动运营有关的数据包括各渠道活动的引流数据、活动页面的转化率、活动的参与人数、活动的总成本、活动的单位成本等。

3．用户运营数据

与用户运营有关的数据主要包括新增用户数量、流失用户数量、活跃用户数量、付费用户数量、单位用户价值等。

做运营需要通过数据来评估成本和收益，而以上数据能从不同角度来衡量运营效果，为运营活动的开展提供依据。

1.2 网络运营推广的基础

运营推广的工作内容有两个特点："杂"和"多"。运营推广人员不仅要了解各个推广渠道的特点，还要懂得文案撰写和数据分析等。如果在做运营推广前没有足够的知识储备，没有有效的运营体系作为支撑，那么往往会事倍功半。

1.2.1 网络运营推广团队的架构

企业的网络运营推广团队的一般架构是：带头人＋渠道推广＋文案策划＋新媒体专员。

1．带头人

带头人是指运营总监，其工作职责一般包括以下内容。

（1）制定与执行企业网络运营推广的整体规划和运营策略。

（2）了解竞争对手的网络运营推广策略，并据此提出有效的应对策略。

（3）构建完善的推广渠道，不断扩大平台的流量和提高转化率。

（4）拓展和维护推广渠道，合理控制推广成本。

（5）收集和整理运营推广数据，评估网络运营推广的质量和效果，并提出有效的解决方案。

（6）负责运营和推广活动的组织及落实，并能结合热点制造话题。

（7）处理运营推广实施过程中出现的问题，处理运营活动中出现的事件。

（8）跟进运营推广的执行结果，不断总结经验教训，优化运营推广方案。

2．渠道推广

渠道推广的主体是渠道经理，其工作职责一般包括以下内容。

（1）开发网络推广渠道，利用有效的推广方式扩大流量。

（2）对各渠道的推广效果进行监测和评估，并制作分析报告。

（3）根据推广效果、评估报告有针对性地调整推广策略，增加用户量、提高活跃度等。

（4）根据网络运营推广的要求对平台页面进行优化，并对渠道的建设提出合理化建议。

（5）对现有的合作渠道进行维护，与客户建立良好的关系。

3．文案策划

文案策划的工作职责一般包括以下内容。

（1）根据运营推广的整体方案完成文案的总体策划。

（2）根据产品特点对产品概念进行提炼，挖掘产品价值，制作有吸引力的广告文案、宣传文案、媒体软文等。

（3）完成活动创意、方案的撰写，为运营推广活动提供策划方案。

（4）捕捉热点信息，收集广告创意，提供精彩、有创意的文案。

4．新媒体专员

新媒体专员主要针对当前主流的新媒体平台开展运营推广，其工作职责包括以下内容。

（1）负责微信公众号、微博等平台的日常运营和推广。

（2）根据各平台粉丝的特性提供优质的、有创意的内容。

（3）结合新媒体特性，提升平台影响力及知名度。

（4）通过管理活动、发布内容等手段增强粉丝的黏性。

（5）收集并整理粉丝的意见，提供增长粉丝的策划方案。

（6）拓展新媒体资源，配合渠道经理进行渠道运营及管理。

对于小型企业来说，网络运营推广团队一般由两人组成，即推广+文案。但有的公司只配备一人，即文案，主要负责文字的撰写和发布。而大中型企业针对网络运营推广，在岗位的配置上会更专业和细化。

企业对网络运营推广的定位和重视程度不同，导致运营团队人员数量有所差别。在组建团队方面，可以根据工作需求灵活配置人员。

1.2.2 运营推广专员应具备的5种能力

对于没有从事过运营推广工作的毕业生或者想要转行的运营小白来说，要从事运营推广的工作需具备以下能力。

1．文字表达能力

文字表达能力几乎是所有运营专员的标配，不管借用何种渠道做运营推广，都需要好的内容来吸引用户。因此，作为运营人员，文字表达能力是必备的"基本功"。

当然，文字表达能力是可以通过不断的练习来提高的。

2．用户把控能力

无论推广的是产品还是服务，最终的对象都是用户，因此运营专员必须要有对用户的把控能力。那么，什么是对用户的把控能力呢？简单来说，就是应该知道用户在哪里，用户有哪些需求，怎样才能找到他们，如何才能让他们行动起来。

了解和把握用户需求并运用各种运营推广的手段，引导用户的行为向着预期的方向发展，就是运营专员需要具备的把控能力。

3．创新突破能力

在互联网时代，运营专员若没有创新能力，迟早会被甩在后面。以大家都比较熟悉的微信公众号为例，虽然内容的质量有所提升，但同质化严重。如果公众号内容或文章具有明显的"独创性"，那么自然会脱颖而出。

在现阶段，用户对于同质化内容的关注度已经大大降低，做惯了"内容搬运工"的运营者如果不能及时转型，输出有创新性的内容，那么在未来将面临更多"掉粉"的威胁。

由此不难发现，很多内容没有特色的公众号已经逐渐被用户遗忘，甚至被淘汰，处于停止更新或不再运营的状态。运营人员如果不寻求创新突破，就会倒在运营的路上。

4．数据分析能力

运营推广人员每天都要接触各种指标数据，而从这些数据中提炼出有价值的信息，找到可行的解决方案是运营人员需要掌握的一项职业技能。

试想一下，如果流量减少了，用户流失了，运营人员却不能根据这些数据提出优化的解决方案，那么问题必然会逐步扩大，最后带来不可估量的损失。

5．学习能力

俗话说：学习成绩好的人不一定能成功，但不学习一定不能成功。这句话在运营中同样适用。

对于运营人员来说，学习是一件不能间断的事情。从职业发展的角度来看，学习是人与人之间拉开差距的重要因素。

1.2.3 写好文案是运营推广的基石

小李是一家公司的运营专员，这天刚上班就陆续接到几个与文案有关的任务。

"公司新产品即将上线，准备一份广告文案，我们要在××渠道上推广。"

"公司近期准备搞一个活动，尽快写一份活动策划方案。"

"最近××话题很热门，策划一个选题，蹭热点玩一把借势营销。"

以上是很多运营人员的日常工作内容，还不包括日常公众号文章的写作、微博内容的发布等工作，这些内容往往都有流量要求，如公众号文章要有10W+的阅读量，微博转发量要达到5000次以上等。这时就需要通过运营推广文案来增加阅读量和转发量。

在互联网运营和推广过程中，更多的是与用户在线上进行交流，不管是图片、视频还是音频等都包含文字，而通过文字有效传递信息就显得尤为重要。

文案有长有短，短的文案可能只有几个词，长的文案可能有几百字甚至上千字，不论文字多少，最终目的都是打动用户。

如今，消费者对于文案的内容越来越挑剔，若运营人员不能用好的文案来打动用户，用户只会匆匆看一眼就离去。

由此可见，文案写作对于运营推广人员来说是必备的基本功，运营推广人员只有平时多练、多看、多学、多想，才能写出有内涵、有深度、点击量高、人气爆棚的好文案，最终提高产品的转化率。这就是强调做运营推广一定要写好文案的原因。

1.2.4 选择合适的推广渠道

网络推广渠道有很多种，如论坛、博客、头条、微信、微博、百科、短视频……那么，是不是所有的渠道都能带来有效客户呢？答案是否定的，下面来看一个案例。

一家互联网理财投资类公司需要进行理财产品的推广，运营专员小王选择在游戏社区类渠道上投放广告，包括各种游戏论坛、游戏直播平台及游戏社交平台。但一个月后，理财产品的销量几乎为零，同时平台访问量也微乎其微。

公司领导知道后很生气地说："你的推广效果怎么这么差？"

于是，小王丢了这份工作。

这个案例虽然比较极端，但告诉了我们正确选择推广渠道的重要性。

试想，一个有理财需求的用户通过游戏社区平台购买理财产品的概率有多大？理财产品要想在网络上销售出去，取得用户的信任是很关键的一步。因此，选择主流门户平台，如财经、股票类门户网站的推广效果可能会更好。当然，百度百科、搜索引擎关键词首页、金融垂直类媒体及理财类App也都是可以的。因为从理财产品的属性来看，这些渠道的用户质量更高。

同理，如果我们推广的是一款小游戏，那么投放到游戏论坛、小游戏网站的推广效果可能会更好。

推广渠道的选择与产品定位的客户群和产品的属性有关，所以在选择推广渠道前，首先应该解决的问题是：产品要卖给谁。其次才考虑如何触及目标客户群，有针对性地投放广告。

运营专员要明白，没有最好的推广渠道，只有最适合的推广渠道。在选择推广渠道时，不必纠结于渠道的大小。大渠道流量多，这个大家都知道。且不论大渠道的推广成本，单就其推广效果来看，大渠道就一定好吗？这个恐怕不尽然。小渠道有小渠道的优势，例如可以用较小的成本获得一个较好的广告位。当然小渠道也有劣势，就是覆盖的目标人群可能不够广泛。

因此，在做渠道推广时，大多会分两步走：第一步是多渠道投放，即对渠道的效果进行测试；第二步是渠道筛选，淘汰推广效果不佳的渠道，同时拓展新渠道。

1.3 网络运营推广策划案的编写流程

在实际的运营推广工作中，公司领导通常会要求运营专员写一份运营推广策划案。那么，一份运营推广策划案应该包括哪些内容呢？具体又应该如何书写呢？总的来看，一份运营推广策划案应包含厘清细节、定位产品、推广方案、确立预算等内容。

1.3.1 厘清产品的细节

运营推广策划案制作的第一步是厘清产品的细节。作为运营人员，如果不清楚自家产品的细节，那么又如何去说服目标用户呢？

在梳理产品细节时，可以用思维导图来帮助厘清思路，从而更直观地呈现产品细节，同时避免重叠或遗漏。

首先，需要在纸上或计算机上绘制思维导图的中心图。其次，需要分模块进行，如将其分为产品价值、目标市场、竞争优势、竞争格局、生命周期等模块。将这些模块作为进行产品细节分析的分支，如图1-1所示。

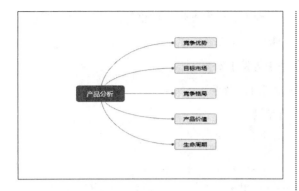

图 1-1

在该分支的基础上，要进一步深入分析。以生命周期为例，要分析产品是处于初期、成长期还是处于成熟期或衰退期，对处于不同生命周期的产品所运用的运营手段也不同。

明确产品生命周期后，要在思维导图中注明处于该生命周期产品的特点，如成熟期产品的特点是：功能完善、转化有待提高，如图 1-2 所示。

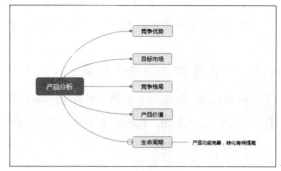

图 1-2

这样一步步地进行分支的分析和书写，最终就能得到一个比较清晰的产品细节架构。

1.3.2 为产品做清晰的定位

在厘清产品的细节后，产品定位做起来就会轻松很多。产品定位可以从竞品分析开始做起，例如此次推广的产品是一款 App，那么就可以去各大应用市场寻找竞品，具体可通过关键词搜索来寻找类似的产品，如图 1-3 所示。

图 1-3

找到一两个竞品并进行了解，然后从目标用户、功能、推广渠道、优缺点等方面展开分析。通过对竞品的分析，能大致知晓该产品的市场价值，也可以了解竞争对手在运营推广上有哪些值得学习和借鉴的地方。

接下来对产品进行定位，要确保产品定位的最终结论至少能回答以下问题。

（1）产品有哪些功能？

（2）产品的受众群有哪些？

（3）去哪里寻找产品的受众群？

（4）产品能解决用户的哪些痛点？

如果能清楚以上几点，那么就很容易找到运营推广的关键点。在回答"产品受众群有哪些"时，可以按照不同的维度来对用户进行细分。

常用的用户特征关键词有：年龄、收入、地区、职业、性别、消费习惯及性格等。

根据这些关键词，找到用户与产品之间有联系的特征，如下所示。

电商平台用户特征画像：有网购习惯、收入水平中等偏上等。

游戏 App 用户特征画像：喜欢游戏竞技、有游戏充值记录等。

产品定位分析得越透彻，对后期运营推广就越有帮助。

1.3.3 选择合适的推广方案

在制订推广方案时，要将所能想到的推广渠道都罗列出来，然后逐一进行分析，并比较各推广渠道的优劣势。例如，在推广方案中可以按照以下模板分析推广渠道。

1. 论坛、贴吧推广

首选平台：百度贴吧、豆瓣社区、知乎、新浪论坛。

次选平台：猫扑大杂烩、西祠胡同、华声论坛。

备选平台：新华网论坛、虎扑社区、强国论坛。

优势：针对性强、适用范围广。

劣势：养号的前期工作量较大、需要花费较多时间来顶帖回帖。

方法：通过发官方帖、用户帖来进行推广，与论坛管理员建立联系，进行活动推广。

2. 微博推广

主要平台：新浪微博、腾讯微博。

优势：操作简单、互动性强、易于传播。

劣势：前期需要积累粉丝、新内容产生快，发布的信息很容易被海量信息淹没。

方法：持续产出原创内容，跟进热点营造话题，策划活动与粉丝互动。

3. 微信推广

优势：用户精准度高、信息到达率高、营销方式多样。

劣势：开发功能受平台限制、推广效果不如以往。

方法：搭建微信公众号，结合产品做原创内容，加入微信群推广。

面对众多推广渠道，要根据目标用户的特征确定合适的推广方案，如以下推广方案。

目标用户：女性，年龄在 25～30 岁。

推广渠道引流：主流平台关键词竞价，百度、360 和搜狗；女性社区论坛实现品牌曝光，55BBS、美柚；分类信息网站硬广植入，58 同城、赶集网、百姓网；重点做自媒体推广，今日头条、抖音、微视、百家号。

流量质量把控：关键词优化，高质量内容输出。

1.3.4 整合方案确立预算

预算是公司领导比较关心的工作，预算金额一般要根据推广方案来确定。预算方案可以有多个，需要做的是明确资金将花在哪些地方，如以下推广方案。

推广预算方案一

搜索引擎竞价：百度竞价4000元；360竞价2000元。

关键词优化：一个关键词100～300元，共做5个关键词。

新闻源广告：3000元左右。

外链/友情链接：1500元左右。

效果预估：侧重优化排名，短期内效果可能并不明显，需长期推广，每月预算11000元左右。

推广预算方案二

百度竞价：6000元左右。

百度网盟推广：5000元左右。

主流平台软文发布：每个网站的发布价格约300元/篇，共20篇。

微博：新浪、腾讯官微自主推广，配合营销工具进行，4000元左右。

问答平台：关键词覆盖，3000元左右。

效果预估：投入相对较高，但效果比较明显，推广人群比较精准，每月预算25000元左右。

第一期的推广预算由运营人员与公司老板确定。预算金额不同，推广方案的覆盖范围和形式也会不同。以月预算金额10万元和20万元为例，如果有10万元的预算金额，那么从引流的角度来看，微博、微信是要做的平台，可以投入一点资金搞活动，如抽奖、派送礼品等。再和几个稍有名气的微博或微信号合作，实现助推。也可以选择直播平台的网红进行推广，首页主播的花费一般在三万到五万元。还可以将剪辑的短视频放在一些较小众但有一定流量的视频平台上进行推广，如B站等，常常也能得到10万次以上的播放量。

如果预算较少，那么建议不要做全国性的推广，因为效果通常都不太好。可以针对某地区或某类人群做推广，毕竟推广渠道在精不在多。

如果有20万元的预算金额，那么可选短视频博主进行有创意的视频推广。虽然都是做短视频推广，但重在质量的提升，同时也很容易带来自发性的转发。

微博和微信本身也有很多广告产品，搞清楚各自广告位的特点并联系官方进行推广位的展现，也能获得不少流量和用户。

以20万元为预算基础，还能扩大推广的影响范围，以优质内容为基础，找一两个KOL（意见领袖）进行内容推广。

如果预算金额不多，就只能靠运营人员自己勤动手，想办法利用免费资源进行推广。运营人员在制订预算方案时要量力而行，根据公司的规模和推广需求来确定，如果是只有七八个人的小公司，且运营人员只有自己，每月的预算一般只有一两万元，这时就只能选择做一些简单的付费推广，而更多的是选择做免费推广，如做地区性的关键词竞价，搭建公众号、小程序等做小圈层的推广。

秘技一点通

技巧 1　使用思维导图梳理运营工作

在学习运营知识、梳理运营流程、总结运营技巧时，都可以利用思维导图。制作思维导图的软件有很多，如亿图、ProcessOn、MindManager、百度脑图等，这里以百度脑图在线编辑工具为例，来介绍如何建立思维导图。

第一步：进入百度脑图首页，单击"马上开启"按钮，如图 1-4 所示。

图 1-4

第二步：在打开的页面中输入百度账号和密码，单击"登录并授权"按钮，如图 1-5 所示。

图 1-5

第三步：登录成功后，单击"新建脑图"按钮，如图 1-6 所示。

第四步：在打开的页面中输入文字内容，这里输入"运营"，按【Enter】键，如图 1-7 所示。

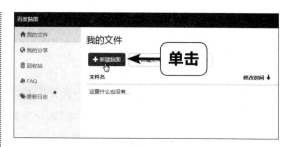

图 1-6

图 1-7

第五步：完成输入后选中一级分支，按【Enter】键建立二级分支，并输入分支主题内容，如图 1-8 所示。

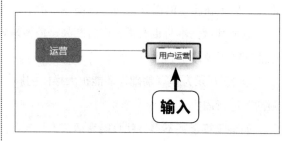

图 1-8

第六步：选中二级分支，按【Enter】键建立同级分支，再输入分支主题内容，如图1-9所示。

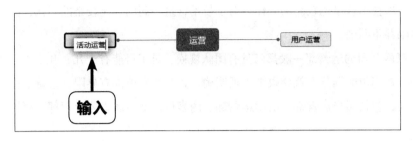

图 1-9

第七步：选中二级分支，按【Tab】键建立下级分支，再输入分支主题内容，如图1-10所示。

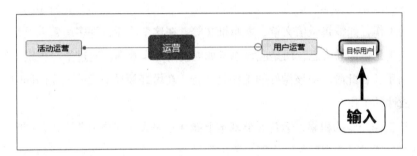

图 1-10

完成全部分支的建立和内容输入后，按【Ctrl+S】组合键保存即可。

技巧 2　了解互联网公司运营工作的职能分工

不管是刚毕业的学生，还是正准备从事运营工作的求职者，都要对自己的职业发展有一个清晰的认识。了解互联网公司运营工作的职能分工，可以帮助求职者更精准地确立求职目标。

就早期互联网公司而言，其内部一般都会设立运营部，运营部一般由几个员工组成。这些员工的工作内容往往是根据目标导向来确定的，而不是按照职能来划分的。

因此，作为早期互联网公司的运营人员，常常要充当"多面手"，即一人身兼数职，如针对引流和用户维护目标，可能涉及的工作有如下几项。

（1）软文撰写。

（2）博客、论坛推广。

（3）粉丝活动策划。

（4）新媒体运营。

（5）粉丝群维护。

……

如果公司的运营部只有两三个人，那么运营专员的工作压力会很大。所以，早期互联网公司在运营岗位界限的划分上，不会很细、很明确。通常的情况是，安排一个懂技术或运营经验较丰富的员工专门负责一项技术含量比较高的工作。对于技术含量不高的、比较杂的工作，则由其他运营人员负责，且界限并不明确。

成熟的互联网公司的运营部一般都已具有团队规模，员工可能有十几、几十人，甚至上百人。为了便于管理，在岗位的划分上就会很细、很明确，且每个岗位都有界限。运营部往往由几个相对独立的分部组成，包括用户运营部、活动运营部、内容运营部、新媒体运营部、渠道推广部及其他分支等。

在这些分支中，大多数互联网公司都会设置用户运营部、活动运营部、内容运营部，它们是运营的经典模块。

对于还没入行或刚刚做运营的人来说，不必把运营复杂化，因为刚开始所做的大多是一些比较杂、比较基础的工作，如编辑微信文章、发布推文等。在这个阶段，许多运营人员都会觉得自己就是打杂的，这其实是错误的心态，而是应该思考如何提高工作效率，通过学习积累工作经验。

一个运营新手，在此阶段应该做好的工作是执行。在做好领导交代的工作的同时，尝试去完成一些有一定挑战性的工作。

经过一两年工作经验的积累，运营人员基本上能独立完成大部分运营工作，同时对运营本身也有了自己的见解，这时可能会因为工作能力突出而得到一定的提拔，或者公司领导会安排更多具有独立性的工作。

工作三四年后，对于运营岗位会有更深的理解。在该阶段，运营人员会开始独立负责一个项目，如果做得好，还会拥有自己的团队，成为一个部门的经理。

工作五六年后，根据公司的情况，运营人员还可能参与公司的重大决策，成为公司的合伙人，为公司的发展出谋划策。

从垂直发展维度来看，运营岗位的职位发展一般是：运营助理→运营专员→运营经理→运营总监。从横向发展维度来看，运营岗位也可以转岗，如新媒体运营转为活动运营、运营转为文案、运营转为商务等。

职场心得

小罗是一名对互联网充满热情的大学生，毕业后到一家互联网公司应聘运营助理岗位。面试当天，HR询问了小罗这样一个问题：你是如何理解运营的？在面试前，小罗也看了一些与运营相关的职位介绍，因此他表达了自己的看法："我觉得凡是能促进产品推广和产品价值传递的工作都是运营。"

接下来HR又问道："如果让你在一个星期内，把一个公众号做到10万粉丝，你会怎么做？"面对这个问题，小罗不知道该如何回答，但还是硬着头皮说了一些，结果HR直接结束了面试。因为小罗基本上都是在胡言乱语，他并没有理解HR询问这个问题的用意。其实，他只需要概括地讲一些还不错的推广方式即可，或者直接回答："对不起，这个问题我暂时回答不了，我能向您请教吗？"这样都比胡言乱语一通要好得多。

在应聘运营岗位时，HR常常会询问应聘者一些与运营推广有关的问题，如果遇到不会回答的问题，千万不要不懂装懂，而应该坦然面对，硬着头皮乱说一通只会弄巧成拙。当然，在面试之前应该做好面试的准备工作，多了解一些与运营推广有关的知识，即使你是应届毕业生，也不会表现得对运营推广一窍不通。

02 第2章
做运营推广，不懂文案写作怎么行

本章导读

　　作为运营人员，会频繁地和文案打交道。面对这项不得不做的工作，很多运营人员总是表现得痛不欲生，写文案似乎成为一件痛苦的事情。但文案写作是运营人员不能回避的，运营人员几乎每天都被要求产出一篇可以使用的文案。那么，究竟该如何写文案呢？怎样才能让文案写作不那么痛苦呢？如何才能产出优质文案呢？

学习要点

- 做好产品调研，确定写作方向
- 写作前要先找到有说服力的卖点
- 文案写作要"说人话"
- 从用户的痛点出发

2.1 文案的基本写作方法

文案写作并没有我们想象的深奥复杂。只要掌握了基础的写作方法和技巧，再多加练习，文案的写作就会变得很简单。

2.1.1 做好产品调研，确定写作方向

我身边有不少喜欢写文章并在网络上进行分享的朋友，他们的文章得到了不少点赞和评论。不得不承认，他们的文章都具有明显的个人特色和独特的观点。但如果让他们写一篇推广文案，却未必能写得好。为什么会如此呢？因为他们平时写的文章目的性并不强，而且更多的是写给自己看，通常是想到哪儿便写到哪儿，也不会去考虑文章所面对的读者。

推广文案则不同，它不是写给自己看的，而是写给用户看的。因此，写作时要以用户为核心，同时还要对产品有足够的了解，并将其植入文案中。

那么，你的推广文案要怎么传递产品的价值呢？答案是：你必须对产品进行必要的调研。

在对产品进行调研时，要从用户的角度来分析这个产品对目标用户来说痛点和需求是什么。清楚这一点后，文案的写作方向就会变得更加明确。下面来看一个案例。

相信大家对"小米式文案"都有所耳闻，这一标签是对小米文案的夸赞。小米在刚开始做耳机时，为了写出一份满意的文案，可谓做了不少工作，其中一项就是产品调研。

耳机具有特殊性，其营销做起来比较难。例如，耳机的音质无法用图文内容来精准描述。那么，关于耳机的文案究竟应该怎么写呢？

小米内部的文案策划人员去调研了市场上几乎所有耳机的文案，发现描述音质所用的基本上都是"震撼"及高频突出等让消费者看得云里雾里的词汇。

如果小米也按照这一方向来撰写文案，那么小米耳机肯定不会脱颖而出。为了提高小米耳机的辨识度，小米对耳机进行了深入挖掘，经过反复的产品价值筛选，最终将文案的写作方向定在了音腔形态和发声单元外表上。由于小米耳机的外形像活塞，所以小米耳机被命名为"小米活塞耳机"。活塞是一种运动的机件，给人以充满活力的感觉，十分符合小米针对年轻用户群体的定位。

耳机有了命名后，小米开始考虑如何用文案来体现耳机的音质，大众式的套路肯定不行。从产品的特质中，他们找到了"工艺"这一突破点。因为小米耳机的制作工艺是顶级的，小米从3个方面进行了文案策划。

音腔：铝合金音腔，一刀成型。

用料：军用凯夫拉线材。

包装：礼品包装。

音腔是耳机最重要的部件之一，采用铝合金一刀成型，所以音质好；用料采用军用凯夫拉线材，

所以质量好；包装采用礼品盒，所以显得高大上。这款耳机的最终售价为99元，因此小米活塞耳机最后一个文案是"小米活塞耳机，99元听歌神器"。有了好的音质、好的用料、好的包装后，关键还要有合适的价钱，消费者才会被打动。

小米耳机文案的撰写过程是一个反复筛选的过程，在这期间，他们对产品的特性进行了反复对比，同时还考察了同类耳机的文案，最终确定了与众不同的小米活塞耳机的文案。现在看小米耳机的文案，虽然在内容上有所不同，但核心的产品卖点却没有改变，如图2-1所示。

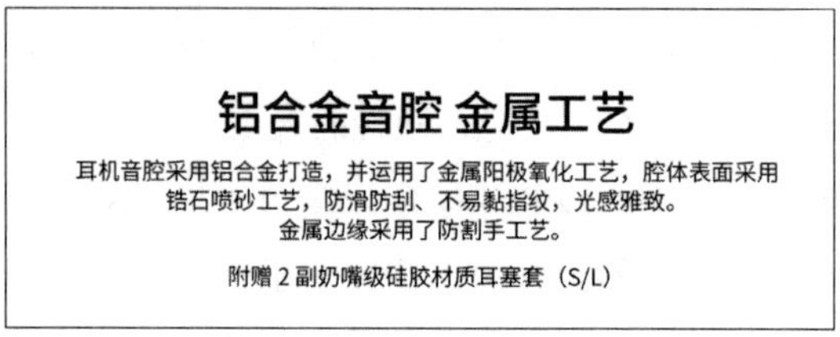

铝合金音腔 金属工艺

耳机音腔采用铝合金打造，并运用了金属阳极氧化工艺，腔体表面采用锆石喷砂工艺，防滑防刮、不易黏指纹，光感雅致。
金属边缘采用了防割手工艺。
附赠2副奶嘴级硅胶材质耳塞套（S/L）

图 2-1

2.1.2　写作前要先找到有说服力的卖点

不管是在互联网上还是在线下实体店提供产品或服务，很多商家都不了解自己的产品和销售对象，且存在普遍错误的认识是：我的产品或服务适用于所有人。但事实证明，产品的受众越明确，效果才越佳。

因此，必须拥有自己独特的卖点，这一卖点会让我们找准定位，让产品具有差异性，让文案具有说服力。那么，有说服力的卖点是如何打造的呢？

第一步，写下产品或服务。例如，产品是电动车，那就写下电动车。电动车能提供给消费者哪些服务呢？你可能会写下出行代步、给生活带来便利等内容。这一步并不难，一般都能写明白。

第二步，写下产品或服务的独特性。产品或服务在市场上当然会有竞争对手。那么，什么使你的产品或服务有别于竞争对手，什么东西是你有的，但你的竞争对手没有的呢？将这个点写出来，这就是你的独特卖点。

相比于第一步，找出独特的卖点并不容易，很多时候需要经历筛选→否决→筛选→否决的过程。其中一个方法就是来一场PK大战。同样以电动车为例，有以下几个卖点。

卖点一：续航强，可达40～90千米。

卖点二：时速快，可达30千米/时。

卖点三：轻便，只有16千克。

卖点四：省电节能。

卖点五：电池寿命长。

卖点六：安全，轮胎防滑、防爆。

卖点七：舒适，减震设计，减少路面颠簸带来的震动。

卖点八：带 USB 接口，可为电子设备充电。

……

接下来就是做减法，看看哪些卖点具有独特性。

卖点一，续航强。市场上同类电动车似乎都具有这一特点，这不是核心卖点，淘汰掉。卖点二，时速快。这是一个优势，可以考虑作为独特卖点。经过与同类市场的竞争者进行对比，将卖点二、四、七作为独特的核心卖点。核心卖点并非只有一个，也可能有多个。

第三步，用能打动用户的文辞将前面两步的答案表达出来。这一步也是文案成型的关键环节。根据文案的要求，可能会写下一句话，也可能会写下一段话。不管内容多少，要让独特卖点具有说服力，可以考虑以下 3 点建议。

（1）文案要切合实际，不要使用"最佳""高品质""服务好"等抽象词汇。例如，你说你的家具品质好，那么好在哪里？是设计、做工，还是木材方面？如果你想说你的家具采用的是纯实木，就直接说出来，而不要只说"品质好"，因为这个词并不能说服消费者。

（2）文案所传达的卖点必须是竞争对手所没有的。曾经有一位朋友问我，他的纸巾的卖点是否具有说服力。我问他："卖点是什么？"他回答："湿水不易破，不掉纸屑。"我又问："其他纸巾也是这样吗？"他回答："同价位的基本上都如此。"我便告诉他："你的卖点不够有说服力。"后来，他改变了纸巾的卖点，最终的文案是"柔软舒适，物理除菌"。这个卖点显然比前面的卖点更具说服力，因为市场上的很多纸巾都是化学除菌的。所以，写文案时应问问自己，是否能撰写出有别于竞争对手的独特文案。

（3）文案要能引起受众情感上的共鸣。要让目标受众愿意掏腰包，你所提供的卖点就要能引起他们的情感共鸣。例如，"柔软舒适，物理除菌"的纸巾，其共鸣点就在于物理除菌不会对人体造成伤害。

2.1.3　文案写作要"说人话"

什么是"说人话"？笼统地说，就是写出来的文案要让人看得懂。

不管文案是产品介绍还是活动推广，都要告诉用户这个产品的功能特点是什么、这个活动的内容是什么。

"说人话"的文案写作难不难？说难也不难。下面举个空调文案的例子加以说明。

将"微径双节流，室外、室内风扇各行其道"改成"制冷、制热效果好"。

将"最清新的呵护，纯净体验"改成"自动进行扇叶清洁"。

这样改是不是就行了呢？这样虽然是"说人话"，但未免过于直白，作为宣传推广的文案不太合适。

其实可以稍加修改，如把"制冷、制热效果好"改成"急速冷暖"，把"自动进行扇叶清洁"改成"排污自洁，防尘防霉"。这样既能让消费者看懂，又符合文案的要求。

什么样的文案才是一份好的文案呢？下面再来看小米的案例（不得不说，小米的文案值得很多运营者学习）。小米的文案有两个重要的特点：一是用户一听就懂；二是能直抵人心。

例如：小米，为发烧而生。小米手机就是快。

由此可以看出，小米的文案简单直接，而且能让目标受众产生情感共鸣。

受众对文案的关注度一般只有几秒钟，因此文案必须让受众看完以后立刻明白要表达的是什么，从而产生情感共鸣。

我们常常会在不少文案中看到"卓尔不凡"这个广告词，但它在小米内部却是经常被批判的一个词。为什么呢？小米的联合创始人告诉了我们答案。

例如，你向你的同事推荐小米手机，肯定要给他一个很有说服力的理由。于是，你告诉他："小米手机卓尔不凡。"你的同事听了以后会作何感想？可以想象，这个推荐的理由似乎有点让人难以接受。实际上，你也不会用"卓尔不凡"来向同事推荐小米手机，更可能会从好用不卡、拍照清晰、省电等方面进行说服。

让文案"说人话"，并不是将华丽的文案改成平铺直叙的大白话，而是要提高文案的内容价值，让文案变得有趣、有料、有说服力。

2.1.4　从用户的痛点出发

在判断一个文案好与不好时，运营人员常常会问自己：是否抓住了用户的痛点？那么，如何才能抓住用户的痛点呢？首先要明白用户的痛点是什么。

简单来说，用户的痛点就是其要做出某一行动时，所遇到的最大的困难或麻烦。看下面的案例。

年轻白领在结束一天的工作后，都累得不想做饭（痛点）——选择送美食上门的外卖（痛点消除）。

外出就餐不想排队点餐（痛点）——用手机微信自助点餐（痛点消除）。

再来看一个美图秀秀的案例。美图秀秀是一款修图软件，在它还没有被开发出来之前，市场上已经有很多修图软件，这些修图软件大多专注于高性能的图像处理，如强大的Photoshop。

但对于非专业的普通修图用户来说，Photoshop的很多功能都用不到，这时让这些用户使用修图软件的最大困难是什么呢？答案肯定不是图像处理的性能。对于普通用户，特别是平时很少使用各类软件的用户来说，Photoshop使用起来比较复杂，也比较麻烦。因此，阻碍此类用户使用图像处理软件的困难是易用性。

于是，美图秀秀抓住了这一点，专注于提高软件的易用性。使用过美图秀秀的用户都应该清楚，美图秀秀操作简单，并且还有网页版，不需要下载就可以使用，动动鼠标就可以轻松修图。如今，美图秀秀已拥有一批坚实的用户群体，甚至包括一些专业用户。这是为什么呢？就是因为它简单易用。

回到文案中，文案中也要抓住用户的痛点才能让用户产生行动。如何让文案戳中用户的痛点是运营者要掌握的一种技能。一般来说，可以从影响用户行为的因素出发来找痛点，包括产品性能、价格、形象、质量、可靠性等。

例如，产品是减肥药，目标群体不用说，就是想要减肥的人群。此类人群希望自己能够瘦身，但他们还担心一个问题，就是减肥药的安全性，毕竟关于减肥药的负面报道太多了。因此，是否安全、有效是减肥人群的痛点。

在写文案时，可以从这两个痛点出发。那么，在文案中如何体现有效呢？最好的方法就是举用户减肥成功的例子。普通用户还不能完全让消费者相信，如果能举名人、网红、知名博主的例子，那么可信度将大大提高。这时可以放几张图，再用文字来说明用户是如何减肥成功的。

如何在文案中体现安全呢？最简单的方法就是用专业权威机构开的证明，说明该减肥药是有科学依据的，并且经过临床试验，已获得了××机构的认证。

很多时候，产品的卖点实际上就是用户的痛点。因此，在写文案时，要将产品卖点与用户痛点结合起来。例如，我们的减肥药含有××，作用是促进脂肪的燃烧，即使吃大鱼大肉也不用担心，××可以抑制脂肪过度堆积，让赘肉慢慢消失，减轻肥胖者的体重……

2.1.5 文案内容必须有价值

文案是写给用户看的，那么用户喜欢什么样的文案呢？答案是有价值的文案。例如，在微信上有很多情感类文案，有讲爱情的，也有讲亲情的。用户喜欢看这类文案并非没有道理，因为此类文案或是能给人以启发，或是能给人提供精神动力，或是能触碰心灵，但不管怎样，内容都是有价值的。

有价值的文案就是用户在看过之后，会觉得很需要你提供的产品或服务。当然，文案的价值是靠文案写作者塑造的。以产品类文案为例，目标用户往往并不了解产品的性能、质量等。如果文案写作者不去塑造产品的价值，目标用户就不会也不可能知道这个产品所能带给他们的好处，而结果就是消费者不埋单。下面来看一个案例。

有一个白酒品牌，在当地小有名气，但是与其他白酒品牌相比，市场份额差得较多，于是经营者请了一位产品经理做运营推广。

该产品经理亲临制酒厂，了解白酒的制作工序。该厂制作白酒用的水是名泉古水，发酵时使用的窖池是10年以上的老窖，酿造成功后还会经过严格的检测。对此，他感到很震撼。

产品经理问该白酒品牌的老板："你们制作白酒的工序那么繁复、专注、严谨，为什么不在你们的网站上、公众号上用文案来告诉消费者呢？"老板回答："大家制作白酒的工序基本上都是这样，有什么好说的呢？"

后来，产品经理写了一篇文案，内容就是该白酒品牌是如何利用匠心精神生产白酒的。用户看了该文案后都很受触动，该品牌白酒的销量也因此得到了很大的提升。

在这个案例中，我们可以看出用文案来塑造产品价值的重要性。当然，要让文案有价值，也要找准文案的匹配对象。如何才能提高文案的内容价值呢？有以下几个方法。

1．让文案有知识价值

我们可以将这理解为科普。例如，要让消费者购买美容仪，那么就要说明科普美容仪的作用及美容仪是如何解决皮肤问题的，如祛痘、美白等。

2．帮用户表达

用户很多时候都不会表达心声，如果我们能帮助他们表达出来，他们就会觉得这一内容很有用。

例如，很多人会受到失眠的困扰，在文案中就可以以一个失眠者的自述来说明失眠所带来的问题，掉头发、记忆力减退、皮肤松弛……有失眠症状的用户一看，果然和自己所遇到的问题一样。然后我们告诉他们如果改善失眠，如睡前喝牛奶、使用我们的产品等，这样用户就会觉得这篇文案对自己来说很有价值。

3．把握消费者的心理

文案内容的价值还体现在对消费者心理的把握上，如很多人去超市买东西都喜欢到打折区逛一逛，目的很简单，就是以低价买好货。超市的营销文案也很简单，如特价9.9元、限时促销、买一赠二等，虽然简单，但十分有效，因为抓住了消费者贪图便宜的心理。

网络文案同样如此，把握住了用户的心理，就会使他们觉得这一内容是自己愿意看到的，也会自愿掏腰包。

2.1.6 几种网络文案的不同写法

根据文案内容和推广目的的不同，可以将网络文案分为产品文案、品牌文案、传播文案等。

1．产品文案

产品文案，即营销推广某一产品而撰写的文案。为产品写文案是为了让产品更好卖，这个产品可能是实物，也可能是某种服务。

在撰写产品文案时，要根据用户的痛点突出产品的核心卖点，塑造产品的价值。对于在网络上传播的产品文案而言，配图很有必要，其能展现产品的外观、细节，再用生动的文字进行阐述，这样该产品就会成为一件有特色和价值的"珍品"，从而吸引用户的目光，如图2-2所示。

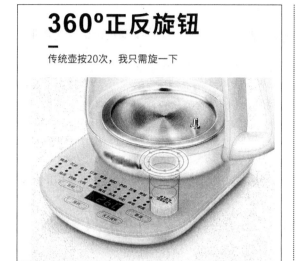

图 2-2

2．品牌文案

品牌文案，顾名思义就是为了宣传推广某一品牌而撰写的文案。品牌文案的内容多集中表现品牌的文化、实力等。例如，无印良品的文案,给人的感觉就是文艺范儿十足、有亲和力、用心，如图 2-3 所示。

通常用心的品牌文案会赋予这些品牌以独特的情感，从而传递出品牌的理念。例如江小白，其品牌文案是"我是江小白，生活很简单"。这一文案具有青年群体寻找自我的含义，就是它所传递的情感。同时，这一文案也体现了江小白简单纯粹的品牌理念。

> 1980 年无印良品诞生于日本，主推服装、生活杂货、食品等各类优质商品。
> 无印良品是指"没有名字的优良商品"。
> 无印良品自始至终坚持 3 个基本原则。
> 1. 精选材质
> 2. 修改工序
> 3. 简化包装
> 从极致合理的生产工序中诞生的商品非常简洁,但就风格而言并非极简主义。就如"空容器"一样。正因为其单纯、空白，所以那里才诞生了能够容纳所有人思想的终极的自由性。

图 2-3

每个品牌都有其独特的优势，能将品牌的个性写出来，就是好的品牌文案。

3．传播文案

传播文案的目的很简单，就是让看到的人能够转发，从而扩大某品牌的影响力，如朋友圈常见的文章分享链接。

传播文案有两大特点：一是内容新颖，二是有价值。例如，我们在公众号上看到一篇关于坚持跑步的好处的文章，于是转发到了朋友圈，而转发这篇文章是因为它很有阅读价值，能够让朋友从中受益。

传播文案就是为获得曝光量而存在的，因此在撰写时可以用夺眼球的标题来吸引网民的注意，文章正文则借用对广大网民来说比较实用的内容来吸引其进行传播和推广，如养生方法、PPT 制作技巧等。

2.1.7　用 4P 模式构建文案结构

在撰写文案时，可以利用市场营销中的 4P 模式来构建文章结构。4P 是指产品（Product）、价格（Price）、渠道（Place）和促销（Promotion）。

1．产品（Product）

产品包含形态、质量、包装、品牌、服务、式样及规格等内容。要对这些内容进行一一梳理，选择能满足消费者需求的进行阐述。

2．价格（Price）

价格是指定价、折扣及支付期限等。价格影响着企业的利润，在文案中要通过价格反映企业想获得的经济回报。

3．渠道（Place）

渠道是指商品流通到消费者手中所经历的环节，如运输、仓储等。这将使我们考虑消费者是如何通过文案转化的。

4．促销（Promotion）

促销是指企业利用各种载体所进行的营销活动，如广告、线下推销等。而文案中所采用的促销活动，也会影响消费者最终的购买决定。

4P模式反映了营销的一个过程和手段，因此在撰写文案时，一定要注意4P模式中4个P的顺序。

2.1.8 收集并整理优秀文案

当撰写文案没有思路的时候，我们要怎么做呢？看、多看、反复看。看什么？看产品介绍，看竞争对手的文案，这些常常能给我们带来灵感。

因此，要经常浏览网络上的文案，养成随时随地收集整理好文案的习惯，这样会达到事半功倍的效果。收集文案的方法有很多，下面介绍两种比较实用的方法。

1．使用浏览器收藏

浏览器都有收藏网页的功能，我们可以将网页上浏览的文案分门别类地收藏到浏览器中，下面以360浏览器为例。

第一步：右击要收藏的网页，在弹出的快捷菜单中选择"添加到收藏夹"命令，如图2-4所示。

图2-4

第二步：在打开的对话框中单击"新建文件夹"按钮，如图 2-5 所示。

图 2-5

第三步：在打开的"新建文件夹"对话框中输入文件夹名称，单击"添加"按钮，如图 2-6 所示。

第四步：在返回的对话框中单击"添加"按钮，如图 2-7 所示。

图 2-6

图 2-7

> **提示**
>
> 在使用 360 浏览器收藏网页时，要登录账号，这样可以保证收藏的网页不会因更换计算机而丢失，即实现永久收藏。

2. 使用印象笔记收藏

对于在微信、微博上浏览到的优秀文案，可以收藏到软件自带的收藏夹中。但这样并不方便管理，如果发布者删除了该内容，我们就无法查看了。

对于在手机端浏览到的文案，可以放到"印象笔记"App 中，不管是微信文章还是微博文章，都可以实现永久收藏。

以微信收藏文案为例，在微信中关注"我的印象笔记"公众号并授权后，会看到"我的印象笔记"按钮，单击便可以将文章收藏到印象笔记中，如图 2-8 所示。

图 2-8

收藏成功后，登录印象笔记 App，即可查看收藏的所有文章，如图 2-9 所示。

图 2-9

有了合适的工具后,还要学会高效整理收集到的文案资料。高效率地整理文案,要分以下三步走。

(1)分类。分类就是对文案进行分门别类地存放。按照类型,可把文案分为功能式文案、情怀式文案、创意式文案及故事式文案等。这样的分类可以确保在找某一类文案时能快速定位,大大提高了工作效率。当然,分类也不必过于精细,只需按照个人喜好进行划分即可。

(2)清理。随着时间的推移,收集的文案会越来越多,这时就要养成定期清理文案的习惯,将质量不太好的文案删除,只保留高质量、有参考价值的文案。

在清理文案时,可以将不清楚会不会用到的文案放到"待清理"文件夹中,定期对该文件夹进行清理,将那些不可用的文案删除。

(3)整理。在阅读文案时,要养成整理的习惯,将文中比较适用的观点、文字及创意提炼出来,然后整理到个人记事本或文案笔记中,以便在写文案时能够快速参考。

2.2 在文案中体现产品的优势

文案是给用户看的,因此在写文案时要从用户的角度出发。让用户从文案中获得想要的信息并实现转化,这是撰写文案的目的。作为产品类文案,需要把产品优势体现在文案中,让消费者心动,进而产生行动。

2.2.1 产品的特点就是利益转化点

很多人在写文案时,往往会因为没有思路而感觉无从下手。文案的一个核心要点是说服用户,而说服用户需要一个引导过程。在营销中,有一个说服的套路:特点→优势→利益。这一套路,在文案写作中同样适用。

以上3个词并不难理解,但如何将产品特点转化为利益点,就需要采用一定的方法。例如,在生活中,对于"爱说话"的人,既可以说爱说话是优点,如夸他善于交流,能够很好地与人沟通;也可以说爱说话是缺点,如说他是话痨,惹人烦。

产品的特点也一样,既可以被说成优点,又可以被说成缺点,关键要看文案写作者如何去创作。例如,大容量的背包,对于户外旅游者来说,大是优点,因为它能够满足外出旅行大容量的需求;

对于上班族而言，大可能就不是优点，因为它没有实质性作用，且背起来不好看。

由此可见，要将产品的特点变为产品的优势，就要站在产品的使用对象的角度来看待产品。作为产品生产者，他们会不断改进产品的性能，使其能满足更多消费者的需求。但文案创作者，却不能改变产品的性能，能改变的只有创作文案时表达的观点。

很多时候，只要转换一下说法，就能把产品的特点转化为利益点。下面来看一个案例。

有一家生产钢琴的厂商，在进行钢琴的推广宣传时，采用的广告思路是宣传钢琴的用材如何好，如背板材质为实木音板，结果产品几乎没什么销量。后来，该厂商转换了宣传思路，将广告变为"好音色，通透干净"，销量一下子就提升了。

钢琴用材好，自然是产品的特点和优势，但"选用优质木材"这样的文案给消费者带来的更多是无动于衷，因为木材好坏并不是他们的利益点。而如果把"优质木材"转换为"好音色"，就会让他们有所感觉，因为钢琴音色不好会影响演奏的效果，这与他们存在一种利害关系。

在文案中介绍产品时，要清楚：利益＞优势＞特点。也就是说，在文案中说特点不如说优势好，说优势不如说利益好。有的文案创作者可能会问：这三点该如何区分呢？

1. 特点

特点是一个产品所固有的客观事实，不会因为使用者的不同而发生改变。例如，钢琴的材质是鱼鳞松，这就是客观事实。

2. 优势

优势并不是产品固有的，而是经对比得出的，可以与竞争产品对比，也可以与前一代产品对比。所以我们常说，别人没有的，而我有，这就是优势。套用"与……相比……"就能找到产品的优势。例如，与化纤材质的服装相比，纯棉服装更吸汗，这就是产品特点所带来的优势。

3. 利益

消费者不会关注与其自身无关的产品。因此，对于消费者来说，利益体现为两个关键词：一是有关，二是好处。与消费者有关的好处，才能转化为利益点。例如，一款让人坐着很舒服的办公椅能解决办公健康问题，而办公健康问题就是上班族的利益点。

最后以一个睡眠面膜为例，来看看将产品特性转化成用户利益的具体过程。

特点：含有肌醇。

优势：促进胶原蛋白新生。

利益：提升肌肤修复能力，让肌肤更水润。

在撰写文案时，按照特点、优势、利益的顺序，能满足用户通过文字了解产品的需求。

2.2.2 围绕用户体验设计文案

对于从事网络运营推广的人来说，用户体验是绕不开的一个话题。如果问开发人员"为什么这个产品要这样设计"，很多时候他们都会回答"因为用户体验啊"。

好的产品非常注重用户体验,优秀的文案同样如此。在很多App中都可以看到提示文案,这些文案的作用是引导用户使用App,尽快熟悉软件的操作,进而提升用户体验度。就这些文案的内容来说,如果表述方式有问题,或者看了也没什么用,即并不能指导用户进行下一步操作,那么这无疑会降低用户体验度。例如,软件中的"帮助反馈"类文案为了提升软件的整体体验度,都会从用户的角度出发帮助用户解决问题,并提示用户如何操作,这类文案都具有指导性,如图2-10所示。

图2-10

在文案设计方面,有一个职业称为UX文案设计,其主要职责就是专门为UI设计更好的用户体验文案。

现在进行运营推广,常常会举办各种网络互动活动,如抽奖、打折等,而这些活动都会以文案的形式来呈现。为加强用户体验,文案往往会以简单通俗的语言说明活动内容,让用户知道参加这些活动的具体条件和流程。

具体来看,在文案中要提升用户体验度可以从以下方面入手。

1. 友好的界面视觉效果

不管是展示在电商中的详情页文案,还是软件上的提示类文案,抑或网站上的新闻类文案,都要有很好的视觉效果,即文字的大小及图片都要有吸引力。例如,图文搭配既要保证图文对应,还要注意文字字体的选择及留白,如图2-11所示。

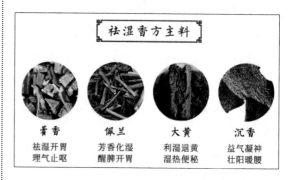

图2-11

文案也需要视觉营销。如今,大部分文案都会配图,无论是网络商城还是社交媒体平台,都在拼视觉化内容。因此,文案撰写者也要顺应这一趋势,让文案的视觉效果更好。

2. 增强用户的安全感

用户对于自己不太熟悉的事物总会抱有一种警惕性,因此在文案中增强用户的安全感就能提高用户体验度。例如,在网络上注册填写手机号码,很多用户都会担心手机号码泄露,为了消除用户的疑虑,不少平台的注册页面上都会有"不会把您的信息泄露给任何第三方"的提示文案。当用户信任你了,营销的事情就好办了。

3. 小提示

在文案中加入小提示,同样可以提高用户体验度。小提示可能并不起眼,却能给读者以贴心的感觉,如单击按钮的提示、产品功能的注释说明等文字都会在潜移默化中加深用户对产品的认知，如图 2-12 所示。

图 2-12

2.2.3 在文案中增加产品的附加值

产品的附加值是指在产品原有价值的基础上增加的价值。在网络文案中，让附加值为产品"代言"，可以增加消费者的心动点。

附加值可以给消费者带来一种感受：如果我购买这件产品，我将获得比购买其他产品更多的利益。

在电商平台上购物，常常可以看到卖家举办买赠活动。其中，赠品也是一种附加值的体现，有很大一部分消费者都会因为赠品而做出行动。

回到文案上来，撰写文案的常规思路一般是写出产品的使用价值，如保暖、收纳、美白补水等。这自然没错，但要想让文案更攻心，挖掘一款产品的附加值就显得很重要。

在文案中，如果能体现产品的附加值，就可以激发消费者的潜在需求。例如，手提包，大家知道其作用主要是存放东西，如手机、钱包等。而品牌手提包为何比一般手提包贵了不止一点点呢？其原因并不在使用价值上，而在附加值上。买品牌手提包给消费者带来的除了能装东西外，还有奢华的气质、高大上的形象及内心的安全感。

所以，品牌手提包的文案往往不会去强调这个包能装多少东西，而是从这个包的设计、品质、工艺水准等方面来介绍。因为相比于产品的使用价值，购买品牌手提包的消费者更看重产品所带来的附加值。

相信，这个例子能让大家明白产品附加值的重要性。那么，如何在文案中体现产品的附加值呢？可以从以下几个方面出发。

1. 品牌

品牌是产品附加值之一，在购买一些价格偏高的产品时，消费者会更多地关注品牌，如电视机、冰箱、汽车等。大家应该都听过这句广告词："相信品牌的力量。"品牌给消费者的感觉就是，值得信赖、可靠、安全、品质。

在互联网时代，品牌不仅可以是一个商标，也可以是一个人。例如，在网络上，我们常常可以看到"网红同款""××明星也在用""产品+@名人"的广告语。名人推荐的商品，会给人良好的印象，至少不会让消费者认为是假冒伪劣品，再加上粉丝效应，商品的价值就会得到提升。这就是人作为品牌的力量。

在文案中塑造品牌附加值的例子有很多，如图 2-13 所示。

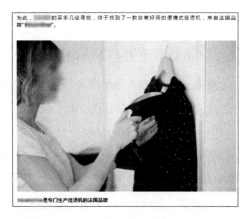

图 2-13

当消费者对某个产品或企业不了解时，常常会将关注点放在品牌上，这时在文案中介绍这个品牌就很有必要。

2. 身份或形象

产品能表明消费者的身份或提高其形象，这也是产品的附加值。例如玉，从使用价值来看，玉的作用是装饰；从附加值来看，它可以给消费者塑造一种形象，如温文尔雅、端庄大方等。产品所赋予的身份与形象，能满足消费者心理上的需求，如面子。

对于高价值的产品，常常需要在文案中塑造其身份、形象，如珠宝首饰、高档礼品、品牌服装等。在撰写文案时可以从产品的风格出发，如服装带给人的形象可能是干练、精致，也可能是随性、时髦等，这与服装的风格有关。

3. 感觉

通过前面两点可以看出，产品的附加值都比较抽象。如今，人们的消费也逐渐从购"物"转变成了购"感受"，即这个产品给我的感觉好，那我就买下它。

感受，其实就是一种情感。所以，在现代营销中，可以听到一个词"情怀营销"，即营销时讲情怀、谈感情，而不是只说产品、只谈价格，这是符合当前大众消费观的一种营销方式。类似的文案有很多，如"中国梦，梦之蓝""快乐、分享、永远的可口可乐"等。

情感比较抽象，我们可以将怀念、喜爱或执着的追求看作一种情感，如时尚的动漫、经典的老电影、儿时熟悉的味道等，都可以成为文案中情感的诉求点，这时就要用讲故事的手法来让这一情感印象深刻。

例如，我要为某汽车写一篇文案，为了让文案更有情感，就需要写一个故事。汽车虽然是代步工具，但从情感上看，它能帮助我远行，让我在旅途中认识自己。由此可以从"旅途、风景、远足"这个角度来撰写文案，即一台好车是如何陪伴我走四方，从而收获沿途风景的。在内容上，我会先讲述关于自己的一次随心出发，然后结合产品，从强劲的发动机来说明它是如何让我的旅途畅通无阻，再从超大的后备箱来说明它是如何让我任载旅行装备，惬意出行的……

2.2.4 让消费者满意的承诺

文案能否给消费者以承诺是很重要的，承诺与信任有关。一款产品只有让消费者信任，消费者才愿意埋单，而承诺是信任的前提。

在网络上购买理财产品时，常常可以看到"预期收益×%"这样的广告语。这里的"预期收益×%"就是该理财产品给消费者的承诺，当然这个承诺并不一定会实现，因此才附加了"预期"二字，旨在告诉消费者，这只是预估的一个收益，具体还要以实际收益为主。相反，如果该理财产品没有预期收益的说明，这样的理财产品就可能无人问津。

对于那些没有吸引力的承诺，消费者一般都会抱以无动于衷的态度。因此，文案创作者为了引起消费者的兴趣，会在文案中做出比较有力的承诺，如防晒霜的晒不黑承诺、懒人沙发让人躺着舒服的承诺。由此可以看出，承诺实际上就是产品所能带给消费者的"功效"。

尽管有力的承诺能吸引消费者，但同时也会出现让消费者怀疑的问题，如某保健品承诺可以防癌，消费者可能就不会太容易相信这个承诺。所以，文案中对消费者做出的承诺一定要满足可信这个条件。

真实、可信的承诺，虽然看起来可能比较小，但不会让消费者产生怀疑。例如，洗手液能杀菌、洗发水能去屑，这些承诺都是比较可信的。要想让消费者相信承诺，就要在文案中将承诺设置得有理有据。例如，一款防脱发的洗发露，对消费者的承诺是其具有防脱固发的功效。在文案中，为了证明这一功效，需要提供以下证据。

证据一：品牌。这款洗发水是由一个有百年历史且专注于防脱发的品牌企业生产的。

证据二：销量。这款洗发水销量好、口碑好，很多买家用过之后都表示防脱效果显著。

证据三：防脱配方。这款洗发水含有多种防脱固发成分，并且获得了专利。

以上证据会使消费者更加相信洗发水确实能拯救脱发，而不会产生质疑。

另外，承诺越具体越好。这是指承诺不笼统，有可衡量性。例如，理财产品承诺"保收益"就没有"保本，年收益率在5%左右"具体。再如，"让你变美"就没有"淡化色斑、美白"的承诺具体。由此可以看出，具体的承诺更具有说服力。

对于承诺的内容，可以将其放在文案的标题中，让买家第一眼就能看到。另外，也可以放在内文页的副标题或第一句话中，并做突出显示，如图2-14所示。

文案中的承诺并非只有一个，一般有主要承诺和次要承诺两个，主要承诺是需要重点强调的，次要承诺起辅助作用。主要承诺与次要

承诺一定要真实可信，不要在文案中宣传那些自己都不相信的承诺，即说服买家的前提是先说服自己。

有的商家为了销售自己的产品故意夸大或撰写不符合实际的承诺，这样只能获得一次性用户，而不能获得回头客。

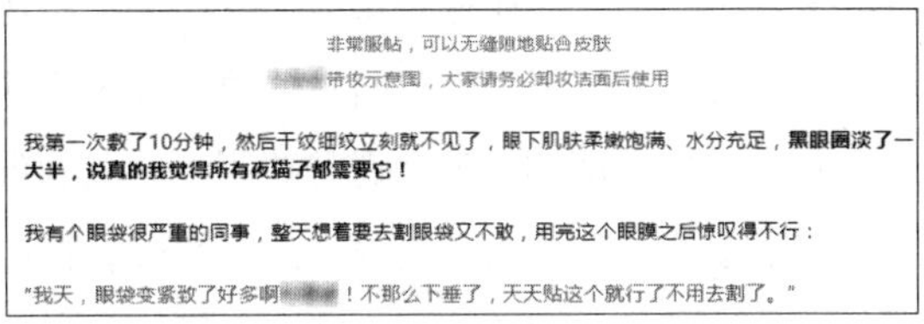

图 2-14

2.2.5 给用户一种"诱惑力"

很多用户在决定购买一款产品前总会犹豫不决，而文案创作者就要用一种诱惑力让消费者快速做出购买决定。

要想让消费者做出购买决定，就要在文案中创造"导火索"。例如，在牙膏文案中，展示使用前和使用后牙齿颜色的对比，让潜在买家看到该款牙膏的美白效果，这就是一个导火索。导火索会让消费者有心动的感觉，从而引发一系列连锁反应，如收藏、加购物车，直至付款下单。

导火索应当直接明了，作为文案创作者，不应忽略消费者的"懒惰"，很多时候消费者往往懒得去思考这款产品是否超值，因此需要明确地为他们点出。有心理学家做过这样一个实验：在一个房间里放一个装满食物的透明冰箱，大多数人都会主动去拿冰箱里的食物。而当心理学家为这个冰箱加了把锁以后，即使把钥匙放在旁边，这时主动去冰箱拿食物的人也明显变少了。因为先拿钥匙开锁才能拿到食物，

比直接打开冰箱就能拿到食物要麻烦，这一把锁就降低了人们拿食物的欲望。

优秀的文案创作者会重视消费者的这种"懒惰"，让买家秒懂产品超值。现在在网络上购物的消费者有很多，因为大家都懒得去逛街、懒得去挑选商品，在网络上购物不仅价格实惠，还能送货上门，何乐而不为呢？

一切能对消费者的购买决策起到催化作用的，都可以作为导火索。例如体验，很多网络游戏都会为玩家提供短期的 VIP 体验，或让玩家试玩某个付费特权。这实际上就是诱导玩家的需求，即先给玩家一个"饵"，让他觉得很"香"，然后让他通过充值继续享受。类似的策略还有很多，如电商平台上的商品试用、视频网站上的试看 5 分钟等。

在文案中，能够对消费者的购买决策起到催化作用的有产品优势、促销活动、客户好评、品牌及详细描述等。为什么现在很多商家都要去打造品牌呢？就是因为很多消费者懒得去比较产品，很多时候他们都是抱着"这是品牌，很靠谱，就买它"的心态下单的。因此，品牌与前面所说的附加值是相辅相成的，一样起着导火索的作用。而对于"贪便宜"的买家来说，促销活动就会成为具有诱惑力的导火索。但不管是什么样的导火索，都要满足一个条件，就是必须有价值，能够引起买家内心的购买欲。

2.3 高转化率文案的写作技巧

对于做运营推广来说，文案的转化率是值得关注的一个指标。例如，网站文案、微信文案、微博文案及电商文案等都离不开转化这一重要目标。对于一名文案写作者来说，高转化率的文案也是有一定写作技巧的。

2.3.1 让产品有亮点的一些套路

在文案圈，常常可以听到"一个文案救活一个品牌"。这句话听起来似乎有点不可思议，但不能否认，好的文案即使不能救活一个品牌，也能让产品销量得以提高。

做运营的朋友经常会发出感慨："我怎么就写不出这么有 feel 的文案？"同样是关于扫地机器人的文案，你写出来的是：洁净护家，看得见。他写出来的是：有眼睛的机器人，更懂你的"净"生活。由此可见，不同的文案表述会给人带来不一样的感觉。

大家都知道，现在产品同质化的现象很普遍。也就是说，很多产品之间可能并没有差异化的优势。例如，我的餐馆没有肯德基、麦当劳的知名度，也没有星级餐厅的高级服务，甚至做不出星厨美食，而只不过是街边众多普通餐馆之一，并没有什么特别的优势，那我是不是就要放弃经营我的餐馆呢？当然不是了。

很多商家都没有办法让自己的产品具备十足的差异化，更多的是销售普通产品，但无差异化并不代表就没有出路。例如，现在很多手机主打的都是拍照这一卖点，虽然卖点相同，但通过文案，也可以让卖点更有亮点，如拍照黑科技，更快更清晰——vivo；AI自拍，清晰自然美——华为。

曾有网友说："产品好不好，主要看文案。"这并不是说我们可以通过文案将黑的说成白的，而是指可以依靠文案，将差异化不明显或者没有什么特色的普通产品变得有亮点，将优秀的产品变得更优秀。

那么，问题就来了，文案是如何打造产品亮点的？有没有什么套路？答案是当然有。

1. 近义词法

在文案中，如果能将近义词组合起来，也能产生魔力。例如，别克汽车的文案"不喧哗，自有声"；戴比尔斯钻戒的文案"钻石恒久远，一颗永流传"。

喧哗和有声、久远和流传是两对近义词，但细细琢磨又有区别，组合在一起就会让人印象深刻。

2. 对比法

通过对比可以扩大产品的优势，如"不在乎天长地久，只在乎曾经拥有""你未必出类拔萃，但一定与众不同"。

在文案中，对比法使用得比较多，具体可以用图文搭配的方式与同类产品作比较，以突出自己产品的品质，也可以通过对比产品使用前后的差别，让消费者觉得产品"挺不错"，如图2-15所示。

3. 营造场景

营造场景可以调动消费者的感官，让消费者想象使用产品时的体验。网络上的商品看不到、摸不着，也闻不到，因此只能通过具体的描述来帮助买家营造场景。例如U型枕，可以在文案中营造一个枕上它以后很舒服的场景。在内容上，可以向消费者说明U型枕的选材是太空记忆棉，柔软、慢回弹，可以随时随地用其来休息；护颈的设计还可以缓解头颈的压力，侧着睡、仰着睡都会很舒适。再配上如办公场所、飞机上使用U型枕睡觉的场景图，会更有说服力。

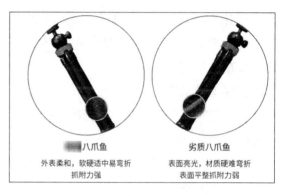

图 2-15

营造场景的一个简单方法就是，告诉买家什么时候会用到这款产品。例如，上述案例中的U型枕，就可以告诉买家，在工作结束后、汽车上、出差旅行过程中都可以使用。

4. 强调法

在文案中，可以对产品的卖点进行强调。例如，要说水蜜桃的多汁，可以先说把皮剥开，汁液就会流下来，再说一挤果肉，就可以爆汁，这样能加深消费者对产品多汁这一特征的印象。

对于短文案而言，可以采用重复用词的手法来强调，如"别赶路，去感受路""好吃，你就多吃点""长得漂亮是本钱，花得漂亮是本事"。这些耳熟能详的文案，采用的都是重复用词的手法。

2.3.2 文案主体是否清晰

文案主体是否清晰是指文案是否能让买家看到其想要的好处，这就要求使用一定的方法来提高转化率。

方法一：将主要卖点放在前面。

中长篇的文案在安排内容时，应将产品的核心卖点或消费者最关心的利益点放在前面，即内容页第一段或第二段的位置。

例如，写一份防污衬衫的中长篇文案，在内容结构的安排上，要先将衬衫防污这一主要卖点写在前面。在文案最开始，可以进行铺垫，说白色的衬衫沾上污渍后会让穿者形象大打折扣，紧接着引出产品卖点，说现在不用怕了，因为有防污衬衫，如果将果汁、咖啡洒在上面，只需抖一抖就干干净净了。

在引出主要卖点后，接下来就可以诉说衬衫的其他卖点，如不挑身材、透气性强等。然后说明为什么它可以防污，这一步就是前面说的强调法。最后阐述衬衫在细节上的一些设计，以增加产品的附加值，让买家更心动。

方法二：段落适当。

写长文案一定要注意段落的行数，太多就会显得冗长。一般来说，控制在两三行即可。由此不难发现，微信、微博及论坛等平台上发布的文案，段落都不会很长。微信上的文案普遍还有一个特点，就是在各段落之间空一行，让段落之间不那么紧凑，从而让读者阅读起来更轻松。

方法三：把控细节。

文案创作者要避免使用笼统的说法及让文案显得乏味的内容。一般来说，阅读文案的读者都是对产品感兴趣的消费者，直接把能打动他们的信息全抛出来效果会更好。对于一些重点，可以通过加粗或使用其他颜色的背景来突出，但要避免用得过多，以免让读者眼花缭乱，反而影响用户体验。

文案中通常不会用很多句号，一般是一个段落最后用句号。在上下段连接时，即使中间配有图片，也要考虑前文与后文之间的衔接性。如果一篇文案要介绍产品的几个不同卖点，为了让买家看一次就能清楚明白，应用小标题进行分段，因为买家通常只会看一遍文案，如果不能让他们看一次就清楚产品有哪些亮点，就可能会失去这些买家，而用小标题分段可以增强可读性，同时也能让买家快速检索内容。

2.3.3　4种布局文案的方法

文案的布局决定了文案的结构框架，合理的布局可以帮助我们准确传递产品的价值信息。掌握以下布局文案的方法将有助于文案创作者厘清文案的结构框架，从而让创作的文案不至于太差或让读者感觉内容很乱。

1. 顺序布局式

顺序布局式分为两种：一种是按照时间顺序来安排，另一种是按照步骤顺序来安排。

时间顺序就是以时间跨度来安排文案，这种布局方式常用于有时间先后顺序的文案中，如公司发展史、动态变化趋势等。

例如，房地产企业要写一份文案来告诉买房者如果现在不买房以后会更买不起，从而刺激有买房需求的人迅速买房。这时就可以从近10年房价的变化入手，以时间顺序分别阐述2008年、2010年、2012年……2018年主要城市商品房价格的变化。让买房者看到，每个买不起房的人都在期盼着房价能下降，但事实是：10年间，房价不但没下降反而一直在上升，而工资水平却停滞不前。

按照时间顺序来安排文案，可以让文案具有节奏感。这种方式，在公司简介类文案中比较常见。如果企业刚建立了独立网站，公司领导要求你撰写公司简介，放在网站上展示，那么就可以以时间顺序的布局方式来安排。

步骤顺序是指按照第一步、第二步、第三步的布局方式来安排文案。对于技巧型文案，用这种方式来布局比较合适。例如，现在运营了一个修图软件App的公众号，为了维护粉丝，需要常常发布与手机摄影后期有关的技巧型文案，那么在撰写文案时就可以采用步骤顺序来安排布局。例如，第一步打开照片、第二步去雾、第三步调色……这样的布局方式能使阅读者一目了然，从而很容易学会具体的修图操作方法。

以步骤顺序来布局文案比较简单、实用，且这种布局方式不需要太多技巧，就能保证文章的逻辑结构清晰明了。

2. 多角度陈述布局式

多角度陈述布局式常用于产品介绍类文案中，即从产品的不同角度来阐述其特点。例如，写一份无叶电风扇的产品文案，可以从品牌价值、无叶外观、送风方式、遥控装置、节能省电、清洗方便、安装便捷等角度来介绍该产品。

在用此种布局方式撰写产品文案时，可以先将产品的要点罗列出来，然后展开陈述，注意避免重复。前面介绍的对比法、场景法等，都可以运用于此类布局方式中。

3. 设问布局式

设问布局式是指先向读者提出一个问题，然后进行分析，最后提出解决方法以引导读者行动。这种布局方式比直接陈述的方式更有力量，能引导读者思考，更能给读者留下深刻印象。在写销售类文案时，可以使用这种写作方式。

相比于前面两种布局方式，设问布局式要稍难些，在写作时可以参照以下框架。

第一步：对用户痛点提出设问。

第二步：对提出的设问作出解释或分析其原因。

第三步：阐明具体的解决方法。

第四步：在文末引导读者做出行动。

为了便于理解以上框架，下面以一个案例来说明如何布局。七夕节快到了，要写一份销售文案来引导用户购买七夕节礼物。因为要介绍的产品较多，如果采用多角度陈述布局式来书写，会显得没有吸引力，这时就可以采用设问布局式来书写具体的内容框架。

设问：七夕节快到了，究竟送什么样的礼物才能打动爱人的心呢？

分析：七夕节是中国的传统节日，被称为东方情人节……因此要送能表达爱意的礼物。

解决办法：根据七夕节礼物排行榜（采用具体的数据来说明），爱人更愿意收到充满东方情意的礼物。阐述选购攻略，甄选心意好礼。

引导行动：列出各项心意好礼，采用"产品＋推荐理由＋购买链接"的形式书写。例如：

礼物一：美容仪。

理由：珍贵大气，让爱人拥有精致面容；直降500元（用优惠信息引导）。

礼物二：情侣手表。

理由：大方得体，寓意携手守候；限时闪购，低至1折。

礼物三：香水礼盒。

理由：高级优雅，属于东方女性的独特香味；买即赠。

礼物四：……

4. 总分总布局式

总分总布局式是指在开篇点题，然后将主题分为几个分论点展开阐述，最后进行总结。开头作为总起部分应简洁，而中间的枝干可从不同角度去阐述。

例如，要写一份文案来推广教孩子掌握学习方法的视频课，采用总分总布局方式可以构建以下内容框架。

总论点：为了不让孩子输在起跑线上，在假期为孩子报大量补习班效果不一定好，让孩子掌握学习方法才更重要。

分论点一：传统的补习方法存在诸多问题，如题海战术让孩子疲倦、直接告诉答案让孩子逐步丧失思考能力；

分论点二：补习班水平有待考量，如部分补习机构夸大师资力量、无证机构挂靠办学；

分论点三：学习有方法，列举学霸的案例，说明掌握高效学习方法的重要性。

总述归纳：强调高效的学习方法是提高学习成绩和学习效率的关键。

结尾：介绍学习方法视频课的优点，如能帮助孩子学到实用的学习方法、可反复观看、课程内容有××堂、讲师……

在具体撰写文案的过程中，常常会将多种布局方式结合起来使用，文案创作者要多加练习，学会活学活用。

2.3.4 一定要会写有销售力的文案

很多人说，做产品推广最令人头疼的一件事就是撰写文案。下面就以一次文案训练课堂为例，来介绍如何提高文案转化率。

在一次文案训练课上，一位学员在群里给大家出了一道题目，请大家根据图2-16所示的LOGO写一份品牌文案。

于是，大家纷纷摩拳擦掌，写下了几篇文案。其中两个如下所示。

第一个："曾经和某人约定，找到白色和黑色曼陀罗，她一定漂洋过海地来找我。白色曼陀罗好找，可黑色曼陀罗在哪儿？我一直在寻寻觅觅！

寻觅中，我搜集了太多太多五颜六色、娇

艳欲滴的鲜花,也搜集了太多太多美好的故事,但我更愿意聆听你的心声!来吧,带来你的美好愿望,带走你的美丽花言。"

图 2-16

第二个更简短,表达也更清晰:"也许只需要一束花,你的生活就可以变得浪漫。"

第一个文案是围绕"花言"这个店铺名撰写的。第二个文案给了别人一个购买的理由。这两个文案看起来都不错,但是在文案训练课上的得分都是零!

因为他们还没有弄清楚这个文案的目的、发布渠道、这家店铺有何特色,甚至不知道这家店铺是卖干花的还是卖鲜花的,就把文案写好了。

学员说这是朋友的花店,他也不清楚,我便让他先去了解了一下。这家花店只是普通的路边小店,没有什么独特之处,撰写文案也是为了发在微信群里吸引更多的人。

了解了这些,对于花店的文案,有以下几个建议。一个普通的路边花店,想要单纯靠将品牌文案发布在微信群里达到宣传的效果,这显然不现实。我们需要的是营销策划,如让员工在花店门口送一枝花给路过的情侣、年轻人,并请他们扫一扫花店的二维码进行关注。

对于一个小店来说,最需要的不是一个品牌文案,而是朋友圈具有销售力的文案。我们都知道,卖花是一份浪漫又甜蜜的工作。你可以在朋友圈里分享每天来店里买花的客户的故事,如今天某小伙买了一束玫瑰,准备向恋爱了三年的姑娘求婚,祝福他们。再如,今天有个小女孩买了一束康乃馨给她妈妈过生日,夸她懂事。这样的文案自然能够传递正能量,能够感染人们。当然,还有很多方面可以写,如准时把花送出去、什么场合要送什么花等。

我们都知道文案的重要性,但同时又担心写不出好的文案。别担心,文案无须华丽的语言,只需保证内容能够让用户更加容易理解和接受即可。

就像上述花店的文案,并没有使用多么浪漫的语句。但是,考虑了想买花送人的客户会思考哪些问题:他可能担心快递帮他送到花的时候,花已经不新鲜了;他可能担心花店老板包的花不好看,自己的女朋友会不喜欢。这些都是写文案的时候需要考虑的客户感受。

写文案前可先进行五度分析,这样就能知道自己在哪方面需要加强,如图 2-17 所示。

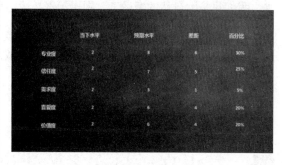

图 2-17

2.3.5 运营推广中几种经典的文案类型

在网络运营推广过程中,有几种文案类型是比较经典的。面对不同的场景,文案创作者要选择合适的文案类型。

1. 暗示型文案

暗示型文案并不直接表明文案创作的目的,而是采用旁敲侧击的方式来传递产品的价值。对处于初创期的企业来说,此类文案比较适用。因为处于初创期的企业知名度并不高,产品可能也不是很成熟,此时就可以采用暗示的方法描绘产品能够给消费者带来的好处。

例如,《水浒传》中"三碗不过岗"的文案就是典型的暗示型文案,即向路过的食客传递酒好的信息。再如,太白酒的文案"一滴太白酒,十里草木香",就是暗示酒的醇香。

暗示型文案可从产品的使用场合、品质等方面做出暗示,只要能让消费者联想到产品的价值即可。

2. 实力型文案

实力型文案比较适用于知名度较高、自身性能过硬的产品,因为只需告诉消费者产品有足够的亮点。例如,金嗓子喉宝的文案"保护嗓子,请用金嗓子喉宝"、立邦漆的文案"立邦漆,处处放光彩"。

在撰写实力型文案时,要确保文案所阐述的实力与产品相符,并且要从产品的核心价值出发。

3. 明确利益型文案

明确利益型文案会指出产品能带给客户哪些好处,这也是短文案常用的一种套路。对产品认知度不高的读者在看到此类文案后,会很自然地了解产品的使用价值。例如,宝马汽车的文案"驾驶乐趣,创新无限"、多芬香皂的文案"多芬,滋润你的肌肤"。

4. 寄托情感型文案

寄托情感型文案会以"情"动人,让产品在营销过程中更有温度,从而更容易打动消费者。例如,农夫山泉早期的文案是"农夫山泉,有点甜",这是一则暗示型文案。如今,其文案"我们不生产水,我们只是大自然的搬运工"则属于寄托情感型。

寄托情感型文案所寄托的情感可能是一种梦想,也可能是企业的一种态度或价值观,或与生活等有关的心声。例如,飞利浦的文案"让我们做得更好"、江小白的文案"不是我戒不了酒,而是我戒不了朋友"。

2.4 写出高质量文案的建议

在掌握了一定的文案写作方法和技巧后,要想写出高质量的文案,还需要不断练习以总结经验,最终形成自己独特的文案写作风格。

2.4.1 通过自我训练提高写作能力

写作能力可以通过不断的训练来提高，那么要怎样训练呢？具体来说，我的做法如下。

1. 敢于动笔

要提高文案写作能力，首先就要迈出第一步，就是敢于动笔。如果不动笔，那么文案写作能力永远无法得到提高。对于撰写文案新手来说，完成比完美更重要。

动笔之后，还要做到：坚持写。俗话说，冰冻三尺非一日之寒。文案创作也是一样，只要坚持，慢慢地就会发现自己的文案写作能力不知不觉中得到了提高，文案写作思路也变得日益清晰，有时甚至还会想到一些有创意的点子。

2. 分析优秀文案

分析优秀文案这一方法要是运用得当，基本上能提高20%～30%的文案写作能力。分析优秀文案能让文案新手学到他人的文案写作思路及文案撰写技巧。分析优秀文案并不是毫无头绪地阅读文案，而是要掌握一定的方法。

（1）分析标题。看一篇文案，首先要看其标题，如果是短文案，那么标题就是内容。对于好的文案标题，可以收集起来制作成"文案标题笔记"，并分析写作规律。

（2）分析开头。一篇文案的开头一般是比较精彩的，也是很值得学习的部分。具体来说，要分析文案的开头采用的是哪种写作手法、是用什么方法吸引读者的。

（3）分析结尾。如果是推广型文案，结尾通常有广告链接；如果是仅做分享的文案，结尾通常以文章的结束为自然结尾。分析不同类型文案的结尾，要采用不同的方法。例如，推广型文案，需要重点分析其是如何让广告信息与文案正文自然结合的。再如，分享式文案，则分析其结尾方式是怎样的。

（4）分析逻辑思维。在读完全篇文案后，还要对其整体逻辑思维进行分析，看作者是如何安排布局的、这种布局方式好在哪里以及是否可以运用到自己日后的写作中。

完成以上四步后，可以尝试用自己的话复述一下文案内容，看看与别人写出来的内容有何差别。对不满意的地方，可以尝试修改，然后对比，再修改，这样不仅明确了他人的写作方式和文章结构，也让自己得到了一次练习写作的机会。

我们所阅读的文案并不都是完美的，在分析时也可以找一找他人写作的不足之处，避免自己在今后的写作中犯同样的错误。

（5）分析排版。好的文案，还需要搭配好的排版。可以看看他人的文案选用的是何种字体、字号，段落是如何分的，颜色是如何搭配的。

（6）总结。总结是必需的，能进一步加强我们对文案写作的理解，从而让自己的写作能力提升得更快。

3. 写了改，改了写

据了解，很多做运营的人刚开始都不太会写文案，因此常常会遇到辛辛苦苦"琢磨"出来的文案却被要求改稿的情况。只能写了改、改了写，直到公司领导满意。

如果公司有写文案的高手，可以向其寻求反馈，有他人的指导比被动学习会进步更快。同时，有了他人的指导，还能帮助写作者在修改时能改到点子上，而不是反复修改，却一直通不过。

4. 讨论

和身边的同事讨论文案的写作思路，或将自己的文案分享给朋友阅读让他们提建议，都不失为提高文案写作能力的好方法。

5. 练习

工作之余，可以在网络上找产品写文案，或为公司的产品写一句广告语，以此进行文案写作的日常训练。

2.4.2　学会用"你"和"我"

也许我们每天都在阅读文案，却很少注意到文案的细节。有时阅读某些文案，会感觉这些文案好像是在和我们说话。若仔细观察，就会发现这些文案中通常都在使用"我"和"你"，如图 2-18 所示。

图 2-18

看了图 2-18 的文案，你有什么样的感觉呢？是不是有一种商家在为我们着想的感觉？

在文案中使用"我"会给读者以带入感，让读者感到与自己有关，这样读者的注意力自然会被牢牢吸引，如图 2-19 所示。

图 2-19

"我"和"你"都是日常生活中交流的常用词，在文案中大胆使用可以让文案更接地气。

要想让文案快速吸引消费者，营造与"我"有关或与"你"有关的感觉会收到不错的效果。这是因为人们通常会优先关注与自己有关的事情。

在具体的写作过程中，也可以通过在文案中描述用户群的方式让读者一眼就能看出这一内容与他有关，如年龄、职业、性别等，如图 2-20 所示。

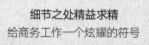

图 2-20

2.4.3　好的文案还需搭配好的图片

在文案中，图片的重要使命就是吸引读者。效果好不好从点击率可以看出来，而影响点击率的一个重要因素就是文案图片。对于短文案而言，更是如此。

朋友圈广告、淘宝首页广告都是以"图片 + 短文案"的方式来展示的，如图 2-21 所示。

图 2-21

长文案也需要图片，即使是情景式的图片。要想让文案中的图片具有吸引力，就要对图片进行优化。对读者具有吸引力的图片，往往有以下几个特点。

1. 主体突出

图片中除了文字外，一般还会有其他元素，

如产品、装饰等。当众多元素集结在一起时，千万不能让主体变成陪衬。文案的主体一般是产品和文字内容，因此主要文字要用大号字体，且产品通常位于旁边，如图2-22所示。

图 2-22

2. 背景简单

图片文案的背景一般比较简单明了，否则会干扰读者的视线，也会影响读者的感受。

3. 色彩协调

色彩搭配对图片文案的视觉表现力也有影响。图片文案要有明确的主色调，背景可以是纯色，也可以是主色调的相似色，即做到色彩协调，这样能让表达的内容更突出。

另外，还需要注意的是，文案的内容一定与产品或推广意图相关，如我们要推广的是家居产品，那么图片上的元素主要就应该是沙发、椅子等与家居有关的，而文案也要围绕"家居"这一核心，如以家居生活、匠心家具等为出发点进行描述。

2.4.4 写文案不要一味地追求字数

文案有长短之分，其中短文案并不需要用太多词汇加以堆砌。仔细阅读优秀的短文案，会发现其内容都是精练又直指人心的，没有多余的内容，如果用十几个字就能表达清楚，那么绝不会用二十几个字。

有人说，短文案当然要求短小精悍，但长文案就要内容多，这种说法并不正确。

在当今这个读图的时代，人们已逐渐摒弃纯文本的阅读方式，更偏向于轻松直接的阅读方式，特别是广告信息。因此，在写文案时，不要一味地追求字数，力求对产品的介绍面面俱到。那么，文案到底多长才合适呢？这要根据文案的题材来确定，文案创作者可参考以下字数要求。

（1）微博文案。虽然微博已不再限制只能发布140字，但根据微博展示的视觉效果，超出140字的内容会显示有"展开全文"，这需要用户点击后才能阅读，因此微博文案的字数最好还是控制在140字以内。

（2）微信文案。微信文案的字数可稍多于微博，1500字以内比较合适，短一点的也可以在300～1000字。

（3）论坛文案。论坛文案与微信文案相似，字数可略少于微信文案，控制在1000字以内为宜。

（4）新闻文案。新闻文案相较于前几种，起步字数可在500～1500字。

（5）图片文案。图片文案一般在20字以内，如果字体较小，属于故事型或情感型的搭配文案，那么字数可稍多些。海报类的图片文案则一般在10字左右。

（6）产品详情文案。产品详情文案一般在100字以内，短的可能只有几个字，中长的一般在20～30字，具体根据产品的描述来确定。

总的来说，文案字数的长短并没有定式，上面只是常规的文案字数要求。说到底，文案的最适宜字数还要根据读者的偏好来确定，因此多了解你的目标用户到底想看什么、想看多少内容，对于文案长度的控制就会在心里有一个预期。

下面来介绍让文案更精简的方法。

（1）删除重复的、累赘的词汇。

（2）一个句子若能用一个词或短语来代替，那么就用词或短语。

（3）斟酌文案中的修饰性词汇，对可要可不要的进行删除。

（4）查看文案的整体结构和含义，对于不影响整个句子意思表达的词汇可以删除。

2.4.5 如何写电商自我介绍类文案

不管是做企业电商运营，还是做个人电商运营，都需要加用户为好友。在这个过程中，难免会遇到以下问题。

问题一：你是谁？

问题二：你从哪儿加我的？

当遇到这样的问题时，很多运营者都不知道如何应对，其实只需要做好自我介绍即可。

"你是谁？"几乎是主动添加好友的必答题，正确解答这个问题的办法有3个：自我介绍、共性关系和兴趣爱好。

但是，很多人可能会觉得，这3个办法我也会，但是不实用、没效果！那说明你只学会了表面的东西，写出来的自我介绍如图2-23所示。

这样的自我介绍，其实只是换了形式的广告，不管是对新客户还是对老客户来说都没什么价值点。

图 2-23

那么究竟该如何写呢？最主要的是突出3点，即是谁、做什么和有什么价值。修改后的自我介绍，如图2-24所示。

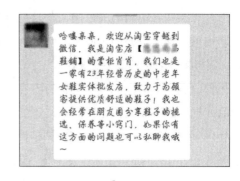

图 2-24

2.4.6 社交媒体活动文案如何吸引精准粉丝

流量越来越少、粗犷式经营越来越难是当前的现状，许多做平台电商的运营者都应该深有感触。例如，公众号拍单，其花费一次多则十几万元，少则几千元，单个粉丝成本也从几元上升到了几十元。这个现象是所有电商即将面对或者正在面对的，尤其是平台电商。目前，微信电商还好一些，但是获取粉丝的难度已大大增加，不断考验着其运营能力。

吸粉无非包括主动吸粉和被动吸粉两种方法，而这两种方法又包括很多技巧套路，这里与大家分享一下如何利用这些方法。

首先来看看如何利用朋友圈进行引流，我们就是利用这种方法做到了 3 天吸引 1000 个精准粉。图 2-25 所示为活动文案。

图 2-25

图 2-26

做朋友圈引流最重要的是什么呢？是文案，而且每篇文案中一定要包含二维码。同时，一定要限时，如限时是一小时还是一天，然后在这个时间段内引导你的粉丝进来。

另外，文案头图或者前三张图一定要把活动规则讲解清楚，让粉丝和客户看到之后，清楚具体要怎么做、怎么参与活动，如图 2-26 所示。

这样一来，朋友圈会有几百人同时帮你转发，而且复制得一模一样，核心就是设计环节简单易懂、方便复制。复制的效果是最好的，也是他们想要的。利用这种方法，一个微信新号一天可以引流 200 人，如图 2-27 所示。

图 2-27

秘技一点通

技巧 1　提高成交率的文案优化方法

针对文案的优化，其实不需要有多少创新，只要注意避免几个易犯的错误，业绩就可以提升 50%。

错误一：不会写提升自己喜爱度的文案。

提到喜爱度的文案，很多人的第一反应就是没有内容可写，自己没什么业余生活，也不出去旅游，更没有豪车豪宅可以炫富。这种情况是不是就没有喜爱度了？

这里要纠正一下这个观点，喜爱度并不是你多有钱、身材有多好，而是客户喜欢的内容。因此，要能写出一些迎合客户的观点，让客户觉得你是一个懂生活、有见解的人，而不是一个浮夸的人。怎么才能做到这一点呢？有一个非常好的工具——知乎！如图 2-28 所示。

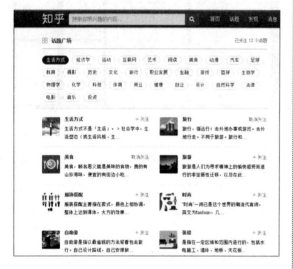

图 2-28

在知乎上有一个话题广场，里面有各个行业的各种话题，我们可以浏览自己客户感兴趣的话题，然后总结出迎合客户的观点并写成文案。

举个例子，你的客户对健身减肥感兴趣，那么你就可以从知乎的健身话题中找内容，如找出与瑜伽相关的，然后提炼一下发到网站、公众号、微博或 App 上。因为知乎上大部分内容都非常专业，所以发到我们自己的平台中，不会有人觉得你的内容很低级，反而会觉得你在这方面有自己的见解，而不是一个只会卖货的人。

再如，有段时间电影《战狼》很火，但是你没有看过这部电影，而朋友圈都在讨论，这时你可以去知乎看看别人是怎么评论的，然后选择一个观点发到朋友圈。这里需要注意的是，选择的观点一定要和你的粉丝价值观相符，不然别人都在说《战狼》好看，而你却说很垃圾，这就是找骂的节奏。

错误二：百科式的专业度文案，粉丝完全抓不到价值点。

专业度文案最容易理解，无非就是写出与自己产品服务相关的专业知识，关键在于能不能把专业度文案写得通俗易懂。下面来看一个案例，如图 2-29 所示。

图 2-29

这样一段文案，粗略一看，似乎很专业，其中讲到了很多专业名词，如气血充足、代谢活跃、运化正常、血液脂肪等。其实，这些名词很多人都知道，但是理解不了，所以这个文案就是百科式文案，对客户起不到任何实质性的作用。

如果你确实很专业，可以通过一些通俗的比喻对这些内容进行讲解。例如，肠胃新陈代谢就跟河流排污一样，水流速度加快，才能冲走垃圾，如果水流小而平稳，所有脏东西都会沉淀在河道内，这样河道就成了臭水沟。老一辈人说多吃粗粮对身体好，就是这个道理，通过食用××，降低碳水化合物的摄入，促进肠胃蠕动，带动积累的脂肪消耗等。这样就比较容易理解了。

错误三：将价值度文案写成了专业度文案。

价值度文案和专业度文案的区别在哪里呢？专业度文案侧重于把复杂的专业问题讲解得通俗易懂，让客户看明白就行，而价值度文案则侧重于给客户带来实质性的内容。

这里以做运营为例，假如你不知道什么是微博粉丝通，我给你解释微博粉丝通是微博的一个推广平台，在这个平台上投广告，微博就会把广告展现给你的潜在客户。这其实就是专业度。

那么，价值度文案是什么呢？你知道微博粉丝通是什么后找到我，说有一个推广创意不知道行不行，让我给你提建议，我告诉你价格应该上调一些，这张图片应该换掉、那句话应该换个说法。通过给你提出建议，让你的推广创意更加完善，这就是价值度。

当我把这两个都写成一个段子发到微信或微博上，那对应的就是专业度文案和价值度文案。实际上，专业度和价值度是没办法独立的，但是作为文案新手，还是需要区分一下，以加深自己对两者的理解。

技巧 2 没有文案写作灵感怎么办

在没有文案写作灵感时，很多文案创作者的第一做法就是去网络上搜索文案，但网络上的文案都是零散的，找了很久，看了很多，结果却没有多大帮助，这无疑是浪费时间。这里为大家分享一些专业的文案网站，当没有创作灵感时，可以从中寻找、构思。相比于使用搜索引擎搜索的方式，进专业网站带来的帮助会更多一些。

1. TOPYS

TOPYS 是一个创意分享平台，可供人们了解当前热门的、有趣的创意资讯。进入该平台后，可以看到关于艺术、创意的文章、视频及案例等。另外，在该平台还有一个"灵感库"栏目，这一栏目包含了文案创作者比较感兴趣的广告、暖心故事等。这些内容都可以帮助文案创作者寻找灵感。图 2-30 所示为网站首页。

图 2-30

2. 梅花网

梅花网是一个为用户提供营销、活动、广告、微信、微博等资讯、案例的平台。文案创作者不仅可以在其中学习文案写作知识，还可以找到很多营销创意。图 2-31 所示为网站首页。

图 2-31

3. 广告门

广告门提供了很多热门、优秀的文案案例，包括互联网、汽车、金融及健康等行业。图 2-32 所示为网站首页。

图 2-32

4. 4A 广告提案网

4A 广告提案网每天都会更新大量的广告和文案，而且会提供新鲜的广告圈资讯。进入网站首页后，就可以看到最新发布的广告文案，如图 2-33 所示。

图 2-33

在这些网站上寻找灵感要学会有目的，这样才能提高效率。例如，要找与节日有关的文案，那么就可以进入 4A 广告提案网的"专题"页面；要找活动创意文案，那么就可以进入 TOPYS 的"活动"页面。

技巧 3　这样做，让你知道每天要写什么

在写文案时，很多文案新手常常是想到哪儿写到哪儿，结果写到一半却发现不知道该如何写下去了。对于文案创作者，特别是对于专职文案创作者来说，要避免文案"烂尾"，就要学会做选题策划。例如，将最近一周或半个月的选题提前做好规划，这样可以为创作文案节省很多时间，也可以避免陷入不知道写什么的局面。

做文案选题要避免一个误区，就是追求大而全。很多文案创作者认为，大而全能为自己的文案吸引更多的读者。这样看似很好，但忽略了一个重要的问题，就是很难突出文案的重点。因此，在选题时，文案创作者不妨向自己提出以下几个问题。

（1）文案内容是否足够有创意，或是否与同行的文案有很大的差异？

（2）产品品牌是否有足够的影响力、知名度或价值？

（3）文案发布平台所累积的粉丝量是否足够多？公众号、微博粉丝量是否上万？

针对上述几个问题，如果你的回答是否定的，那么文案的选题就不能追求大而全，而应专注小而精，选择一个文案方向，做到有特色和标签。例如，做公众号文案，选题内容只涉及女性情感。

从长远来看，做文案选题不应是每天上班后才去想当天发什么，而应根据产品营销策略或用户需求确定选题，这样就可以让文案选题形成一个体系，从而不太容易受外界热点等其他因素的影响。例如，做鞋类产品，就可以针对新品上市、热销、清仓等产品规划阶段策划选题。

在策划选题时，也可以将一个切入点细化，这样会让读者觉得更新奇和有趣。例如，做红酒电动开瓶器产品的选题策划，如果追求大而全，可能会从开瓶器的设计、质量、材质等方面入手。但将其细化，可以只讲一个方面，就是开红酒快。快到什么程度呢？只需三五秒。我们可以用一个故事给读者留下深刻印象，如某天约一个姑娘进行烛光晚餐，开红酒时用力过猛导致瓶塞断裂，当时场面很尴尬，而电动开瓶器则毫不费力就能快速开红酒，这样会让读者感到与众不同。

追热点也是策划选题时常用的手段，但要让文案成功需注意以下几点。

1. 要及时

既然是热点，自然就有时间限制，否则热点就不热了。例如，世界杯，7 月一结束，这一热点就立刻冷了下来，如图 2-34 所示。

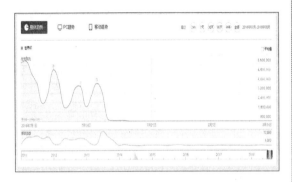

图 2-34

因此，追热点要趁早。例如，在世界杯比赛期间发一篇关于世界杯的文案，比在世界杯结束一两个月再去发效果要好得多。另外，平台粉丝量越大，追热点的成功率就会越大。

一定要常看一些追热点的工具，如微博热搜、微信指数、百度搜索风云榜、搜狗热搜榜、新榜热门内容等，这对写文案大有裨益，如图 2-35 所示。

图 2-35

2. 要新

热点肯定会被大多数人追，要想脱颖而出，切入点就要新。大家都在说七夕是情人节要送礼，而你从七夕实际上是"分手节"的角度出发，就会给人留下"有意思"的印象。

 职场心得

小罗在大学读的是汉语言文学专业，于是毕业后进入一家互联网公司从事文案撰写工作。刚开始，小罗和其他文案新手一样，干的都是打杂的工作，每天的工作内容基本上都是收集资料，然后搜索、复制、粘贴文章。三个月后，公司开始让小罗运营一个旅行公众号，满心欢喜的小罗以为自己就此走上职业高峰，可没想到自己面对的却是一次又一次的打击，就是反复遭领导退稿。

领导说小罗写的文案就是小学生写作文的水平，小罗表示不服，好歹自己也是汉语言文学专业毕业的，写作水平再怎么不好也不会像领导说的那样。后来，公司的运营经理告诉了他文案的症结所在，即原因并不在于小罗写得不够好，而是小罗写的文章太过书面化，全是一些景点的官方介绍，根本不适合发布在公众号上。因为公众号更需要有趣味性和看点的文案，标题也要有吸引力。经过和运营经理的长谈，小罗知道了自己错在哪里，从此开始了文案进阶之路。

首先，他去各大旅行公众号取经，不厌其烦地看别人发布的文案，遇到优秀的还会收藏起来，整理成素材文档。其次，他还去各大旅游网站学习取标题的方法。不管是工作还是生活，文案阅读和分析成了小罗每天必做的事。

看了大量的微信文案后，小罗总结了微信文案的写作技巧：微信文案无须严谨论证，但要有目标地进行，下笔之前要先厘清思路，标题上要利用网络热词吸引读者的注意力，内容上要利用实用实学满足用户的需求。

功夫不负有心人，经过大量的自我训练，小罗的文案终于得到了领导的赞赏。这时他才明白，原来不同的平台对文案的内容和风格是有不同要求的。也就是说，只有符合平台特性的文案才能取得成功。

小罗的经历也告诉我们，平常要多收集文案素材、多练习写文案，这样灵感和思路就会主动来找我们。另外，要勤阅读，把看书当成生活的一部分，把经典的句子摘抄下来，关键时刻会为很多文案写作提供帮助。

03 第3章
搜索引擎的引流方式：百度推广

本章导读

为什么要做百度推广呢？只要看看百度搜索在国内的用户量就知道了。2017年12月的数据显示，百度搜索引擎在国内搜索引擎市场的占有率为70.74%，排名第一，然后分别是360搜索、神马搜索和搜狗搜索。大家都知道，在互联网时代，流量就是王。百度搜索引擎庞大的市场占有率意味着其拥有足够多的用户量，而百度推广也成为运营者做互联网运营绕不开的一种推广方式。

学习要点

- 网民的搜索路径
- 搜索推广价格排名原理
- 百度搜索推广的付费方式
- 百度搜索推广的成本计算
- 建立百度搜索推广账户结构

3.1 初识百度搜索引擎推广

提起百度搜索引擎，大家的第一反应肯定是"百度一下，你就知道"。这也说明百度搜索引擎的作用：网民获取信息的重要工具。网民将百度搜索引擎作为搜索工具，而企业和商家则将百度搜索引擎作为拓展新用户、提升企业品牌的营销工具。

一般来说，大多数网友在搜索后只会查看搜索结果中前几页的内容。而要想让网站排在搜索结果的前几页，最简单直接的方式就是进行搜索引擎推广。

3.1.1 百度推广的优势

有些人可能会问：搜索引擎那么多，为什么要做百度搜索引擎推广呢？360、搜狗等搜索引擎也可以啊。当然可以选择其他搜索引擎，但我们不能忽略百度搜索引擎的市场占有率。目前，百度搜索引擎的市场占有率仍排名第一，而且比其他搜索引擎高出很多。对企业而言，做百度搜索引擎推广具有以下优势。

1. 效果明显

百度搜索引擎推广是效果明显的一种推广方式，只要肯付费就可以快速让一个新网站或者排名较低的网站排在搜索结果靠前的位置。推广信息的呈现由三部分组成，即标题、描述和网址（显示URL），如图3-1所示。

图 3-1

2. 出价灵活

百度搜索引擎推广的出价可由企业自己决定。另外，企业还可以根据需要设置预算，如设置每日、每周推广费用的上限，以帮助企业合理掌握花费。

推广信息出现的位置由出价和质量度共同决定。与网民搜索信息高度吻合的推广信息将被优先展示在首页的左侧，其余的推广信息将被分别展示在首页的尾部及翻页后的右侧，如图3-2所示。

图 3-2

在图3-2所示的广告位中，其推广信息的展示是免费的。因为百度搜索引擎推广是按点击效果付费的，即只有当用户点击推广链接时才计费。

3. 精准锁定客户

传统的推广方式主要是企业去找客户，而百度搜索引擎的推广方式是客户去找企业，并通过关键词来帮助企业精准锁定有需求的客户。同时，百度搜索引擎还会通过对地域、时间等的筛选来帮助企业找到更具针对性的目标客户，让推广信息展示在真正有需求的客户面前。也就是说，以客户主动找上门的方式做营销推广的成单率会更高。

3.1.2 百度推广的三大方式

百度推广实际上有三大方式，即竞价推广、优化推广和免费推广。前面讲的付费推广方式就是竞价推广。优化推广是指通过优化网站自然排名的方式进行推广，它是一种免费的推广方式，这一点会在后面进行详解。

在搜索关键词时，在搜索结果页面可以看到 "广告" 和 "百度快照" 标识。其中，"广告" 标识是竞价推广，"百度快照" 标识是优化推广，如图 3-3 所示。

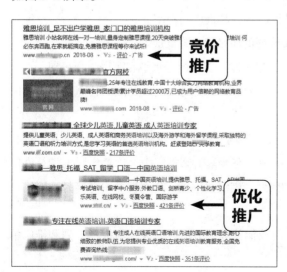

图 3-3

优化推广的优势在于稳定，付费推广的优势在于见效快。免费推广则是指利用百度的免费推广方式进行推广，如贴吧、知道、百科、文库。在利用百度搜索引擎搜索某些关键词时，可以看到结果页排名靠前的是百度知道、文库等。如果我们将自己的推广信息巧妙地植入其中，就可以获得免费推广。由此可见，这些平台能成为做推广的免费渠道。

3.1.3 百度推广费用的扣费方式

百度搜索付费推广采用的是预付费制，即企业需要在百度推广账号中预存一定的推广费用才能进行推广。

潜在用户每点击一次推广信息，就会相应地从账户中扣除一定的推广费用，直到账户余额显示为 0。如果账户余额不够一次点击的费用，推广信息并不会被撤销，仍会有展现，直到余额为 0 时才会停止展现，并且在下次充值后不会扣除多消费的金额。

可以将百度推广的这种付费方式理解为预存的手机话费，正如使用手机号需先充值再根据具体的使用情况扣费。

大家已经知道了搜索推广是按点击收费的，那么点击价格具体如何计算呢？其公式如下：

点击价格 =（下一名的出价 × 下一名的质量度）/ 本关键词的质量度 +0.01

从上述公式可以看出，点击价格与竞争者的排名、出价和质量度等有关。因为这些因素随时都可能发生变化，因此同一关键词在不同的时段做推广，其点击价格也会不同。

如果关键词在所有竞争者中排名最末，或者只有一个可以展现的推广结果，那么最终的点击价格则为关键词的最低展现价格。

对点击付费这种付费方式，有的运营者可能会产生疑问："如果有人恶意点击，那推广费用不是白花了？"对于恶意点击，百度会进行智能拦截，将其判定为无效点击。无效点击是由百度过滤系统经过诸多复杂算法分析得出的，它会过滤人为连续多次的点击及竞争对手利用作弊软件产生的点击，因而不需要付费。运营者如果开通了百度推广，那么可以通过后台进行查看。

3.1.4 百度推广价格排名原理

排名是指推广信息在搜索结果中展示的排位。排名就如同参加跑步比赛一样，有跑在前面的选手，也有跑在后面的选手，而跑在前面的选手会得到更多的关注。同样的道理，排在搜索引擎前面的推广信息更能得到网民的关注，从而获得更多流量和品牌曝光度。

排名 = 质量度 × 出价，是实时调控的、具体的排名结果，有以下两种情况。

（1）如果推广信息的关键词质量度相同，那么就按出价高低来排名，即出价越高，排名就越靠前。

（2）如果推广信息的出价相同，那么就按关键词质量度高低来排名，即质量度越高，排名就越靠前。

下面，对质量度和出价两个概念进行解释。

1. 质量度

实际上，质量度反映的是一种认可程度。由于搜索引擎推广是基于关键词搜索的，因此质量度反映的是网民对参与百度推广的关键词及关键词创意的认可程度。那么，高质量度意味着什么呢？高质量度能为企业带来更佳的推广信息展示位、更低的推广费用和更好的排名。也就是说，在同样的情况下，高质量度的推广信息能够在降低成本的同时，提高推广回报率。

因此，在做百度推广时，运营者可通过优化关键词的质量度来降低成本。

质量度受到多重因素的影响，主要包括点击率、相关性、创意撰写水平和账户综合表现。

（1）点击率。点击率比较好理解，是指推广信息的点击/展现次数。点击率越高，说明网民对这个推广信息越感兴趣、越关注。

（2）相关性。相关性包括两个方面的相关程度，即关键词与创意、关键词/创意与访问URL页面。

（3）创意撰写水平。创意会影响对网民的吸引力。在搜索引擎推广中，创意实际上就是推广信息的呈现方式，也就是前面提到的标题、描述和网址。围绕关键词，创意撰写得越能打动网民，效果就越好。

（4）账户综合表现。账户综合表现是指账户内其他关键词的推广表现，与推广计划和推广单元等有关。

质量度是动态变化的，如果关键词的竞争者在做质量度的优化而你没有做，那么你的排名就可能会推后。质量度体现了百度搜索推广的科学性和公平性，这对于中小企业来说是好事。也就是说，企业并不能仅凭出价高就霸占优质位置，还可通过优化质量度让自己获得较好的排名。

在优化关键词的质量度时，运营者应重点从提高关键词与创意的相关性及创意撰写水平入手，这是降低推广信息展现价格，并提高排名的好方法。

2. 出价

通俗地讲，出价就是如果网民点击你的推广信息，你愿意为这一次点击支付多少费用。

百度推广的计费机制会保证实际的点击价格不高于出价，有时甚至会远低于出价，从而帮助企业节省推广费用。可以这样理解，出价并不是最终推广费用的实际支付金额，而是封顶价。需要注意的是，出价并不等于实际每点一次所花的费用。

3.1.5 百度推广的成本计算

这里讲的推广的成本计算，主要是指付费推广成本。对百度推广新用户而言，首次开户需要缴纳一定的预存推广费和服务费。其中，预存推广费为6000元（起），服务费为1000元（起），不同地区的费用会有所不同。

开通账户后，具体的推广费用则根据实际的点击情况计算。也就是说，百度推广的具体成本是根据企业的推广预算来确定的。

如果企业的规模大，行业内做百度推广的竞争者多，那么推广成本相应就会较高；反之，推广成本相应就会较低。

因为百度推广费用可以自由调整，所以在做推广时，企业可先设置一个推广预算，然后根据企业的发展阶段、业务情况来灵活安排推广成本。

3.1.6 百度其他推广方式及其特点

除了搜索推广外，百度还有其他推广方式，包括百度信息流广告、聚屏广告、开屏广告和百意广告。如果运营者想扩展百度的推广方式，那么可以考虑以下几种。

1. 信息流广告

信息流广告是指在百度首页、贴吧、百度App 等平台上展现的广告，根据大数据、用户需求定向等将广告推送给用户。

目前，百度信息流广告有两种产品：一种是竞价产品；另一种是合约产品。竞价产品更注重效果，按 CPC 进行购买；合约产品更注重品牌曝光，而且有两种购买方式：CPT 包段和 CPM 保量。合约产品的开放渠道是手机百度首页及百度浏览器 App。

2. 聚屏广告

聚屏广告是指通过聚合多类屏幕来实现推广，覆盖场景有家庭、校园、地铁及公交等，如图 3-4 所示。

图 3-4

3. 开屏广告

对于开屏广告，运营新手可能不知道是什么。其实，开屏广告大家经常可以看到，就是启动某一 App 后首先呈现的广告。百度的开屏广告就是指在百度各类 App 中展现的广告。由此可见，开屏广告是针对移动客户端的，如图 3-5 所示。

图 3-5

4. 百意广告

百意广告包括 PC 推广、移动推广和视频推广。PC 推广是通过众多网站平台，让广告呈现在该平台的各个广告位中，如平台首页的右上侧、右下侧；移动推广是以横幅广告、插屏广告、开屏广告的形式投放；视频推广则是指在视频网站及 App 上进行推广。

3.2 如何进行百度搜索引擎推广

想要进行商品推广或本地推广以扩大销售的企业，都可以进行百度搜索引擎推广。那么，具体应该如何做呢？做百度搜索引擎推广主要应完成建立账户、选择关键词、设置 URL 等步骤。

3.2.1 建立百度搜索推广账户结构

百度推广账户的开户方式，包括大客户开户、分公司开户、代理商开户和官网开户。

大客户开户适合大型企业，他们会直接与百度总公司建立推广合作关系；分公司开户适合在当地有百度办公点的地区，如上海、广州等；代理商开户比较常见，许多运营者常常会接到网络推广公司打来的电话称可以为其做百度推广，这类公司可能就是代理公司；官网开户比较靠谱且常用，运营者可以在官网直接开户，也可以通过拨打咨询电话让工作人员帮忙办理账户开通与服务申请事宜。

开通账户后，需要对账户结构进行搭建。百度搜索推广的账户结构由推广计划、推广单元和关键词/创意构成，如图 3-6 所示。

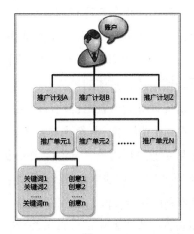

图 3-6

在分配推广计划时，运营者应根据推广目的进行，让推广目的与推广计划相契合。具体来看，设置推广计划有以下几个技巧。

1. 根据预算来设置

对于许多中小型企业来说，做百度推广的预算有限，因此可根据预算来分配推广计划。例如，每月的推广预算为 5000 元，这时可将关键词分为 A、B、C 三类：A 类是效果好、转化高的关键词；B 类是效果一般的关键词；C 类是可能有效的关键词。

在分配推广计划时，将 A 类关键词分配到重点推广计划中，设置 3000 元的推广预算；将 B 类关键词分配到常规推广计划中，设置 1200 元的推广预算；将 C 类关键词分配到一般推广计划中，设置 800 元的推广预算。

按预算来分配推广计划，可以在保证推广效果的同时，获得一定的关键词流量。另外，如果运营者想试点一批流量较大的关键词，同时又担心这批关键词可能并没有想象中的那么好，或者担心这批关键词会消耗太多推广成本，那么也可以为这批关键词单独分配预算，设置推广计划。

2. 根据地区来设置

如果企业有多个分公司，且位于不同的地区，那么可以按照地区来分配推广计划，如成都推广计划、上海推广计划、珠海推广计划等。

如果企业在不同地区开展的业务或产品类型不同，或者要面向不同地区进行推广，那么也可以按照地区来分配推广计划。

3. 根据潜在客户来设置

如果企业只是面向一个地区进行推广，那么可以对其目标客户进行细分，然后按照潜在客户的定位来分配推广计划。

例如，企业是销售血糖仪的，其目标客户可能会通过输入"血糖仪""血糖仪品牌""血糖仪准确性"等关键词来搜索产品，这时就可以对这些关键词进行分配，如产品词、品牌词、地域词及人群相关词等。

4. 根据产品或业务类型来设置

如果企业同时经营多种产品或业务，那么可根据产品或业务类型来设置推广计划，特别是每种产品或业务都要独立进行成本核算时。例如，一家设计培训企业的培训范围有网页设计、PS、Web 前端设计，那么就可以根据这几个经营范围来设置推广计划。

5. 根据网站结构来设置

如果企业推广的网站有多重页面，且每重页面的推广目标都不同，那么可根据网页的页面推广目标来设置推广计划。例如，根据网页，将推广计划设置为活动计划、注册计划、咨询计划等。

当然，运营者除了可以参考以上方案外，还可以根据企业的实际情况或者将多种方案综合起来设置推广计划。

在为推广计划命名时，运营者最好选择一个容易区分的名称，如 UE 设计推广计划、UI 设计推广计划，而不要简单命名为推广计划 1、推广计划 2。

从图 3-6 中可以看出，推广单元是由关键词和创意构成的。在设置推广单元时，将同类的关键词分为一个推广单元，这样就可以更好地制作创意。例如，将推广单元1设置为"UI设计－UI培训设计－UI设计师"、推广单元2设置为"淘宝美工－淘宝美工培训－美工培训－电商设计师"。

提示

百度搜索推广的账户类型有5种状态。

（1）有效：指的是账户状态正常，可以进行推广。但推广结果能否呈现在网民面前，还取决于账户结构的层级状态。

（2）资金未到账：指的是推广付款没有成功，且正在进行身份认证。

（3）未通过审核：指的是账户不符合相关规定导致审核未通过，而处于无法推广的状态。

（4）审核中：指的是账户正在进行身份审核。

（5）余额为零：指的是账户已经没有余额，需要充值后才能继续进行推广。

3.2.2 为推广单元添加创意

对于已设置好的推广单元，还需为其添加创意。创意是指搜索结果中的标题和描述，要围绕关键词来撰写，以体现出产品的不同卖点，从而吸引网民，带来更多潜在客户。在具体撰写时，可利用以下几个技巧。

1. 围绕关键词撰写

一个推广单元中一般会设置多个关键词，围绕这些关键词可以撰写多条创意。例如，"蛋糕"这一关键词，围绕它可以写出"中国极具影响力的网上蛋糕""全国知名品牌蛋糕"等创意，如图3-7所示。

2. 使用能激发用户行动的词

在撰写创意时，可以多使用具有行动指导性的词汇。例如，网站提供的服务是雅思培训，如果希望网民能够在网站上进行报名、预约，那么就可以在撰写创意时加入"报名""预约"等具有号召性的词汇，如图3-8所示。

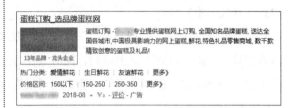

图 3-7

图 3-8

除了具有号召性的词汇外，还可以在创意中加入具有紧迫性的词汇，以引导网民快速做出行动，如"立马""立刻""马上""快速"等。而一些富有感染力及带有宣传性的词汇也可以加入创意中，此类词汇可以在无形中影响用户的行为，如针对"英语培训"可用如图3-9所示的"轻松学""大声说"等词汇。

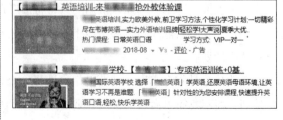

图 3-9

3. 使用价格或促销信息

在创意中,还可以使用价格或促销信息。

价格信息可以让网民知道产品的大致价格,如果网民能够接受,就会进一步了解产品信息,进而采取行动,最终促成成交。

促销信息一般都很受网民关注,如免费试听、畅享满减、品牌特卖、品类直降、领优惠券等,如图 3-10 所示。

图 3-10

4. 创意中关键词飘红次数

飘红是指网民搜索的关键词在创意中的标红显示。在创意中,将关键词飘红的次数把握在 1～3 次会比较好,这样会提高网民对推广信息的关注程度。

> **达人支招**
>
> **在创意中加入通配符获得飘红显示**
>
> 通配符的标志是"{}",在撰写创意时,将关键词插入通配符中,当创意呈现在网民面前时,将以触发的关键词替代通配符标志。例如,在一个推广单元中,提交的关键词有"雅思""雅思培训""雅思听力""英语考试培训"等,对创意的描述如下。
>
> 标题:{雅思培训}12 年专注雅思培训。
>
> 描述:{雅思培训},雅思月均提 1.5 分,川外{雅思培训},脱产 1 对 1 集训。
>
> 当网民搜索"雅思 考试"时,会触发"雅思"关键词,此时创意中的"{雅思培训}"通配符将被"雅思"替代,显示如下。
>
> 标题:雅思 12 年专注雅思培训。
>
> 描述:雅思,雅思月均提 1.5 分,川外雅思,脱产 1 对 1 集训。
>
> 这里需要注意的是,在创意中插入通配符后要保证语意连贯,不要让关键词替换通配符后导致句意不通。

5. 创意句式的表现形式

在推广信息中,创意的句式有多种表现形式,可以用疑问句,如"如何选择雅思培训学校?"也可以用感叹句或陈述句,如"快速提升 1～2 分真不难!"。

创意的标题,不要使用长句,而应使用短句,因为句子过长会占用宝贵的字符,而短句简洁明了,且容易让网民愿意继续往下看。

3.2.3 选择合适的关键词很重要

做百度搜索引擎推广,关键词的选择很重要。例如,你是销售锅炉的,选择的关键词却是"汽车销售",这样就不会帮你锁定精准客户。

对关键词,可选择产品词、地域词、通俗词、品牌词和人群相关词。

1. 产品词

产品词是指与销售的产品有关的词汇,如洗衣机、冰箱、鲜花、猫粮、蛋糕订购等。这类词汇覆盖的目标人群比较广泛,常常能为企业带来较精准的潜在客户。

在以产品词作为关键词时,如果选择的产品词较大,那么竞争可能会比较激烈,推广费用也可能会比较高。因此,在单个产品词中,最好是加上能够体现产品特色的限定词,如鲜花本地购买、在线玫瑰花购买等。搜索此类关键词的网民,其目标一般比较明确,关键词推广的精准度也会更高。

每个网民都有各自的搜索习惯,而且对一些产品可能会采用别称。那么,在选择关键词时,也可以考虑别称,如英语培训–cet 英语培训、苹果手机–iPhone 手机。

2. 地域词

地域词是指限定区域的词汇。这类词汇常常会作为限定词和产品组合在一起来限定区域,如南京鲜花在线订购、四川乐锅锅炉等。如果是只在某一地区销售产品或服务的企业,就可以在关键词中加上地域词,以体现产品/服务的便利性。

3. 通俗词

通俗词是指通俗易懂的词汇,一般是一些口语表达。例如,一个需要购买奶粉的网民,可能会在搜索引擎中搜索"哪个牌子的奶粉好"。运营者在选择这类词汇的时候要考虑其价值度,因为它们带来的转化效果往往会较弱,运营者因此要做到有针对性。

4. 品牌词

品牌词是指与品牌有关的词汇。如果企业销售的产品属于某一品牌,就可以在关键词中加上品牌词,如海尔洗衣机、美团外卖等。

5. 人群相关词

人群相关词是指与潜在客户群相关的词汇,如上班族烘焙培训、成人英语培训等。在关键词中加入人群相关词,可以精准定位潜在用户群。

在一个推广单位,关键词的数量不宜太多,以 5~15 个为宜。如果关键词的数量太多,有的关键词和创意之间的相关性就会变弱,从而无法起到吸引目标用户的作用。

为搜索推广设置关键词时,有一个重要的原则:关键词要与网站的产品或服务密切相关,要根据网民的搜索习惯去选择。具体可根据以下技巧来选择关键词。

首先应确定核心关键词,可根据产品、品牌、地域、人群的顺序来选择。其次应确定拓展关键词,可根据产品的特征属性来选择,还可以根据核心关键词的简称、缩写等来拓展。

另外,还可根据账号后台的关键词推荐工具来选择关键词,也可以根据搜索引擎的下拉框来选择关键词,如图 3-11 所示。

注意,不一定要选择热门关键词,因为热门关键词的推广成本相应较高,且竞争者众多,推广效果不一定好。其实,只需要多考虑用户平时搜的是什么,然后按照其搜索习惯来选择即可。

分析竞争对手的关键词,也可以帮助自己

选择关键词。如果竞争对手设置了某一关键词,但自己没有,这时就可以考虑将它作为自己网站的关键词。

配在各个推广单元中,具体如下:

产品:鲜花。

产品细分:玫瑰花鲜花、康乃馨鲜花。

功能限定:爱情鲜花、生日鲜花、问候长辈鲜花。

地域限定:重庆鲜花网、重庆实体鲜花店。

品牌限定:××(品牌词)鲜花网、××(品牌词)鲜花店。

咨询限定:重庆哪家鲜花店好、生日送什么鲜花。

购买限定:网络上在线预订鲜花、鲜花网络上订购。

在具体推广中,还应根据推广效果了解关键词的出价变化及波动情况等,然后进行调整。

图 3-11

选好关键词后,并不是就大功告成了,还需要将关键词按照产品、品牌、咨询等维度分

3.2.4 为关键词设置显示 URL 和访问 URL

在搜索推广中,显示 URL 是指在搜索结果页呈现的最后一行网址,要与网站的域名保持一致。访问 URL 是指用户点击这条推广链接后实际进入的网页,如在百度搜索引擎中搜索"糕点烘焙"关键词,点击推广结果可能会直接进入该网站的课程购买页面,如图 3-12 所示。

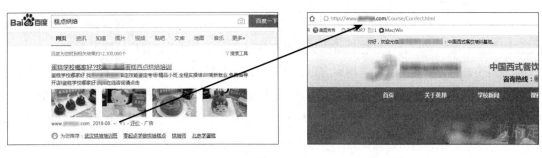

图 3-12

显示 URL 一般使用网站的完整域名,而访问 URL 则会根据关键词的不同而选择不同的页面。访问 URL 最好是与关键词和创意都具有相关性,因为网民在进入网站页面后,发现自己想要获取的内容与网页所呈现的信息大不相同,或者进入网站后不能快速找到推广信息中所推广的内容,就有可能退出网站,而这样会影响推广效果。

3.2.5 给关键词设置匹配方式

在推广信息前，还需要给关键词设置匹配方式。百度搜索的匹配方式有3种，包括广泛匹配、精确匹配和高级精确匹配。

1. 广泛匹配

如果将推广信息设置为广泛匹配，那么网民所搜索的关键词只要与设置的关键词高度相关时，推广信息就可能会出现在网民面前。例如，我们设置的关键词是"设计培训"，那么在广泛匹配的条件下，设计技术培训、UI设计培训、平面设计、设计师培训、设计培训学校、设计课堂等搜索词都可能会触发推广结果。

2. 精确匹配

精确匹配是指只有当网民的搜索词与我们设置的关键词完全一致时，才会触发推广结果。

在精确匹配的条件下，还可以开启精确匹配扩展功能。这一扩展主要是地域性扩展，也就是当我们设置的关键词中带有某地域性词汇时，即使网民的搜索词中没有该地域性词汇，也可能查看到推广结果。

网民所属的地域是通过IP地址来判断的，如一位IP地址为成都的网民在百度搜索引擎中搜索了"咨询服务"这一词汇，我们所设置的关键词为"成都咨询服务"的推广信息就可能被展现在该网民的搜索结果中。

3. 高级精确匹配

高级精确匹配就是精确匹配的升级版，且这一升级实际上是对同义词的升级，即在高级精确匹配的条件下，与我们设置的关键词字面意思相近的搜索词也可能触发推广结果。

例如，我们设置的关键词是"英语培训"，那么与之相近的搜索词"英文培训""外语培训"等都可能触发推广结果。

在实际工作中，不少运营新手并不清楚到底该如何选择匹配方式。我的建议是，如果想要关键词定位到更多的潜在客户，并且想要品牌获得更多的展现，那么可以选择广泛匹配方式。

如果需要通过地理位置来筛选潜在客户，那么可以选择精确匹配，并开启地域性扩展。即使搜索目的相同，网民所搜索的词汇也可能千差万别。因此，在选择精确匹配方式时，要尽可能多地罗列关键词，但关键词特别是同义词的增多会导致推广成本相应增加。为了避免因同义关键词的增多而增加推广成本，运营者可以选择高级精确匹配方式。

在使用广泛匹配方式时，运营者可通过后台提供的搜索词报告，了解哪些搜索词触发了推广结果及其效果怎样。结合百度统计对推广效果进行分析后，如果发现某些搜索词并不能为网站带来转化，那么可以将该词设置为否定关键词或精确否定关键词。

例如，我们为"律师咨询"设置了广泛匹配关键词，发现"律师资格"搜索词尽管也触发了推广结果，但并没有给网站带来点击率或在线咨询，那么就可以将"资格"这个词设置为否定关键词，这样当网民搜索与"资格"有关的词汇时，推广结果就不会呈现在其面前。如果想让否定词更为精确,那么可以将这个词设置为精确否定关键词。例如,同样将"资格"设置为精确否定关键词,那么网民在搜索"律师资格"时仍然有可能触发推广结果。

3.2.6 设置关键词出价并投放

关键词出价的高低会影响搜索排名和推广成本,因此其设置就变得尤为重要。设置出价时,运营者可以使用以下几个技巧。

1. 按时间段出价

有经验的运营者都不会选择 24 小时做百度推广,并且也不会设置同样的出价。科学的做法应是对推广进行分段操作。目前,有三个时间段的竞价竞争比较激烈,分别是 9:00 ~ 11:00、14:00 ~ 16:00 和 20:00 ~ 22:00。在高峰时段进行推广信息的投放,相应的出价也要稍高,否则就可能无法得到展现。等过了高峰时段后,出价就要相应地调低,否则就会浪费成本。

对于预算有限的企业来说,不建议去抢高峰时段的排名,因为这样的推广成本会很高,可能还没有等到第二轮高峰竞价开启,账户中的金额就为 0 了。我们可以选择错峰推广,虽然展现量可能会较小,但在实力有限的情况下,也会获得较长时间的展现。

2. 按地区出价

如果要进行不同地区的推广投放,那么在出价时就要考虑各地区的特点。不同地区出价的高低应不同,如北京、上海等一线城市的关键词出价就会比二线城市的关键词出价高。

3. 按设备出价

百度搜索推广既有 PC 端,也有移动端,而这两个端口的出价也应不同。

4. 实时调价

在竞价期间,可以根据竞价结果对出价进行调整,从而改变关键词的排名。对于关键词的排名,不要迷信第一名。有的运营者可能会认为,排在第一名点击率就会很高,效果自然也会不错。这种想法并不完全正确,第一名确实能带来不少流量,但第一名的误点率也很高,并且从消费者的购买心理来看,大多数消费者在看到一件心动的商品后不会马上就下单,而是会对比几款同类商品或是浏览其他网站后再下单,因此第一名的高点击率带来的也可能是高关闭率。

相比于第一、二名,第三、四、五名的位置更好。当网友对同类产品或服务有了一定的了解后,再来看我们提供的产品或服务,这时如果有能吸引到他们的地方,转化的可能性就会较高。而且,第三、第四、第五名的竞价价格也要低很多。

当我们不确定这个关键词的推广效果时,可以采取逐步加价的方法,即在刚开始先出一个较低的价格,然后逐渐加价,这样不至于一下子浪费很多推广成本。在关键词排名较低的情况下,首次的加价幅度可以为出价的 30% 左右,随后的加价幅度就要逐渐降低,如为出价的 10%、5% 等。

5. 历史出价优化

经过一段时间的竞价,我们可以得到历史监测数据,而分析这些数据能够了解到关键词的均价及排名情况，以便对出价进行优化。例如，我们的出价比均价高很多，那么在后续的推广中就要适当降低出价，可设置在均价左右，然后监测推广效果，判断是否需要调整出价。

> **提示**
>
> 在推广账号的后台，可以看到百度搜索推广竞价的指导价。对于这个价格应本着仅供参考的原则，而不应完全依赖并照搬，因为它和实际的竞价情况是有差别的。

3.3 善用百度工具进行数据分析管理

做百度竞价推广，数据分析是不可或缺的一个环节。百度推广账号的后台也提供了很多数据分析工具，而灵活使用这些工具可以帮助运营者做好百度推广效果的优化。

3.3.1 百度统计：用户行为统计分析

百度统计是一个重要的效果评估工具，可以帮助运营者分析网站流量，从而了解其客户来自哪里及哪些关键词的推广效果更好。图 3-13 为其网站首页。

图 3-13

那么，具体要如何利用百度统计对网站进行用户行为分析呢？下面先以展现和点击数据分析为例。点击数据代表了网站被点击的次数，展现数据是推广结果被触发的次数。

对于这两个数据，展现量低、点击率低都是不好的表现。导致展现量低的原因可能有以下两种。

（1）关键词热度好，但出价低，导致排名靠后。

（2）关键词热度不够或者其本身就是冷门词。

针对第一种原因，我们可以通过百度搜索引擎来看一看网站的排名。如果在前三页都看不到网站的身影，那么要适当地提高出价以增加展现的机会，之后再看看网站的排名。

针对第二种原因，其中一种做法是优化关键词，即删除这个关键词，重新提交比较热门的关键词。另一种做法则是提高出价，冷门词竞争相对较小，如果提高出价也能使网站获得较好的排名。但由于冷门词的搜索用户一般不多，如果不能让其排在前面，那么展现量就会更低，因此要能保证将冷门词排在第一页或第二页中，而这时适当提高出价就是不错的选择。

如果关键词的展现量高，但点击率低，那么多半和推广信息的创意有关。推广信息的创意实际上就是网站的广告语，如果广告语不能打动网民的心，那么点击率自然不会很高。

推广信息的创意内容并不需要辞藻华丽，直截了当、通俗易懂才好。具体可以去看看行业内那些做得好的网站的创意，参考其写作手法和要点，然后结合自己的关键词、推广目标以及网站优势来撰写。另外，百度推广的创意也可以配图，要求画面清晰，而且与网站提供的产品或服务相关，如图3-14所示。

图 3-14

至于推广的转化率，其分析则更为复杂。首先可以看看网站的搜索词，了解一下搜索词和关键词的匹配数据，因为搜索词不一定和关键词完全一样，利用这一数据就可以优化关键词。如果这个关键词就是网站的精确词，就要分析网站的跳出率了。跳出率高，说明网站的用户体验度低，即网民进入后马上就出来了，这时就需要对网站本身进行优化。

3.3.2　百度商桥：实时访客管理

百度商桥实际上是一个在线客服系统，它除了具有在线沟通功能外，还有效果统计功能。目前，百度商桥可免费使用。进入百度商桥首页，下载并启动客户端，注册账号后设置站点并安装代码，完成后即可使用百度商桥。图 3-15 为网站首页。

百度商桥的数据分析功能体现在，它可以帮助运营商分析网站流量、客服业绩及对话。

网站流量可以通过对地域、搜索词及关键词的分析来了解访客来源以及轨迹；对客服业绩和对话可按站点、日期和来源进行分析。

图 3-15

3.3.3　百度云观测：了解安全指数

百度云观测是一款云服务产品，它能为网站提供免费的观测服务，从而帮助运营商了解网站是否出现故障或异常。下面来介绍具体如何使用百度云观测。

第一步：进入百度云观测网站首页，输入要观测的网站地址，单击"开始观测"按钮，如图3-16所示。

图 3-16

第二步：在打开的页面中查看网站的指数评价及实时安全程度等，如图3-17所示。

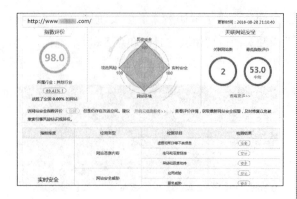

图 3-17

要想实时监控网站，还可以通过单击"开启云观测服务"超链接来实现。

在图 3-17 中，可以看到网站的最低指数评价为中危，这表明网站存在一定的安全问题。这时可以根据安全监测的结果，有针对性地对网站进行改进、修复等。

3.4 如何让百度推广效果更好

我们常常听到做百度推广的网站运营者说："做百度推广没有效果。"但也有些网站运营者表示，他们做百度推广效果不错。那么，同样是做百度推广，效果为何有好有差呢？

3.4.1 时时观测后台数据以便调整

很多网站尽管做了百度推广，却几乎没有效果，其中有相当一部分原因可能是对百度推广不够重视。

很多企业做百度推广的目的都是宣传企业的产品或服务，从而增加订单。他们往往认为和百度公司签订推广合同后，推广的工作就由百度公司负责了，自己只需坐等订单即可。其实，这样的想法是不正确的。

百度公司实际上只是为企业提供了推广平台，具体如何推广还需要网站运营者来操刀。

有的企业干脆将推广工作交给百度推广的咨询专员，让他们负责推广。这样做的效果也不好。因为百度推广的咨询专员虽然懂得百度推广的原理，但并不了解企业，也不了解企业的推广需求，如果让他们负责推广，就可能会出现出价高，但推广效果不佳的情况，从而浪费企业的资源。

做百度推广要想取得良好的效果，就要经常通过账户后台了解包括排名、关键词等在内的推广数据。如果发现推广效果不佳，就可以请百度推广的咨询专员帮忙分析原因，然后对推广计划和单元进行优化。

做了百度推广效果却不佳还有可能是由恶意点击造成的，同行以及百度客服的点击都会无形中增加企业的推广费用。而要避免恶意点击导致的推广费用无形增加，就要通过账户后台屏蔽部分 IP 以及关键词，从而提高推广效果。

虽然百度推广是一种见效快的推广方式，但要持续推广才行，否则效果也是微乎其微。

3.4.2 百度推广着陆页的选择

着陆页指的就是访问 URL，它对推广效果有着重要影响。那么，究竟该如何选择着陆页呢？

很多网站常常会选择网站首页作为着陆页，他们认为将潜在客户引流到官网首页会更好。实际上，网站首页并不是作为着陆页的最佳选择。因为网站首页一般都是对公司产品或服务的整体介绍，内容往往比较宽泛，而潜在客户想要了解的是更为具体的产品信息，如果他们在首页找不到想要了解的内容，就会直接关闭网页。

关于着陆页，最好选择与关键词有关的内页，如促销页、咨询页、产品详情页等。例如，关键词是"鲜花订购"，那么可以选择产品分类页，让潜在客户一打开网站就能看到各类可订购的鲜花品种；同时在该页面还要设置明确的购买按钮，让潜在客户经过一番了解和筛选后能直接下单，如图 3-18 所示。

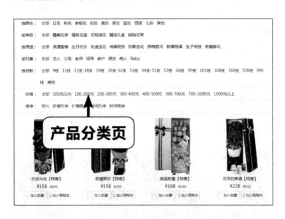

图 3-18

只有为潜在客户带来他们想要了解的信息，网站才能得到更多的咨询或订单。

在实际推广过程中，还可以对着陆页进行测试。具体方法是：在同一推广单元中设置相同的创意但选择不同的着陆页，然后测试它们的效果，最后择优使用。

3.4.3 百度付费推广成本过高怎么办

目前，做百度推广的成本越来越高。其原因一方面是竞争加大而广告位减少，另一方面是一些竞价人员盲目提价。针对不断增加的推广成本，主要有以下几种解决方法。

1. 降低热门关键词的出价

很多竞价人员都喜欢去抢热门关键词的排名，但是否有必要这样做还需要认真考虑。

热门关键词的出价一般都很高，且不停地被同行或同一单位的同事搜索，从而在无形中造成点击率增加。因此，建议在推广初期降低热门关键词的出价，以免浪费过多的广告费用，在对数据进行一段时间的观察并屏蔽掉一些 IP 后，再提高热门关键词的出价。

2. 选择合适的匹配方式

大家都知道广泛匹配有其优势，但同时也会带来较多的不精准客户。在这种情况下，就要有针对性地选择匹配方式。对于新设置的关键词，可以选择广泛匹配；经过一段时间的推广分析后，则可以将广泛匹配变为精确匹配。

3. 筛选并删除关键词

很多竞价人员认为关键词设置得越多越好，因而常常会在推广单元中设置很多关键词。其实，有很多关键词都是无效关键词，即不能带来咨询或成交。这时就需要及时筛选并删除这些关键词。

4. 了解并分析同行

做百度推广，竞价者实际上都是同行。因此，了解同行的竞价方式很有必要。在平时，要观察同行对竞价时间段和关键词的选择，尽量选择竞争较小但转化率还不错的时间段进行推广。但在销售高峰期，就不能不去竞争了。例如，对于一家销售月饼的企业来说，中秋节的前几天就是销售月饼的高峰期，那么在这几天就需要加大推广费用的投入力度，千万不要为了一时省钱而错过大批潜在客户。

3.4.4 如何提高百度付费推广效果

如何提高百度付费推广效果，想必是每位网站运营人员都比较关注的问题。除了基本的关键词、账户结构的优化外，网站本身的优化也很重要。

网站的响应速度、页面展现的信息量及网站的正规程度等，都会影响其推广效果。因此，网站一定要做得像样。虽说网站设计是设计师的事，但运营人员一定要知道什么样的网站营销效果会更好，以便设计师对网站进行优化。具体来说，好的网站有以下几个特点。

1. 易于理解

所谓易于理解，就是指当潜在客户进入网站后，一下子就能知道这个网站是做什么的，能提供给他哪些好处，网站的优势是什么。

要知道，潜在用户的耐心是有限的，如果不能在几分钟内获得自己想要的信息，他们就会直接关闭网站。

2. 有信任感

网站布局没有层次感、文字描述不清楚、图片看起来模糊，这些都会让潜在客户觉得网站不专业、不正规。

网站运营要经常对网站进行检测，看看网站是否缺乏信任感。另外，现在的计算机基本上都是宽屏的，那么网站最好也以宽屏呈现，否则效果将会很差。

百度推广覆盖PC端和手机端，为了适应手机端的呈现方式，手机端推广的进入页面最好是手机网站，而不是计算机网站，如果手机端仍然使用计算机网站，就会出现页面字体较小、图片显示不清等情况。例如，图 3-19 所示的网站，在手机端呈现的效果就不好，让客户看着很费劲。

图 3-19

3. 有号召力

网站还应有一定的号召力，因此一定要设置在线咨询、购买、注册等表现号召力的按钮，而且要放在醒目的位置。当然，使用带有诱惑力的词汇更好，如免费注册、免费体验、立即领取等，这样能吸引潜在客户展开行动，如图 3-20 所示。

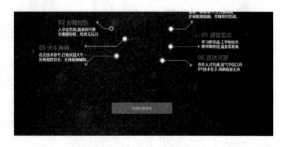

图 3-20

很多潜在客户在浏览网站后，可能会通过

电话进行咨询,但更多的是通过在线客服进行咨询。

客户主动咨询是好事,说明他感兴趣、有意向,因此网站的客服人员要想办法留住这个客户。对于客户咨询的问题要进行巧妙回答,特别是对要经过线下详谈才能成交的产品绝不能和盘托出,而应引导其留下联系方式。如果客户不愿留下电话号码,也可以让其留下 QQ 号、微信号等,以便进行二次营销。

另外,在客服聊天界面还要留下客服人员的联系方式。如果一个客户真的有意向,他就会记下客服人员的联系方式,然后主动联系并咨询,如图 3-21 所示。

图 3-21

3.4.5 如何利用其他搜索引擎来推广

相比于其他搜索引擎,百度搜索引擎的流量更大,但相应的推广费用也更高。而在选择搜索引擎时,就要依据自己的预算。预算多,那么就选百度;预算有限,又想多展现几次,那么就选其他搜索引擎,如 360、搜狗等。

1. 360 搜索引擎

有意向做 360 推广的网站运营者可以进入 360 点睛时效平台进行在线咨询和申请。

注意,最好通过域名直接进入 360 推广官网。因为现在有一些网站是假冒的 360 推广官方网站,即域名有"360"字样,但仔细观察就会发现有所不同,在搜索时一定要注意。图 3-22 所示为假冒网站。

图 3-22

2. 搜狗搜索引擎

做搜狗推广的网站运营者可以进入搜狗网络营销中心进行推广需求的在线提交。图 3-23 所示为网站首页。

图 3-23

秘技一点通

技巧 1 专题页面是提高效果的有效页面

专题页面是指在网站中单独设立一个页面并确定一个推广主题,设计推广信息。

许多网站做搜索引擎推广,一般都会选择网站已有的页面,这样相对于专题页面特别是活动推广而言,效果可能会差些。因为专题页面是专门为营销推广而设计的,会更具针对性,因此建议有条件的网站为推广设置专题页面。为推广设置专题页面,需要注意以下几点。

1. 全面、专业的产品/服务介绍

专题页面要有专业的产品/服务介绍，包括产品的特点、优势及成功案例等。潜在客户一般都会对与产品相关的内容感兴趣，而专业的描述能够让他们放心并付诸行动。

可以将同类型的产品统一展示在专题页面中，但如果你不是做电商的，就不要将所有产品都放上去，选几个有代表性的即可。

2. 要有联系/咨询方式

联系/咨询方式也是专题页面不可或缺的内容，但不建议使用弹窗来呈现。

弹窗虽能起到提醒客户咨询的作用，但会降低用户的体验度。试想一下，客户刚进入网页，就有一个弹窗挡住了视线，当然会觉得很烦。有的弹窗关闭以后，过几分钟又会自动弹出来，有耐心的客户可能会关闭后继续浏览，而没有耐心的客户可能会就此关闭网页，如图3-24所示。

图 3-24

其实，只需在比较醒目的位置设置联系方式或者在线咨询按钮即可，客户在浏览了产品信息后，如果感兴趣自然会主动联系。注意，专题页面中的联系方式不要留太多，一般留一个手机号码和一个座机号码即可，否则会让客户不知该联系哪个号码。当留手机号码时，最好注明联系人是谁，如陈经理，这样客户在拨打电话时就知道怎么称呼了。

3. 图文结合

客户一般不愿在网站上看长篇幅的销售内容，因此专题页面要采用图文结合的呈现方式，做到文字精练、图片美观。只要把图文内容做好了，就可以大大增强对客户的吸引力。例如，百度推广的"百度推广之恋"活动专题页面，就很简单且一目了然，如图3-25所示。

图 3-25

4. 明确的转化路径

客户往往都是通过向下滑动页面来浏览网页信息的，因此专题页面内容的安排也应有明确的转化路径。例如，关于Photoshop设计培训的专题页面，第一屏可以是与企业有关的广告语，以展现企业的实力；第二屏可以呈现学员的作品，配上具有号召力的词汇，如"免费领取Photoshop课程"；第三屏可以是与咨询有关的内容，如在线咨询、了解详情、申请试听等。从这个例子可以看出，一次转化是如何一步步实现的。首先让客户相信公司的实力，然后给予其好处，最后促成成交。

技巧 2　百度竞价优化方案

做百度推广，持续优化相当重要。网站运营人员可以制订一个优化计划，然后据以逐步执行。具体来说，优化计划可按天、周和月来制订。

1. 每天的优化内容

对于每天的优化内容，建议从关键词的优化入手，因为关键词的优化比较好操作，而且根据当天的推广情况就可以得出优化方案。

首先，在推广时根据排名对关键词的出价进行优化。其次，根据后台提供的搜索词报告，将带来低展现量的搜索词设定为否定词。再次，对关键词进行分析，选出新的关键词并确立匹配方式。最后，对关键词的标题和描述进行优化，提高关键词的质量，降低平均点击的价格。

> **提示**
>
> 在选择新的关键词时，建议网站运营人员选择一些更具体、更有明显商业意图的词汇，如"月饼"就没有"月饼送礼"具体且有商业意图，"月饼送礼"表达了客户的送礼需求，其点击率和转化率自然相对较高。如果网站运营人员在关键词推荐中发现了此类词汇，那么可以将其作为新的推广关键词。

2. 每周的优化内容

每周的优化内容可从推广计划入手，优化整体的账户结构。网站运营人员需了解本周整体的推广情况，重点分析展现量和点击率低的推广计划，分析其原因，优化关键词、创意、访问 URL 和显示 URL。如果这个推广计划的价值度不高，就可以考虑降低预算或者摒弃该计划。

在百度推广的后台有一个账户分析工具，网站运营人员可以利用它分析账户情况并优化推广效果。

3. 每月的优化内容

每月的优化内容要结合百度统计，从出价、着陆页等方面来优化。

每月的优化内容，主要从策略上进行调整，百度推广的出价策略有多种，如按匹配出价、按人群出价、按点击出价、按排名出价等。

对于按匹配出价策略，优化建议是对于要拓宽匹配方式的关键词降低出价，对于要收紧匹配方式的关键词提高出价。在拓宽匹配方式的同时降低出价可以让企业以较低成本获得较多流量，而在收紧匹配方式的同时提高出价可以让企业获得精准流量和更有竞争力的排名。总的原则就是，广泛匹配的出价应低于精确匹配的出价。

按人群出价策略，可根据历史访问人群的兴趣分布表来了解兴趣人群的点击率和转化率，从而进行优化。对于在历史访问人群兴趣分布表中转化率高的人群可提高出价，反之则降低出价。

按点击和排名出价策略更适合在预算范围内想要获取更多点击率的关键词，如果从历史数据中发现某个关键词点击率不高，但转化率还不错，就可以采用点击最大化或排名胜出的出价策略。

网页跳出率高与着陆页的选择有很大的关系，如果数据表明到达页面的跳出率较高，就要考虑对着陆页进行优化或更换了。因此，建议着陆页中的显著位置最好出现网民搜索的关键词。如果网民进入着陆页后第一眼就看到了自己搜索的关键词，那么他很快就会得出"找到了相关网页"的结论。

技巧 3　如何利用"黄金组合"来做优化

"黄金组合"能帮助网站运营人员从"广撒网"的推广方式逐步过渡到"精细化"的推广方式，因而特别适合从未做过推广的网站和新关键词的推广。

黄金组合由三步构成：第一步，广泛匹配方式；第二步，搜索词报告分析；第三步，否定关键词优化。

因为没有历史数据作参考，所以要先将新关键词设置为广泛匹配方式，以获得更多的展现机会和点击率。广泛匹配方式建议至少保持1~3周，然后由宽到窄调整匹配方式。

采用广泛匹配方式会产生一些无效点击率，所以每天坚持阅读搜索词报告就很重要。在搜索词报告中，需要重点关注的不是自己设定的关键词，而是给网站带来大量点击率的搜索词。

将那些与产品/服务无关或转化率低的搜索词设置为否定词，这是第三步。

通过以上三步，就可以让推广效果持续得到提升。

技巧 4　销售旺季如何进行有效拓流

很多行业都有销售旺季和淡季，且销售旺季往往稍纵即逝，因此其营销推广很重要，会影响到企业全年的业绩。

销售旺季做百度推广，关键在于拓流。拓流也有一定的技巧，具体要分三步走。

1. 拓展关键词

在销售旺季还没有开始前，就要考虑需拓展的关键词。拓展关键词的方法之一是在百度推广后台的关键词规划页面，从推荐的词汇中选择合适的关键词。

方法之二是在搜索结果页面的相关搜索栏中进行，这里会展现与搜索词相关的热搜词汇，如图3-26所示。

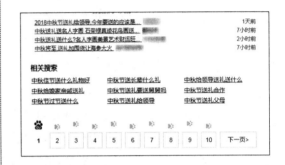

图 3-26

另外，还可以利用搜索词报告、产品别称和简称来拓展。

2. 制订推广计划

针对销售旺季要制订"拓展词"推广计划，包括预算、创意等。注意，要加大价格、促销或承诺的力度，以提高点击率。

3. 监测效果

销售旺季推广中要对推广效果进行监测，以便进行优化，拓展更多新词或添加否定词，从而提高出价。在优化时，可以将前面介绍的方法结合起来使用。

职场心得

　　小李是公司的网站运营人员,最近开始做百度推广。经过三周的推广,小李发现公司的网站虽有展现量,但点击率却不高。经过认真分析,小李发现创意不够吸睛,于是决定对创意进行优化。

　　小李首先分析了同行的创意,发现它们比自己网站的创意占据的空间更大。通过查询,小李得知是因为自己撰写创意时没有使用高级样式。随后通过账户后台,小李也开始使用高级样式,结果发现网站的创意比之前宏伟、专业多了。一周后,网站的点击率有了一定的提高,但还没有达到理想的效果,于是小李决定进一步优化创意,由于他不知道具体的优化方法,便询问了百度咨询专员。

　　百度咨询专员告诉他,可以为一个推广单元设置两个及以上不同的创意,然后通过两三周的推广表现来了解不同创意的推广效果,对于推广效果好的创意予以保留,对于推广效果不好的创意则进行优化或删除。

　　百度咨询专员还建议小李在撰写创意时添加转化率比较高的关键词,具体可以在关键词报告中去查询并直接添加。另外,百度咨询专员还告诉他,在标题中添加关键词比在描述中添加关键词的效果要好。

　　按照百度咨询专员建议的方法,小李为网站的创意添加了关键词,同时还使用了通配符,让关键词飘红显示,以获得更多关注。除此之外,他还在创意中添加了疑问句式,希望能引起潜在客户的兴趣。一周后,小李发现网站的点击率有了明显的提高,这说明他的创意优化起到了作用。尽管如此,小李仍继续优化创意,并针对节假日、公司活动的创意进行不定期的修改,以符合公司营销推广的要求。

　　这个案例告诉我们,做百度推广时要多与百度咨询专员沟通,以获得比较实用的推广技巧。另外,持续优化是做百度推广不可或缺的环节。

04 第4章
社群推广，渠道上的精准营销

本章导读

关于社群，可以理解为由许多个体构成的社会群体。社群推广就是将一群有共同兴趣爱好、志同道合的人集合在一起所进行的营销活动。其实，大家熟悉的微信群、微博、社区及论坛等都属于社群载体。本章主要从IM（即时通信）、论坛、SNS（社交网络服务）三个方面来讲述如何进行社群推广，其中二维码是重要的推广工具。

学习要点

- 如何制作正确有效的二维码
- 二维码的推广途径
- 制作"诱饵"，让用户愿意扫码
- 降低商务成本的二维码
- 二维码互动营销带来新玩法

4.1 二维码推广,让用户扫一扫关注

如今,二维码的标识可谓随处可见。二维码实际上是一种编码方式,但因其具有存储信息的功能而成为企业进行微信、App、网站、活动及个人营销推广的工具。在做新媒体推广时,离不开二维码推广这一形式。

4.1.1 如何制作正确有效的二维码

大概从 2012 年起,不管是在商场,还是在户外广告牌或杂志、报纸上等,几乎都能见到二维码的身影。众所周知,二维码只是一个载体,具体怎么运用,这要看运营者如何操作了。二维码的具体制作方式如下。

第一步:进入草料二维码官方网站首页,在打开的页面中选择二维码生成类型。这里单击"微信"超链接,如图 4-1 所示。

图 4-1

第二步:在打开的页面中输入微信公众号,单击"生成二维码"按钮,如图 4-2 所示。

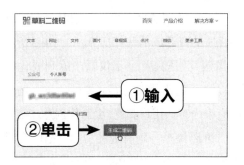

图 4-2

第三步:生成二维码后,可选择快速美化模板或自定义美化按钮来美化二维码。这里选择快速美化模板,如图 4-3 所示。

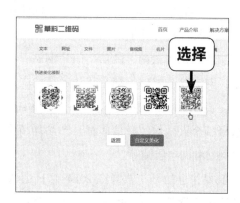

图 4-3

第四步:在页面右侧单击"下载"按钮即可下载二维码,如图 4-4 所示。

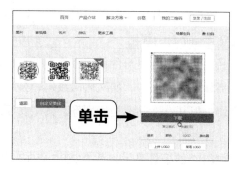

图 4-4

> **提示**
>
> 采用二维码推广形式，二维码内容的正确性极为重要。试想，用户扫描二维码时发现页面显示错误，或者名片二维码的联系方式有误，还怎么推广？这样会严重影响用户体验。因此，生成二维码时，输入的内容一定要确保是准确无误的。
>
> 为避免出现上述错误，运营者在生成二维码后可自己尝试扫码，以便及时解决问题。

除了草料二维码生成工具外，Q 码、微微二维码等也可以制作二维码。

4.1.2 二维码的推广途径

二维码的推广途径有很多，而不同的途径推广二维码的方式则有所不同。

总的来说，微博、微信、门户网站、社区论坛、网店以及邮件等都是比较适合的二维码推广途径，二维码的推广类型主要包括 App、公众号、个人微信、微信店铺、产品详情页、手机网站和淘宝店铺等。

值得注意的是，微博在 2014 年 11 月发布了禁止推广微信公众号的公告，否则将面临被封号的风险。而今日头条官方头条号也在 2018 年 1 月发布了禁止推广微信、微博等第三方平台账户的公告，否则可能会面临禁言或扣分的处罚。因此，运营者在选择二维码的推广途径时，要注意遵循平台的规则。

目前，很多直播平台上的直播人员都在通过直播做二维码推广，如网店二维码、公众号二维码，但其效果并不是特别好。其主要原因在于软件占用。

CNNIC 的报告显示，截至 2017 年 12 月，我国手机网民的占比是 97.5%，其中网络直播用户规模增长率最高。由此可以看出，相比于在计算机上看直播，使用手机看直播的用户量要多得多。

因此，如果在直播平台推广二维码，大部分手机用户只能通过两种方式扫码：一是使用一个闲置的手机扫码；二是截屏后再识别二维码。对于用户来说，这两种方式显然都不太方便，而这也正是在直播平台推广二维码效果不佳的主要原因。之所以微信推广二维码的效果好，就在于其操作便捷，即只需长按就能识别。

实际上，在直播平台进行推广使用文字会比二维码要好得多。因此，运营者在选择二维码的推广途径时一定要考虑用户扫码的便捷性，否则就会降低用户扫码的可能性。

4.1.3 制作"诱饵"，让用户愿意扫码

要想让用户愿意扫码，就要给用户一个扫码的理由。许多运营者常常意识不到这一点，总是认为只需要将二维码展示在用户面前，他们就会主动去扫。但事实并非如此，用户凭什么要扫你的二维码，你的二维码对他来说有什么好处呢？更何况，网页上的二维码那么多，为什么用户就一定要扫你的？因此，运营者一定要给用户一个扫码的理由或诱饵。

二维码的"诱饵"可以是限时福利，也可以是优质的资源或消费打折等，如图 4-5 所示。

当然，"诱饵"也不仅限于返利或优惠，还可以是其他让消费者感兴趣的信息。例如，有的商家为了让用户扫码，会制作创意二维码，或为二维码添上一句有趣的文案、搭配有吸引力的图片，来激发用户的好奇心，从而让用户愿意扫码，如图 4-6 所示。

第 4 章
社群推广，渠道上的精准营销

图 4-5

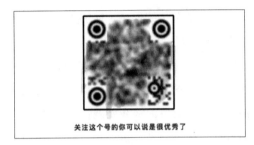

图 4-6

图 4-7

图 4-8

图 4-6 所示的二维码推广文案就比较有趣且能打动人心，其二维码样式也不是常见的黑白方格，而是圆点状。在用户看来，这样的二维码才能给他以扫码的动力。

运营者要明白一点：明确的价值是让用户扫描二维码的诱因。

另外，在二维码旁边还需要配以文字内容，告知用户这个二维码是什么。由于二维码陷阱常常潜伏在用户身边，再加上各大平台的报道，人们对二维码已提高警惕，并不会见码就扫，而是只有清楚地知晓这个二维码是什么，才会放心主动地扫码，如图 4-7 所示。

4.1.4 降低商务成本的二维码

企业利用二维码，也可以降低商务成本。例如，利用二维码将传统的纸质优惠券转变为电子优惠券，这样就可以节省纸质优惠券的印刷成本。另外，电子优惠券还更方便进行裂变式传播，如图 4-8 所示。

与电子优惠券类似的还有电子有价券。电子有价券是用户支付的凭证，如用户在手机上购买电影票，支付成功后即可接收二维码电影票，并凭此到电影院的自助取票机或服务台领取电影票。电子有价券能节省消费者排队购票的时间，也给商户售票带来了便利，如图 4-9 所示。

图 4-9

4.1.5 二维码互动营销带来新玩法

二维码是一个重要的流量入口,如何利用它为企业带来流量是运营者面临的难题。

有互动性的二维码广告才能产生很好的引流效果。

那么,怎样才能让二维码广告具有互动性呢?下面来看一个案例。

对时尚品牌服装而言,营销一直都是难点,打折、限时促销、返券等都是其常用的营销方式。但因为这种营销方式已经见怪不怪,所以消费者也逐渐趋于麻木。为了提高产品销量,进而推广品牌,VERO MODA 在二维码兴起时开展了一次营销活动。这次营销活动不仅提高了店铺的销量,同时还提高了品牌的知名度,收集了广泛的用户信息。下面来看看他们是如何做的。

1. 锁定对象

根据品牌的特点,VERO MODA 将目标用户定位为年龄在 15～35 岁的女性。此类消费者群体容易接受新鲜事物,更关注服装的设计和品牌所具有的意义。

2. 活动方式

VERO MODA 在门店展示活动二维码,以便进店用户通过扫描二维码并分享微博参与抽奖活动,进而获得相应的奖励。

3. 活动创意

VERO MODA 针对目标对象,将其分为会员和非会员两个群体。活动重点突出会员特权,旨在吸引潜在用户成为会员,为品牌积累会员用户。对老会员而言,这种创意提高了其忠诚度。

4. 数据监控

在活动期间,VERO MODA 每天在后台实时监控扫码用户量以了解活动效果,以便为后期的评估提供依据。

通过这样的方式,VERO MODA 将用户引向企业的官方微博平台进行互动;同时将扫码和销售结合起来,又完成一次互动。消费者在购物时,既享受了一次互动营销,同时也加深了对 VERO MODA 这一品牌的认识。

通过 VERO MODA 的案例可以看出,二维码互动营销结合传统促销,能够为企业带来相当的流量和销量。

除了线下和线上相结合的二维码营销活动外,纯线上的二维码营销也屡见不鲜。许多 App 为了增加用户,常开展老带新活动,其中一种就是二维码邀请。例如,当前很多人都在用的支付宝,将邀请二维码分享给未注册支付宝的朋友,朋友注册后即可得到专属红包或成为优酷会员,如图 4-10 所示。

图 4-10

4.1.6 如何提高二维码营销活动的用户参与度

用户参与度对二维码营销活动的推广极为重要。可以说,用户参与度决定了二维码的扫码率,而扫码率则决定了二维码能否为企业带来预期的营销效果,如销量、粉丝量等。运营者要想提高用户扫码的参与度,就要注重以下几点。

1. 活动的推广

只有将二维码推广到用户面前,用户才会扫码。在开展二维码营销活动期间,需要进行活动的推广,特别是前期和中期,更需要做大量的推广。推广方式可以是线上、线下或线上线下相结合,如线下的门店二维码推广、地推等,线上的海报推广、朋友圈推广等。

另外,二维码营销活动的文案应简明扼要,以免让用户觉得冗长而丧失扫码的兴趣。如图4-11所示的二维码限时优惠活动就简明扼要,短短的几句话便让消费者清楚了扫码能给自己带来什么好处。

图 4-11

2. 奖品的设置

二维码营销活动一般都会让消费者有利可图,因此这个"利"的设置是核心。可以说,营销活动所设置的奖品类型、中奖概率、参与条件、领取难度等都会影响用户的参与度。因此,奖品的设置是商家必须考虑的一个因素。

下面就列举一个快消品的案例,来看看"红牛"是如何提高二维码扫码率的。

在快消品行业,导致促销活动效果不理想的原因主要有以下几个。

(1)传统的线下促销活动兑奖实施起来困难,导致消费者参与度低。

(2)快消品流动性强,窜货问题严重。

(3)仿冒品层出不穷,令消费者无法辨别真伪。

(4)促销费用监管不力,往往容易被经销商截留而到不了消费者手中。

针对以上原因,"红牛"采用了一物一码的二维码营销方式,即通过为每件商品设置专属的独特二维码来实现防伪、防窜。

其二维码活动的类型为扫码抽奖赢红包。在活动期间,购买"红牛"功能饮料促销装产品的消费者通过扫描拉环内侧二维码即可参与抽奖。

除以上活动外,"红牛"还在线下通过商户海报,在线上通过官方网站、微信等平台进行推广宣传,如图4-12所示。

图 4-12

通过图4-12可以看出,"红牛"的红包个数有很多。此次活动的综合中奖率为20%,红包的价值分别为1688元、5.68元、3.68元。使用微信扫码获得红包后,消费者可于24小时内在微信服务通知中领取。

在活动期间，消费者还可以通过购买"战马"功能饮料促销装，再扫描瓶盖内的二维码来获得红包翻倍的机会，如图4-13所示。

图 4-13

活动期间的阶段数据显示，该活动的参与量每日高达400万人次以上。

那么，"红牛"的二维码营销活动有哪些亮点呢？首先，线下、线上活动的推广双管齐下，有足够大的宣传力度。其次，现金红包、20%的中奖率和大奖、简单的参与条件以及便捷的线上领奖操作都足以吸引消费者参与。

另外，由"红牛"活动为"战马"活动引流，实现联动销售，大大增加销量。一物一码的方式让商品能经得起防伪验证，让消费者买得放心。用户在扫码参加活动的同时，会关注官方公众账号并成为粉丝，这样就将用户引流到微信平台上，从而更好地进行粉丝营销。

4.2 IM 推广，即时通信推广方式

IM（Instant Messaging）是指即时通信，而以图片、文字等形式在 IM 平台上所进行的推广活动就被称为 IM 推广。最具代表性的即时通信工具就是 QQ，下面以 QQ 为例来介绍如何进行 IM 推广。

4.2.1 QQ 推广的特点

众所周知，QQ 拥有庞大的用户量和很高的活跃度。对于商家来说，有用户的地方就有商机。因此，从营销推广的角度来看，QQ 是非常重要的平台。利用 QQ 做推广，有以下几个特点。

1. 针对性、互动性强

QQ 的社交属性这一特点，可以将有相同的兴趣爱好或认同产品的用户集中到一起，如建立 QQ 群进行圈子内的营销宣传。对于已入群的用户，还可以通过一对一的沟通实现更精准的推广。

另外，这种交流互动还可以提高用户的黏性以及对品牌的忠诚度。

2. 持续性强

只要没有被 QQ 好友拉黑或删除，就可以持续进行推广。QQ 群也一样，只要没有解散、群友没有退群，推广就可以一直持续下去。

3. 成本较低

如果只是简单地通过 QQ 空间、QQ 群或 QQ 邮箱进行推广，那么其成本会很低，最大的成本

可能就是时间成本。这与其他付费推广方式相比，花费要少很多。

但如果要通过QQ空间广告、弹窗等方式进行推广，那么成本就另当别论了。运营者可根据企业的发展阶段或推广需求来规划QQ的推广成本，以便更好地进行推广。

4. 操作简单

QQ推广是一种简单易操作的推广方式，只要运营者擅长与好友沟通即可。在与好友建立起比较友好的关系后，有时甚至只需发发广告就能实现推广。

5. 适用性强

不管是个人还是企业，都可以利用QQ做推广。其推广类型丰富，如网站、产品、公众号、个人微信号等都可以利用QQ做推广。

4.2.2 QQ基本资料的设置与操作

在商务活动中，个人形象十分重要，而在QQ推广中，QQ资料就能展示个人形象。在QQ推广中，很多人都是通过QQ基本资料来了解商家的。具体来说，要分以下几步。

第一步：头像设置。QQ头像要正规并有特色，这样才能让用户印象深刻，并牢牢记住。注意，千万不要使用那些低俗的图片作为头像，这样虽然也可能会给人留下深刻印象，但往往是反面印象。

QQ头像可以是企业的LOGO，也可以是个人头像或其他能代表企业或个人形象的图片。例如，你是卖血糖仪的，那么就可以将头像设置为一张与健康有关的图片，或直接放企业LOGO、血糖仪的产品图等，虽然这样营销的味道比较浓厚，但用户不会觉得有什么不妥。

如果是微商，那么将头像设置为个人生活照会更好，一方面可以加强QQ好友的信任感，另一方面会更具亲和力，有利于营销。

第二步：昵称设置。QQ昵称要朗朗上口，让人容易记忆。如果是代表企业的营销QQ，那么昵称可以使用"公司名+个人名"的命名方式，如某某血糖仪——李某某。

实名的好处在于能增强他人的信任感，并有利于树立个人品牌形象。如果你的产品足够好，久而久之，用户就会信赖并认可你。

如果使用网名，建议不要选择那些被很多人用过的名字，如开心、传奇、追梦等，这些名字太过普通，而且重名的概率极高。如果你的用户的QQ中刚好有两个昵称相同的好友，头像也没有明显的区别，那么他很可能会分不清谁是谁。因此，QQ昵称要设置得简单、有个性，最好不要用英文名，除非你的用户大部分是外籍人士或英文很好的人。

另外，QQ昵称一旦确定，就不要轻易更改。如果用户没有备注，那么更换昵称后，他很可能就不认识你了，从而导致你之前所积累的人气都归于零。

第三步：个人资料设置。个人资料的设置要详细丰富，即该有的一定要有。那么，哪些是该有的呢？如果你是企业的营销人员，那么资料中最好包括公司名称、职业、年龄、地区以及联系方式等。如果你是个人微商，那么产品销售范围、微信号、淘宝店名等都要包括在内，如图4-14所示。

图 4-14

第四步：QQ 排名靠前。既然是利用 QQ 做推广，那么就应设置为在线状态。前几年做 QQ 推广，将 QQ 设置为 "Q 我吧" 状态还能让 QQ 排名靠前，现在这么做，基本上已起不到多大的作用了。因为现在大多数人的 QQ，一般都是 24 小时在线。

要想让自己的 QQ 排名靠前，比较直接的方法就是开通会员，QQ 会员会排在普通用户的前面。会员又分为超级会员和一般会员，超级会员的排名比一般会员要靠前。

同级别的 QQ 账号，昵称首字母靠前的在他人好友列表中也会靠前。例如，张三和李四两个昵称，如果两人都是普通用户，那么李四会排在张三的前面，因为字母 L 排在字母 Z 的前面。

另外，在昵称前加空格或特殊符号也会让 QQ 排在前面，因为特殊符号比普通字母拥有更高的优先级。

> **提示**
>
> 如果在多个 IM 平台上做推广，建议在所有平台最好使用统一的昵称和头像。

4.2.3 如何通过 QQ 获得基础流量

做 QQ 营销推广，加群是获得基础流量的重要方式，且效果往往比较好。试想，如果一个群有 1000 人，活跃度为 200 人左右，那么推广信息至少也有 100 人可以看到；如果推广的是产品链接，那么也会有二三十人会因为感兴趣而点击，二三十人虽然比较少，但如果有二十几个群呢？相信至少能带来上百的流量。而很多做 QQ 推广的运营者，通常都不可能只有一个 QQ 号，他们往往有多个小号，在不同的群里进行推广。总而言之，如果有精力进行多个群的推广，那么一定是群越多越好。

当然，加群也要有选择性，群的活跃度和质量对 QQ 群推广的成效至关重要。加群时要注意以下几点。

1. 看成员数

如果一个群只有几个或十几个成员，那么一般没有太大添加的必要性。因为 QQ 群推广实际上是一种广撒网的推广方式，要的就是曝光度，成员这么少的群，能有多少曝光度呢？

QQ 群主账号的等级不同，群成员的上限也不同，可分为 500 人群、1000 人群和 2000 人群。建议尽量加 500 人以上的群，否则推广效果会不明显。

2. 看活跃度

注意，活跃度很低或几乎没什么活跃度的群尽量不加。如何判断活跃度呢？一个简单的方法就是看群内有没有群友发言说"欢迎新人"，欢迎的群友越多，表示群越活跃。另一个方法就是看群内群友之间的互动是否频繁，互动频繁的群活跃度必然高。

QQ 群的活跃度低，可能是因为没有管理者，也可能是已被大多数群友废弃或屏蔽。这样的群即使发了信息，看的人也不会太多，因此运营人员也没必要花时间和精力在其中做推广。

3. 看群友价值

在加群时，也要考虑群友的"属性"。所

谓属性，就是群友所属的圈子。如果你是卖时尚女装的，却去"老年人旅游交流群"推广服装，那么效果会好到哪儿去呢？

所以，应尽量加目标对象集中的群。例如，一个做摄影的朋友加入了很多摄影交流群，因为他自己也爱好摄影，所以很快就和这些群的群友建立起友好的关系，随后便在和群友的交流中推广手机外接镜头、三脚架等产品。他还开了一个淘宝店铺，在加入摄影类的群后，淘宝店的销量也大大提高了，甚至有群友主动问他淘宝店的店名并表示想去看看，买点摄影装备。

除了加群外，另一种获取流量的方法就是添加 QQ 好友。加 QQ 好友也要注意频率，因为频繁操作会被系统认为账号异常，从而导致添加好友功能被系统暂停。

添加好友时，可按地区、性别和年龄进行筛选。但这样的筛选并不十分准确，因为部分 QQ 用户的基本资料信息都不真实。为了提高好友的质量，建议从 QQ 群中添加那些与自己聊得来的，有可能会购买自己产品的潜在用户为好友。

另外，通过筛选的方式添加好友也更容易被拒绝。现如今，很多 QQ 用户对自己的隐私都看得比较重，因而不会轻易同意陌生人添加好友的请求。而群友则不同，大家已经有了一定的了解，主动加为好友就不会让对方抱有警惕心理而予以拒绝。

积累 QQ 好友，可以方便运营人员做一对一的营销。另外，QQ 空间是发布产品信息和推广信息的重要途径，因此 QQ 单向好友越多，QQ 空间动态的曝光度才会越大。

4.2.4 自建 QQ 群，管理自己说了算

加入他人建立的群总会受制于人，并且需要服从他人的管理。因此，从营销推广的长远角度来考虑，自建 QQ 群进行宣传推广比加入他人建立的群效果要好得多。自己的群自己说了算，并且群友对群主的印象也会比其他群友深，而且会有一种信任感。自建群进行宣传推广也要掌握一定的技巧。

1. 建高级群

普通 QQ 用户只能建立 200 人或 500 人的群，而 QQ 会员或超级会员在达到一定级别后就可以建立 1000 人或 2000 人的高级群。图 4-15 为超级会员所享受的群特权。

		SVIP1	SVIP2	SVIP3	SVIP4	SVIP5	SVIP6	SVIP7	SVIP8
普通	500人群	额外4个	额外4个	额外4个	额外4个	额外4个	额外4个	额外4个	额外8个
	1000人群	无	无	无	无	无	1个	2个	3个
	2000人群	无	无	无	无	无	无	无	1个
	消息记录漫游	30天	40天	50天	60天	70天	80天	90天	100天
年费	500人群	额外4个	额外4个	额外4个	额外4个	额外4个	额外4个	额外4个	额外8个
	1000人群	1个	1个	1个	1个	1个	2个	3个	4个
	2000人群	1个	1个	1个	1个	1个	2个	2个	3个
	消息记录漫游	30天	40天	50天	60天	70天	80天	90天	100天

图 4-15

也就是说，普通 QQ 用户在建群数量和人数上都会比会员受到的限制多。因此，建议运营者开通会员，即使不成为超级会员，也要尽量成为普通会员，这对自建群进行推广十分有利。

2. 确定群属性

QQ 群用于会聚志同道合的人，只有具有相同爱好的人聚在一起才有的聊。所谓话不投机半句多，就是这个道理。如果彼此的兴趣爱好都不同，那么即使加入同一个群，大家平时的交流也会很少。久而久之，这个群就会变得死气沉沉，故而进行宣传推广的效果也不会很好。

因此，建群时一定要考虑群的定位，并设置一个能吸引目标对象的群名。上文提到的做摄影的朋友，他建了五六个 QQ 群，每个群的群名都包括"摄影"这个关键词。他创建群的目的很简单，就是吸引摄影爱好者或想要学习摄影的人加入。

QQ 群的定位越清晰，就越能吸引到目标用户。例如，你是做面膜的微商，那么 QQ 群的群名就可以包括"护肤""女性""皮肤护理"等关键词。这些关键词，可以让有护肤需求的 QQ 用户通过群搜索功能加入群中。

如果你拥有多个群，那么建议你最好为群编个号，如"化妆护肤常驻群 1""化妆护肤常驻群 2"……编号可以方便群的管理。另外，在建群时，最好是一个群满额后再建另一个群，第一个新建的群编号为 1、第二个新建的群编号为 2……以此类推，这样可以清楚哪些群的群友更新了，做推广时就可优先选择更新的群。

3. 保持活跃度

建好群并有了一定的群成员后，还需要好好运营。这里的运营，主要是指保持群的活跃度和进行群的管理。

例如，你加入一个与营销推广有关的群，这个群却基本上没人发言，关键是群主长期处于不在线状态，且不怎么说话或管理群，有时群友 @ 他也没反应。久而久之，这个群中发言的人就会越来越少。

我们不知道该群主当初创建这个群的目的所在，但如果是我们自己创建的群，就一定要维护好它、管理好它，与群友多交流，不要只当一个看客或长期不在线。如果你不想管理群，那么可以选择加群而不是自建群。如果你的群比较多，自己管理不过来，那么可以招几个管理员或寻找志愿者，他们都很可靠且值得信赖，一旦有什么推广信息要发布就可以传达给他们。当然，也要给这些志愿者不一样的特权，如免费上群主的课，空闲时群主会为他们解答一些与推广运营有关的疑问。

4.2.5　QQ 群营销的推广技巧

我曾经看到有的 QQ 群推广者加入群后做的第一件事就是发一条链接广告，随后群友纷纷 @ 管理员反映"有人发广告"，结果他就被踢了。

不管是加入他人建立的群还是自建 QQ 群做推广，第一步永远都不是发推广信息，而是与群友建立情感联系。在互联网络上做推广，由于大家都不认识你，就会本能地对你发布的信息抱有警惕心理，而想要推广效果好，就要先和群友们建立感情。先通过平时的沟通交流让他们了解你，知道你是做什么的。这样当大家成为朋友后，做营销推广就会是很自然的事了。

加入他人建立的群要遵守群规，如有的群规定：禁止"灌水"、打广告或谈论与群主题无关的内容。针对此类有明确广告限制的群，打广告就要慎重，特别是硬广一般会很受群友的反感。尤其是在和群友不太熟悉的情况下，更会引发不满，因此正确的做法是软性植入广告。

聊天时，才是植入广告的最好时机。

例如，加入一个美食群后，就可以先和群友讨论如何做美食，并分享生活小窍门。在这个过程中，可逐步向大家推荐自己的产品。例如，销售的是水果麦片，就可以把用麦片做成的食物成品分享给群友，然后告诉群友吃坚果谷物麦片的好处并展示麦片的制作过程。其间会有群友与我们互动，最后我们再说是在哪里买的这款麦片。当然，还可以创建一个小号并加入这个群，利用小号唱双簧。

如果是自建的群，那么进行广告推广就可以直接些，但在平时也要给群友发一些福利。

以上文做摄影的朋友的群为例，虽然他也是摄影爱好者，但他的摄影水平其实并不高，可是作为群主仍然得到了群友的喜爱。因为有推广店铺产品的需要，他会针对群友不定期地举办摄影有奖比赛，奖品通常都是他店铺里的摄影装备。群里都是爱好摄影的人，所以参与者不少。另外，他还会不定期地给群友发福利红包，和群友讨论如何拍片、修片等。有新产品推出时，他会直接发链接到群里，群友不但不会产生不满，反而会进一步询问关于新产品的详细信息。

另外，自建的群一定要将群公告利用起来，这可是既免费又显眼的广告位。群公告可以简单介绍这个群的定位及经营范围等，也可以展示产品或图片广告。

4.2.6 利用 QQ 空间做推广

不管是对企业推广员，还是对个人微商而言，QQ 空间都是值得利用的推广平台。在 QQ 空间做推广要注意一点，就是不能频繁地刷屏。对于很多微商来说，在刚开始做 QQ 空间推广时，营销对象其实大都是自己的朋友，而频繁地刷屏会让好友反感，甚至把自己拉黑。在微信朋友圈做推广，也是一样的道理。

做 QQ 空间推广也要注意文章的质量，发一些实用的、好友们感兴趣的文章。例如，我们是卖护肤品的，就可以发一些与护肤有关的文章，内容以简短为好。要想让推广效果好，还要注意文章的发送时间。一般来说，11:00～13:00、18:00～20:00 是比较好的时间段，因为很多 QQ 用户会选择在这两个时间段刷 QQ 空间。在节假日发送推广文章也是不错的选择，可以利用这段时间做一些活动。

如果是企业做 QQ 空间推广，可以根据预算选择 QQ 空间投放广告。QQ 空间手机端和 PC 端都有广告位，刷 QQ 空间好友动态时，会出现一个"广告"标识，那就是好友动态广告。图 4-16 所示为手机端广告展示。

移动端广告位可分为品牌页卡片广告、视频故事广告、随心互动广告、全景交互广告、多图轮播广告等类型。PC 端广告除好友动态信息流广告外，还有个人中心广告，其位于空间 PC 端 QQ 空间个人中心区的右上角和左下角,如图 4-17 所示。

图 4-16

图 4-17

对于企业来说,QQ 空间比较适合做网页、电商和 App 推广。其收费方式主要包括合约 CPM、竞价 CPM 和竞价 CPC。

> **提示**
>
> 合约 CPM 是指在推广前,约定此次推广费,比较适合有品牌曝光需求或针对某类人群有推广需求的广告主。竞价 CPM 是指按千次展现次数计费,出价越高,则曝光度越高。竞价 CPC 是指按点击计费。

4.2.7 利用 QQ 邮件做推广

利用 QQ 邮件做推广,比较常用的是群邮件功能。群邮件的群发并不难,只需在进入 QQ 邮箱的写信页面后切换至"群邮件"选项卡,即可进行编辑和发送,如图 4-18 所示。

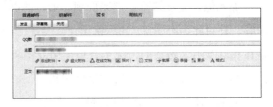

图 4-18

群邮件的发送很简单,难的是邮件内容的制作。首先邮件标题一定要吸引人,因为现在看邮件的人其实已经越来越少了,如果邮件标题不够吸引人,那么邮件的点击率就会很低,更谈不上转化了。QQ 邮件有弹窗功能,邮件标题会显示在弹窗中,因此标题内容一定要一目了然;同时弹窗只能显示 13 个字,因此标题内容最好控制在 13 个字以内,如果实在无法做到,那么也要将重要的信息放在前面。图 4-19 所示为 QQ 邮件弹窗。

图 4-19

邮件的正文内容是根据推广需求写作的,以精简为原则,不必太长,只需将需要宣传推广的内容说清楚即可。另外,在邮件的末尾也可以附上微信二维码,或以文字表述的方式让收件人关注,以便将 QQ 用户引流到微信中,如图 4-20 所示。

如果邮件推广的目的是为网站引流,那么就可以附带网址,但这样会存在一个问题,即有可能会被视为垃圾邮件。另外,使用同一个

IP 群发太多邮件，也可能导致邮件被视为垃圾邮件。因此，如果需要发送的邮件比较多，就要更换 IP。根据测试，一个 QQ 账号一天可发送 10 个群以下的邮件，多了就容易被屏蔽。

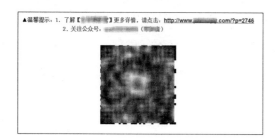

图 4-20

针对网址，可以将网页另存为 HTML 网页，以附件的形式发送。附件的命名要明确具体，如是网站地址就明确表明是某某网站，这样才可以让收件人放心预览或下载，如图 4-21 所示。

图 4-21

另外，还可以将网页链接发送到腾讯微博或新浪微博等平台上，将原本的网页链接转化为短网址，这样就不容易被屏蔽。具体做法如下。

第一步：复制需要通过邮件推广的网址，登录腾讯微博，输入网站地址，单击"广播"按钮，如图 4-22 所示。

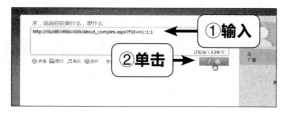

图 4-22

第二步：发送成功后，可以看到发送的广播中有一个网址，这个网址就是生成的短网址，复制并返回邮件发送页面粘贴，如图 4-23 所示。

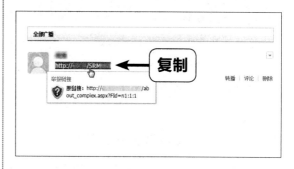

图 4-23

另外，还有一个技巧就是更换邮件的标题和内容。也就是说，当用同一个 IP 和 QQ 账号发送大量的邮件时，可以针对不同的群或 QQ 用户变换邮件内容，否则就很容易被视为垃圾邮件。除此之外，尽量不要让邮件正文内容中出现广告、代理、办证等字样，这样也很容易被列入垃圾邮件行列。

建议大家不要在邮件正文内容中放太多图片，因为很多时候图片需要用户手动单击"显示图片"或"信任此发件人的图片"才能显示，如图 4-24 所示。

图 4-24

在使用文字进行描述时，可将重要信息用其他颜色加以标识。

> **提示**
>
> 利用QQ邮件进行推广，短期内效果可能并不是很明显，因此有低引流需求的可以采用这种方式。很多新手在做邮件推广时，常常只是追求量，恨不得一天发几千封邮件。实际上，这种方法并不可取。试想，如果这几千封邮件基本上都成了垃圾邮件，还会有效果吗？这时就应从精准推广入手，有目标地选择邮件发送对象，如目标对象群中的QQ用户就比较有针对性。一天发送的邮件也不宜太多，一两千封即可，如果能带来一两百的点击量也是相当不错的。当然，只有长期坚持才能让QQ邮件推广有效果。

4.2.8 QQ沟通中的注意事项

不管对QQ好友是进行一对一的推广还是进行营销，都离不开沟通。通过QQ进行沟通交流其实与在线下和客户交流没有太大的区别，只不过更多的是需要用文字来传递信息。

大家都知道，与QQ好友进行交流时需要打字，除非是很熟悉的好友，才会使用语音。而打字就涉及速度的问题，不管是用手机还是用计算机，速度都不能太慢，否则，会给对方留下不好的印象。另外，在沟通时也要注意对方的节奏，如果对方回复较慢，不要发抖动或者图片等进行催促，而要耐心一点，毕竟其有可能成为我们的客户。当然，沟通时也不能滔滔不绝、自说自话，还要顾及对方的感受，让对方有表达机会。

QQ聊天时的字体、字号及颜色都可以自行设置，如果不喜欢默认的设置还可以进行更改，但不要使用太多鲜艳的颜色或太过花哨的字体，因为有的好友并不喜欢鲜艳的颜色，而太过花哨的字体也会给阅读带来困难。

在沟通交流时，一定要有礼貌，说话客气，这样会让对方感觉更好。我们经常可以看到有网友在网络上说某某客服态度差，既然是做客服工作，那就要接受这一职位的特殊性，千万不能向客户发火，甚至骂脏话等，不要让对方抓到沟通中的把柄。若实在解释不通，那就结束交易吧。实际上，大多数客户都是通情达理的，刁钻的客户毕竟是少数。与QQ好友进行沟通交流，也是同样的道理。如果客户表现出不满，不管是售前问题还是售后问题，都不要说一些不友好的话来惹怒他。

在对QQ好友进行营销时，发送消息要选对时间，千万不要选在他人工作时或夜间已经休息时。总的来说，沟通是双向的，你友好地对待对方，对方同样也会友好地对待你。

4.3 论坛推广，开放性的推广

论坛推广就是在各类论坛平台上，以文字、图片等形式进行宣传推广。论坛推广主要通过发帖的方式进行，因此发布在论坛上的文章通常被称为帖子。每种推广方式都有其优势和特点，论坛推广也不例外。论坛话题的开放性是很多企业和个人选择论坛进行推广的原因。

4.3.1 论坛推广的特点

知名的论坛都拥有很高的人气，如在天涯论坛、百度贴吧等平台上都可以看到营销推广人员的身影。论坛推广具有如下特点。

1. 开放性

论坛具有很强的开放性，只要是不涉及敏感信息的话题，基本上都可以在论坛社区中进行讨论。论坛的这一特点，使得不同企业或个人的营销推广诉求都可以很好地实现。例如，百度贴吧分为综艺、体育、小说、闲·趣及游戏等多个大类，而这些大类下又分为多个小类，最后才是具体的贴吧。以闲·趣为例，其下有萌宠、喵星人、萝莉等小类，再往下又有猫吧、兔子吧、金毛吧等。

贴吧分类的多样性，让不同的营销人员可以更精准地进行营销推广。例如，做游戏推广的运营者可进入客户端网游、桌游等类型的贴吧进行推广；销售护肤用品的微商可进入购物、变美等类型的贴吧进行推广。

2. 聚众能力

论坛还具有强大的聚众能力。在同一个贴吧或小组的网友，通常都具有共同的兴趣爱好，因而利用论坛进行讨论和分享。

论坛的这种聚众能力，也为营销人员进行精准营销提供了条件；同时，论坛的超高人气也使得这一推广方式产生了很好的传播效应。

图 4-25 所示为闲·趣分类下的贴吧，其中的关注人数和帖子数量足以代表人气。

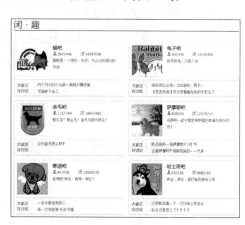

图 4-25

3. 活跃性

仅仅有人气，并不能说明论坛推广这一方式的效果有多好。而之所以要做论坛推广，还有一个重要的原因，就是论坛的活跃性。每天在论坛社区中活跃的网友有很多，那么如何知道其活跃性呢？从每天发帖、回帖的量和时间可以看出，如图 4-26 所示。

在图 4-26 中，由左到右依次为讨论话题、作者、回应数和最后回应时间。大致看看截图上的回应数和回应时间的间隔，就能知道论坛社区的活跃性如何了。

图 4-26

4. 互动性强

论坛推广的互动性从图 4-26 中就能看出来。论坛社区的互动性可以加深网友对产品的印象，有时还能产生裂变传播效果。

目前，很多企业都已在各大论坛进行付费推广，这也进一步说明了论坛推广的价值。图 4-27 所示为百度贴吧中的电商广告。

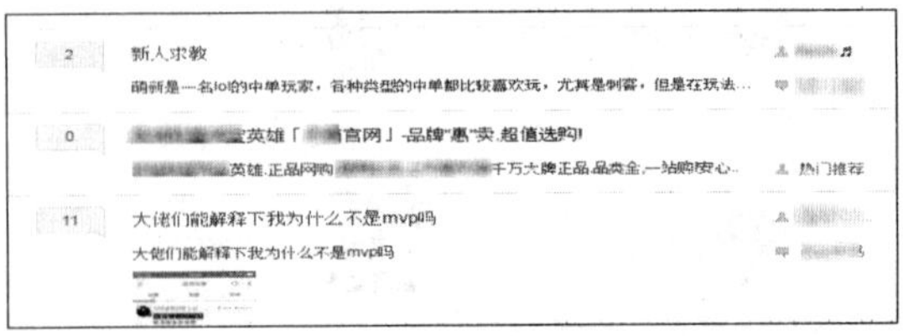

图 4-27

4.3.2 论坛推广的主要步骤

论坛的主要交流方式就是发帖、回帖，做论坛营销推广也会经历这两大步骤。总的来看，论坛社区营销推广要分三步走。

（1）选平台。

论坛社区平台有很多，既有大型的平台，也有小众的平台，常见的有天涯论坛、新浪论坛、西祠胡同等。选择平台并没有具体的规则，如果去网上搜如何选择论坛推广平台，可能会得到很多答案。例如，有的网友会说越大的越好，而有的网友会说小众点的对广告监控不会那么严，推广起来更顺利。

其实，我建议选择自己熟悉的。例如，你在上学期间就开始玩天涯论坛，现在在论坛上已混得小有名气，而你的工作恰好是做推广，那么选择天涯社区做论坛推广就很好。

首先，因为你自己在玩，而且已经玩了一段时间，因此对于该平台的规则以及网友的喜好都有一定的了解，即相当于你已经有了一定的该论坛发帖经验。其次，因为你已经混到脸熟了，那么也就拥有了一定的人气，这样做起来自然会轻松很多，营销推广的效果也会更好。

例如，我从初中就开始玩百度贴吧，那会儿疯狂迷恋动漫，于是加了很多动漫吧，并经常发帖、回帖，其中有一段时间还当过吧主。现在我做论坛营销推广，主要使用的平台也是百度贴吧，因为我了解贴吧的规则，并且与几个贴吧的吧主关系很好，知道如何做才能让我的帖子加精，做起推广来自然是得心应手。

有的朋友可能会问：那我没有玩过论坛社区，又该如何选择平台呢？此时的建议是，上各个论坛去看看，选择自己喜欢的。因为做论坛营销是一个长期的过程，需要养号，如果仅仅是广告灌水，效果肯定不会太好，很多时候还会被版主封号。因此，可以选一个自己喜欢的论坛，尝试一边养号一边做推广。

（2）建"马甲"。

没有"马甲"是玩不了论坛营销推广的。选好平台后，要做的第一件事就是注册账号。一般进入论坛的官方网站就可以看到"注册"超链接，单击该超链接并按照提示的步骤操作即可完成账号的注册。例如，进入百度贴吧首页，单击"注册"超链接，即可进行账号的注册，如图 4-28 所示。

图 4-28

（3）回帖、发帖。

建好"马甲"后，不要急着发帖，应先和其他账号等级比较高的用户互动，如回他们的帖子，以便自己的"马甲"能够逐渐被人熟悉。当有了比较好的内容后，就可以尝试发帖。不同的论坛社区，发帖的方式可能会有所不同。以百度贴吧为例，要在百度贴吧发帖，首先得加入一个贴吧成为会员，注意尽量选择目标对象比较多的贴吧。例如，卖减肥药的就可以去瘦腿吧之类的，进入贴吧后，可以看到一个"关注"按钮，单击该按钮即可成为其会员，如图 4-29 所示。

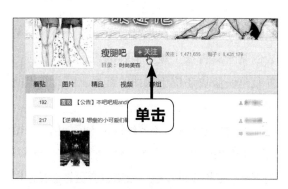

图 4-29

只有成为会员后，才可以发帖。在页面底部输入帖子内容，单击"发表"按钮即可发帖，如图 4-30 所示。

图 4-30

发帖的方法很简单，重要的还是内容，内容不好很容易让帖子石沉大海。

4.3.3 发推广信息前，先要混个脸熟

在论坛上注册账号时，取名要做到朗朗上口、简单易记。要知道很多论坛还不支持更改账号名，因此注册时一定要想好 ID。

另外，做论坛推广经常修改 ID 是不利于推广营销的。要让网友记住你，你的 ID 就要不变且经常出现在他们眼前，否则谁也记不住。账号注册成功后，还要对个人资料进行完善，这和 QQ 个人资料的设置是一样的。

有了前期的准备，现在开始混脸熟。如何快速融入一个新的论坛社区呢？先尝试去精品帖、网友聚焦的帖子下留言，然后去新帖子下留言，如果留言能占据前排的位置，那么混脸熟的效果会很好。下面举一个虽然与论坛推广不太相关，但很有启发性的例子。

我平时很喜欢看漫画，也会在手机上下载很多看漫画的 App，我对其中一个漫画 App 的网友印象非常深刻，为什么呢？因为热门漫画评论区的"沙发"必定是他，久而久之，网友就都记住了他。现在看看其他漫画爱好者是怎么回复他的，"××（他的 ID），不管是××

（漫画名），还是××（漫画名），都第一""你可以教我分身术吗""××（他的ID），我熬了一晚上，可你家网络怎么这么好，挑战失败"。由此可知，长期占据第一排也能让自己成为热门。

同时，他的ID也令人印象深刻，反正我是看过一眼就记住了。

论坛也可以互加好友，主动关注他人，系统会有提醒，从而可以增加我们账号的曝光度，如图4-31所示。

> **提示**
>
> 在论坛上发帖时，一定要了解并遵守论坛的相关规则。例如，不少推广人员在刚开始做论坛推广时，常常是自己的帖子被删却不知道原因，然后还发帖问："怎么我的帖子分分钟就被删了啊？"不仅是做论坛社区推广，做其他平台推广也一样，都要遵守平台的规则。

4.3.4 怎样发论坛帖子才能提高曝光度

论坛营销推广的核心在于帖子的质量，如果所发帖子能够被加精或者被版主推荐，那么曝光度必定会很高，如图4-32所示。

图 4-31

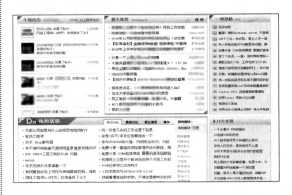

图 4-32

要想炒热自己的账号，发帖子是最快的一种方法，具体可以利用一些热门话题来发帖。可以从目标对象平时常聊的话题入手，也可以将日常生活中看到的趣闻或者一些有用的资源作为帖子来发表，都能吸引网友的眼球。

记住一点：机械性的发帖、回帖没有太大的意义，关键是你要融入其中，这也是要选自己喜欢的论坛的原因之一。不要总觉得自己只有运营推广这一层身份，还要把自己当成普通网友与版主、坛友进行互动。

图4-32中一位叫"软××朋"的网友发表的帖子就占据了版主推荐的三、四、五排，并且这一版块还位于网站的首页，因此获得的曝光度自然不会差。

在论坛上发帖，不要硬性植入广告信息，用点软文效果会更好。另外，将广告意图隐藏起来，就不会引起网友的反感，效果也会更好。在论坛社区平台发帖子，可从以下几个方面出发。

（1）发新人报到帖。作为新人，进入论坛后可先发新人报到帖，把自己介绍给坛友。新人发的帖一般能得到他人的回帖,如"欢迎新人"之类。对于此类回帖,不要爱答不理,而要认真回复。

(2)发分享帖。在论坛上发帖,分享式的原创帖子更容易得到关注。发帖后,如果没有人回帖、顶帖,那么也可以自己顶帖。顶帖时最好换一换ID,这样可以避免被发现是自己刷帖而遭管理员删帖。

(3)回帖讲究技巧。回帖也是有技巧的,不要在发帖后立即就用自己的小号顶贴,而应等一等。例如,中午发表的帖子,可以在晚饭后再顶帖。在顶帖的时候,也可以适当投放一些广告,以达到推广的目的。

如果自己的闲暇时间比较多,那么可以坚持每天都在论坛上发帖并回帖。这样做除了可以提高ID的曝光度外,还可以尽快提高账号等级。

4.3.5 如何让帖子被加精或推荐

论坛上的帖子能不能被加精或推荐,不仅与帖子内容的质量有关,还与吧主、版主有关。也就是说,与吧主或版主搞好关系在一定程度上可以增加帖子被加精或推荐的概率。

很多人可能认为与吧主或版主搞好关系比较难,其实并不是这样的。最简单的方法就是@他们,积极回复他们发表的帖子,或以请教的方式向他们咨询问题,如帖子如何能被加精,来引起他们的注意。

对于自己觉得应该被加精或推荐的帖子也可以向吧主或版主申请,毕竟每天都有大量的网友在发表帖子,他们根本看不过来。否则,一篇优秀的帖子就可能被埋没了。

另外,帖子能被加精或推荐一般都有一定标准的要求,具体要求通常可在各个圈子的公告中查看。了解并努力让自己的帖子符合标准要求,就能大大提高帖子被加精的可能性。图4-33所示为某贴吧的精品帖子申请专区,其中既写明了申精的方法,又写明了具体的申精标准。

图 4-33

4.3.6 做论坛推广,要不要去广告区

每个论坛一般都有一个专门的"广告区",即在这个区做广告不会被删帖,因此很多人认为可以在这个区多发广告。其实不然,这是为什么呢?因为几乎所有论坛的广告区都没有活跃度,除了发广告的外,可以说没什么人看帖、回帖。这样一来,就等于自己发的帖子自己看,没人看就等于没效果,与其在这上面发10篇帖子,不如去有人气的圈子发一篇帖子。图4-34所示为某论坛的发广告综合区,可以看到回复数据都是零。

图 4-34

其实，普通网友谁会专门去看广告呢？很多网友连软广告都不愿接受，更何况是硬广告。

当然，如果你是站长，在广告灌水区推广的是网站链接就另当别论了。虽然现在论坛外链的效果已经大不如前，但也不能说完全没效果，空闲时适当发发还是可以的。

4.4 SNS 推广，分享式的推广

SNS 是指社交网络服务，有些人对于这个名词可能会比较陌生。这里所说的 SNS 推广，主要是指在 SNS 网站上的推广。说起 SNS，就不得不说六度分割理论。六度分割理论是指两个素不相识的人之间的间隔不会超过 6 个人。这一理论实际上是在告诉我们，通过不断认识朋友的朋友就可以建立庞大的社交圈。

4.4.1 SNS 的分类

目前，很多 SNS 网站并不是真正意义上的 SNS 平台，更多的是综合性网络社交平台。SNS 主要有以下几种类型。

1. 校园与娱乐类

校园与娱乐类的主要代表平台是人人网、开心网。其中，人人网的前身是校内网，最开始主要的用户群体定位为学生，后来才逐渐扩展到校外的广泛大众。目前，人人网更像是一个综合性社交平台，包含社交、资讯、直播以及娱乐等沟通方式。

至于开心网，在 2008 年、2009 年风靡一时。当时开心网上有"抢车位""偷菜"等游戏，很多网友都是半夜起来抢车位、偷菜，还有很多网友因偷菜成为好友，或者本来是好友却因偷菜而"反目成仇"。开心网在 Alexa 全球网站排名中，曾获得中文 SNS 网站第一名。只不过后来随着微博的兴起，仅靠游戏来维持用户的开心网因没有意识到网民社交需求的变化而逐渐被遗忘，进入衰退期。

要说国外的校园与娱乐类 SNS 网站，最具代表性的就是 Facebook。Facebook 的中文意思为脸书，因为在国内不能使用，这里就不多作介绍了。

2. 即时通信类

关于即时通信类的 SNS 平台，大家比较熟悉的应该是 QQ、微信等。大多数 QQ、微信用户的好友都是身边的朋友，这就是 SNS 的一种体现。另外，添加 QQ 好友，还可以通过找同城好友、老乡来拓展社交圈。

除此之外，探探、陌陌等也是即时通信类 SNS 平台。

3. 地方类

以一个区域为圈子的社交平台也有很多，只不过现在这类平台更偏向于婚恋交友，如百合网、

珍爱网等。

4. 视频类

视频类 SNS 即指以视频为主要形式的社交网络平台。目前，这类平台多是直播平台或短视频平台，如快手、抖音、虎牙直播等。

不管是什么类型的 SNS 平台，基本上都是通过主动添加好友或通过吸引其他用户添加自己为好友的方式来实现其营销推广的目的。

4.4.2 SNS 推广的步骤

做 SNS 推广与做论坛推广有相似之处，但前期要做很多好友积累的工作。做 SNS 推广主要经过以下步骤。

1. 建账号

选择好一个 SNS 平台后，第一步就是建立账号。在建立账号时，需要填写个人资料。因为 SNS 推广的社交性很强，因此头像最好使用真人照片，而且要选好看的。因为在这个看脸的时代，颜值十分重要。虽然选择的照片可能是被 PS 过的，但很多网友并不清楚你本人到底长什么样，因此带有一点"欺骗"性质的照片也是可以的。如果上传的头像是美女照片，往往可以得到更多关注。

在视频类的 SNS 平台上做推广，好看的照片就显得更加重要。这也是为什么人们进入很多直播平台后，首先映入眼帘的就是满屏的美女照片。

这里说照片可以带有一定的"欺骗"性质，并不代表要用大众明星的照片来作为头像，因为这一看就是假的。要尽量用个人的真实照片，可适当进行修图，效果应该会不错。

2. 加好友

第二步就是主动添加好友。只有在拥有一定好友的基础上推广，效果才明显。很多 SNS 网站都提供了好友搜索功能，推广人员可以通过站内搜索的方式添加其他用户为好友。在搜索查找时最好是进行条件筛选，如地区、年龄、学校等，这样可以让添加的好友更精准。

另外，也可以通过好友的好友来实现好友的添加。例如，你在某一 SNS 平台上有一些比较亲密的好友，就可以让他们把你推荐给其他人。这种添加好友的方式的优点在于精准，但比较费时费力。

还有一种添加好友的方式就是通过自己发帖、转帖来让他人主动加自己为好友。

3. 做推广

当拥有一定数量的好友后，就可以开始逐步做推广了。注意，要根据平台的特性来做推广。例如，在视频类平台上做推广，发布的推广信息就要以视频的形式；在即时通信类平台上做推广，就要采用发送图片，再配以文字描述的方式；在综合类平台上做推广，就可以用转帖的方式，在转发过程中可以添加趣味性的描述，以吸引好友的注意力。

4.4.3 SNS 平台的推广技巧

在 SNS 平台做推广也有一定的技巧,希望下面这些推广技巧能帮到大家。

1. 日志推广

日志推广是做 SNS 推广常用的一种方式。推广人员可以将推广软文以日志的形式发表在 SNS 平台上,通过让其他好友阅读来实现推广目的。

在发表日志后,还可以让其他好友帮忙转发,以提高文章的曝光度。有的 SNS 平台还会提供日志发表成功的好友提醒,以提醒好友阅读。但要想让好友主动分享日志,还需保证日志内容具有可读性,同时还要与好友多互动。

例如,大家比较熟悉的 QQ 空间日志,一篇好的日志也能得到大量的点赞和分享。可以在文章的最末写上类似"喜欢请分享"的话语,让好友帮忙分享,如图 4-35 所示。

图 4-35

2. 相册推广

SNS 平台上的相册也是可用的推广途径。在相册中,可以加入推广的产品或者在一些近期比较热门的、被广泛传播的图片中插入产品信息。

很多 SNS 平台上的网友在添加好友后,都习惯于第一时间看好友的相册。因此,在相册中进行推广,也能取得不错的效果。要实时更新和替换相册中的图片,对于一些过时的推广图片就要有选择性地删除,以保证每个进入相册的好友都能看到比较新的推广信息。在相册中也可以穿插一些生活照和美图,否则满篇的广告图片会让好友失去浏览的兴趣。

3. 主页推广

SNS 平台通常都有一个个人主页,这也是重要的推广渠道。主页除了有个人信息外,一般还会展示用户最新发布的一些内容。因此,也要在 SNS 平台上时常发布一些帖子,这样才能使好友进入个人主页后有内容可看。

当前期没有内容时,可以采用"拿来主义"的方法,即转发一些有意思的内容放在自己的主页中。

在创建主页时,切忌全部都是推广信息,这样会流失很多好友。

4. 红人推广

SNS 平台上有很多本身就具有一定粉丝量的用户,可以找他们做营销推广。选择红人时,可通过查看其被关注数量、帖子数量、内容质量以及转发数量来判断其是不是自己需要的。

5. 互动推广

在 SNS 平台上做推广,千万不要忘了互动,互动不仅可以扩大影响力,同时也有利于维护老客户。在好友的帖子下留言、点赞能加深好友对自己的印象,从而间接地实现推广的目的。

秘技一点通

技巧 1 直接在手机上生成二维码

现在做营销推广,大多都可以直接在手机上进行。如果要在其他平台上推广二维码,就可以先在手机上生成二维码,然后直接上传到推广平台,而不必使用计算机进行操作,随时随地实现营销推广。利用手机生成二维码的操作并不难,关键是找到合适的生成器,这里主要介绍如何利用微信找到二维码生成器。

第一步:打开手机微信,在搜索栏输入"二维码生成器",选择"搜一搜"选项,如图4-36所示。

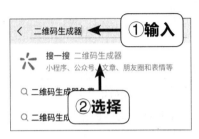

图 4-36

第二步:在打开的页面中点击"小程序"选项卡,如图4-37所示。

图 4-37

第三步:此时可以看到不同类型的二维码生成器,选择后即可进入相应的小程序在线制作二维码,如图4-38所示。

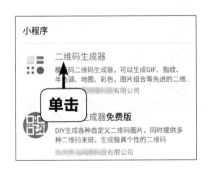

图 4-38

技巧 2 获取大量邮箱地址,一对一进行邮件营销

企业做邮件营销,很多时候都需要进行大批量、广撒网式的操作,因而需要保存大量的邮箱。而如果一个个地去收集邮箱,效率会很低。这里来看看如何利用QQ群获取大批量邮箱。

第一步:首先添加一些2000人的QQ群,其次进入QQ群官方网站单击"群管理"超链接,如图4-39所示。

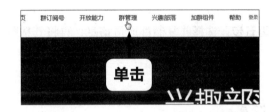

图 4-39

第二步:在打开的页面中单击"成员管理"超链接,如图4-40所示。

图 4-40

第三步:在打开的对话框中输入账号、密码,单击"登录"按钮,如图4-41所示。

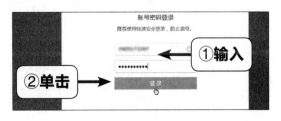

图 4-41

第四步：在已加入的群中选择一个群，如图 4-42 所示。

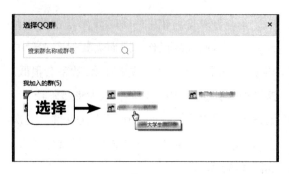

图 4-42

第五步：选择并复制群成员信息，再将其粘贴到 Excel 表格中，如图 4-43 所示。

图 4-43

通过这种方法获取大量邮箱地址后，就可以利用多个 QQ 号或使用邮件群发工具来发送邮件，从而实现一对一的邮件营销。

职场心得

小刘是一家护肤品公司的推广人员，为了增加企业微店和淘宝店铺的销量，她选择通过论坛进行引流。与其他推广人员不同的是，小刘选择的论坛不是贴吧、豆瓣这类平台，而是 QQ 的兴趣部落。之所以会如此选择，是因为小刘认为兴趣部落拥有广大的 QQ 用户群体。另外，与百度贴吧不同的是，兴趣部落中的帖子只要有一定的评论互动，直接就能成为精华帖。

因为公司销售的是护肤产品，因此在做推广时，小刘通过搜索部落的方式加入了带有"护肤"关键词的兴趣部落。加入兴趣部落后，小刘并没有马上就发帖，而是先关注那些位于部落周贡献榜上的用户，如图 4-44 所示。

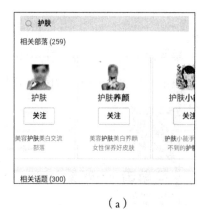

（a）

（b）

图 4-44

随后，小刘通过阅读部落中"精华"区的帖子以及部落的一些公告了解了部落好友常聊的话题。她发现，如何补水、祛黑头的话题比较热。于是，小刘开始在部落中发布与补水、祛黑头有关的帖子。公司有一个公众号，上面有很多与护肤有关的文章，因此小刘直接将公众号中的文章转发到部落中。

发帖后，刚开始几乎没有什么评论，于是小刘采用了顶帖的方式，利用自己的QQ小号在帖子下面评论。随后就有很多部落好友进行评论，而只要有人评论，小刘都会积极地回复。例如，有人咨询为什么敷了面膜脸还是干、敷面膜时脸有刺痛感是怎么回事。当评论的人越来越多后，小刘便开始在评论区做文章了。她在评论区发布了自己的微信号，告诉好友要咨询更多关于护肤方面的问题，可以加她的微信号或QQ号。紧接着，她还利用自己的小号在部落中发布问答帖子，在他人的评论中穿插自己的评论。

随着粉丝量越来越多，小刘的推广也逐渐大胆起来，她开始发一些产品图推广帖，并附上企业公众号二维码。经过一个月的部落推广，小刘的微信号和QQ号都添加了不少好友；同时，她还建立了微信群和QQ群，把这些好友都拉进群里，在群里进行产品和微店的推广。根据微店销量统计，小刘发现店铺的产品销量明显比上月增加了。

05 第 5 章
善用第三方推广渠道，获取超多流量

本章导读

推广预算较少的企业以及没有预算的个人电商要进行营销推广，更多地只能选择免费推广渠道。这些渠道看似微不足道，可能也不会立竿见影，但久而久之，却可以为运营商带来大量流量。

学习要点

- 百科推广的优点
- 如何创建百科词条进行推广
- 做好百度文库推广前的准备
- 如何上传文档到百度文库
- 图片推广的几种方式

5.1 百科推广，通过词条进行宣传

可能有很多人会感到疑惑：百科也能进行推广？实际上，百科词条也是由用户创建的。对于企业来说，入驻百科就相当于为企业制作了一张权威名片，可以提高企业的形象和品牌知名度。

5.1.1 百科推广的优点

做百科推广的优点主要体现在以下几个方面。

1. 树立企业的良好形象

与论坛、QQ等推广方式相比，百科在大多数网友的心中是可信、权威的象征。因此，百科推广本身就具有良好的形象。企业如果拥有了百科词条，就可以在网络上为自己树立更好的品牌形象。

2. 辅助网站推广

百科拥有很多流量，可以辅助运营者做网站推广。例如，在搜索引擎中搜索某个企业名称时，如果这个企业提交了百科词条，那么网站和百科词条都会呈现在搜索结果中。例如，搜索"阿里巴巴"时，结果如图5-1所示。

图 5-1

3. 潜移默化地营销

由于大多数网民都很相信百科的内容，因此他们愿意去点击并深度阅读百科词条，这时营销推广就潜移默化地进行了。如果能在百科中巧妙地植入广告，如在企业百科词条中说明企业的主营业务，那就可以让网民明确企业所提供的产品与服务。

5.1.2 如何创建百科词条进行推广

通常情况下，大多数企业都会选择百度百科来创建百科词条。下面来看看一般的创建步骤。

第一步：进入百度百科首页后，登录百度账号，单击"创建词条"按钮，如图5-2所示。

图 5-2

第二步：进入词条引导页面，根据自身情况选择是否需要提供编辑引导。这里单击"百科资深用户，无须引导直接编写"按钮，如图5-3所示。

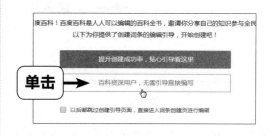

图 5-3

第三步：如果要创建普通词条，就在文本框中输入词条名，单击"创建词条"按钮；如果要创建企业词条，则单击"企业创建通道"按钮，如图5-4所示。

图 5-4

第四步：在打开的页面中可以看到两种创建方式：一种是极速创建词条，另一种是普通创建词条。这里单击"极速创建词条"按钮，如图5-5所示。

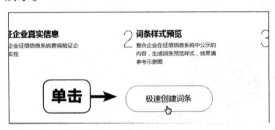

图 5-5

第五步：在打开的页面中输入企业全称和企业代码，单击"验证"按钮，如图5-6所示。

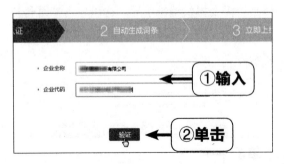

图 5-6

第六步：在打开的页面中可以看到自动生成的词条，单击"确认创建"按钮，如图5-7所示。

图 5-7

第七步：在打开的页面中可以看到"创建成功"字样，表示词条已成功创建，如图5-8所示。

图 5-8

使用极速模式创建词条是一种比较快捷的方法，其创建的词条只会展示企业的基本信息。要想让企业的百科词条更丰富，可以在使用极速模式创建后再次编辑词条，也可以直接使用普通模式编辑词条。为了让企业的百科词条看起来更具权威性，就要对百科词条进行更新。例如，企业发生了某一正面的大事件，就可以立即将该事件添加到词条中。

5.1.3 百科词条内容的创建技巧

在使用百度百科创建词条时，也有一些技巧可以利用。

1. 使用词条模板

专业的词条既能提高通过率，又能获得网民的信任。那么，如何才能让词条看起来更专业呢？在使用常规方式创建词条时，进入编辑页面后，可以看到词条编辑模板。根据自身需要，可选择合适的模板。使用模板编辑词条能提高词条内容的质量，如编辑的是企业词条，那么就可以选择"社会"→"组织机构"→"企业"模板，如图5-9所示。

图 5-9

2. 利用目录模板

选择好合适的模板后，在编辑页面的左侧可以看到目录模板，这时选择合适的目录应用到正文中。利用目录模板创建词条，可以让词条更有体系。同时，目录模板也告诉了创建者，此类词条一般要包含哪些内容，如图5-10所示。

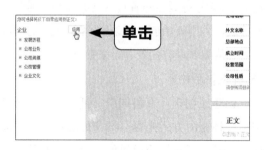

图 5-10

3. 避免目录与内容不对应

在一个目录下，应避免添加与该目录无关的内容。例如，企业文化目录下添加产品介绍的内容，就属于目录与内容不对应。在一个目录下，只能包含与该目录有关的内容。

在一级目录下，也可以添加二级目录。添加目录时要注意目录名称的规范性，不要使用序号，长度不宜太长，一般以4～6个字为宜，最好采用名词性短语，目录名称不能重复。

4. 为词条插入图片

百科词条也可以插入图片，但要与词条内容具有相关性。例如，企业类型的词条就可以插入企业LOGO、领导人图片或办公场所图片等，从而让网民加深对企业的印象。

在百度百科中插入图片有3种方法，分别是本地上传、添加URL和搜索图片。如果图片比较多，那么可以将其放在"图册"中，以减小图片占用的空间。网民可以通过单击向上或向下按钮阅览图片。图5-11所示为图片插入页面。

图 5-11

5. 插入参考资料

在百度百科词条的最末，可以看到"参考资料"版块。参考资料可以提高词条的通过率，也是提高企业认可度的重要工具。

添加参考资料有两点需要注意：首先，参考资料的来源必须可靠，那些可以由个人随意更改的平台上的内容不适合作为参考资料，如博客、论坛等，同样，企业自己的官方网站也不行。参考资料的来源要选择公众媒体，如新浪、腾讯、搜狐等门户网站上与企业有关的新闻，这样容易被百度百科认为是可信的。

其次，不同类型的词条要求的参考资料也是不同的。例如，企业要宣传的是App，那么参考资料就要选择公共的应用平台，如百度手机助手、腾讯手机应用等。当然，App也可以引用权威网站的新闻源内容作为参考资料。

6. 现有词条要具备可读性

在编辑现有词条时，修改或补充的内容同样要求具有可读性。一般来说，找出错率明显的内容来进行修改通过率会很高。那么，什么是出错率明显的内容呢？主要有两类：一是错别字，二是排版问题。这两种类型的错误是最容易发现的，也是最容易修改的，只要修改正确，通过率基本上可以说是百分之百。

需要通过百科养号的运营者就可以多利用这种方法来编辑词条，只要细心就很容易发现这两类错误。

7. 优化词条排名

百科词条的排名也可以通过词条被收藏、获点赞得到优化。因此，在企业词条或其他类型词条的创建初期，可以让身边的朋友帮忙分享、收藏以优化词条排名。

5.1.4 如何提高百度百科词条的通过率

很多新手常常会遇到创建百度百科词条不通过的情况，特别是创建普通词条时。因为普通创建需要自行编辑词条，如果词条内容不够客观、准确，就很容易导致创建无法通过。那么，如何才能提高自行编辑的词条的通过率呢？主要有以下几个方法。

1. 熟悉百科规则

百科词条的编辑有一定的规则，要想让百度百科收录自己的词条，就要遵守其规则。在编辑词条时，要站在客观真实的角度描述企业、产品及商业活动，不要使用不准确的词汇，如广受好评等。另外，带有广告性质的词汇也不能添加到百科词条中。

2. 培养账号

账号的等级也会影响百科词条的通过率。要想让编辑的百科词条更容易通过，就要对百科账号进行培养。账号等级越高，词条的通过率就会越高。因为在百科的贡献度越大，百科越会认可这个账号。在个人账号中心可以查看个人的百科账号等级，如图5-12所示。

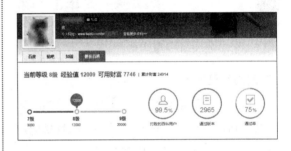

图 5-12

提升百科账号等级的方法就是多编辑和创建词条，账号等级会随着贡献度的提升而提升。初等级账号刚开始创建词条时通过率会比较低，因而要从编辑现有词条开始来提升账号等级。

3. 先编辑后补充

创建原创企业百科词条，可以采用先简单编辑后补充的方式来提高词条的通过率。在前期编辑时，可先简明扼要地介绍企业的基本情况，如公司业务版块、公司规模及企业文化等。待第一次提交通过后，再逐步添加发展历程、公司荣誉等信息，使企业百科词条信息得以完善。

4. 词条命名准确

词条命名的准确性对词条的通过率也有影

响，百科词条除了进行系统审核外，还会进行人工审核。如果词条的命名比较模糊，往往会无法通过。企业性质的词条要以公司全称来命名，不适合以简称来命名，且全称应以在工商行政管理部门注册的名称为准。

5.2 文库推广，互动式文档分享

> 文库是一个知识分享类平台，从广告的角度来看，文库更适合做推广。因为文库的审核较简单，内容的灵活性也较高。文库内容一旦上传成功，就将获得很大的流量。

5.2.1 文库推广的优势

做文库推广，建议选择百度文库和豆丁文库。因为这两个平台具有很高的人气，在搜索结果中排名也靠前。总的来看，文库推广具有以下优势。

1. 网站优化

文库对网站站内和站外的优化都有很大的帮助。在文库中插入企业的网站品牌，可以起到品牌传播的作用；同时，文库也可以巩固网站的关键词排名，拥有比较高的权重。

2. 成本低

相比于其他推广方式，文库的推广成本比较低。百度文库针对机构提供文库认证，认证成功后，用户在文档页面的顶部可查看公司全名、联系电话等，同时在文库页面的右侧还提供推荐区域，以便机构进行内容介绍，这样企业就可以更好地利用文库进行营销推广了。

3. 永久保存

上传到文库中的文档，只要不删除就可以一直存在，这样企业才可以持续不断地进行推广。

4. 增强用户信任度

很多使用百度文库的用户对文库都有很强的信任感，这种信任感使运营者进行文库推广更加容易。

5.2.2 做好推广前的准备

在做百度文库推广前，运营者首先要做好以下准备工作。

1. 文库账号

百度文库的账号可以用百度账号登录，文库账号的等级越高，上传的文档通过率就越高。所以，做文库推广也需要养号，而前期养号可以通过百度文库提供的任务来实现，如图5-13所示。

图 5-13

2. 建立文档

在做文库推广前，运营者需要准备大量的内容，不管是 Word 文档，还是 PPT 文档，每篇的内容都不能相同。一般情况下，带有明显推广信息的文档不容易通过，所以要采用软广告的形式在文档中进行推广。另外，实用性强且图文并茂的文档更容易通过审核。

3. 注意排版

上传到文库中的文档需要进行排版，如果内容实用但排版混乱，那么也很难通过审核。所以，如果运营者上传一篇文档后，内容本身没有问题，但就是无法通过审核，那么可以看看文档的排版是否混乱。另外，相比于 TXT 和 Word 文档，文库更青睐 PPT 和 PDF 文档，但是也要考虑文档的格式。

5.2.3 做好文档优化，提高推广效果

运营者在百度文库上传文档的目的是做推广，但百度文库又明确规定文档中不能包含广告信息。在这种情况下，要做文库推广就需要一些技巧。

1. 申请认证

企业可以申请百度文库的机构认证，通过审核后，百度文库会为机构建立主页。机构认证的好处在于，可以获得搜索优先、品牌展现及现金收益等权益。另外，认证机构可以在页眉、页脚加上企业 LOGO 或者网址。

如果无法申请机构认证，运营者可以考虑申请专家认证。文库专家具有身份特权、推广特权，因而认证用户的文档审核通过率会比较高。

2. 前期推广技巧

等级不高的文库账号在做前期推广时，建议暂时不要植入广告信息，因为通过率很低。因此，要坚持每天上传文档，待账号等级有了提升后再植入软广告，这样通过率会比较高。另外，在养号阶段，建议每天最好上传两三篇文档，可在早、中、晚分别上传一篇文档。

3. 收集文档上传

上传到文库的文档以原创为最佳，但如果前期原创文档较少，也可以收集文档进行上传，如去豆丁、贴吧等平台收集文档，并上传到百度文库。收集时要选择百度文库中没有的文档，具体可以采用标题搜索的方式。

4. 巧妙加入推广信息

如果无法申请认证，那么运营者可以考虑采用在图片上添加水印的方式进行推广。另外，也可以在页眉、页脚处适当加入企业名称。注意，水印不能是微信号或者电话号码。

在文档的正文内容中，可以加入推广关键词，如"××（品牌名）在做 SEO 时会帮助网站更加友好地进行优化"。这种方式植入比直接打广告的文档更容易通过，同时效果也更好。

另外，也可以在文档的末尾写上"××原创，转载请注明出处"，这种方式的广告植入效果也不错。

5. 让文档获得好排名

要想让文档获得好排名，就要让自己的文档有更多的机会展现在网民眼前。获得好排名的优化技巧有以下几个。

（1）文档的标题要带有相关的关键词，以便网民进行搜索。另外，文档的标题和简介中最好包含搜索关键词。

（2）在上传文档时，分类要准确。

（3）可以将文库下载的链接分享到 QQ 群或者让朋友通过搜索的方式下载自己上传的文档，以提高文档的下载量和浏览量。

（4）在前期做文库推广时，可以将文档设置为免费文档，这样网民会更愿意下载。

5.2.4　上传文档到百度文库

在百度文库做推广，上传文档是必需的一步。下面就来看看如何将一篇文档上传到百度文库。

第一步：进入百度文库首页后，登录百度账号，在"上传我的文档"下拉列表中选择"本地上传"命令，如图 5-14 所示。

图 5-14

第二步：在打开的页面中单击"上传我的文档"按钮，如图 5-15 所示。

图 5-15

第三步：在本地计算机中选择要上传的文档，单击"打开"按钮，如图 5-16 所示。

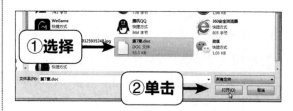

图 5-16

第四步：进入信息完善页面，填写文档标题、分类等，如图 5-17 所示。

图 5-17

第五步：在页面底部单击"确认上传"按钮，如图 5-18 所示。

图 5-18

5.3 图片推广，以图片形式进行包装

在网络上做推广，图片是重要的广告载体。例如，在官网、微信公众号、微博、淘宝及论坛上做推广，都会采用图片推广方式。而且相比于纯文字的文章，人们更喜欢看图文信息。所以，运营者要重视图片推广。

5.3.1 图片推广的几种方式

利用图片做推广有几种不同的信息植入方式，具体如下。

1. 水印

水印是比较常见的一种推广方式，在微博、文库及论坛等平台上都比较常见。另外，很多电商为避免他人盗图或者出于间接推广网店的目的，也会在自己的商品图片上添加水印。

在图片上添加水印时要注意，水印不能影响阅读者浏览图片的体验，否则会引起反感。

2. 付费式图片推广

付费图片推广的方式有很多，如信息流广告、电商平台的展示广告等。付费式图片推广有按点击来付费的，也有按展示来付费的，企业可以根据自己的需要来选择。

3. 二维码推广

二维码实际上也是一种图片，运营者可将企业的微信公众号、微博及App等制作成二维码放置到各大平台上进行推广。

4. GIF 动图推广

GIF 动图现在也很受欢迎，将多张图片制作成 GIF 动图，在论坛及贴吧等平台上发帖，很多时候都能获得不错的推广效果。如果动图本身比较有趣、搞笑，那么会让人印象更深刻。

另外，GIF 动图中也可以加入字幕，从而利用字幕将推广信息植入其中。

注意，字幕的内容要符合图片所描述的场景，生硬地植入不可取。可以采用关键词的方式植入，让阅读者自愿去搜索，如"我是××+文案"；也可以采用水印或者在图片角落加入 LOGO 或网址的方式植入。

5. 漫画故事推广

相比于普通图片，漫画看起来会更有趣，因此也有不少企业利用漫画故事来进行图片推广。将产品或者企业品牌置入漫画中，可让观者在看漫画的同时记住企业。这类推广方式在漫画 App 及微博等平台上比较常见。

6. 海报推广

每当有新电视剧或电影要推出时，其宣传海报都会优先出现在各大网站平台。这就是海报推广，电视剧和电影常常会利用海报来做宣传。

企业同样也可以利用海报进行推广。例如，让用户通过关注公众号获得高清海报、在宣传海报中加入二维码等实现推广目的。海报本身要有足够的吸引力，文案以及色彩的设计要从提高转化率的角度着手。

5.3.2 利用百度图片做推广

在利用百度图片搜索图片时，会发现有的图片在点击后直接跳转到官方网站，而有的图

片上则带有企业LOGO。由此可以看出，百度图片是可以进行图片推广的渠道。那么，运营者要如何做百度图片推广呢？

有的运营者可能会问：是不是可以将图片上传至百度图片，然后就被收录了？运营者要明白，百度图片是由百度蜘蛛抓取的网页图片，而不是通过用户上传的方式来展现的。鉴于这些原理，做百度图片推广可以用以下方法。

1. 付费推广

百度图片推广中也有付费推广方式。在图片搜索结果中，带有"广告"字样的就属于付费推广，点击图片会跳转到官方网站，如图5-19所示。

图 5-19

2. 提高自身网站的权重

要想利用百度图片抓取自身网站中的图片，就要提高网站的权重。网站的权重越高，图片被抓取的概率就会越大。

另外，就是加入关键词。一是在图片所在页面的title中加入目标关键词；二是在图片的alt属性中加入关键词，alt属性是描述当前图片的，有助于优化图片搜索引擎；三是图片的命名中带有目标关键词。其中，title和alt属性带有关键词很重要，百度图片一般很少收录title和alt属性未带有关键词的图片。

3. 利用权重高的网站

如果企业自身的网站权重不高，就可以利用权重比较高的第三方平台，如百度贴吧、新浪博客及其他论坛社区。这类网站的权重一般都比较高，所以运营者可以选择在这些平台上上传图片。

> **提示**
>
> 百度图片更青睐JPG和JPEG格式的图片，因此上传的图片最好采用这两种形式。另外，在搜索结果中，图片的排序为大图片→小图片→中图片，所以上传图片时要注意尺寸。大图片指的是长大于640px的图片，中图片指的是长在200px～640px的图片，小图片指的是长小于200px的图片。注意，这里的长指的是图片最长的一边。

5.4 问答推广，回答用户提升知名度

问答推广是指通过回答网友的提问或者采用自问自答的方式来实现引流或提高品牌知名度。问答平台本身具有很高的权重，而网友的提问都是他关心的问题，这有利于增强网友的信任感，从而助力口碑营销。

5.4.1 问答推广的答题实施步骤

问答推广的渠道有很多，一般而言，百度知道、知乎、新浪爱问及搜狗问问是流量比较高的平

台。问答平台拥有很高的权重，如在百度搜索引擎中搜索"修图软件有哪些"时，就可以看到百度知道排在最前面，如图5-20所示。

图 5-20

在图片下方可以看到网友的回答，其中提到了很多软件。如果运营者推广的正好是修图软件，就可以去回答该网友的提问，同时告知自己公司的App。下面以百度知道为例，来看看如何进行问答推广。

做问答平台的推广有两种方式：一种是回答他人的问题，另一种是自问自答。下面先来看看回答他人的问题。

首先，运营者需要登录百度知道，在其首页选择自己所在领域的问题，如图5-21所示。

图 5-21

其次，在所选分类中找到自己能够回答的问题或者与自己的推广相关的问题。例如，进入"电脑网络"分类后，可以看到很多新问题，其中一个就是询问哪些公众号值得关注。对于

做公众号推广来说，这就是值得回答的问题，因为这时可以将公司的公众号推荐给他。可单击该提问的超链接，如图5-22所示。

图 5-22

打开该提问后，可以看看其他网友的回答。在做问答推广时，注意不能将自己的推广意图表现得太明显。针对该条提问，可以采取图文并茂的方式来回答。例如，写上"我关注的公众号有这几个"，然后添加上所关注的公众号截图，顺便介绍一下这些公众号的定位及特点。在介绍时，要把自己的公众号放在前面一两个截图中，可以使用公众号的置顶功能将自己要推广的公众号置顶，这样就能使网友更容易关注自己的公众号。待回答完成后，单击"提交回答"按钮，如图5-23所示。

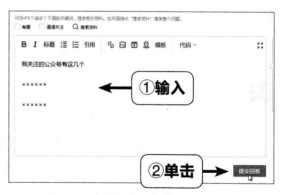

图 5-23

如果提问者觉得我们的回答有用，就可能予以采纳，而质量较好的回答也可能被作为最佳答案而展现在回答的最前面。另外，回答越

早就越容易被网友看到。所以，尽量选择比较新的问题，以便占据回答的前几名。

另外，也要控制每天回答的次数，虽然百度知道并没有限制问题回答的次数，但是如果回答的次数过多就会被系统认为有异常，如灌水。一般来说，一天回答几个或十几个问题会比较适宜。除此之外，回答的时间也最好是间隔开来，可以每天抽出一个时间段来浏览百度知道中的新问题，然后找到适合自己做推广的问题，每隔5分钟进行回答一次。这样一天回答几条，每天只会花费半个小时到一个小时的时间，同时也不会有作弊的嫌疑。

可以将自己回答过的问题和答案收集整理成文档，这样再遇到类似的提问时，就可以在文档中寻找答案，从而节省编辑的时间。

在回答问题时，不要带有明确的网址，可以留下网站名称，让网友自行搜索。这样既可以让网友记住自己的网站，也不容易被判定为打广告而遭到百度知道的删除。

要想让问答推广有效果，就要坚持去做。因为只有回答得越多，才越能增加推广信息的曝光度。另外，坚持答题也有助于账号等级的提升。

在其他问答平台上做推广的操作方式与百度知道类似，这里就不再说了。

5.4.2 自问自答进行推广

另一种问答推广方式就是自问自答，即自己策划问题自己去回答。自问自答的好处在于可以采纳自己回答的问题，而如果只是利用回答他人提问的方式做推广，并不能保证自己回答的问题都能被提问者所采纳，这样曝光率自然会大大降低。有时不一定能够找到适合自己

进行营销推广的提问，而自问自答能够解决这一推广难题。

做自问自答推广需要准备多个账号，一个账号作为提问账号，其他账号则作为回答账号，各账号间可以交叉转换。

具体在做自问自答推广时，可以在G账号提问后的一两天内用H账号来回答，然后在百度知道后台单击"采纳答案"按钮，如图5-24所示。

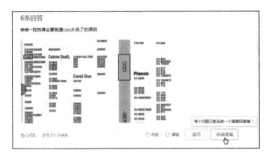

图 5-24

在策划自问自答推广时，注意提问要符合网友的搜索习惯。以下技巧可以被运用到自问自答推广中。

（1）在使用H账号回答时，最好是更换IP。

（2）采用同一账号要注意提问和回答的频率，最好是间隔操作。

（3）对于同样的问题，可以通过转换提问方式来进行推广。例如，可以将"如何进行网络运营"改为"网络运营推广的方法""怎样做好网络运营推广"。

（4）通过回答问题进行推广时，可以采用图片水印的方式，将答案写好以后截图，然后在右下角打上水印，注意水印不能太大。

（5）提问时可以编辑标签，注意标签要与问题相关。例如，与运营推广有关的提问，其

标签可以添加为"网络运营""网站推广""SEO"，如图 5-25 所示。

在做问答推广时，建议运营者等账号申请一个月后再考虑打软广告，而且不要一直打广告，并尽量去回答网友的提问。

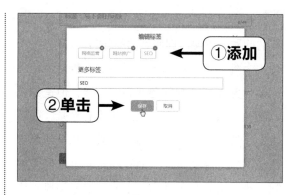

图 5-25

5.5 博客推广，网络交互性推广

博客推广是指在博客平台上以发布博文或者评论的方式来进行推广。在微博还没有兴起时，博客是大多数人常聚集的平台。现在使用博客的网友虽然已没有以前那么多，但博客仍是大量新内容的产出地，同时权重也很高。

5.5.1 做博客推广要明白以下几点

做博客推广可以选择不同的平台，如新浪博客、搜狐博客、网易博客等。一般会选择新浪博客，因为它有访客数量方面的优势。在搜索结果中，新浪博客常常也会有比较靠前的排名，如图 5-26 所示。

图 5-26

在做博客推广前，需要对自己的博客页面进行设置，以便进入我们博客主页的网友能更好地了解我们；同时，博客主页也是进行推广的重要页面。下面以新浪博客为例，来看看推广中需要做哪些工作。

1. 主页排版

登录并进入新浪个人博客主页后，可以单击"页面设置"按钮设置页面的版式，在设置时，建议博主选择"两栏1:3"的版式，如图 5-27 所示。

图 5-27

博主可以根据个人喜好选择各种风格，但

注意不要太花哨。博客主页看起来应简洁清爽，不同的风格模板提供的版块也会不同。建议将"个人资料"模块置顶，因为这样可以让进入博客的网友第一时间了解博主。单击各版块的"↑"按钮，即可将该版块向上移动，如图5-28所示。

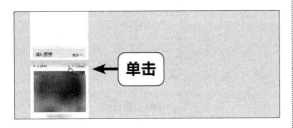

图 5-28

新浪博客版块可根据需要选择是否隐藏，如果微博也是重要的推广渠道，那么将微博版块放在"个人资料"的下方，然后依次放博文分类、访客等版块。

2. 置顶博文

新浪博客具有博文置顶功能，可以将热门博文或者与推广有关的博文置顶显示，以便进入博客页面的网友第一时间阅读到这篇文章。置顶博文的操作如下。

第一步：在新浪博客个人首页单击"管理"超链接，如图5-29所示。

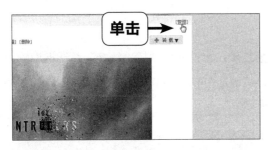

图 5-29

第二步：在打开的页面中选择要置顶的博文，在"更多"下拉列表中选择"置顶首页"选项，如图5-30所示。

图 5-30

3. 设置推广信息

既然开通博客的目的是进行推广，那么在博客主页设置推广信息就成为必需。运营者可以在个人档案中设置推广信息，包括QQ、微信、网址或者公司信息等，如图5-31所示。

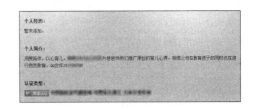

图 5-31

在设置推广信息时，比较重要的是关键词的植入。如果做网络运营推广的，其个人简介最好是带有"网络运营推广"的关键词，如"我一直从事网络运营推广方面的工作，希望能将自己的推广经验分享给大家"。

另外，也可以在博客中通过自定义文本组件进行推广。自定义列表组件可以添加网页链接，因此可以根据需要添加自己想要推广的网站。下面来看看具体的操作方法。

第一步：在"自定义组件"选项中单击"添加列表组件"按钮，如图5-32所示。

图 5-32

第二步：在打开的对话框中输入标题、内容以及网址，单击"添加"按钮，如图5-33所示。

图 5-33

第三步：添加后单击"保存"按钮，如图5-34所示。

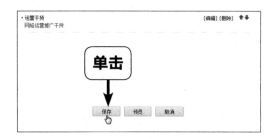

图 5-34

第四步：在打开的"提示"对话框中单击"确定"按钮，如图5-35所示。

图 5-35

添加好列表组件后，网友进入运营者博客单击文本链接，就会打开所链接的网站，如图5-36所示。

图 5-36

除了通过自定义添加列表组件进行推广外，还可以通过添加文本组件，并在文本组件中写上要推广的内容来进行推广，如图5-37所示。

图 5-37

在编辑文本组件时，可以选中文本插入超链接，这对引流很有帮助。具体操作如下。

第一步：选中要插入超链接的文本，单击"插入链接"按钮，如图5-38所示。

图 5-38

第二步：在打开的"插入链接"对话框中输入链接地址，单击"确定"按钮并保存，如图5-39所示。

图 5-39

5.5.2 如何利用新浪博客做推广

做博客推广主要有两种方式：一种是评论推广，另一种是发博文推广。不管是过去还是现在，评论都是博客中重要的引流方式。在博客建立初期，可以通过评论为自己的博客引流，如在他人的博文下评论"互相关注""欢迎到我的博客做客""非常高兴遇到这么好的帖子"等，如图5-40所示。

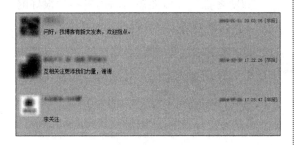

图 5-40

虽然通过评论的方式可以吸引博主或其他博友的关注，但要选对评论的对象。如果是求关注的评论，建议选择博客人气不是很高或者刚开通博客不久的用户，这样更能达到目的。

另外，还要在博主的评论区留下联系方式，常用的有 QQ、微信，如图 5-41 所示。

图 5-41

评论中还有一种引流和推广的方式就是留言，即在博主的主页留言。进入博主的博客首页后，在个人资料中单击"写留言"按钮就会进入留言面板，在该面板的底部可进行留言，添加留言后就会显示在博主的留言面板中，如图 5-42 所示。

图 5-42

再就是发博文推广。在博客建立初期，建议不要马上植入推广信息，因为全是广告信息的博客页面会让网友反感而不予浏览。前期可以多写点对网友有用的内容。例如，运营者是销售茶叶的，就可以写点选茶、泡茶的知识，先引导网友关注自己的博客。

当然，也可以转载他人的实用性文章，先充实自己的博客主页。等到自己的博客有一定的文章量和人气后，再进行推广。例如，在部分博文中加入 QQ 号或者二维码等，如图 5-43 所示。

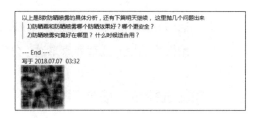

图 5-43

运营者还可以利用相互链接的方式来进行推广，如在新浪微博中置顶一篇博文，添加其他平台博文的地址链接，如图 5-44 所示。

图 5-44

在链接的博文中写上推广信息，如图 5-45 所示。

图 5-45

实际上，很多网站 SEO 就是用这种方法来提高网站口碑的。例如，我有新浪、网易和搜狐 3 个博客，在具体操作时，我会用新浪博客链接网易博客，再用网易博客链接搜狐博客，最后用搜狐博客链接新浪博客。而在新浪、网易和搜狐 3 个博客中，我都链接了自己想要推广的网站，这样就可以比较迅速地提高我的网站权重。

另外，在博文图片中打水印也是一种比较有效的推广方法。例如，打上公众号名称水印，配上微信图标，这样博友在看到运营者的博文时，就会想到微信这一平台，而感兴趣的博友就会通过搜索的方式关注运营者，从而实现一次公众号的引流推广。

做博客推广，可能短时间内看不到很好的效果，这就需要每天坚持更新一两篇博文，提高自己的博客等级。在博客养号阶段，注意文章中不要带有任何推广信息，等到博客或者博文能够被正常收录后，再逐渐发一些广告进行推广。

5.6 分类信息推广，借助高流量平台传播

分类信息网站是查询和发布信息的平台，其提供的信息与人们的生活有紧密的联系，如租房、求职等，且区域特征明显。所以，对于做本地推广的企业或者商家来说，分类信息网站是重要的推广平台。

5.6.1 如何选择分类信息平台

面对众多做推广的分类信息平台，应选择 PR 值高的。具体可以在搜索引擎中搜索"分类信息"关键词，然后根据其排名选择。这里要注意在百度平台上做推广的，可以从排名靠前的网站中选择，如图 5-46 所示。

图 5-46

另外，还可以在网站大全中寻找，如 hao123 网址大全中的生活版块，如图 5-47 所示。

图 5-47

通过以上方式筛选出一些分类信息网站，然后选择几个合适的注册账号。

在通过关键词搜索筛选分类信息网站时，可以添加一些限定词，如"重庆分类信息网""建

材分类信息网",这样就可以更精准地筛选网站了。

5.6.2 分类信息推广的技巧

在分类信息网站发布推广信息时,地区和分类的选择是比较重要的一步,地区根据企业所在城市选择,分类则根据自己所在行业选择。

选择好分类和地区后,一般会进入信息填写页面,其中标题的填写要特别注意。在撰写时,可以使用以下技巧。

(1)标题中要加入网友可能会搜索的关键词,包括产品名、卖点、价格或地区等。例如,做美容美发的商家可以将标题命名为"秋冬烫染5折,专注个人形象设计"。除了可以采用这种直接的命名方式外,还可以采用问句的形式,如"学瑜伽要练多久?哪里能学瑜伽?"很多网友在分类信息网站上搜索生活服务时,采用的就是问句的形式。

(2)帖子的标题不宜过长。不同的分类信息平台对标题的要求不同,在撰写时要注意查看。有的平台不允许填写QQ、微信等联系方式,因此要遵守这一规则,如图5-48所示。

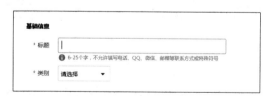

图 5-48

总之,撰写标题的原则有两个:一是符合平台要求,二是突出长尾关键词和热搜关键词。

写好标题后,就是正文内容的编辑了。内容要尽量原创,并在开始和结束部分布局关键词。

正文内容的字数一般不能太少,至少也要有500字。有的平台不允许正文中出现QQ、电话号码等,那么就不要在正文中编辑联系方式,因为分类信息网站一般会有一个专门填写联系方式的版块,如图5-49所示。

图 5-49

如果平台没有规定不能填写联系方式,那么正文中可以加入QQ、微信等,如图5-50所示。

图 5-50

在编辑正文内容时要注意排版问题,排版有序的内容阅读起来会让人更轻松。另外,适当加入图片也可以提升推广效果。切记图片要选高清的,可以在上面用水印的方式加上网址或者联系方式。

有的网站会主动在上传的图片上打上自家网站的水印,且一般位于右下角。运营者在打水印时要注意位置,千万不要让水印重叠。

总之,在撰写标题和正文时都要遵守平台规则。平台规定不能留网站链接那么就不留,如果允许就适当留些。

最后就是发布时间的选择,可以每天分时段在不同的类目下发布信息。这个主要取决于首页,如运营者是做培训的,若在58同城上做分类信息推广,那么就可以在首页选择职业、管理、设计频道分别发布信息，尽量做到全覆盖和企业相符合的类目，如图 5-51 所示。

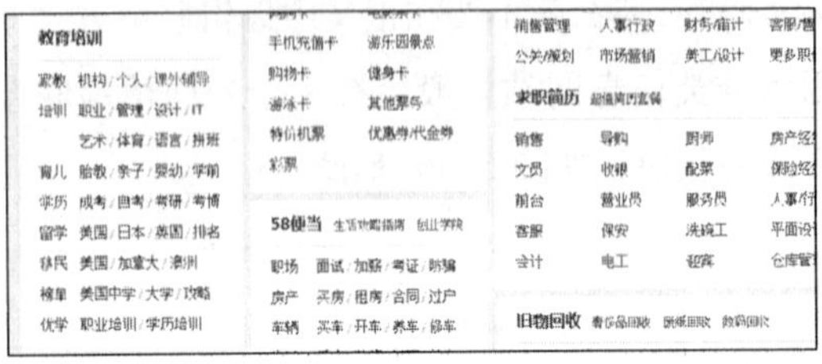

图 5-51

在分类信息网站做推广，要想达到很好的效果，铺量很重要，所以一天至少要发上百条信息。那些专业做分类信息推广的运营者有的一天能发几千条，并且每天坚持去做，因为信息量越大越好。

对于免费信息的发布，不少分类信息平台都有数量的限制。所以，要在多个平台上做，每天发满平台提供的免费量即可，如 58 同城对于普通个人用户每月只提供 30 条帖子的免费发布量，如图 5-52 所示。

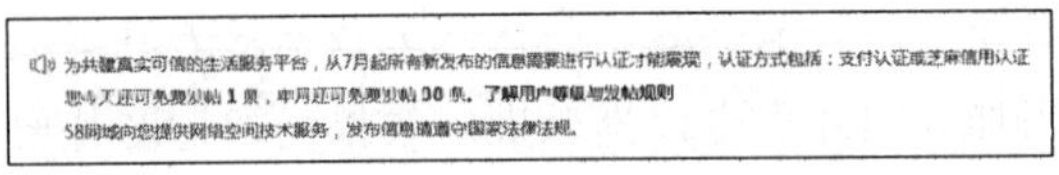

图 5-52

5.6.3 适当采用付费推广方式

对于有一定推广预算的企业或商家来说，可以适当使用平台提供的付费推广工具，如置顶推广、精准推广等。

置顶可以让运营者的帖子位于信息列表的推广位中，如 58 同城中带有"顶"字样的帖子就是使用了置顶推广，如图 5-53 所示。

精准推广一般是向有意向的网友推送运营者的推广信息。因为不同平台提供的付费推广方式有所不同，所以运营者要分平台加以了解。

图 5-53

以 58 同城为例，首先，建议运营者进行身份认证，可以是个人，也可以是企业。毕竟虚假信息的存在导致不少网友对网络信息抱有警惕心理，而认证能够增强网友的信任感。

其次，就是成为会员，成为会员后可以获得普通用户所没有的权限。例如，生活服务频道中的 VIP 会员可以获得如图 5-54 所示的权益。

图 5-54

其他推广方式可以根据预算来选择，如 58 同城提供了置顶推广、精准推广、QQ 推广及品牌推广等方式。如果要了解不同推广方式的广告展示位和付费方式，可以在 58 同城的帮助中心查看。

秘技一点通

技巧 1　查询网站的百度图片收录情况

在做图片推广时，运营者如果想知道自己网站中的图片是否被百度图片所收录，可以用如下方法查看。

第一步：进入百度图片首页，输入"site:×××"，"×××"为网站域名，单击"搜索"按钮，如图5-55所示。

图 5-55

第二步：在打开的页面中即可看到自己的网站有多少图片被收录，如图5-56所示。

图 5-56

技巧 2　在线快速制作 GIF 动图

做图片推广有时需要使用GIF动图，有的运营者可能会使用Photoshop制作动图。实际上，可以使用网页工具快速制作，具体操作步骤如下。

第一步：进入GIF动图在线制作页面，单击"选择图片"按钮，如图5-57所示。

图 5-57

第二步：在本地计算机中选择图片，单击"打开"按钮，如图5-58所示。

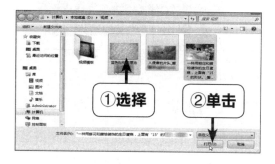

图 5-58

第三步：在打开的页面中选择图片切换速度，单击"生成图片动画"按钮，如图5-59所示。

图 5-59

第四步：在打开的对话框中输入验证码，单击"确定"按钮，如图5-60所示。

第五步：生成GIF动图后，单击"保存图片文件"按钮，将动图保存到计算机中，如图5-61所示。

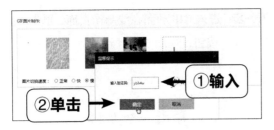

图 5-60

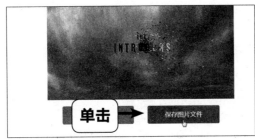

图 5-61

技巧 3　如何批量为图片打水印

在进行网络推广的过程中，很多时候运营者需要为图片打水印。当要打水印的图片比较多时，就需要通过批量处理来提高效果。批量为图片打水印的方法有很多，下面为大家分享一些常用的方法。

第一步：在计算机中安装"2345 看图王"软件，用它打开一张图片，在"更多"下拉列表中单击"批量加水印"按钮，如图 5-62 所示。

图 5-62

第二步：在打开的对话框中单击"添加"按钮，如图 5-63 所示。

图 5-63

第三步：在计算机中选择要添加水印的图片，单击"打开"按钮，如图 5-64 所示。

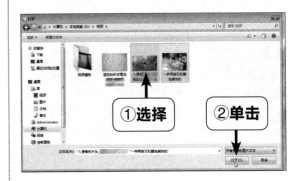

图 5-64

第四步：在返回的对话框中单击"选择图片"按钮，如图 5-65 所示。

图 5-65

第五步：选择图片水印，单击"打开"按钮，如图 5-66 所示。

第六步：设置水印大小、透明度及位置，这里保持默认设置。单击"开始添加水印"按钮，如图 5-67 所示。

那么，如何才能更快地升级账号呢？运营者可以采用以下方法。

1. 做任务

登录个人百度知道账号后，在个人中心"我的任务"中一步步完成新手任务，如图5-69所示。

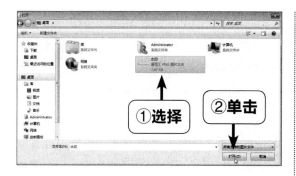

图 5-66

图 5-67

第七步：在打开的对话框中单击"完成"按钮，如图5-68所示。

图 5-69

百度知道也有签到功能，注意在养号阶段不要落下签到任务，因为每天都可以获得成长值，如图5-70所示。

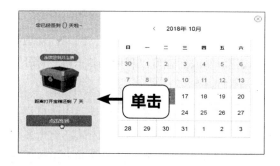

图 5-70

2. 答题

提升账号等级最快的方法就是答题，而答题时要选择那些更容易回答的问题。那么，哪些问题更容易回答呢？生活类、烹饪类及交通类的问题都比较好回答。这些分类可以在百度知道首页的下方进行选择，如图5-71所示。

图 5-68

技巧 4　如何在百度知道快速提高账号等级

百度知道的账号等级越高，权重就会越高。而且用高等级的账号做广告推广不容易被限制，而低等级的账号则不同，特别是刚申请没多久的账号，有一点广告都有可能被警告。因此，养号对百度知道推广很重要。运营者应尽快将账号升到5级，因为5级是一个重要的分界点。

图 5-71

这种类型的问题与人们的日常生活比较贴近，只要用心回答大部分都会被采用。当然，运营者也可以选择自己擅长的领域。

3. 每日抽奖

在百度知道商城，用户可以抽奖。抽奖获得的奖品是随机的，有时可以获得财富值，如图5-72所示。

图 5-72

财富值可用于在百度知道提问时作为答题悬赏，还可用于兑换特权道具。例如，知道补签卡，当漏签以后就可以利用补签卡进行补签。

4. 加入团队

随着所加入团队等级的提高，团队可以获得不同的特权和奖励。另外，团队还有专属优质问题任务包。这些都有助于运营者提升账号等级。所以，运营者可以加入百度知道中自己所擅长领域的团队。

技巧 5　做博客推广如何查看收录情况

前面说过，做博客推广要等到博客或博文能够被正常收录后再植入广告。那么，如何查看自己的博客或博文被收录的情况呢？

具体方法就是打开百度搜索引擎，将自己的博客或博文地址粘贴在搜索文本框中查看搜索结果。如果显示没有找到相关网页，说明博客或博文还没有被收录，如图5-73所示。

图 5-73

如果显示了搜索结果，就表示博客或博文被收录了，如图5-74所示。

图 5-74

职场心得

小李的新浪博客已经有7年的博龄了，因为平时不常发文章，所以博客没有什么人气。从事网络推广工作后，小李决定利用自己的博客进行营销推广。小李对自己公司以前的一些文章进行了整理加工，然后每天发布一篇到博客上。一个月后，小李发现自己的博客还是没有什么人气，只是偶尔有一两个网友进行评论。继续运营一个月后，博客仍然没有什么起色。

小李明白，如果博客没有阅读量，就无法实现推广目的。于是，小李关注了同行的博客，发现同行的博客的阅读量和评论量都很多，有的博文的阅读量甚至能达到一万多。为了提高自己博客的人气，小李对同行的博客进行了深入的研究。

首先，他发现同行的博客更新频率比他高，有时一天会更新三四篇，每篇的发布时间间隔 1～3 小时。另外，同行做博客推广的时间也比他长，从 2016 年就开始了。他还发现同行对于每个网友的评论都进行了回复，这样一来，同行的博文评论区互动氛围就很良好。在阅读了几篇同行的博文后，小李还发现同行的博文中基本上都有博主的名字，且标题的命名方式通常是"姓名＋内容"，当然在正文中偶尔也会提到。看到这里，小李似乎明白了为什么自己的博客没有阅读量了。为了让自己的博客早日有起色，小李还请教了以前做博客推广的朋友。通过整理提炼，小李在自己的运营笔记中记下了几点自己做博客推广时疏忽了的工作。

（1）做博客推广的渠道太狭窄了，只做了新浪博客，应将文章发布到多个平台。现阶段首先注册平台账号，然后将以前发布的文章上传到其他平台。

（2）平时只顾着发文章，却忽略了和网友的互动，以后要加强。针对最近文章中网友的评论，要一一回复。

（3）编辑文章时太中规中矩，没有个人特色。后期编辑文章时要提到自己的名字，争取打造个人品牌博客。规划博文版块，将内容在自定义列表中分类展示。对于自己原创的内容，标题应采用"李××：××××"的形式，以加深博友对自己的印象。

（4）提高文章的更新频率，同时多关注和评论他人的博客，早日实现互相关注。

06 第 6 章
新营销模式：短视频与大数据

本章导读

近一两年来，从朋友圈到微博，视频可以说无处不在，尤其是短视频更是火上加火。由此，网络运营行业出现了一个新职位——短视频自媒体运营。同时，许多以前只做图文营销的企业甚至自媒体，也逐渐向短视频营销靠拢。企业在利用各种工具营销推广自己的同时，也越来越重视大数据的作用，通过分析消费数据让网络广告在合适的时间呈现在合适的人眼前，从而实现更精准的营销推广。

学习要点

- 短视频成为营销的新蓝海
- 面对众多短视频平台要如何选择
- 短视频营销的几种方式
- 电商变现，让销售更易于接受
- 数据挖掘的 3 方面内容

6.1 越来越火的短视频

短视频到底有多火,看一个数据就知道了。中国互联网络信息中心(CNNIC)发布的第 42 次《中国互联网络发展状况统计报告》显示,截至 2018 年 6 月,我国网民规模达 8.02 亿人,手机网民规模达 7.88 亿人,在网络娱乐市场,短视频应用迅速崛起,已被 74.1% 的网民使用。由数据可知,短视频的受众人群十分广泛。众所周知,哪里有受众哪里就有商机,短视频所拥有的用户群体给企业和众多自媒体带来了营销价值。

6.1.1 短视频成为营销的新蓝海

当前,越来越多的人把闲时的大部分时间基本上都消耗在了网络上。而很多人又把大多数时间都消耗在了各类 App 上,如购物类 App、社交类 App、娱乐类 App 等。

在常用的 App 中基本上都能看到短视频的身影,并且部分应用还是专门的视频 App,如秒拍、梨视频、火山小视频等。

相比于图片广告,短视频更具视觉冲击力;相比于长视频,短视频更能有效利用用户的碎片化时间。那么,短视频的这两点优势意味着什么呢?意味着它更能吸引用户,尤其是优质有趣的短视频广告更直观、更生动地向用户传递更多信息。

目前,以短视频为载体的广告活跃在各大平台。从单纯的文字营销到今天的视频营销,其实是营销方式的一种变革。

从营销广告的内容形式来看,短视频无疑是增长迅猛的一种,而短视频的播放量也不容小觑。例如,今日头条及其旗下平台的短视频总播放量每天达到 100 亿次以上。

毋庸置疑,短视频已成为一种新的广告载体。现在,短视频营销也从个体逐渐向团队再向专业的组织机构发展,未来其商业化能力将越来越强。

6.1.2 面对众多短视频平台要如何选择

对于很多未接触过视频营销的企业来说,短视频是一个陌生的领域。现在,网络上的短视频 App 很多,各大短视频平台也争相使短视频平台商业化。在这种情况下,企业或自媒体要如何选择短视频的投放渠道呢?我使用猎豹大数据获取了 2018 年 6 月 26 日~2018 年 7 月 1 日的短视频应用排行榜,其中活跃度比较高的短视频平台如图 6-1 所示。

排名	应用名	周活跃渗透率	周打开次数
1	西瓜视频	15.6164%	94.2
2	抖音短视频	14.5972%	107.2
3	快手	12.9445%	314.4
4	火山小视频	12.0923%	138.1
5	波波视频	6.6947%	127
6	好看视频	2.9624%	23
7	快视频	2.6183%	86.7
8	微视	0.3570%	16.8
9	快视频（小米）	0.2914%	12.8
10	最右	0.2801%	244.3

图 6-1

根据功能形态，可以将短视频分为社交型、工具型、聚合内容型。

（1）社交型。社交型短视频更注重社交属性，将社交与 PGC/UGC 结合起来，使短视频符合社交网络的特性。平台上短视频的内容创作者同时也是观看者，如抖音、秒拍、火山小视频、快手等。

（2）工具型。工具型短视频更多的是随手拍视频，可以帮助用户进行制作并发布分享视频，如美拍、小咖秀、Faceu、逗拍、小影等。

（3）聚合内容型。聚合内容型平台内嵌各种类型的短视频，如梨视频、西瓜视频等。

除以上几类独立的短视频平台外，在传统的视频网站、社交 App 及新闻资讯平台上也能看到短视频的身影，如爱奇艺、腾讯、优酷、微博、陌陌、今日头条、网易等。

不同的短视频平台有不同的特点，短视频营销人员要根据营销目的、用户群体加以选择。例如美拍，该 App 为用户提供了很多视频滤镜和表情，其用户群体大部分为女性。因此，该短视频平台更适合进行美妆类、时尚类短视频营销，我们可以看到很多微店都在利用美拍销售护肤用品。

再如抖音和快手，都是当下比较火的短视频平台。这两个平台有很多相似之处，但在用户定位方面有一定的区别，抖音偏于年轻化，快手则偏于平民化。从内容上看，快手中的"人物"是关键，而抖音中的"内容"是关键。因此，如果运营者的短视频内容足够有创意且有趣，那么可选择抖音；如果短视频内容拥有"人物"资源，那么可选择快手。

总之，在选择短视频平台前，运营者一定要认真考虑其是否与自己的营销定位相吻合。

有的运营者可能会问："我不了解这个平台的特点，怎么办呢？"这里教大家几个简单的方法。

首先，可以通过应用市场了解不同短视频平台的功能介绍、软件特色。其次，可以下载这个短视频 App 了解其视频以及用户群体。最后，可以阅读短视频平台报告，如艾媒咨询、CNNIC 提供的比较权威可信的报告。

6.1.3 制作有吸引力的短视频

拍短视频可以说是一件既简单又困难的事，简单之处在于短视频的拍摄设备及后期工具越来越平民化，甚至用一部手机也能拍摄短视频，这就降低了短视频的制作成本；困难之处在于内容的同质化，因此要利用短视频吸引网友，引发更多传播，就要从短视频的内容上下功夫。这里要注意的是，短视频营销仍然属于内容营销，只是载体由图文变为视频。

企业拍摄短视频首先要考虑自身的资金和人力成本，然后考虑是寻找外部合作还是由公司团队执行制作。下面为运营者提供几种成本不同的制作方式以作参考。

（1）视频和图片剪辑式。这是比较简单且成本较低的一种短视频制作方式。具体操作就是把要展示的内容拍成一段段的视频或者一张张的图片，然后采用视频制作软件并结合从网络上下载的视频素材，加上音乐、文字说明，将视频或图片制作成短视频。

这种视频的制作方式适用于商品展示型短视频，注意图片一定要清晰。

（2）录屏解说式。这种短视频的制作方式就是利用计算机录屏软件或手机录屏软件将计算机或手机上的一些操作录制下来，然后配上解说，适用于计算机、手机操作类视频。例如，一家设计师培训学校，就可以采用这种方式制作短视频，即将讲师在 PS 或 AI 软件上的一些操作录制下来，以知识分享的方式进行传播。另外，游戏推广、App 推广等也可以采用这种方式。现在，网络上很多搞笑的游戏视频都是采用这种方式制作的，其制作门槛和成本都不高。

（3）人物出镜式。这种短视频的制作方式相对来说要复杂些。首先需要选择一个好的背景，且最好与要拍摄的内容有关；其次需要准备器材、布置灯光等；最后才是拍摄。大家在网络上看到的很多自说自讲类视频就是采用这种方式拍摄的，而很多主播也是采用这种方式做直播的。

（4）人物采访式。此类短视频是一个人无法完成的，至少需要一位主持人和一位主角采用一问一答的方式进行录制。要想让视频内容更丰富，可以对多人进行采访。例如，企业拍摄宣传片就可以采用这种方式，采访对象可以选择本企业的员工，采访地点可以选择本企业的办公场所。

（5）剧情式。相比于前几种拍摄方式，剧情式短视频的拍摄成本和难度是最高的，且对内容的要求也很高，一般由团队来完成。

（6）动画式。动画式短视频的制作成本较高，且周期较长。此类短视频一个人也能制作，但对技术要求很高。

市面上的短视频制作工具有很多，有 App，如前面提到的工具型短视频工具；也有 PC 端的视频剪辑工具，如爱剪辑、会声会影、Vegas 及 Adobe Premiere。对于新手来说，可以选择爱剪辑和会声会影；而要想让视频效果更佳，可以选择 Vegas 和 Adobe Premiere。当然，目前市面上还有其他短视频剪辑工具，用户只需选择自己喜欢的即可。

6.1.4 用户眼中的优质短视频

短视频营销与图文营销一样，都属于内容营销。既然短视频营销属于内容营销，那么内容本身就很重要。究竟什么样的短视频才是优质的，不仅能带来流量，还能提高品牌影响力呢？运营者在策划短视频时，建议从以下几个方面来思考。

1. 内容年轻化

总体来看，短视频的观看者偏年轻化。因此，选择的短视频题材也要偏年轻化，这样才能让用户产生共鸣。

当然，企业进行短视频营销都有自己的目标受众，而针对目标受众要进行画像，了解他们的痛点和喜好。例如，做房屋出租中介的企业，其目标受众主要是租客，在策划短视频题材时就可以从租房过程中发生的一些比较新鲜的故事入手。

不难发现，当下短视频中的头部IP，都火在内容新颖，而新颖、有创意的内容很容易在互联网中引爆。但这也存在一个问题，就是观众对创意点"不感冒"，这种情况下短视频的播放量就不会很高。

因此，对于短视频运营新手来说，为了避免付出较高的时间成本和试错成本，可以翻拍一些比较火爆的视频或图文内容作为短视频题材，这些视频和图文内容本身已经得到不少观众的认可，那么翻拍以后播放量自然不会太低。就以经典的电视剧来说，如根据金庸小说拍摄的《射雕英雄传》《神雕侠侣》等电视剧都有很多版本，可以说是翻拍了又翻拍。而之所以有不同的导演去翻拍，就是因为它们已经得到了广大观众的验证。短视频也一样，要想提高效率，翻拍是一个不错的选择。

2. 话题互动性

在粉丝经济时代，互动尤为重要。可以说，很多成功的自媒体都是通过粉丝互动来做内容补给的。它们以UGC来贡献内容，让粉丝有归属感，从而认同品牌。

许多企业做短视频营销常常会陷入自说自话的怪圈，即认为只要自己把视频拍好观众就会买单，这种想法并不可取。

短视频一定要围绕观众去制作，并让观众参与进来，有互动的短视频才是好的短视频。那么，究竟如何才能让短视频具有互动性呢？下面介绍几种方法。

（1）选择互动性强的话题。在短视频的话题上，可以选择本身互动性较强的。例如，企业是做美食的，就可以拍摄美食方面的短视频。此类短视频的互动性就体现为观众可以跟着视频做出美味的菜肴，如图6-2所示。

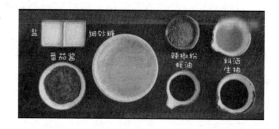

图6-2

再如，企业是做茶叶的，就可以拍摄与选茶、泡茶相关的短视频。要想实现双向互动，就可以发起短视频话题，让粉丝主动生产内容。可口可乐就发起过分享可口可乐快乐时刻的视频拍摄话题，很快便收到了不少粉丝发来的视频，可口可乐将优秀视频剪辑成了短片广告，然后在网络上进行宣传推广，最后获得了很好的营销效果。

玩过抖音的运营者应该都知道，在抖音上可以发起挑战话题，同时还可以让平台上的用户主动生产内容，这就是互动性比较强的一种营销方式，如图6-3所示。

图6-3

（2）在视频中穿插互动内容。运营者在视频中可以加入具有互动性的话或者梗。例如，在视频的最后加入"喜欢就点个赞呗""欢迎大家留言"等话语。在视频中加入梗则可以让观众主动吐槽，如图6-4所示。

图 6-4

3. 选题垂直化

短视频选题的范围其实很广，包括美食类、幽默喜剧类、生活技巧类、科技数码类、人文故事类等。无论选择哪一类，企业要想打造短视频IP，都应该提高视频的垂直度，如可将生活技巧类分为办公技巧、厨房技巧、收纳技巧等。如果只是利用短视频做一次性的品牌推广，就要在选题上尽量做出差异。当然，如果企业希望通过短视频能实现订单的转化，就要进行持续性营销，否则效果不会太好。

如果短视频是企业的一个重点营销方向，选题就要更系统。运营者可以建立一个选题库，关注热门话题、节日、特殊活动等，如针对"618""双十一"制作一些视频，这样在蹭热点的同时还能提高曝光度。

6.1.5 短视频营销的几种方式

短视频营销有多种方式，企业可根据自身营销推广的需求进行选择。

（1）与成熟的短视频达人合作，在他们的短视频中加入贴片广告，或者向他们定制有创意的内容，让品牌植入更巧妙。例如，蒙牛真果粒就与某视频达人共同策划了一则短视频营销广告，其内容是通过发布萌宠趣味视频来植入真果粒品牌。以萌宠做广告代言，能拉近与网友之间的距离，同时也能让品牌深入人心。

（2）企业或自媒体建立短视频平台账号，以优质的内容吸引粉丝，进而实现整合营销。这种营销方式很常见，如很多企业会拍摄员工采访、产品宣传片等视频上传到各平台上。

（3）利用平台发起活动或热门话题，吸引平台本身的视频达人或粉丝参与活动，让他们主动生产内容，从而实现营销。例如，Adidas就在抖音上发布过"时尚起来没完没了"的活动，这次活动吸引了数万用户参与，大大提高了品牌的曝光度。

（4）对于大型企业来说，品牌冠名也是一种短视频营销方式。例如，华为就曾冠名"金秒奖"这一短视频奖项，实现了荣耀手机与金秒奖的联合营销，提高了荣耀这一品牌的知名度。

当然，随着短视频的逐步发展，其营销方式也会越来越丰富。

> **提示**
>
> 目前，短视频内容创作者主要分为UGC（普通内容创作者）、PUGC（专业内容创作者）、PGC（组织结构创作者）和MCN（内容整合创作者）4类，运营者可以从中选择短视频合作方。

6.1.6 如何做好短视频营销

企业做短视频营销，一般需要3类人：一是内容策划类，他们要为短视频的内容出谋划策，让短视频内容更能引爆网友；二是品牌传播类，他们要为短视频的传播提供意见，让企业的短视频投放到更合适的传播渠道上；三是数据分析类，他们要懂数据和算法，以推动短视频的传播并分析平台效果。

在组建好短视频团队后，就要产出内容了。如果大家平时关注短视频行业的发展，就会发现内容向垂直领域丰富和细化是短视频团队的发展趋势。相比于泛娱乐类的视频达人，垂直领域的视频达人的商业变现能力更强。这也为企业进行短视频营销提供了启发，即让短视频内容专注于某一选题方向，这样营销推广效果可能会更好。

综观现在网络上的短视频内容，可以分为以下几类供短视频运营者参考借鉴。

（1）短纪录片。例如，一条、二更、十点视频就是短纪录片的代表，它们有专业的短视频制作团队，制作的短视频内容都很精良，且具有很强的感染力。

（2）情景短剧。例如，陈翔六点半、万万没想到等，此类团队制作的短视频多以搞笑创意类为主。

（3）街访类。例如，长安外传等，这种类型的短视频话题性较强，是当前比较热门的一种短视频形式。

（4）网红IP型。例如，papi酱、回忆专用小马甲发布的短视频贴近生活，拥有大量的粉丝群体。目前，这类自媒体已逐渐从最初的UGC演变为PGC。

（5）知识科普类。知识科普类短视频也很受广大网友欢迎，如视知TV、日食记、奇偶工作室等。

除此之外，还有创意剪辑类、草根恶搞类以及测评类短视频。其中，短纪录片和情景短剧的制作成本较高，但故事性更强；知识科普类更容易被网友转发；创意剪辑类、草根恶搞类则偏向于娱乐性质。当然，运营者可以结合产品特性以选择。

如果企业并不擅长拍摄短视频，可以寻求外部单位为其"造血"。例如，十点视频就有其合作的视频团队，而梨视频也拥有自己的拍客体系。如果企业拥有自己的视频制作团队，就可以自行拍摄短视频。

短视频中可以植入广告的地方有很多，具体如下。

（1）台词植入。台词植入不仅在短视频中常见，在电视剧中也很常见。台词植入不会影响视频中故事的呈现，反而能向观众传递品牌价值。在植入时，要注意广告内容与台词的衔接性，否则会显得生硬。台词植入可以采用剧中台词的方式，也可以采用悬浮台词的方式。

（2）道具植入。道具植入就是将产品作为视频中的道具之一来实现广告置入，如企业销售的是手机，那么剧中的道具就可以是自己销售的手机品牌。在道具植入时，为了让观众看清楚，需要给道具来个特写。

（3）奖品植入。奖品植入是指通过在视频中发放实物奖品、优惠券等形式来实现广告植入。许多短视频网红达人就常常使用这种广告植入方式。

（4）音效植入。音效植入是指通过视频中的背景音乐来插入广告，如画外音、提示、旋律及歌词暗示等。这种广告植入方式就是通过音效来让观众联想到某一品牌。

（5）场景植入。场景植入是指在视频场景中植入广告。例如，短视频的背景选择企业投放在户外的广告牌、视频中出现的店铺以自家店铺的名称来命名等。

6.1.7 短视频营销的几个关键点

做短视频营销，还需要运营者注意几个关键点。

1. 标题和图片

标题和图片是影响用户点击的关键因素，其重要性不言而喻。在各种信息流中，如果运营者的视频标题和图片能够吸引观众，就已经比其他竞争者快了一步。

可以说，大多数用户都是根据推荐或通过关注版块浏览短视频的。在这种情况下，运营者可将查看的短视频显示在一屏中，如图6-5所示。

图 6-5

那么，如何才能让标题和图片为自己带来流量呢？在拟定标题时，可以采用疑问/反问句的形式来引起观众的注意，也可以利用网络热词或者明星来提高关注度。最重要的一点是，标题要能激发起观者的好奇心。例如，图6-5所示的标题就能够激起观者的猎奇心理。需要注意的是，低俗类、敏感类词汇不能出现在标题中，否则很容易引起观者的反感，从而引发负面评论。现在有的网友为了博眼球就拟一些夸张低俗的标题，这种做法引来的基本上都是骂声，实在是不可取。

短视频的标题要与视频内容相关，可以是视频内容的概括短片，也可以是视频的某一片段或者视频所要传达的理念、感受等。虽然是短视频，但标题并不一定要短。今日头条参数短视频数据显示，标题字数在 25～30 个的短视频，平均播放量要高于其他短视频。因此，在拟定短视频标题时，可以从这一角度去考虑。

短视频的封面图，一定要选择与视频内容有关的。例如，美妆视频的封面图可以是视频中营销的产品图，也可以是一个女孩正在化妆的场景等。另外，封面图也要与标题相匹配，如图 6-6 所示。

图 6-6

图 6-6 所示的短视频，从标题就可以知道是一个生活技能类的短视频，讲的是葡萄的清洗方法。它的封面图就是一串葡萄，这就表明封面图与标题相匹配。

如果封面图是人物，则可以选择表情丰富

的图片，这样才能获得点击量。企业或自媒体如果运营的是某一栏目，具有系统性，建议短视频封面图的风格要统一，这样有利于打造独特的风格，形成短视频 IP 标识。

不同的平台，其标题和图片的风格都有所不同。例如美拍，其风格就更偏向于"美"，为图片加滤镜就很有必要，因而标题可以取得文艺点。而在 B 站上发布短视频，标题就可以更二次元、搞笑些，图片则可以选择更欢快些的。运营者要在具体实操过程中不断总结经验，实现创新。

2. 控制短视频的长度

既然是短视频，那么时间自然不会很长。对于短视频的长度可谓各有各的说法，有的人认为 20 分钟以下的都可以称为短视频，而有的人则认为 5 分钟以下的才能称为短视频。其实，短视频具体应该多长和题材有关，如纪录片短视频自然比搞笑类短视频要长些。

关于短视频的长度，建议一般情况下控制在 5 分钟以内，如果内容比较丰富则可以在 5 分钟以上，但不能超过 20 分钟。从用户反馈的数据来看，长度为 2～4 分钟的短视频比较受欢迎。

因为有时间方面的限制，所以运营者制作短视频的节奏一定要强，而不能像电视剧那样一个场景拍很长时间。

3. 上线前找 KOL 做传播

在短视频上线前可以寻求一些 KOL 的帮助，以实现视频的有效传播。选择 KOL 也是有技巧的，建议选择多个有一定流量但流量不是极高的 KOL。例如，选择一个粉丝量上千万的大 V，可能没有选择几个粉丝量为一两百万的 KOL 效果好，并且有的大 V 的粉丝量可能不是真的，因此要注意筛选。

4. 选择发布时间

大家都知道，视频比图文内容更消耗流量。虽然现在很多手机用户使用的都是不限流量，但仍有部分用户属于流量紧缺户。为了提高短视频的打开率，让更多网友看到我们发布的短视频，发布时间最好选择用户在家，且使用 Wi-Fi 的时段。

具体可以是周末上午，如 10:00 以后；工作日下班后，如 20:00 以后。在这两个时间段，许多用户都会选择刷一刷短视频，看一看有趣的段子。

6.2 让短视频变现的盈利模式

如今，短视频已成为新的流量入口，而让短视频变现则是很多短视频创作者和企业面临的重要问题。让短视频变现的盈利模式有多种，不同类型的企业可能会选择不同的模式。

6.2.1 电商变现，让销售更易于接受

相比于图文电商，视频电商的可读性和转化率都会更高些。例如，在美食视频中推荐炒锅，销

量可能就会高很多。

通过短视频实现电商变现的"一条",就是比较典型的例子。"一条"有自己的电商平台"一条生活馆",平台上线后月营收近1亿元。

"一条"的商业模式就是利用软文及短视频进行商品推广,其主要渠道是微信和微博。在这两大平台,"一条"获得了众多用户的认可,其带来的流量又促进了"一条"电商的发展。

虽然"一条"是通过电商来变现的,但其推广的商品并不是自己研发的,而是市场上已存在的。"一条"的创始人说过:"我们本来就在拍这些设计师、生活家、作者、商家,只不过现在顺便可以帮他们卖东西,收取利润而已。""一条"的商业模式给众多电商提供了让短视频变现的参考。

现在,有的短视频平台也推出了电商导购。例如,抖音针对部分视频达人上线了店铺入口,即观者在观看短视频时可以看到"购物车"按钮,点击后会打开视频中同款商品的链接,如图6-7所示。

图 6-7

点击该链接就会自动跳转至淘宝购物界面,观者可以实现在线下单,如图6-8所示。

同时,抖音的购物车功能给电商变现提供了条件。在抖音上,有很多通过软广告做短视频营销的人,他们会利用短视频展示安利"神器",让观者"中毒",从而购买其产品。除了抖音外,其他短视频平台也有相似的购买功能。例如,美拍就有边买边看的功能,在短视频的下方会显示推荐的商品,点击其链接就会进入商品购买页面。在该购买页面,观者同样可以观看视频,只是窗口会被缩小,这就使得观视频和买产品两不误,如图6-9所示。

图 6-8

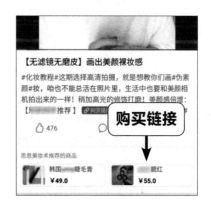

图 6-9

短视频中的评论区是电商变现的重要方式。很多短视频都可以通过评论区来实现变现。例如,在短视频中推荐商品后,在评论区写出购买地址,如图6-10所示。

另外,更普遍的做法是在短视频中展示微信、网店来实现变现。利用短视频内容和各个外部平台来引流,就可以实现产品的曝光和最终的转化。

一般来说,以下三类人群适合做短视频电商。

（1）有自己网店的个人电商或企业电商团队。

（2）有自己的产品或代理某一品牌的产品团队。

（3）有具有视频制作经验的专业团队。

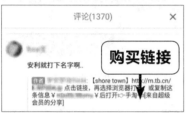

图6-10

实际上，不管是微商还是企业，只要有产品都可以做短视频电商。对于电商来说，短视频内容化是一大趋势。具体就是将自己销售的产品以短视频的形式呈现出来，然后发布到各大短视频平台，通过积累粉丝量将账号做起来，从而实现变现。这样平台的IP也会成为一张名片，能产生营销效果。

目前，利用短视频内容来塑造形象、通过电商变现模式来实现盈利的成功案例有很多，如徐老师来巡山、柏品志等都是值得借鉴的。运营者可以多了解此类账号的运作模式，帮助自己实现变现。

6.2.2 广告代言，通过流量来实现营收

在各大短视频平台都可以看到很多粉丝量上万的视频达人，他们发布的短视频可能是化妆教学，也可能是产品评测等。此类视频达人的粉丝一般都比较精准，因此广告代言就可能成为变现的一种方式，而很多广告主往往也愿意寻找这类达人来推广自己的品牌。

短视频中很适合植入软广告，但要想有效果，还要有一定的曝光度。因此，在短视频领域没有流量的广告主就会通过与视频达人合作来寻求品牌的曝光。例如，papi酱短视频中植入过面膜广告、办公室小野短视频中植入过手机广告等。

对于广告主来说，与视频达人合作成本低且效果好，因此是一种有效的方式。而对于视频达人来说，接广告就可能成为变现的一种方式。特别是对于短视频创作团队来说，广告变现尤为重要。

作为普通的视频达人，其在广告变现的过程中可能会遇到很多难题，如报价、内容等。目前，接品牌定制广告的大多是短视频头部达人，他们基本上都有自己的工作室。

针对视频达人广告变现难这一问题，有的短视频平台推出了一些解决方案。例如，美拍的M计划旨在连接美拍达人和品牌商家。视频达人可通过接触海量优质的广告主来寻找更多变现机会，而商家则可通过匹配丰富精准的达人资源来实现广告呈现。

当商家发布任务指定视频达人并审核通过后，视频达人可根据任务内容、商家情况来选择是否接单。如果选择接单则要根据商家的要求来制作视频，如果是直播任务则要根据要求进行直播。待任务结束后，商家就会将资金打到视频达人账户中。

这种由平台撮合视频达人和广告主的方式，可以在一定程度上解决视频达人广告变现

难的问题。

对于在短视频中植入广告，有的短视频创作者可能担心其会伤害粉丝。为了让短视频广告更易于接受，企业或者短视频创作者在植入广告时要注意以下几点。

1. 选择广告主

在选择广告主时，短视频创作者应考虑广告内容与自身短视频的契合程度。例如，短视频的内容是时尚美妆类的，那么选择广告主时就可以重点考虑与时尚美妆有关的。

2. 植入真正的软广告

关于软广和硬广，其界限并没有那么明确。例如，在papi酱的短视频中，有时可以看到直接的品牌展示，粉丝们却并不反感，反而对广告的植入表示支持。

直接的品牌植入在有的粉丝眼里可能就是硬广，但粉丝并不反感，主要就是因为粉丝认可这个IP。而在有的视频中，却可以看到植入的广告被观者吐槽。所以，视频中广告的软或者硬在一定程度上取决于观者是否认可这个视频或者IP。也就是说，短视频创作者应从观者的角度去考虑广告的植入。

3. 不可忽视内容产出

对于短视频创作者来说，尽管变现很重要，但也不能为了变现而不顾粉丝的感受。如果一味追求变现而没有持续产出内容，或者使内容变成了广告阵营，就很容易流失粉丝。

短视频创作者要明白不管在什么时候，都要注重孵化IP，保证短视频内容的统一性，从而打造出自己的短视频品牌。

6.2.3 内容付费，为用户提供知识服务

就目前来看，内容付费模式的短视频变现处于尚待证明的状态，很多短视频创作者或者团队都还没有开始这一尝试。因为没有成熟的先例可以借鉴，所以很多短视频创作者对于短视频内容付费这一变现方式还有很多疑虑。例如，粉丝会为什么样的视频内容埋单？粉丝为什么要付费观看自己的短视频？粉丝会采取怎样的付费方式？

大家都知道，消费者要为某一东西埋单，根本原因就是这个东西对他有用。而综观市场上的短视频，大多属于娱乐化内容，很多观者主要是通过观看这些短视频来放松身心。因此，要观者为这些内容埋单似乎比较困难。

短视频内容付费归根结底是花钱买内容，那么内容的有用性、排他性就很重要。例如，看了这个视频后能学到知识技能或者能产生满足感。

大家都知道，在互联网络上要获取某一内容比较容易。现在，网络上也有很多音频、长视频及图文知识付费形式，那么如何把短视频中的内容包装得好看，从而让观者愿意付费就是一个重要的问题。另外，短视频由于受限于时长，在内容的深度上会受到影响。所以，要采取内容付费方式来实现变现，还需要考虑时长这一因素。

不可否认的是，内容付费市场确实有很大的空间。例如，现在很多视频和音乐都要注册 VIP 或者付费后才能观看或下载，而过去这些都是免费的。国内的网民大都不愿意为知识内容付费，因为过去没有这种习惯；而现在随着付费内容的增多，网民的这一习惯也在逐渐养成。

目前，有短视频创作团队已逐渐开始尝试短视频内容付费。例如，"电影自习室"就是主要分享与影视有关的技巧，如视频拍照的曝光、焦距等内容。而这些内容在视频网站上需要付费才能观看，如图 6-11 所示。

图 6-11

再如，看鉴知识短视频产品主要是通过 2～5 分钟的短视频来介绍与历史、人文及地理有关的内容。在看鉴微视频 App 中有专门的知识付费版块，如图 6-12 所示。

从短视频的变现方式来看，卖广告和卖商品是当前的主流，而知识付费变现的门槛较高。对于短视频创作团队来说，单个的短视频+知识付费产品比较容易制作，难的是能否稳定输出有用的内容。目前，短视频知识付费方式主要包括会员制和单个产品购买两种方式。例如，前面介绍的"电影自习室"推出的短视频付费产品就属于单个产品购买形式，有数据显示，其在预售阶段就已卖了 100 多万元。看鉴微视频 App 也包括会员制和单个产品购买两种。

图 6-12

除了以上两种变现方式外，还有一种是付费短视频问答。例如，国外的问答 SNS 网站 Quora，在 2017 年 5 月就开始提问测试短视频+问答服务。用户以文字形式来提问，回答者则以短视频的形式来回答并获取收益。国内的付费视频问答平台"问视"就属于这种形式。目前，这种短视频+知识付费形式还处于摸索阶段。

虽然当前可供短视频内容付费借鉴的经验还比较少，但未来可能会成为成熟短视频创作者或团队变现的重要组成部分，因此在短视频领域有盈利需求的企业或团队可以进行探索。

6.2.4 补贴打赏，粉丝量创造的价值

说到补贴、打赏的变现方式，大家首先想到的可能并不是短视频，而是直播。对于很多中长尾的短视频创作者来说，广告代言、电商及内容付费可能都是比较难以实现的变现方式，

因而可以通过平台补贴和用户打赏的方式实现变现。

为了留住平台上的UGC，网站会向短视频创作者提供补贴和分成。例如头条号，在今日头条上注册头条号后，可通过发布短视频获得平台的广告补贴。这种补贴方式具体如下。

（1）平台根据短视频创作者的账号所贡献的流量来结算补贴金额或分成。

（2）平台提供一定的站内流量金额，这可供短视频创作者推广自己的短视频。

补贴可以激发短视频创作者的积极性，也有利于优质内容的产出。例如，2017年4月，阿里文娱推出"大鱼计划"，奖励"大鱼号"优秀内容创作者；2017年5月，今日头条宣称注入10亿元补贴火山小视频。以上这些，都是各个平台针对短视频创作者的补贴扶持计划。

打赏在直播平台很常见，而现在很多短视频平台也有了打赏功能，如美拍，用户可给短视频创作者赠送礼物，礼物以金币来计算，10金币为1元，如图6-13所示。

从打赏变现的效果来看，直播大于短视频，短视频则大于图文。例如，很多短视频头部创作者的打赏金额都不如头部直播的收入多。短视频打赏收入不如直播多，主要是因为短视频的内容短小精悍，难以使用户产生打赏的冲动；而直播与用户之间的互动更频繁，与用户的距离也更近，再加上主播会提醒用户打赏，因此直播的打赏效果更好。

除了用户打赏和平台补贴外，通过活动奖励也是一种有效的变现方式。短视频创作者可通过参与平台举办的活动来获得奖励，如图6-14所示。

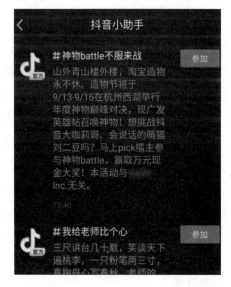

图6-14

对于新手来说，补贴+打赏是比较简单且易于操作的短视频变现方式。但从收入上看，这种方式只能成为"配菜"，"主菜"还是广告和电商。

无论是哪种变现方式，要想实现持续变现，单打独斗是不行的。企业或自媒体要想在短视频领域占有一席之地，还需有专业的运营团队作为支撑。

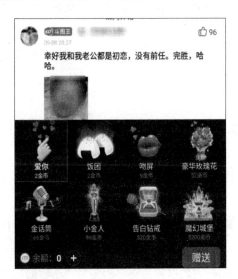

图6-13

6.3 分析消费大数据，营销更有效率

数据营销不仅是一种营销方式，还是一种工具和技术。它能帮助企业更好地进行营销推广，从而管理和维护客户关系。有了广泛的数据作为支撑，企业就不用再去猜测客户到底喜欢什么，而是可以准确地分析、发现客户真正喜欢什么。

6.3.1 什么是真正的大数据营销

在数据营销中有一个词——大数据营销，那么大数据营销究竟是什么呢？大数据营销实际上就是通过采集多个平台的数据进行分析，使广告投放得更精准、更有效。

在互联网时代，企业往往要根据消费者的行为来开展营销活动。而要洞察消费者的行为，就可以利用大数据来追踪。总的来看，大数据营销具有以下特点。

1. 个性化营销

大数据营销是一种个性化的营销方式。企业通过大数据技术，可以明确受众在哪里、更关注什么样的内容。了解了受众的喜好后，大数据营销就可让不同的受众即使进入同一个页面也能获取不同的广告信息，从而使营销变得个性化，同时也更精准。

个性化营销建立在对受众的精准定位上，精准定位的技术就来源于大数据对受众行为特征的分析，这就使得企业可以根据受众偏好进行分组，然后针对每位受众进行个性化的精准营销。

2. 准确把握时机

在互联网络上，用户的消费偏好随时都在发生改变，如上一秒钟还对某产品感兴趣，下一秒钟可能就不想买了。因此，准确把握营销的时机十分重要。

大数据营销通过了解网民的行为习惯，能够及时响应网民的需求，从而把握住营销的最佳时间段。这就体现了大数据营销的时效性。

3. 性价比高

相比于传统的营销方式，大数据营销的性价比更高。这种性价比体现在，通过有的放矢地投放广告能提高营销的投资回报率。

另外，根据广告投放所反馈的数据，还可以及时调整营销方式以及广告内容。

4. 多平台数据

大数据营销所采集的数据源自多个平台，包括 PC 端、移动端及户外智能屏等。通过多平台采集数据，可以更准确全面地进行用户画像。

目前所说的大数据实际上并不是真正意义上的大数据，大数据营销更多的是对"小数据"所进行的营销。因为很多企业其实都是利用有限的数据信息做数据营销的，这个数据可能是由企业自己

的数据库提供的，也可能是由一些数据资源平台提供的。不管是哪里提供的，这些数据都只是所有与营销有关的数据中的一部分，而不是真正全网意义上的大数据。

例如，很多做 App 的企业如何对 App 中的用户进行大数据营销呢？他们一般都是通过该 App 用户使用行为数据，如活跃度、购买率等进行营销。这些数据对于企业来说可能是大数据，但对于整个互联网来说就是小数据了。那么，究竟哪些企业可以做真正的大数据营销呢？企业要做大数据营销，至少需满足以下 3 点。

（1）所从事的业务与营销有关。

（2）拥有一定体量的有价值的数据。

（3）有大数据处理能力。

基于以上 3 点，可以得知百度、腾讯和阿里巴巴均满足条件。也就是说，它们是能够做大数据营销的企业。当然，这 3 家企业所拥有的数据具有不同的特点。例如，腾讯的优势在于拥有大量社交类数据，而阿里巴巴的优势则是拥有很多交易数据。

总的来说，大数据可以帮助企业发现商机，拓展新市场、新用户，为营销决策提供依据和优化方案。

6.3.2 中小型企业做数据营销的难点

许多中小型企业要独立做数据营销仍然面临很多问题，主要包括以下 3 点。

（1）数据问题。数据是做数据营销的基础，很多中小型企业受技术等条件限制，导致自身数据体量小，没有足够的有价值的数据为数据营销做支撑。而有的企业则可能是数据意识淡薄，以致自己的数据库几乎为空白。

（2）技术问题。技术不仅会限制数据的收集，还会限制数据的管理。如果企业拥有一定的数据量，但不会采用技术进行分析甚至加以运用，那么也做不好数据营销。

（3）思维问题。有的企业做数据营销还停留在仅仅对官方网站数据的分析上，如关键词分析、网站流量分析等，而没有考虑到对用户行为以及人群轨迹进行分析，这就是没有真正发挥数据的有效价值。

清楚了问题之后，企业要做数据营销就可以从以下两个方面入手。首先，进行数据管理，收集广告投放、网站等数据，形成数据库。其次，利用数据管理平台分析形成新的数据，并将之运用到企业营销中。

在企业的日常经营中，数据可以说无处不在。例如，很多企业正在进行的电话营销，营销专员每天拨打的电话资源就是数据，而每通电话所反馈的结果就可以作为有价值的数据，反馈结果为意向客户、非意向客户。将这些数据集中起来管理就可以指导营销活动，而如果对每天拨打的电话都不加以记录，那么这些数据就可能像水一样流走。

有的企业因为没有成熟的数据管理系统，所以做数据营销会比较困难，这些企业会依靠第三方数据管理系统或利用有数据营销能力的企业做营销宣传。例如，前面介绍的百度推广，有的企业选择做百度推广的原因就在于其拥有大量用户的意图和行为数据，能帮助企业定位精准用户。

6.3.3 海量的用户资源从哪里来

既然是做数据营销，那么不可或缺的就是用户数据。要如何获取用户数据呢？具体看看以下获取途径。

1. 第三方平台获取

很多企业做网络营销推广，用的都是第三方平台，如微信公众平台、淘宝、微博、百度等。在利用这些平台做推广时，就可以获取到大量的用户数据。例如，做百度推广时，网站运营人员就可以利用百度统计获取用户数据。图 6-15 所示为用户画像数据。

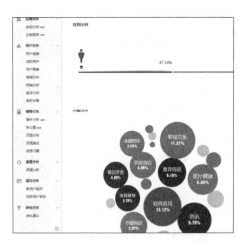

图 6-15

再如淘宝网，就可以在生意参谋中获取用户数据。由平台获取数据是一种比较简单的方式，而且这些数据对于企业来说很有价值。但能获取多少此类数据并不是企业说了算，而是看第三方平台能提供多少数据给企业。这也是从第三方平台获取数据的缺点，企业所获得的数据都是有限制的，因而要遵守其规则。

2. 内部自有平台获取

内部自有平台获取是指企业利用自己的系统或者平台获取数据。相比于从第三方平台获取数据，内部自有平台获取数据的灵活性更强。例如，很多企业都有自己的 CRM 系统。CRM 系统中通常会记录客户资料、销售数据等，这些都是企业的自有数据。

内部自有数据的价值度很高，因为它们大多是企业正在开展的业务所形成的数据，且内容也由企业自行决定。其缺点就是有范围限制。例如，销售人员可能会收集到潜在客户的姓名、电话及公司等数据信息，并录入 CRM 系统中。但可能收集不到潜在客户的职业、住址等信息，因为潜在用户可能会出于隐私保护而不予告知销售人员。

很多时候，内部自有数据都是企业用于维护现有客户并促成新的销售所使用的数据。

3. 外部平台获取

现在，有很多外部平台都提供数据服务。通过这些平台也可以获取数据，如部分企业黄页上的数据、邮件营销的邮箱数据等。这类数据的特点是获取速度相对较快，但有的可能不够精准。

4. 开放平台获取

在互联网络上，有很多免费开放的平台可供企业获取数据。例如，要获取与电商有关的数据信息，就可以通过阿里数据进行数据信息的获取，包括行业数据、区域数据等。图 6-16 所示为阿里数据中的类目排行榜数据。

在开放平台获取数据的优点是廉价且获取方式简单，缺点是还需要对这些数据进行筛选才能化为己用。

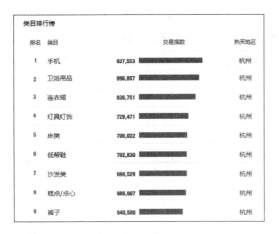

图 6-16

5. 其他方式获取

不管是开展线下活动还是线上活动，都可以获取到有用的用户数据，如线上抽奖、投票等。另外，许多网站会不定期面向用户做问卷调查，而这也是获取用户数据的一种方式。

除了以上方式外，网络搜集也是很多企业或自媒体常用的获取用户数据的方法，如从论坛、QQ 等平台获取。

6.3.4 如何利用数据指导营销

运营者收集和分析数据的最终目的是指导营销活动的开展，而如何利用数据则是运营者面临的难题。在利用数据时，要做到以下几点。

（1）明确目的。利用数据指导营销活动时，首先需要明确此次营销推广的目的，是增加品牌曝光度还是增加点击量，然后才能有针对性地选取和运用数据。

（2）改变思维方式。做数据营销时，运营者要将过去凭经验判断用户喜好的思维方式转变为用数据判断用户喜好。思维方式的改变，可以帮助运营者采用数据思维去挖掘用户及其需求。

（3）挖掘数据。整理和解读获取到的数据，进而指导营销活动。

在利用数据指导营销活动的过程中，最重要的就是解读。例如，运营商要利用数据来指导套餐外流量包的销售。

在运营商的手中，有用户每月流量的消费数据。数据运营商需要针对这些用户进行目标用户数据的挖掘，首先剔除非目标用户的手机用户。根据分析，以下用户可能不是目标用户而需要剔除。

①每月流量使用量为 0 或者极少的手机用户。

②每月套餐内流量使用不超量的手机用户。

③每月已经固定订购套餐外流量包的手机用户。

根据筛选出来的用户数据，又可进行深度的目标用户分析。以下手机用户就可能成为目标用户。

①每月基础套餐内流量使用接近临界点的手机用户。

②偶尔有几个月套餐内流量会超量的手机用户。

③日常喜欢参与运营商提供的流量赠送活动，并已使用赠送流量的手机用户。

④已购买流量包，但流量使用仍超量的手机用户。

从手机用户流量使用数据中，可以筛选出以上几类目标用户。针对这些目标用户就可以进行精准营销，如运营商 App 信息推送、短信流量包活动推送等。

上述案例只是简单地利用数据进行营销指

导,在实际做数据营销时针对数据的解读会更为复杂。同样以套餐外流量包的销售为例,运营商的套餐外流量包会包括不同的类型,如流量小时包、周末流量包、音乐流量包、流量闲时包等,不同的手机用户,对流量包的需求也是不同的。要想让数据营销更精准,那么对数据的解读就要更详细和更具体。只有这样,才能清楚流量闲时包应该针对哪类用户进行营销、周末流量包的目标用户又有哪些。

6.3.5 数据挖掘的 3 方面内容

前面已经介绍了一个关于数据解读的案例,下面就来看看如何进行数据的挖掘。主要从以下 3 个方面入手。

1. 用户挖掘

用户挖掘实际上是对用户进行细分的一个过程。例如,针对素材下载网站,按用户群体可以分为平面设计、美工、产品运营、UI 设计、网页设计、白领、学生等,按企业类型又可分为电子商务、视觉设计、网站建设等。

对用户进行细分,有助于做营销推广时对用户进行定位。例如,一个网店要推广女性中老年服装,就可以在已建立的数据库中寻找年龄在 30 ~ 50 岁的女性。在数据库中对用户进行细分时,可以从以下几个方面来考虑。

(1)外在属性。例如,根据地域、组织对用户进行细分就属于外在属性的细分。这种细分最容易得到,同时也是最简单直接的方式。但是,这种细分无法区分用户层级,如我们并不知道上海地区的用户和北京地区的用户哪个更有营销价值。

(2)内在属性。内在属性是指用户所具有的内在因素。内在属性能很好地区分用户,如年龄、性别、信用度、性格等。

(3)消费行为。很多行业都会通过对用户的消费行为进行细分来找出潜在用户,如按消费金额、频率、最近消费来进行细分。很多运营商会根据用户每月的话费以及流量的使用情况来进行不同套餐的营销。例如,发现某一手机用户的话费使用情况是每月 78 元,但该手机用户使用的是每月 58 元的套餐,这时可能就会有客服向他推荐每月 88 元的套餐了。

> **达人支招**
>
> **用户细分的技巧**
> (1)制定细分标准,如是按人口还是价值来细分。
> (2)一个用户只能划分到一个细分类目中,不能互相交叉重叠。
> (3)先将用户分为几个大类,再细分为几个小类。
> (4)将用户细分后给其定义一个能代表其特征的词汇,并对其特征进行详细描述。

2. 特征挖掘

特征挖掘是指对用户的需求、行为特征等进行挖掘。运营者可以参考以下标签来进行特征的挖掘。

（1）需求特征：指用户短期、长期或潜在的需求，如服饰、炒股、技能等。

（2）行为心理特征：指用户的性格以及心理上的特征，如冲动、理性、感性、从众等。

（3）属性特征：指用户的基本信息、职业类别、教育情况以及居住地等信息。

（4）社交网络特征：指用户对社交软件的偏好，如微信、陌陌、QQ等，以及用户所偏好的圈子和社交范围等。

（5）兴趣偏好特征：指用户的个人爱好，如喜欢玩游戏、阅读文章、摄影以及旅游等。

（6）金融资产特征：指用户的收入情况，如基本工资、存款、有无社保、股票、基金的收益状况等。

将用户行为挖掘得越透彻，那么做精准定向营销就越容易。

3. 产品挖掘

当企业要开发一款新产品时，就可以通过数据库分析来了解哪类产品将更有市场、用户更喜欢怎样的包装、哪些用户可能会购买这一产品。例如，一个快消品企业要开发饮料新品。从数据库中用户对饮料的购买情况来看，20岁左右的年轻人更喜欢购买功能饮料，且更看重饮料的包装。因此，企业在开发饮料时，就不能不注重包装。

6.3.6 态度数据，数据营销的关键点

在做数据营销时，有的运营者会陷入一个误区，即认为现有用户就是目标用户，实际上并不是这样的。

例如，你是某面膜品牌商，你从自己的线上销售数据中看出，现有用户为2万人左右，因为他们一年内在你的线上销售平台购买了几盒面膜，很明显这些都是比较忠诚的用户。于是，你说这些现有用户就是自己的目标用户，便在数据库中导出了他们的联系方式及网购账号，定期向他们发送营销广告。一段时间后，你发现自己的面膜销量并没有提高，而且流失了一部分现有用户，这是为什么呢？

试想一下：如果你是这个面膜品牌的现有用户，但这个品牌经常向你推送广告信息，你会不会觉得很烦？正因如此，那些用户觉得你的营销意图太明显，从而降低对你的好感度，转为购买其他品牌。

有的企业可能不会采用上述方式，而是采用以下方式。

同样是面膜品牌商，有的企业可能会对这2万人左右的数据进行分析来了解他们的特点，然后认为这些特点就是目标用户的共性，最后按照这些共性去开发新的目标用户，并向此类人群投放营销广告。

这样的做法看似没有问题，但仔细思考，就会发现实际上也存在问题。例如，在这2万多个现

有用户中,你能保证每个购买该品牌面膜的用户的购买理由都一样吗?答案很明显是否定的。

为了了解这些现有用户的购买理由,你对这些现有用户进行了互动调查,结果发现这些用户购买该面膜的理由并不是喜欢该品牌,而更多的是看重这个品牌的面膜比较便宜。相比于20多元一片的面膜,七八元一片的面膜在他们的承受范围内,并且用着也还行,于是购买了这个品牌。

如果你是该面膜品牌商,应该不愿意接受这个结果。因为实际上你更希望获得的是品牌认知度,即希望自己的目标用户是因为这个品牌而购买该产品,而不是因为便宜。

这个结果可能是因折扣活动太多或者品牌宣传不够高大上而造成的。所以,如果按照现有用户的共性去选择营销渠道、进行广告宣传,就可能无法开发出更多的用户。因为这些现有用户不应该是你的目标用户,你的目标用户应该是能够与你的品牌产生情感共鸣,进而有足够忠诚度的用户。

大家都知道苹果手机比一般的智能手机要贵,那为什么苹果手机还是能够得到众多消费者的喜爱,并且拥有足够多的忠诚用户呢?这就是因为消费者认可或者喜欢苹果的价值观。如果消费者能和一个品牌产生情感共鸣,那么该品牌的溢价能力就会得到提高,并且这样的消费者更稳定长久。如果一个品牌只能满足功能利益,而没有情感利益,那么其用户就很容易丢失。例如,你做洗衣机销售,你的洗衣机和其他品牌的洗衣机功能利益差不多,但如果竞争者的洗衣机比你的更美观,那么消费者可能会转而购买竞争者的洗衣机。

列举以上案例其实是想告诉大家,在做数据营销时,除了要了解用户的行为外,还要了解用户的态度。态度数据很多时候无法一目了然。例如,微信点赞这个行为数据,点赞是一种互动,那么这一行为背后的态度是什么呢?要解决这一问题,就需要问:"大家点赞的原因是什么?"其原因可能会有以下几种。

(1)集赞可以兑奖,点赞助推商业营销。

(2)维护资源,如为同事、客户、同学点赞,可能因为这些人是我们不愿意放弃的资源。这一资源可能是人脉,也可能是合作。

(3)无声的表达,如有的人在人际关系方面并不擅长与他人互动,因而通过点赞的方式来表示关注。

(4)从众点赞,有的人是为了点赞而点赞,即看到有人点赞自己也跟着点赞。

(5)真心赞美,这类人可能是觉得他人的厨艺、照片等很赞,即出于真心而点赞。

在以上点赞情况中,第五种点赞很明显态度更真诚,因而要在微信中进行营销点赞,第五种人就是首选的目标对象。

在分析视频营销数据时也一样,不仅要了解哪类人看了视频、在哪个时间段看了视频、看完后的举动是什么,还要了解他们的态度,是热情主动还是默默观看。通过态度数据,可以了解用户是知道你还是喜欢你,以及是不是你的铁粉。

消费者的态度数据可以让营销决策更高效,因而这是运营者在进行用户数据分析时要研究的关键数据。当然,态度数据是一个相对值,即随时可能发生变化。所以,态度数据需要大量、连续地采集,单个数据并没有太大的参考价值。

6.4 数据在营销推广中的运用

可以说，数据对市场营销和销售的贡献值都很大。那么，在实际的营销推广及决策中，企业是如何利用数据进行营销的呢？下面就来看几个实际的案例。

6.4.1 腾讯手游用大数据做精准营销

近年来，手机游戏的数量在不断增长。经常玩游戏的朋友对腾讯游戏应该不会陌生，如开心消消乐、王者荣耀、QQ飞车等都是其代表作。

腾讯发布的2017年全年财报显示：手机游戏的收入为628亿元，而整个手机游戏市场的收入为1161.2亿元。也就是说，腾讯手机游戏占到整个手机游戏市场份额的54%左右。当然，腾讯手机游戏的强大与大数据的运用密不可分。

从手机游戏用户的游戏行为来看，利用碎片化时间玩是比较常见的，如坐公交车、等车时。这意味着手机游戏需要抢占用户的碎片化时间，但碎片化时间毕竟不长，而用户的注意力也极容易被打断。因此，如何在短时间内引起用户的注意，并让用户做出玩游戏的行为是手游营销亟须解决的一个问题。

面对广大的手游玩家，传统的营销方式主要有明星形象植入、返利诱惑、渠道分成等。这些营销方式带来的可能是高投入低收益的风险，且很难在短时间内抓住玩家。手游营销成本高、效益低是很多手游开发者亟待解决的问题。另外，手机游戏也从轻度化思维向重度化思维发展。在众多游戏产品的竞争下，手机游戏的重度化趋势越来越显著。

> **提示**
>
> 游戏的轻度、中度和重度主要是指用户的沉迷度，轻度游戏主要是休闲游戏，不会占用玩家太多精力和时间；重度游戏玩家对游戏的黏性和忠实度都很高，且付费能力更强；中度游戏则介于两者之间。

在手机游戏你方唱罢我登场的市场上，传统的游戏营销方式的惯例逐渐被打破，手机游戏的运营和营销都需要更加精细化。

虽然腾讯做手游营销有其得天独厚的优势，仅QQ及微信社交平台就拥有很多用户，但从单品来看，即使是平台内部的竞争也很激烈，更何况外部平台也有很大的竞争力。为了抓住用户，腾讯利用数据处理技术实现了手游的精准营销，将手游广告定向推送给目标用户。

在数据的收集方面，腾讯的手游营销大数据来源于3个方面：腾讯游戏内部数据、自有平台数据及外部平台数据。根据收集到的数据，腾讯对手游用户进行了画像，并形成了精准标签，包括居住地、年龄、内容偏好、爱好及生活习惯等。

对手游群体进行细分后，腾讯将不同类型的游戏推送给不同的用户，这样不同的用户看到的游戏以及营销素材都是不同的。例如，对有休闲类游戏偏好的女性用户就推荐开心消消乐，对有竞技类游戏偏好的男性用户就推荐王者荣耀，对喜欢二次元漫画的用户就推荐奇迹暖暖游戏。

曝光的最终目的是让用户下载并注册游戏，这时点击率的转化就很重要。腾讯会根据用户反馈的点击数据对营销广告的素材进行调整，并选择那些点击率高的素材进行持续投放。

另外，在游戏运营的过程中，腾讯游戏还会收集用户的活跃度、游戏时长、付费情况等数据，目的是做游戏优化，防止用户流失。例如，针对王者荣耀的新用户，腾讯游戏会采用签到及赠送体验卡等形式来提高用户活跃度；而针对一段时间内没有登录游戏客户端的用户，腾讯游戏则会采用好友召回、游戏道具赠送等方式来提醒用户继续玩游戏。

通过精准标签拉新、点击率优化提高注册率的组合营销方式，可以让手游实现精准营销。而拉新、促活营销目标的实现，离不开对大数据技术的运用。

6.4.2 百度大数据营销实例

百度拥有丰富的数据资源，并且向企业提供数据分析及展现、数据应用等产品与服务。下面看一个通过百度大数据来定位目标消费者和营销内容的案例。

2016年，宝路曾与百度合作进行狗粮及护理用品的营销推广。在此次营销活动中，宝路根据百度提供的数据重新定义了目标受众，同时还确定了营销方式。

此次营销活动目标的对象为宠物狗的主人，营销方式为H5营销，名称为"有位家人，你最想懂他"。在营销内容的策划上，以故事的形式将宠物狗与喜欢宠物的人之间的故事娓娓道来；在营销素材的设计上，采用卡通动画并配以舒缓的音乐，使观者能在视觉上和听觉上产生愉悦感。而这一目标对象和营销策划方案的最终确立，离不开对百度大数据的运用。

在宝路的H5营销图文中，可以看到其选择的宠物是宠物狗。这不仅是因为其销售的产品为狗粮，而且《2016年百度宠物行业大数据》显示与狗有关的搜索量要高于猫，如图6-17所示。

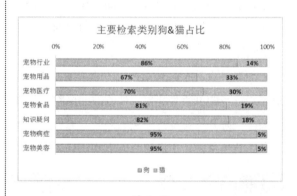

图6-17

基于这一搜索结果，宝路将H5营销的对象确定为"汪星人"饲养者。

而在"汪星人"的养育问题上，宠物狗的主人考虑的方面则很多，如配种、取名、购买、品种等。其中，搜索量最高的是取名，占26%，其他的依次为品种+养育占13%、购买占10%、智商占7%等。也就是说，人们很看重给宠物狗取名。

根据这一数据，在H5营销图文的设计上，宝路选择了与名字有关的图文内容。其中的文案为"没有名字 TA 只是只可爱的狗狗""有了名字 TA 就成了家的一分子",即通过"汪星人"饲养者都比较关心的取名问题来引起目标对象的情感共鸣。

除此之外,其他与 H5 营销图文有关的内容也都是基于《2016 年百度宠物行业大数据》而策划和选择的。

6.4.3　海尔用数据提供互动服务

海尔的大数据营销案例,向人们展现了它是如何通过 SCRM 会员系统为用户提供精准营销和互动服务的。

帝樽空调是海尔在 2012 年推出的一个系列,其在外观及功能上都具有很多亮点。例如,外观设计为圆柱形的柜式,功能上具有舒适、健康及智能的优势。

为了让帝樽空调能够取得更好的销量,海尔要进一步做营销,而如何找到有可能购买空调的目标用户则是重要的一步。2013 年 4 月,海尔通过 SCRM 会员数据系统提取了已经购买帝樽空调的用户数据;同时,将该数据与中国邮政名址数据库相匹配,建立了名为"look-alike"的数据库模型,这个词翻译成汉语意为面貌酷似的人。从这里可以看出,海尔想要找到目标用户之间的共性特征。

"look-alike"模型按照区域将现有用户数据分成几类,并且打上了标签,然后对用户标签与邮政名址数据库进行映射,旨在找出具有相似特征的小区。通过此次数据处理,海尔找到了很多目标小区。

找到目标小区只是第一步,海尔的第二步是找到追求健康、舒适空调的小区住户,因为他们才是其最终的潜在消费者。

为了进行更精准的营销,海尔结合 SCRM 会员系统与几家杂志社展开合作,包括旅游、生活健康类杂志。通过用户对杂志订阅的倾向,可以判断用户的兴趣偏好,从而为精准营销提供依据。

在此次营销过程中,海尔找到了某一小区的住户,得知其订阅的是旅游杂志,由此可以判断其对健康、自然比较感兴趣。海尔的 SCRM 会员系统后台显示,该住户是潜在消费者的可能性极大。于是,海尔向该住户直邮了一份与公益环保及与帝樽空调有关的宣传单。

该住户收到宣传单后,直接去商场体验了帝樽空调并购买了一台。通过此次精准营销,海尔实现了一次转化。但成交并不表示此次销售的结束,海尔更看重的是互动。

在该用户购买了帝樽空调后,海尔对其进行了回访,告知购买海尔产品可获得消费积分,参与线上互动也可获得积分。通过此次沟通,该用户关注了海尔官方微博,而海尔数据库则获取了该用户在微博上的公开资料。

根据该住户的微博公开资料,利用语义智能挖掘,海尔发现其微博中经常出现与足球有关的词汇,SCRM 会员数据平台便推测该用户是一名足球爱好者,对体育节目应该有需求。于是,SCRM 会员数据平台又将海尔电视机推荐给该住户,重点强调了高速运动画面且无拖尾与抖动的特点,这一特点能让体育迷们获得更好的观看体验。后来该住户又购买了海尔电视机,这次精准的营销服务又获得了成功。

通过此次数据营销，海尔不仅成功地开发了客户，同时也留住了客户。

6.4.4 通过数据挖掘，提升会员客单值

很多零售行业的品牌都有自己的线下和线上渠道，孩子王作为母婴童商品零售品牌也不例外。其公司通过线下店铺和线上网店向母婴童提供零售商品、儿童乐园及儿童互动等购物与增值服务。

在线上，孩子王采用口碑、场景营销等方式来打通并发展会员。在线下，孩子王还拥有持证育儿顾问，为准妈妈及妈妈们提供咨询服务，旨在通过情感营销提高用户黏性。采用线下育儿顾问互动+线上会员营销的方式，孩子王打通了线下和线上双渠道。

在线上，孩子王除了拥有天猫、京东、微信店铺外，还拥有自己的App商城。通过网上店铺，孩子王可以挖掘到妈妈们的数据信息。通过深度挖掘数据，孩子王了解了妈妈们的社交需求，发现妈妈们都喜欢一起交流、分享。于是，孩子王在线上开展了妈妈们的线上社交互动活动，如亲子电台、妈妈口碑等。在App内，妈妈们不仅可以与育儿顾问交流，还可以自己创作内容，而且孩子王对优秀内容会进行奖励，旨在让她们主动生产内容。

通过App，孩子王还可以管理会员，构建会员画像，为会员打上标签，然后向不同的会员推送不同的营销素材，实现精准营销；同时，育儿顾问还会依据营销内容与会员进行互动，在营销推广的过程中收集会员的信息，及时对原有信息进行纠正以便带动会员消费。据2016年年底的数据显示，孩子王的营收大半以上都是来自会员。

孩子王通过网上多渠道收集会员数据，再利用大数据技术对会员进行标签定位，以精准营销和线上互动的方式带动会员消费，就可以让会员体验个性化的定制服务，从而持续产生消费。

另外，利用会员数据还能实现产品的优选。将会员需求及兴趣偏好的反馈信息发给供应商，让供应商以此为依据提供产品、设计方案，这样就能根据消费者需求持续提供优质产品。

秘技一点通

技巧1 如何让短视频获得今日头条的推荐

企业或自媒体发布的短视频若能获得平台的推荐，那么曝光度就能得到很大的提高。现在大部分短视频创作者及企业都会选择在今日头条上发布视频，但是发布以后往往会发现自己的短视频石沉大海，播放量少得可怜。想让自己的视频在头条上获得很好的展现，就要了解平台的机制，如果能利用这一机制让短视频得到推荐，那么播放量就不会很低了。

目前，头条视频的竞争很激烈。但头条是利用计算机推荐系统来推荐视频的，因此只要掌握算法背后的逻辑，在激烈的竞争中获得较高的流量也不是不可能的。

在头条上传视频后，头条会给这一视频一定的推荐量，之后则会根据视频受欢迎的程度来考虑

是否要给予更多推荐。如果受欢迎则给予更多推荐，反之就不会再进行推荐。这也是为什么很多视频创作者都在说："怎么过去有推荐，现在没有推荐了？"

这个道理其实很简单。例如，头条将你的视频推荐给了2000人，但这2000人中只有10人播放了视频，之后当然不会再给你推荐。因此，首次推荐获得的播放量、点赞量、转发量等数据十分重要，对后续视频的推荐影响很大。如果你的视频在头条上显示为0推荐，那么问题基本都出现在内容上。

简单来说，今日头条的推荐机制就是：上传视频→审核（通过）→试探性推荐→根据反馈进行多次或停止推荐。

上传视频后，分类、内容（标题+封面）和用户垂直精准度等因素都会影响播放量。下面来看看具体的推荐过程。

在视频通过审核后，系统会自动识别视频内容，对其进行分类。例如，与美食有关的视频就会被放到美食分类中。在系统数据库中，头条会根据短视频的标题来寻找有相似标签的用户，如标题中有"牛肉"这一关键词，那么头条就会去找有"牛肉"标签的用户，先进行少量推荐以观察其反应。如果用户反馈良好，那么头条会根据关联关键词进行更多推荐。例如，将视频推荐给与"牛肉"相关的其他标签用户，如"猪肉""鸡肉"等。

从上述推荐过程来看，要想让视频获得精准和更多推荐，关键词信息一定要明确且丰富，这样系统在识别分类以及推荐给目标用户时才能找到更精准垂直的目标用户。在视频内容本身足够优质的情况下，目标用户越精准，用户反馈会越好。同样的道理，如果标题中没有可

供识别的关键词标签，那么系统只能进行无目标推荐，而在目标用户垂直精准度不够的条件下，播放量、点赞数及评论数也常常难以获得良好的反馈。例如，你做的是育儿类短视频，在标题中加入"奶粉""早教"等关键词就有助于标签识别，并且为短视频打标签是头条所允许的。

关于短视频标题的撰写及封面的选择，可以参考前面的内容。就单个账号而言，建议短视频创作者专注于某一垂直领域的短视频制作，因为在推荐机制中具有相似标签的内容可以形成助力，让短视频实现抱团式成长。从营销推广的角度来看，选择的领域与目标用户及营销目标是紧紧相扣的。要实现更长远的商业变现，内容分类越垂直，用户价值空间就越大。

另外，要想让自己的短视频得到更多的推荐，还要遵守头条的规则。例如，低质的片头片尾会被屏蔽、违规的推广账号会被扣分等。现在，头条对于内容的检测越来越严格，因此短视频创作者一定要注意视频本身的质量，不要随随便便将多个无意义的短片剪辑拼凑在一起就发上去，以免影响用户的观看体验。

技巧 2 上传视频反复提示重复怎么办

头条视频的创作者可能常常会遇到这样的问题，就是上传视频时常常会提示视频重复。现在，头条对视频重复审查较严。对于新手来说，视频重复会影响转正；而对于正式账号来说，视频重复则会影响推荐量。那么，如何才能免受视频重复的困扰呢？解决办法就是把自己剪辑的视频做成原创。

对于新手来说，要做优质的纯原创内容可能比较难，很多时候可能都是采用视频或图片

剪辑的方式来制作短视频，这样重复率自然就比较高。这里介绍几种避免重复的方法，以降低系统将视频判定为重复的概率。

1. 检查封面

发布视频前，可以在头条中搜索与自己即将发布的视频相似的视频内容，看其选用的封面是什么，如果自己的封面与其一样，那么果断换一个，如图 6-18 所示。

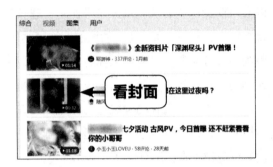

图 6-18

2. 检查内容

在内容上，视频的片头和片尾要尽量体现差异性。可以看看头条上类似的剪辑类视频的片头和片尾，为片头和片尾加上自己制作的专属模板以免重复。

视频中间部分的内容则尽量选择有趣或者有亮点的精华片段进行拼接，可以从多个视频中剪辑一小段内容进行组合，这样既能让视频更具特色，同时也能降低重复率。

3. 检查长度

对于题材相似的剪辑类视频，也可以在时间长度上体现差异性。例如，他人的视频时长是 2 分钟，那么你可以加入一些自己的原创或其他素材元素将其变为 3 分钟，或者把视频浓缩为 1 分 30 秒，只保留精华内容。

4. 检查素材

对有水印的视频或图片素材要进行去水印处理，如果觉得去水印比较麻烦，那么可以打上马赛克。例如，从视频网站上下载的视频很多时候都有该网站的水印，这就需要对该水印进行模糊处理。

5. 选择国外视频

国内的视频被很多视频创作者使用，因此重复率就比较高。而国外的视频相对来说使用的就比较少，因此可以选择剪辑国外的视频。

技巧 3　做抖音爆款，获取高流量的方法

"抖音爆款"是近两年来网购中频繁出现的一个词。不得不说，抖音带火了不少网购产品，用"爆款制造机""带货小能手"来形容它一点也不为过。很多企业特别是电商，当然都希望能通过抖音让自己的产品成为爆款。不难发现，那些成功打造了爆款的抖音视频，其播放量、点赞量都很高。因此，视频是否足够火是抖音视频中的产品是否能成为爆款的重要因素。接下来看看在抖音上哪类视频更容易火。

1. 高颜值

在这个看脸的时代，颜值确实很重要。特别是对于社交媒体来说，高颜值能吸引更多网友的关注。因此，在抖音中，高颜值类视频很容易火。

靠颜值来吸粉的视频在抖音中也很常见，那些颜值高的抖音网友只是跳跳舞或者做做表情就能得到上百万的点赞量。因此，在抖音中推荐某款产品时，可以利用高颜值资源来拍摄短视频。

2. 萌之吸引力

具有萌之吸引力的可能是宝宝，也可能是宠物。对于有宝宝或者宠物的短视频创作者来说，就可以通过拍摄自己的宝宝或者宠物来实

现吸粉及产品营销。当然，在植入产品内容时也要自然，具体可以参考前面介绍的植入方法。

3. 搞笑段子

搞笑段子属于泛娱乐类型的内容，通常很受抖音网友的欢迎。只要你的视频内容能够让网友开怀一笑，那么点赞量自然会很高。

4. 技能展示

在抖音上常常可以看到木艺、刺绣、绘画书法及其他手工艺品，这些技能都有一定的难度，所以网友们会因为佩服、赞美等为视频制作者点赞。而这些手工艺品可能正是视频创作者所营销的产品，通过视频的形式呈现制作过程，从而带火店铺或者产品。

5. 价值观共鸣

在抖音上，以价值观共鸣来吸粉的视频呈上升趋势，这些视频往往通过内容来打动用户。只要视频中的价值观能够引起网友共鸣，视频就比较容易被传播。

了解在抖音容易火的视频类型后，在抖音营销产品时就可以考虑这几个方向。在具体进行抖音营销时，还需要考虑以下两个问题。

（1）抖音用户是你的目标用户吗？

（2）你的产品是否可以结合抖音做内容营销？

很多运营者的想法是：抖音那么火，我肯定要去做。实际上，这样想是错误的，如果不能满足以上两点，就不建议去做。

虽然现在抖音的用户群体已逐渐多元化，但总的来看还是偏年轻化。这一点从今日头条2018年6月发布的《抖音企业蓝V白皮书》报告中就可以看出。报告中显示的抖音基础用户画像为：男女比例1:1，年龄35岁以下年轻人群占90%，整体学历偏高，重点城市为一、二线城市，辐射全国三、四线城市的广泛人群。如果你的产品与这一目标画像不相符，那么就不太适合做抖音营销。

从现有的抖音用户群来看，与人们生活密切相关的产品更适合在抖音上进行营销，如美食、化妆品、服饰、智能硬件、游戏等。另外，自己的产品适合什么样的内容也是做抖音营销时要考虑的。

技巧 4 蓝V官方入驻，做抖音品牌营销

蓝V是抖音的认证标识，是抖音的企业号。对于企业来说，认证蓝V能够获得更多普通账号所没有的权益，如头图自定义、昵称唯一、昵称搜索置顶、抖音挑战赛等，更有利于企业做品牌营销。例如，小米手机、支付宝等都是抖音上的蓝V账号企业。

不少企业可能会认为，在抖音上做蓝V品牌营销，大企业会比小企业更有优势，如支付宝这样的企业。但抖音呈现的数据告诉我们不是这样的，2018年6月发布的蓝V账号数据显示，抖音蓝V账号排名前十的账号分别为单色舞蹈、潘多拉英语by轻课、全网音乐排行榜、香蕉街拍ChicBanana、美食DIY、adidas neo、用武之地讲武学堂、爆笑虫子、安博英语基础点读机、易用软件问答。就拿单色舞蹈来说，它是一个舞蹈培训机构，不仅粉丝量排在抖音的第一名，账号播

放量及点赞量也排名第一，而这个企业并不是人们熟悉的知名品牌。

单色舞蹈在微博上也有账号，但与在抖音上的账号相比，两者的粉丝量差距很大，如图 6-19 所示。

图 6-19

由此可见，即使是不知名的企业也能在抖音上获得逆袭。其实，抖音的推荐规则在一定程度上能减小知名企业与中小型企业在视频制作方面的差距。

对于蓝 V 企业来说，要通过抖音为企业品牌带来几何倍增的曝光度，就要掌握以下技巧。

1. 内容呈现方式

抖音上的内容可以竖屏展现，也可以横屏展现。那么，这两种展现方式哪种更好呢？答案是前者。为什么呢？因为横屏观看会比竖屏观看多一个横转手机的操作。从抖音视频的播放量来看，竖屏视频比横屏视频高 20% 左右，另外，竖屏视频广告的播放完成率也比横屏视频广告的高。因此，企业在制作短视频时要坚持创作竖屏视频。

2. 内容主体选择

在抖音上，蓝 V 企业的短视频主体主要有 3 类：一是明星达人；二是企业 IP；三是纯素人。有的运营者可能会认为，明星达人出场的短视频播放量应该会很高。不能否认的是，明星达人确实能提高蓝 V 账号的曝光度，但这样的视频不一定能成为爆款。

例如，adidas neo 蓝 V 账号，在其视频中明星达人的出镜率很高。官方数据显示，其视频的平均播放量是 TOP50 蓝 V 账号平均播放量的 8.4 倍。这一数据看起来很不错，但与爆款视频相比，平均播放量要低很多。这就印证了前面所说的明星达人能提高视频曝光度，但不一定能让视频成为爆款。

因此，众多蓝 V 企业不妨多尝试企业 IP 和纯素人出镜。例如，小米手机的抖音视频中雷军就出镜过。而数据显示，以雷军为主体的短视频，相比于以往小米手机发布的抖音短视频，分享量提升了 896.6%、点赞量提升了 778.2%、评论量提升了 406.1%。

当然，纯素人出镜也可以。例如，支付宝抖音账号，其发布的视频大多都是纯素人出镜。其点赞量并不低，有的也能达上百万次，如图 6-20 所示。

广大中小型企业可能请不起明星，也请不起网红，那么企业领导人、素人总请得起吧。让这些人出镜不仅可以为品牌塑造具有个性化的人设，同时也能拉近消费者与企业之间的距离。

图 6-20

3. 内容制作技巧

在内容的制作上，蓝 V 账号爆款内容也是有迹可循的。其主要有 3 点，分别是特点突出、简单易懂、参与性强。

这里的特点是指企业产品所具有的特点。例如，vivo 手机为了突出手机拍照效果好，就在其抖音账号的短视频中发布了很多使用 vivo 手机拍出的视频，以便观众能直观地看到 vivo 手机比较突出的摄影功能。再如，美图手机为了体现其手机的 P 图性能，就发布了很多与 P 图有关的视频，让观众看到美图手机可以让人一秒就变美。

简单易懂是指视频的理解成本要低，即让观众观看后立刻就能知道其要表达的意思。例如，卫龙辣条曾以搞笑段子的形式发布了一条短视频，内容是一男子用辣条配红酒，并用东北话说出"太好吃了"。观众看这个视频时，在开心的同时也明白了其要表达的含义，就是辣条很好吃。

参与性强是指视频所呈现的内容可以让观众快速进行实践。例如，抖音上之前很火的海草舞就受到了很多网友的模仿，有些不会跳舞的网友也学着去跳。这就是参与性的一种体验。

企业如果决定做短视频营销，那么建议建立一支运营团队。在运营上，多布局账号和平台，全力投入进行营销。

技巧 5 用短视频数据进行效果跟踪

做短视频运营离不开数据分析，比较重要的指标如下。

（1）视频发布指标。视频发布指标主要是指视频发布后产生的数据，包括发布的时间、视频时长及发布的渠道。

（2）播放指标。通过播放指标可以看出视频的投放效果。一条视频可能会被发布到多个平台，因此视频的播放量要分平台进行统计。播放量指标细分下来，包括累计播放量、昨日播放量、人均播放量、分时播放量等。对于新上线的短视频来说，需要观察分时、分日或渠道的播放量，以便了解到在哪天、哪个时段或哪个渠道视频的播放量达到了高峰。这里在后续的短视频投放中，就可以参考进行选择。

（3）播放完成度指标。这也是很重要的一个指标，能在一定程度上反映视频的受欢迎程度。例如，视频时长有 2 分 30 秒，但大部分观众只看了 15 秒就关闭了，那么可能就是视频内容不够吸引他们。

（4）互动量指标。互动量指标主要是指评论、点赞、分享和收藏等数据。这几个指标在很多视频平台上都影响着后续视频的推荐量。

（5）涨粉量指标。涨粉量指标主要是指视频发布后观众关注的数量，具体为新增关注数、取消关注数。涨粉量可以与播放量结合起来分析。例如，一个视频的播放量为 10 万次左右，涨粉量为2000个，那么说明视频反馈的效果不错，观众对这个账号发布的视频比较认可。很多运营者可能会发现自己的视频出现播放量高、涨粉量低的情况，这时就要结合其他数据来分析原因了。

 职场心得

  小李是某公司的运营专员，过去公司主要是采用图文并茂的方式做营销推广，随着短视频营销方式的兴起，公司也决定开展短视频营销。因为公司是做护肤品的，所以决定先在美拍上进行短视频营销看看效果，再拓展其他平台。

  在美拍上上传短视频时，小李为标题的选择犯了难，因为她不知道哪种类型的标题更受欢迎。于是，小李决定向美拍上的美妆达人"取经"。通过观察美拍上发布的视频，小李发现在美拍的热门栏中，标题只会显示16个字左右，即太长的标题后面的文字内容就不会显示，因此小李决定将自己的视频标题也控制在十几个字以内。了解了字数要求后，小李又去看了很多美妆达人的视频命名方式。在分析他人视频标题的过程中，她发现了一个规律，就是很多美妆达人都会将视频主要内容用前面几个字加以概括，用后面几个字来描述。例如，"适合自己的口红方法，提升颜值""护肤品种草，学生党必备"。于是，小李决定参照这样的标题命名方式进行短视频的命名。

  在美拍发布短视频，除了可以添加标题外，还可以填写简介，小李看到有的短视频有简介，但有的没有，但她觉得自己在看短视频的时候，简介能起到引导她关注、互动的作用。因此，小李也为自己的短视频添加了简介。在发布视频前，小李已了解过美拍的推荐规则，知道标签会影响视频的推荐量和播放量，因此在简介中打上了标签。标签有3个，分别是"我要上热门""美容护肤""美妆时尚"。小李明白，打上"我要上热门"的标签能够增加被推荐的可能性。发布视频后，小李观察了当天的播放量，有2万次左右，点赞有100多次，看来初次投放的效果还不错。

  随后，小李在美拍上发布了第二条短视频。这次，她在简介中打了8个标签。紧接着，小李收到了标签小编的私信，内容是小李打的标签太多了，且有些不符合视频内容。这时小李才清楚，原来在美拍上打标签不能太多，3～5个比较合适，且标签要与视频内容相关。于是小李修改了原来视频的标签个数和内容，再次发布了视频。这次经历让小李掌握了美拍标签编辑的一些技巧，即可以参考美拍频道来编辑，如种草、美妆、吃秀等。另外，在美拍频道下方还有一个热门话题，热门话题能作为话题标签。运营人员可以根据视频内容来打上话题标签，不相关的标签一定不能打，且标签要打在文字内容的后方，个数不能太多。

  因为公司以前没有做过短视频营销，小李可以说是摸着石头过河，其间也忽略了很多细节。后来她通过论坛，向短视频运营专家咨询并学习了不少关于短视频运营的方法，知道了在不同平台上进行短视频营销的规则和方法都有一定的区别。因此，她要摸清不同平台的特点，这样才能更好地进行短视频营销。

07 第7章
网站运营与高效营销

本章导读

在互联网特别是移动互联网迅猛发展的今天,越来越多的企业已开始意识到网站对企业宣传的重要性。但仍有相当一部分企业却不知道如何进行网络宣传,更不知道如何提升运营效率。那么,网站提升运营效率的秘诀是什么呢?

学习要点

- 营销型网站必备要素
- 为何要打造网站品牌
- 网站整合营销策划
- PR 值和百度权重

7.1 让网站运营更有效率的策略

衡量网站运营效率的关键因素是成交量，包含线上直接成交量和线下跟踪成交量。而网站运营成交量的高低又在于网站的转化率，那么如何才能有效提高转化率呢？首先就要知道，网站的体验度和进入网站的流量是决定网站转化率的两大要点。

7.1.1 营销型网站必备要素

营销型网站是中小型企业进行网络营销的首选，那什么样的网站属于营销型网站呢？营销型网站具备哪些要素呢？

1. 整体结构清晰合理

一个优秀的营销型网站的整体结构应该是清晰合理的，这样才能起到引导用户的作用，便于用户浏览整个网站，这是提升用户体验度的关键。大多数结构不够清晰合理的网站，存在的主要问题就是网站导航混乱、重点内容不突出、无法引导用户继续浏览。网站如果不能让进入的用户有方向、多页面地进行浏览，就会使用户快速离开，这无疑很不利于网络营销。

网站的整体结构规划主要基于用户的思维定式、使用习惯，从而通过引导用户操作顺利实现预期目标。因此，分析用户心理和定位企业产品是网站结构规划者首先必须考虑清楚的事情。例如，产品的最大优势是什么？用户购买该类型产品时最关注哪方面？首先让用户了解产品的哪些特点，然后介绍哪些内容？如何一步步增强用户的兴趣？网站结构的规划一定要有目的，起到引导用户购买的作用。

当然，在规划网站整体结构时还要考虑到是否符合搜索引擎的优化原则，也就是要有合理的层级结构和内部链接以便爬虫进行搜索，这样有利于 SEO。

2. 符合搜索引擎优化原则

网站流量是决定网络营销成功与否的重要因素之一。目前，网站自然优化在网络营销中占据着不可忽视的地位，因此设计的网站还必须符合主流搜索引擎的搜索习惯。也就是说，为网站设置合理的关键词，就能够获得更好的关键词搜索排名。

3. 良好的视觉表现

绝大多数用户进入网站后都会首先关注页面的视觉效果。如果视觉效果很差，那么就不会吸引用户继续浏览；如果视觉效果很好，那么无疑会增加用户继续浏览更多内容的可能性。

网站在图文并茂的基础上，如果通过契合当前主题内容的高清大图给用户带来视觉上的冲击力，同时通过适宜的图片将需要表达的内容传达给用户，就能够在短时间内给用户留下深刻的印象，从而提升网站的用户体验度。

在规划网站内容时，要从用户的审美习惯出发，把用户的需求和企业的产品定位、服务优势结合起来，这样才能获得用户的接受、喜欢。但是，目前仍有许多公司仅凭自己的主观愿望来确定网站的视觉表现，而忽略了用户的需求，这样做出来的网站可能会产生高大上的视觉效果，却不一定能打动用户。

4. 丰富的产品展示/服务介绍

如果一个网站没有下足功夫来设计产品/服务的介绍信息，那么一定会让用户兴趣全无。这就好比一个人去电影院，最期待的肯定是电影内容，如果电影不好看，电影院再漂亮又有什么用呢？

相关调查表明，具有丰富产品介绍信息的网上商城比产品介绍信息寥寥无几的网上商城的用户转化率要高。这对企业网站同样适用，产品介绍越全面，产品图片展示越清晰，越能激发用户的兴趣。如果能配以适合的视频内容进行更直观的展示，效果应该会更好。

5. 完善的客户服务体系

完善的客户服务体系是网络营销体系不可或缺的组成部分，而良好的沟通可以帮助企业明确客户的需求，帮助客户了解产品/公司、解决问题。所以，在线客服是每个营销型网站所必需的，包括 400 电话、在线客服、网站留言系统、企业邮箱等。能够方便客户咨询问题，就等于抓住了销售的机会。

6. 方便好用的后台管理系统

对营销型网站而言，网站制作只是第一步，要想实现真正能够利用，还需要一个方便好用的后台管理系统，以便企业输入产品、更新资讯以及后期添加功能模块等，这样可以大大降低网站运营维护的成本。

为什么现代的网络运营推广都喜欢营销型网站呢？原因就在于：营销型网站能够给企业带来更多订单以及帮助企业进行品牌推广。要想拥有一个成功的营销型网站，那么网站运营者就要多注意以上几点因素，这样才能事半功倍！

7.1.2　整体结构的设计要点

如果一个网站整体结构合理，可以准确传递网站所要表达的信息及信息之间的关系，则不仅能帮助用户在浏览网站时快速获取所需信息，同时还有利于提高网站在搜索引擎中的自然排名。例如，可以把网站的整体结构看作一栋房屋的框架，一栋房屋中会有很多房间，框架合理的房屋会引导人们去相应的房间，如卧室、客厅、卫生间，而不会像迷宫一样让人找不到方向。因此，优化网站结构使之变得更加合理意义重大。

说到整体结构，还需要知道物理结构和逻辑结构是网站整体结构的重要构成要素。现在就来了解一下网站整体结构的设计要点以及让它更加优化的方法。

1. 优化导航

首先，一个好的网站导航系统应该结构合理、层级明了；其次，从用户体验和网站结构的角度来看，优化导航具有重大意义。从用户角度而言，网站导航系统可以解决以下两个问题。

（1）我在哪里？

用户访问网站时，首先访问的页面是不固定的，有时候是由首页进入网站，有时候又是从某一内页进入网站，有时候甚至不记得是怎么进入当前页面的。这个时候，导航系统就要清晰地告知用户其位于网站的哪个层级页面及如何返回或继续浏览。

（2）接下来要去哪里？

用户有时进入网站其实并不清楚自己想做什么、要看什么内容，这就需要网站的导航设计为用户提供"指路牌"，帮助用户达成目标。

对 SEO 而言，在规划网站导航系统时需要注意以下几点。

（1）导航文字。优先使用常规的文字导航，建议不要使用以下 3 种方式来制作导航：①用图片来制作导航链接；②用 JavaScript 生成导航系统；③用 Flash 特效做看起来很炫酷的导航。可以说，好的视觉效果依靠 CSS 就可以设计出。搜索引擎要想让网络爬虫的爬行阻力更小，就需优先使用常规的文字链接。

（2）点击距离扁平化。好导航的优点之一是让用户在网站首页通过尽可能少的点击次数就能到达网站的所有页面。

（3）将关键词合理嵌入锚文本中。注意，应尽量以目标关键词为导航栏目命名。因为通常来说，导航栏目中的链接是数量巨大的内部链接，其锚文本会影响目标网页的指向。

（4）面包屑导航。对用户而言，面包屑导航能够让其知道当前所处的页面以及该页面处于网站的哪个位置，以便用户操作；对搜索引擎而言，面包屑导航有助于网络爬虫对网站的抓取，而爬虫只需沿着链接走就可以了。

（5）避免页脚堆积。如果页脚堆积了含有大量关键词的分类页面，将会令搜索引擎十分反感，从而不利于 SEO。

2. 优化目录

一般 3 个层级以内的网站目录对于搜索引擎来说会更好。

3. 优化网站 URL

不要在网站 URL 中使用中文及特殊符号，"&、?、="除外。网站 URL 要尽可能短一点，同时需要做标准化处理。一般来说，同一个网站使用静态化 URL 会比使用动态 URL 更好。这里推荐使用全拼或者英文，以便用户记忆。

4. 把网站地图 Sitemap 放到网站上

如果网站上的某些页面没有被抓取到，网络爬虫就可以通过网站地图到达网站的其他页面。例如，谷歌搜索引擎喜欢 xml 地图、百度搜索引擎喜欢 html 地图。

7.1.3 网站整合营销策划

目前，网站营销的方式有很多种，如搜索引擎优化、搜索引擎竞价推广、软文推广、微信推广、分类信息平台推广、论坛推广等。那么，对于大多数中小企业来说，到底该如何做网站营销呢？下面是一个真实的案例，希望能给大家带来一些启发。

有家公司是做家用智能血糖仪的，我们都知道这个行业还有很大的发展空间。该公司目前面临一个棘手的问题：如何把一个全新的公司和其产品推广出去？经过一番策划，该公司决定通过网站来进行宣传。那么，该公司具体是怎么做的呢？

第一，建立自己的企业网站。通过对比公司背景、建站技术、费用等因素，该公司选定了一家综合实力还不错的网络公司为其打造官方网站。

这个网站原本是用来做产品宣传的，所以定位为营销型网站，其设计基调是图文并茂的信息展示加上适量的凸显产品优势的高清大图。这样的设计可以快速抓住访客的眼球，在最短的时间内给访客留下比较深的印象。

第二，在制作网站的过程中，不断地提醒网络公司这个网站是用来推广产品的，因此一定要有利于搜索引擎的自然排名。因此，建站公司在建站代码、网站整体结构、关键词嵌入等方面都做了优化，以尽可能迎合搜索引擎特别是百度搜索引擎的"口味"。

这家公司的管理后台有一个很实用的小功能，就是网站管理者在网站使用期间可以自主修改网站关键词。也就是说，网站的关键词和具体页面的关键词均可以根据实际使用情况和需要进行调整。

这个功能有利于网站管理者优化搜索引擎自然排名。在网站上线后，该公司还安排了一位文员兼职管理网站，主要负责产品信息、新闻信息的更新，而且特别强调尽量更新原创的包含有关联性关键词的内容。这也是根据搜索引擎的抓取规则来决定的。

第三，为了尽快把产品展示给更多的人，该公司除了重视网站的自然排名外，还采取了搜索引擎竞价推广这一有效手段。虽然相对于自然排名优化而言，竞价推广的费用会高很多，但是推广效果却更加显著。为了平衡推广效果和所需推广费用，该公司同时进行了百度搜索引擎推广和360搜索引擎推广，这两个搜索引擎占有国内绝大部分市场。同一个关键词在前者的推广费用要比在后者的高很多，通过分时段、不同关键词选择不同的搜索引擎竞价推广，尽可能地降低费用，提升效果。这也是大多数做竞价推广的企业应该考虑的。

第四，调动起公司的骨干员工，要求每个人都注册若干个不同的分类信息平台或者论坛会员，并定期在里面发布一些公司介绍、产品信息、公司新闻等内容，当然也要求尽量发布原创内容。

第五，在产品的包装盒、员工的名片上都印上公司官网的二维码，以便潜在用户访问网站。

除了以上5点外，该公司还要求员工不定期地在微信朋友圈发布一些关于公司、产品的内容，并且在浏览同行业贴吧的时候多回复包含官网网址的信息。这样多管齐下，一段时间后，该公司终于在市场上占有了一席之地。

7.1.4 为何要打造网站品牌

在大多数情况下,消费者对品牌的认知就相当于该品牌的价值。过去品牌定位主要是基于语言文字,在互联网特别是移动互联网迅猛发展的今天,要想打动消费者不能再单纯依靠文字,还需要利用视觉。随着网络技术的不断发展,生成、传播视觉图像变得更加方便和低价,因此也改变着企业塑造品牌的方式,网站成了现代企业建设品牌的重要方式之一,其作用有以下几个。

(1)突破时间和地域限制。

一个优秀的网站就如同一名优秀的销售人员,可以为用户提供很多帮助,并且能够同时为各个地方的用户提供服务,同时可以全年无休。

(2)快速获取用户信任。

相对于传统的电视、报纸、杂志广告而言,品牌网站通过丰富的产品展示和企业介绍信息可以更快速地获取用户的信任,并能大大降低企业的宣传成本。便捷的在线客服系统可以轻松实现售前、售中、售后全方位的服务,这也有利于获得用户的信任。

(3)提升企业知名度和竞争力。

网站除了展示产品和介绍企业外,还应该包含企业的新闻动态、获得的奖项荣誉及参加过的公益活动等。这些内容均可强化企业文化,企业文化这一软实力则有利于企业提高知名度和竞争力。良好的企业文化不仅能够吸引用户,还可以吸引投资,也有助于引进人才,从而让企业更有效地获得有用资源。

(4)提升企业的凝聚力。

在网站上展示员工风采和集体活动,可以提升企业的凝聚力。这不仅能让公司员工产生自豪感,增强员工对企业的认同感,还有助于员工提升自身素质以适应企业发展的需要,进而更加注重企业的未来并为之奋斗。

7.2 站内外优化是 SEO 的重点

SEO 是指搜索引擎优化,其主要目标是提高网站的自然排名,从而为网站带来更多流量。相比于百度付费推广,SEO 是利用搜索引擎的抓取规则来做排名的,能让网站排名更稳定,不会因为没有出钱竞价而被排在后面。可以说,SEO 是网站运营人员几乎每天都要做的事。

7.2.1 搜索引擎工作的原理

做网站优化,首先需要知道搜索引擎工作的原理。搜索引擎在抓取网页时都有一套自己的程序,被称为蜘蛛、爬虫或机器人。例如百度搜索引擎的抓取程序，就被称为百度蜘蛛。

搜索引擎在抓取信息时会经历以下三大步骤，而这三大步骤能说明其工作原理。

1. 爬行和抓取

搜索引擎会派出蜘蛛去互联网上发现链接，然后沿着链接从一个网页爬到另一个网页，并通过重复这个过程来访问更多的网页。在这个过程中，搜索引擎还会收集爬行过的网页，并提取网页上的链接，这就是抓取。

也就是说，一个网站要想被搜索引擎抓取，首先要被搜索引擎链接。

2. 建立索引

搜索引擎会对蜘蛛抓取到的网页进行分析筛选，包括去除死链接、重复信息及空白内容等，然后建立索引库。在这个过程中，最主要的环节是提取关键词，之后搜索引擎会记录下关键词的位置、颜色、字体等。

3. 搜索排序

大家都知道，人们是通过在搜索引擎上搜索关键词来实现检索信息的。对于用户搜索的词汇，搜索引擎会快速进行处理，从索引库中搜寻与该关键词相关的所有网页。

对于搜寻到的网页，搜索引擎会按照相关度进行排序，最后将结果生成页面反馈给用户。

> **提示**
>
> 搜索引擎的抓取方式有两种：一种是深度抓取，另一种是广度抓取。深度抓取是指在一个网页发现一个链接，然后顺着这个链接爬行，就好比是顺藤摸瓜。广度抓取是指抓取一个网页中的全部链接。将这两种方式结合起来，就可以形成庞大的"蜘蛛网"。

7.2.2 PR 值和百度权重

说到网站优化，就不得不提两个词——PR 值和百度权重。

1. 什么是 PR 值

PR 的英文全称是 Page Rank，又称网页级别、Google 左侧排名或佩奇排名，是用谷歌创始人 Larry Page 的姓命名的。它是谷歌排名算法的一部分，也是谷歌用来标识网站的等级/重要性的。

PR 值为 0～10，数值越大，表明该网站越重要，越受搜索引擎欢迎。也就是说，通常一个 PR 值为 5 的网站会比一个 PR 值为 1 的网站更受欢迎。由于 Google 早已退出国内市场，所以不用过于在意 PR 值，而应多了解一下百度权重。

2. 什么是百度权重

百度权重是由站长工具等平台提供的，共有 0～9 十个等级，可用来评估网站关键词给网站所带来流量的高低。与 PR 值类似，百度权重数值越大网站越好。为什么呢？因为百度权重数值与网站的自然流量成正相关关系，即数值越大，进入该网站的自然流量就越高，同时相对应的关键词在百度搜索引擎中的排名也就越靠前。

关键词的自然排名、百度权重、网站流量是相互影响、相互关联的。一般来说，网站的关键词越多，其权重也会越高。那么，是不是为自己的网站设置越多的关键词，特别是越多的冷门关键词就越好呢？当然不是。关键词仅有数量是没用的，因为如果这些关键词带来的流量非常低，那么即使排名很靠前，对于百度权重的积累也没什么用处。

同理，即使为网站设置的都是非常热门的关键词也不可取。因为关键词越热门就意味着竞争越激烈，这种词语的自然排名优化难度也就越大。排名过于靠后的关键词，对网站百度权重的积累也没什么用。

了解了什么是 PR 值和百度权重，还需要明白一点：工具值和真实值是有区别的。其意思是说，无论是 PR 值还是百度权重值，都是在谷歌工具栏/站长工具里看到的，这个数据是由谷歌/百度给出的，可能几个月才会更新一次，并不是其内部数据库的真实值，真实值实际上在一个连续不断更新的过程中。所以，大家不要过于"迷恋"数值的高低，只需知道数值越高网站越受欢迎就好。

7.2.3 利用站长工具监控网站状况

一个网站上线一段时间后，其运营者就需要通过一些检测工具来监控网站的运行状况。其中，常用的工具之一就是站长工具，而常用的站长工具则有站长之家和爱站。两者的功能、用法都比较相似，都是用来评估一个网站权重的重要工具，因此网站运营者必须掌握其使用方法。

下面以站长工具为例，通过查询 www.360.cn

网站的数据给大家介绍一下查询 SEO 数据变化的方法和步骤。

第一步：进入站长工具网站首页，在文本框中输入想要查询的网址，单击"SEO 综合查询"按钮，如图 7-1 所示。

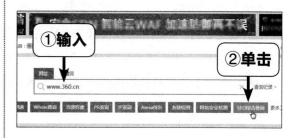

图 7-1

第二步：在打开的页面中可以看到该网站的很多信息，如 ALEXA 排名、SEO 信息、域名解析、域名年龄、域名备案、安全认证、百度流量预计等，如图 7-2 所示。

图 7-2

当然，并不是其中所有的信息都需要了解。例如，对绝大多数网站而言，ALEXA 排名就没有太大的意义。因为 ALEXA 排名是指网站的世界排名，而大多数网站都不可能有世界排名。大家可以重点查看 SEO 信息、域名解析、域名备案、"标签"、关键词排名等内容。

（1）SEO 信息。SEO 信息主要体现的是该网站的百度权重、360 权重及 Google 的 PR 值。之前已经有所介绍，这些数值越大表明一个网站越受欢迎。

（2）域名解析。域名解析主要是看该网站的响应时间，数值越小就说明当前本 IP（可以理解为正在使用的这台计算机）访问该网站的打开速度越快。一般来说，响应时间在几百毫秒以内就是正常的。

（3）域名备案。域名备案主要是指该网站的备案号和企业信息，工信部要求所有国内网站都必须备案。如果你的网站在这里看不到备案信息，那么建议尽快去核实，否则网站就要被关掉。

当然，如果基于特殊原因需要在未备案的情况下上线网站，就可以暂时用国外服务器开通网站。但值得注意的是，上线的网站一定要符合国家相关规定，并尽快将网站信息提交到工信部进行备案。因为相比于用国内服务器，访问国外服务器的网站响应速度会很慢，而且不稳定，这样很不利于网站的自然排名。

（4）"标签"。这里可以看到标题、关键词、描述三个信息，分别是指该网站设置的网页标题、网页关键词和网站本身的描述／介绍。这些信息要尽量与网站的内容相一致，千万不要"挂羊头卖狗肉"。例如，明明是一个办公家具厂家的网站，非要把关键词设置为"挖掘机租赁公司哪家好"，这就大错特错了。

（5）关键词排名。为网站设置好关键词后，就可以在这里看到这些关键词的排名情况。PC 指数、移动指数和 360 指数分别体现的是网民在百度 PC 端、百度移动端和 360 搜索引擎上搜索关键词的频率。可以理解成这个关键词在最近一段时间的网络曝光度或者用户关注度，指数越高代表关注度越高，也就是竞争越激烈、自然排名的优化难度越大。

7.2.4 提升关键词的自然排名

网站运营者都希望自己的网站能有一个好的排名，而最直接的办法就是做百度或者 360 的竞价推广。那么，有没有不花钱或者费用更低的方法呢？答案是肯定的，如自然排名优化。

在了解自然排名优化之前，大家需要知道网站综合因素（域名、服务器、网站开发技术、网站内容质量、网站更新频率、链接等）和关键词匹配度（关键词设置及分布密度、网页标题及网页描述的设置等）是影响自然排名的两大因素。

同时，还需要知道，自然排名优化看似简单，操作起来却是很复杂的。而且在短时间内看不到明显的效果，需要长时间的坚持才可能获得效果。接下来，就给大家介绍几种提升关键词自然排名的方法。

1. 优化网站本身

俗话说，"打铁还需自身硬"。试问：一个粗制滥造的网站还有资格妄想好的排名吗？因此，优化网站便显得非常重要。

其实，大多数网站运营者都不是计算机专业人士，因而一般不会自己制作网站，制作网站主要是程序员和设计师的事。在制作网站之前，应该根据公司的实际情况选择合适的建站服务商，并且要共同协商、相互配合。

一些公司在做网站的时候要么什么都不管，巴不得所有的事情都由服务商搞定；要么事事都管，外行指导内行。这两种做法都是不可取的，只有自己将内容规划好后再和建站服务商沟通探讨，做出来的网站才会更好。

总结起来就是：选择一个好的域名；服务器的配置尽量高一些；网站要进行备案；建站技术不求最新，但不能过时；网站的整体框架要简洁明了、逻辑清楚；标题、关键词、网站描述要合理，后台最好给出自由修改的权限；要有网站地图；管理后台操作要方便。

2. 做好管理工作

对网站的热度仅仅保持在网站制作前后一小段时间里，而且在网站建好后不管理，是网站运营的大忌。这就好比"又要马儿跑得快，又要马儿不吃草"，根本不现实，正所谓"一分耕耘一分收获"。

网站管理最基本的要求是定期更新内容、监控网站数据。内容的更新频率不需要太高，新上线的网站能保持每周 1~2 篇即可，具体视公司实际情况而定。

更新原创文字内容最好，因为现在搜索引擎的算法都很讨厌相同的内容。换句话说，与其到其他地方盗用大量的文章来发布，还不如发布几条原创信息。同时，因为目前搜索引擎主要还是通过文字来搜索的，所以发布文字内容的效果要更好。

作为网站运营新手，能熟练掌握站长工具以监控网站数据就足够了，当然也可以根据自己的需要来学习其他方法。

3. 利用好分类信息平台和社区论坛

大家应该都遇到过，当在百度或者 360 上搜索某个词的时候，出来的结果除了官方网站的信息外，还有大量的其他信息，其中有很多都是分类信息平台上的信息和论坛发布的信息。

这对于网站运营者来说，是很有用的。因此，可以把公司介绍、产品信息等内容大量发布到信息平台、论坛上。在发布的时候也要有所注意，如服务电话、邮箱等内容尽量选择公司某个稳定人员的信息，这样可以避免一些不必要的问题。例如，用户搜索公司信息的时候不会找到各种各样的联系方式；减少因员工离职而造成的潜在客户流失等。

4. 交换链接

在当今时代，凡事都讲求合作共赢，运营网站也不例外。运营网站除了提升自我还要"引入外援"，而找一些运营好的网站相互交换友情链接就是一个不错的方法，且一旦完成交换，后期几乎不用费心。虽然友情链接的作用很微弱，但也是多多益善的。

7.2.5　SEO 六大忌

前文已经说过，SEO 操作起来比较复杂，而且如果操作方法不正确还会导致网站被降权、排名被降低。所以，在做 SEO 的时候需要考虑多种因素，并避免不必要的失误，否则就会事倍功半。下面就给大家介绍几个常见的做 SEO 时需要避免的问题。

1. 网页无标题或者标题完全一样

网站的页面不设置标题或者所有页面的标题都设置成一样的，这不仅不利于网页被搜索引擎识别并抓取，而且不利于提高用户体验度。比较好的做法是，不同的页面要根据内容设置不同的标题，尽量合理地把网站所需关键词嵌入其中，最好是添加相关的描述，但要控制字数，不要超过 30 个字。

2. 过度使用 Flash 或者图片

不可否认，Flash 的吸引力比单纯的文字内容的吸引力要强很多。但是，它也有着明显的弊端，如占用的空间大。这就意味着，使用过多的 Flash 会影响网站的响应速度，这会令用户非常反感。同时，Flash 技术已经过时，特别是大多数手机端浏览器已经不支持这种格式的内容。换言之，在手机上看有 Flash 的网页会出现空白。

还有些人听说现在的网站设计进入了读图时代，就恨不得用各种各样的图片来填充自己的网站，殊不知这是过犹不及，且不提图片的质量，哪怕是十分精美的图片，若一味地使用，也会让用户产生审美疲劳，这和过多使用 Flash 一样都影响网站响应速度。

更重要的是，搜索引擎主要是通过识别文字内容来工作的。也就是说，它看不懂图片，即使它认识 alt 属性（图像的替代文本，一般在制作网站的时候会添加），也最好不要在网站中添加太多的图片。

3. 经常改动网页、标题及关键词

合理地修改网页内容是必需的，但是不能过于频繁。搜索引擎对于经常改动这些信息的行为非常反感，尤其是经常对网页或标题进行大幅度的改动。因为搜索引擎抓取、收录网页往往需要一段时间，而频繁地改动这些信息会导致搜索引擎不信任网站。这就和人取名字一样，如果你隔三岔五就换个名字，那别人怎么可能信任你呢？所以，在网站建设的前期，特别是网站正式上线之前，就应该设置好网站的标题、关键词等内容。

4. 表里不一

有些网站运营者为了追求内容的更新频率，往往会胡乱添加内容，这种做法也要避免。要知道，内容是网站的核心，只有好的内容才有利于自然排名的优化。那么，什么样的内容才是好的呢？最重要的是与主题相符，也就是当用户搜索关键词的时候，得到的信息是他需要的，即用户需求、网站主题、反馈内容三者相一致。这不仅有利于网站排名的优化，还有利于用户黏性的增加。

5. 网页有大量的冗余代码（垃圾代码）

对于搜索引擎抓取网页的办法，可以将之简单地理解为网络爬虫读取网页代码的过程，如果在这个网站中有大量的冗余代码，必将会影响爬虫读取的效率，从而让搜索引擎很累。这就像我们去一个陌生的地方，结果走了很多冤枉路一样。所以，网页的代码要尽可能精简。例如，现在常用的一种做法是使用 DIV+CSS 来进行布局，这样代码就会很少。

6. 过量地发布外部链接

如果一个网站有大量的垃圾外链，也很可能会导致被降权。使用外链提升网站的自然排名在于尽量让优秀的网站来链接你的网站，而不是你在自己的网站上添加很多其他网站的链接，尤其是添加很多垃圾链接。

7.2.6 URL 优化原则

对网站优化而言，URL 优化是非常重要的方式之一。那么，该如何做 URL 优化呢？具体来说，要做到以下几点。

1.URL 要简洁

无论是对用户还是对搜索引擎而言，简洁的 URL 都会更受欢迎。这是因为简单才容易被记住。同时，还应该注意 URL 的层级不能过多，尽量不要超过 4 层。

简洁的 URL 可以给用户传递清爽、无垃圾的信息，而明确的 URL 可以帮助用户在点击之前了解这些网页的内容，从而更愿意去点击。超过 4 层的内容虽然能够被搜索引擎抓取到，但是这些页面的权重相当低，即意义非常小。

2.URL 中要包含关键词

URL 中要包含关键词，这对网络爬虫识别网页与哪些内容有关有一定的帮助。

3. 使用 "-" 分隔关键词

如果网站的目录或者文件名由两个单词组成，一般建议使用中横线 "-" 来分隔单词，而不要使用下画线 "_" 或者其他字符。因为搜索引擎会把中横线当作一个空格来处理，而会忽略下画线。例如，搜索引擎会把 seo-tips 读成 seo 与 tips，而把 seo_tips 读成 seotips。由此可见，前一种写法更友好。

4. 大小写一致

如果网站的 URL 中同时有大小写字母，不仅会给用户带来不美观的感觉，同时也不方便用户手动输入。这时，就可以统一成小写字母。

5. 使用静态化 URL

对于主流的搜索引擎来说，抓取动态网页已经不是难事了。但是，使用静态的 URL 仍有一定的优势。如果不得不使用动态的 URL，则最好尽量减少 URL 中的参数，否则会让用户看起来很困难，而且对搜索引擎也不友好。

6. 使用 301 跳转

如果想改变 URL，一定要记得使用 301 重定向方法把旧的 URL 指向到新的 URL。这样可以告诉网络爬虫，旧的 URL 已被新网址取代，从而可以更好地完成新旧 URLs 的过渡，在搜索引擎的查询结果中更干净。但要注意的是，有一种行为对搜索引擎和用户来说都是不友好的，就是将所有旧的 URLs 都指定到新的 URLs 中。

7.2.7 网站被降权了怎么办

相信绝大多数网站运营者对网站被降权都很抗拒，一想到辛辛苦苦做的排名、本就不多的网站流量都随着网站被降权而付诸东流，心情别提有多糟了。那么，这时该怎么办呢？

首先，要确认是否真的被降权了。网站关键词的排名、流量、权重值本身就是不断变动的，千万不要因为正常的波动而自乱阵脚。在这里，列举网站被降权的一些情形供大家参考。

（1）搜索公司全称的时候，找不到网站（一般来说，应该是第一个）。

（2）网站快照未更新。

（3）收录迅速减少。

如果一段时间内存在以上一种甚至多种情况，那么网站就有可能被降权了。

其次，一旦确定或者严重怀疑网站被降权了，就需要分析被降权的原因。在这里，也列举几种常见的网站被降权的原因供大家参考。

（1）服务器不稳定。百度官方很早之前就已经明确，服务器不稳定的网站很容易被降权，因为它会给蜘蛛爬行及抓取造成困难。

（2）受友情链接站点降权的牵连。网站被降权也可能是受友情链接的影响。简单来说，友情链接在搜索引擎眼中好像是两个网站间相互担保的关系，只要其中一个失信，那另一个就可能会受影响。这和朋友请你出面担保借钱一样，他失信了，你就会受到牵连。

（3）网站垃圾代码过多。加载过慢的网页会直接影响用户的体验，从而有被降权的风险。这是百度的相关规定。因此，如果你的网站加载非常慢，就需要及时升级服务器或者优化代码了。

（4）关键词密度过高。网页中嵌入的关键词密度过高，容易被搜索引擎误认为作弊。因此，关键词密度一般在 2%～8% 比较合适。

（5）过度优化。有些运营者过于重视网站的优化，没有把握好度，把能想到的手段都用上了，结果起了反作用。所以，在操作的时候，还需要根据具体的实践去不断总结经验、规律，找到适合自己网站的优化技巧。

如果网站被降权了，网站运营者可以通过以下方法来解决。

（1）根据具体情况做出调整后，去百度站长后台提交反馈。

（2）合理增加优质的友情链接、外链。

（3）更新更多高质量的原创文章。

7.3 网站运营效果的数据分析

分析监控网站数据，可以让运营者了解到网站的运营效果，为后期的运营提供参考依据。下面，就来看看如何对网站运营效果进行数据分析。

7.3.1 检测 SEO 的效果

相信每个网站运营者时刻都会关注自己网站 SEO 的效果,那么究竟该如何科学有效地检测 SEO 的效果呢?下面就教大家一句口诀"一看,二查,三测,四算"。

1. 看排名

看排名就是在对网站进行一段时间的 SEO 后,通过搜索引擎了解关键词的实际排名情况。这一点非常有必要,方法也很简单,即先把网站的关键词统计出来,包含首页关键词、分类页面关键词、产品/文章页面关键词及其他用户想要查询的关键词,再依次到搜索引擎中进行搜索。

最好是养成使用 Excel 表格定期记录关键词排名结果的好习惯,这样坚持一段时间后就会对自己网站的运营情况非常明了。

2. 查收录

查收录主要是查看三方面的情况:网站总的页面收录量、特征页面的收录量和各分类页面的收录量。

网站总的页面收录数据可以反映网站的整体运营情况和搜索引擎的友好度;特征页面的收录数据可以告诉运营者网站内页的优化效果,即网站长尾关键词的优化效果;各分类页面的收录数据可以让运营者了解到网站各页面的收录情况。具体操作方法如下。

首先,在搜索引擎的搜索框内输入"site:网址"进行查询。例如,在百度搜索"site:www.360.cn"就用于查询"www.360.cn"网站被百度收录的总页面数,如图 7-3 所示。

其次,输入"site: www.360.cn intitle: 软件",此组合命令表示查询已经收录的标题中包含"软件"这个关键词的页面,如图 7-4 所示。

图 7-3

图 7-4

3. 测链接

测链接是指检测外链数。对于 SEO 来说,外链数量也是比较重要的,主要包括检测总外链数、首页外链数和特征页面外链数。其操作方法为:在搜索引擎的搜索框内输入"domain:×××.com-site:×××.com",如输入"domain:4399.com-site:douban.com",如图 7-5 所示。

图 7-5

4. 算转化

对于企业来说,转化率相比于关键词排名、

收录量和外链数量更有参考意义。因为转化率才是企业做网络运营的最终目的,所以网站运营者在日常工作中一定要注意检测网站的转化率。具体来说,可以通过记录这几个数据——网站访问量、人均页面访问量、线上客户直接成交量、线下跟进成交量来算出大概的转化率。

7.3.2 常用的 SEO 分析工具

在做网站 SEO 数据分析的时候,如果能够借用一些辅助工具就会让自己的工作变得更轻松且有效率。接下来,就给大家介绍一些常用的 SEO 工具。

1. 百度指数:index.baidu.com

百度指数主要用于分析在过去一段时间内,如近 7 天、近 30 天,不同关键词的"媒体关注度"和"用户关注度"。既然是百度指数,那么其数据来源当然是基于百度搜索引擎的,包括百度网页搜索和百度新闻搜索。对于国内用户来说,这是一款很实用的关键字分析工具。其具体使用方法如下。

第一步:进入百度指数官方网站首页,登录百度账号,输入要查询的关键词。例如"血糖仪",单击"开始探索"按钮,如图 7-6 所示。

图 7-6

第二步:在打开的页面中即可看到搜索指数数据,应根据需要添加对比词,如图 7-7 所示。

百度指数可以反映某个关键词的指数概况和趋势,并呈现某个关键词在过去一段时间内

的日均搜索量,同时还可以呈现该关键词的整体趋势、PC 趋势及移动趋势 3 个数据,如图 7-8 所示。

图 7-7

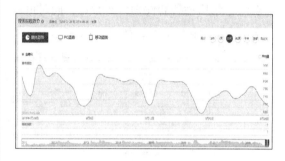

图 7-8

通过需求图谱,可以知道该关键词周边词汇的搜索指数,同时还可以知道用户在搜索该关键词之前还搜索了哪些内容及与该关键词相关联的来源相关词和去向相关词的数据。另外,还能查看相关词搜索指数的变化,如图 7-9 所示。

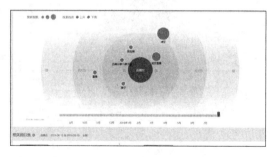

图 7-9

通过资讯关注数据,可以了解到这个关键词的资讯指数和媒体指数,如图 7-10 所示。

图 7-10

通过人群画像,可以看到这个关键词的人群属性,包括年龄和性别分布数据,同时可以自定义数据的起始时间,如图 7-11 所示。

图 7-11

2. 百度搜索风云榜:top.baidu.com

在百度搜索风云榜中可以看到百度发布的关键词排行榜,包括实时热点、七日关注、地域风向标等多个数据,如图 7-12 所示。

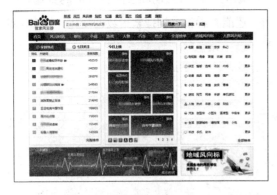

图 7-12

3. 站长工具

常用的站长工具有 2 个:站长之家和爱站。两者的功能、用法都比较相似,都有 SEO 综合查询、收录查询、竞争网站分析、反链查询、关键词排名查询、关键词优化分析、SEO 建议等功能。

7.3.3 流量统计工具

网站运营者都很关注网站流量。对于网站流量的数据,可以用一些工具来统计。

1. 友盟+

友盟+网站的主要业务方向是流量数据统计。它致力于为广大站长提供可靠、安全、专业的流量数据分析服务,其优点是功能强大、界面流畅。图 7-13 所示为网站首页。

图 7-13

2. 51.LA

51.LA 具备实时访客智能监测、热力图监控分析、微信报表推送和全端页面阅读深度统计等数据统计分析功能。它能帮助网站运营者了解网站现状及网站数据增长的原因,具有统计项目多、信息量大等优势。图 7-14 所示为网站首页。

另外,还有一个工具,就是前面提到的百度统计。以上 3 种流量统计工具的使用效果都差不多,主要取决于个人习惯。对于主要从事 SEO 岗位的运营者来说,建议优先考虑使用百度统计,毕竟在当前的国内市场,百度是无法忽视的重要流量入口。

图 7-14

7.3.4 网站流量指标分析

在分析网站流量的时候，IP、PV、UV 及 PR 等指标都非常重要。

1. IP

IP 的英文全称为 Internet Protocol，其含义为网络之间互联的协议。从其含义可以看出 IP 是一种协议，这种协议是为了实现计算机网络之间的通信互联而设计的。在互联网中，IP 则是计算机进行通信时必须遵守的一种规则。

这里说的 IP 指的是独立 IP 数，在 00:00～24:00 同一个 IP 地址只会被统计一次。

2. PV

PV 的英文全称为 Page View，指的是页面浏览量或点击量。对于网站来说，PV 就好比是电视节目的收视率。对一些商业网站而言，PV 是投资者的重要参考依据之一。

大家可以这样来理解 PV：一个访问者在 24 小时内（一个自然日）浏览一个网站的页面数，即同一个人在一天内看了你的网站的多少个页面，同一个页面不会被重复统计。

3. UV

UV 的英文全称为 Unique Visitor，指的是访问某个网站的独立 IP 数。例如，在一个自然日内，有 5 个人使用同一个 IP 访问了一个网站，那么 UV 值只记录一次。

网站的全面活动状态无法从 UV 看出，它主要是反映在一定时间内一个网站能获得多少个不同的观众数量。

除了以上 3 个数据指标外，前文介绍的 PR 值也是重要的指标。

接下来，还要了解 IP、PV、UV 的区别。IP 是 PV、UV 的统计条件之一。一般来说，PV 与 UV 的数量成正相关关系。但要明确一点：PV 高，UV 并不一定就高，即 PV 数值的高低并不能完全反映网页的真实访客数量。这是因为一个访客进入一个网站后，可能会浏览这个网站很多不同的页面，从而可能会造成 PV 高，但实际访客数量却很低的结果。

为了让大家能快速搞清楚 IP、PV、UV 的区别，下面一起来看一个案例。

小杨用家里的计算机访问了一个网站，总共浏览了 21 个页面，其中只有 1 个页面被浏览了两次。过了一会儿，他的好朋友老陈又用这台计算机访问了相同的网站，总共浏览了 10 个页面，并且这些页面都是之前被小杨浏览过的。

假定这个网站在当天只有他们两人浏览过，那么该网站当天的 IP、PV、UV 数值则分别为 1、20、1。了解了这几个重要数据的含义后，下面来看看如何分析网站流量。

首先看 IP，如果不考虑 PV，则认为 IP 数值越高越好，因为这表示一个网站的访客越多。下面来对比两组数据，如图 7-15 所示 [假定图 7-15（a）为 A 网站，图 7-15（b）为 B 网站]。

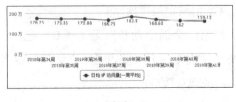

(a)

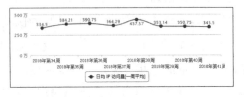

(b)

图 7-15

从图 7-15 中可以看出，A 网站的平均 IP 访问量比 B 网站少一倍，那么就可以判断 B 网站拥有更多流量。在 IP 曲线的走势上，两个网站都比较平稳，即这两个网站都拥有比较稳定的流量。

在做付费推广时，观察 IP 数值的变化很有意义。例如，没做付费推广前，网站一周的平均 IP 访问量为 100 万；在做了付费推广后，网站一周的平均 IP 访问量提升到了 150 万。由此可以看出，此次付费推广的引流效果不错，如果没有变化，就需要运营者查找原因了。

在具体分析网站流量时，也要对自己网站的 IP 数值与同行进行比较，以便得出流量上的差距。

单纯看 IP 数值并不代表网站运营得很好，还需要结合 PV 来看。下面同样来对比两组数据，如图 7-16 所示 [图 7-16（a）为 A 网站，图 7-16（b）为 B 网站]。

对于一个网站来说，PV 数值越高越好，因为这表示访客在网站中浏览的页面数越多。PV 与 IP 的统计方式不同，PV 会重复统计。所以，

观察图 7-15 和图 7-16，会发现 PV 总是比 IP 高。

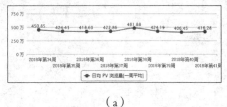

(a)

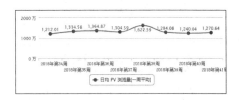

(b)

图 7-16

从图 7-16 中可以看出，B 网站的 PV 数值要高于 A 网站。但这样比较，并不能说明 B 网站比 A 网站好。因为 IP 也是影响 PV 的重要因素，所以要将 PV 与 IP 结合起来进行分析。具体来说，用 PV 除以 IP 来看看两者的数据对比。

这里选取 2018 年第 34 周的数据，得到以下结果。

A 网站：450.85 ÷ 176.75 ≈ 2.55

B 网站：1212.01 ÷ 334.5 ≈ 3.62

在网站流量分析中，PV/IP 的值越大就表明网站对用户的吸引力越强。所以，由此可以得出结论，B 网站比 A 网站运营得更好，不仅流量大，页面优化也做得好。

PV/IP 最怕得到的值就是 1:1，这表示访客刚来马上就走了，即相当于访客只访问了网站首页或者推广的落地页。另外，在观察 PV 和 IP 时还要多看趋势。一般情况下，运营者并不希望这两个数值波动很大。但在做推广或者受其他因素的影响时，这个数据也可能会发生较

大波动。针对这种情况,运营者希望看到的是波动上升,而不是波动下降。图 7-17 所示为波动情况,由此可见访客量并不稳定。

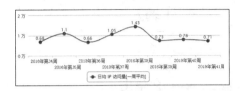

图 7-17

要想进一步做好网站流量分析工作,还需要了解几个常见的影响 PV 的因素。

(1)信息发布的时间。在不同的时间段,上网人数不一样,访问同一站点的人数也就不一样。因此,如果同一条新闻分别选择在 9:00 和 17:00 发布,那么统计到的 PV 可能会有很大的差别。

(2)访问的周期。受工作节奏等影响,一些经常被浏览的网站,其 PV 也会随着工作周期的变化而出现波动。

(3)突发事件因素。有时,突发事件也会成为网站访问量增加的影响因素。对访问者而言,可能只是想要通过新闻来了解这个突发事件的前因后果。在关注这一事件后,基于好奇、关心等因素,在看完想看的新闻事件内容后,人们还会顺便看看其他的。例如,引起全国人民极大关注的疫苗事件发生后,某疫苗公司的官网 PV 应该在短期内增加了很多。

当然,除了上面列举的几个因素外,影响 PV 的因素还有很多。由此可见,看似简单的 PV 数据,实际上是由多种因素共同影响的结果。换言之,一个网站 PV 数值的上升与下降并不仅仅是由网站设计决定的。这告诉网络运营者,网站运营效果并不能简单地以 PV 来衡量,还

要进一步分析以上因素才能得出结论。建议在分析 PV 时将可能的影响因素都列出来,对于可控的要进行优化,如网站设计、信息发布时间等。只要最终 PV 的趋势是稳步上升或者数据优于同行的,就都是好的表现。

秘技一点通

技巧 1 新建立的网站如何才能更快被收录

对于新建立的网站,一般在百度搜索引擎中可能会搜不到。这时,运营者可以主动向百度提交网站链接,让百度更快速地收录自己的新站。具体方法如下。

第一步:登录百度站长工具平台,在首页单击"链接提交"超链接,如图 7-18 所示。

图 7-18

第二步:在打开的页面中单击"添加网站"按钮,如图 7-19 所示。

图 7-19

第三步：在新打开的页面中单击"添加网站"按钮，如图7-20所示。

图 7-20

第四步：进入完善账户信息页面，按要求输入信息，勾选"我已阅读并接受《百度隐私权保护声明》"复选框，单击"保存"按钮，如图7-21所示。

图 7-21

第五步：进入站点管理页面，输入要添加的网站域名，如图7-22所示。

第六步：进入站点属性设置页面，选择站点属性，单击"下一步"按钮，如图7-23所示。

第七步：进入网站验证页面，先选择验证方式，再根据验证要求完成网站验证。这里选中"HTML标签验证"单选按钮，登录网站后台添加代码，并单击"完成验证"按钮，如图7-24所示。

图 7-22

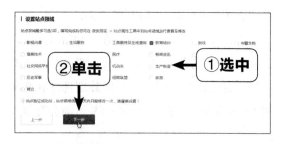

图 7-23

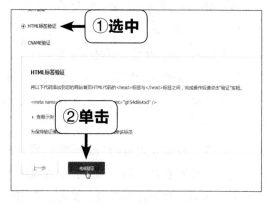

图 7-24

> **提示**
>
> 在百度站长工具中首次添加网站时，最好是输入网站的主域名，如 www.baidu.com。这样在添加二级域名时，就不用再验证网站了。如果第一次提交的是子网站，那么每次添加子网站时都需要单独验证。

技巧 2　"4 点建议"即可突破网站运营"瓶颈"

如果网站运营到一定阶段还是像往常一样运营，运营者就会发现网站流量及公司网络营销的业绩总是上不去，即运营工作遇到了"瓶颈"。这时，建议从以下 4 个方面入手来突破网站运营中常见的"瓶颈"。

1. 从产品入手

运营者在优化自己公司网站的同时，其他竞争者也在优化网站，而且还会有新的竞争者开展网站营销。在这一过程中，网站流量会逐渐达到饱和状态，同时竞争也会逐渐变得激烈，这对消费者来说是好事，因为消费者的选择会更多，通过网上比较的方式能找出性价比更高的产品。但这对企业网站来说，并不是好事。此时，如果企业还是仅仅停留在网站运营上，就可能导致客户流失。

当网站流量趋于饱和状态时，运营者就需要转变思路，不要认为只需做好网站即可，还要关注客户需求的变化。具体做法是：先结合网站上客户反馈的数据对客户需求及偏好进行分析，以便了解竞争者在其产品上的变化，从而对企业的产品进行优化；然后通过网站为客户提供更优质的产品，并根据这些变化优化网站的关键词。

2. 尝试进行网站互动

一个网站如果仅仅有流量是不够的，因为流量可能来得快去得也快。特别是在做付费推广时，这种现象会更明显。运营者要做的是让网站的其他数据也有所增长，如页面停留时间长、回访者数量多等。

对于通过多种推广方式引入网站的流量，需要想办法激活它，让它做出更多的行动。比较常用的方法就是在网站上留一个互动通道，让进入网站的网友有交流场所。而这样做还有一个好处，就是可以让网友主动生产内容。所以，可以看到现在很多网站都在采用 UGC 模式，主要就是希望用户能生产内容。

3. 加强技术建设

如果企业是运营自建网站，那么一般都有自己的运营团队和技术团队。在持续运营网站的过程中，后台的技术支持很重要。因为网站和 App 一样需要持续更新，并不断优化用户体验。另外，网站还要防范恶意攻击。因此，加强运营团队和技术团队的建设就很重要，这是一个网站能否持续获得成功的关键。

如果企业是委托网络科技公司帮忙建站，那么建议选择有实力和能够持续为网站提供更新服务的网络科技公司，而不是找那些只能提供一次性服务的公司。例如，现在有很多提供模板网站的公司，在企业建站时他们会拿出几个模板以供选择，企业对哪个模板满意，他们就为网站套用哪个模板。当然，模板网站也不是没有好处，就是便宜，这也是它唯一的优势。但对于一个想持续通过网站进行营销的企业来说，选择模板网站的做法是不可取的。因为不管是从网站设计还是从网站优化来看，都不利于网站营销。

4. 让网站更专业

一个网站要想转化率高，就必须有说服力。当网站在转化方面遇到"瓶颈"时，运营者不妨对网站的专业度进行优化。因为专业的网站更具说服力，能够脱颖而出。

网站运营者应仔细对比自己的网站与竞争对手的网站之间的差别，找出可以突破的关键点，从而让自己的网站能真正满足客户的需求。

技巧 3　建立网站时如何选择合适的网络公司

对大多数中小型企业而言，它们要开展网站营销，更多的都是与其他网络科技公司合作，即通过外包实现建站。因为自建网站的成本往往很高，一般企业不会投入太多的资金去打造专业的网站建设团队。而寻找网络科技公司建设网站就会面临一些问题，现在市场上的网站建设公司有很多，如果选择了不专业的公司，不仅会浪费资金，还会浪费时间和精力。那么，企业要如何选择网站建设公司呢？

1. 明确建站目的

许多企业在建立网站前都没有考虑清楚自己建站的目的，只是看见其他企业网站营销做得火热，盲目效仿而已。在选择网络科技公司建立网站前，企业一定要考虑清楚自己建站的目的。只有找准了定位，才能更好地规划网站。例如，很多大型知名企业都在建立网站，但实际上它们建站的目的并不是想要在网站上开展业务，而更多的是出于品牌展示的需要。对于它们来说，要建的是品牌型展示网站，网站内容不必多，大气美观更重要。而对于众多中小型企业来说，它们建站的目的就是希望带来客户，因此要建的是营销型网站，网站内容要以引导客户转化为方向。

另外，只有清楚建站目的才能更好地和网站建设公司沟通，才能知道自己应该选择什么样的网络公司，最终建立的网站也才能对企业更有帮助。

2. 多家对比

网站建设公司不能只选择一家，因为不同的建站公司具有不同的优势。这就需要多家对比，对比其实力、技术及提供的服务等。首先，在选择建站公司时，可以先对比它们各自的网站。如果一家建站公司自己的网站都做得很差劲，那么又怎能帮别人建站呢？

其次，可以让它们以案例说话，就是看看它们所服务公司网站的设计水平、排名、优化、响应速度怎么样，如果表现好，可以将这家建站公司作为备选对象。在看建站公司提供的网站案例时要注意一点，那就是谨防造假。有的建站公司没有拿得出手的案例，于是就盗用其他企业的网站企图行骗。面对这种建站公司，即使承诺的服务再好，也不要选择。

识别这种建站公司的方法很简单：一种是可以拨打案例网站上提供的联系方式，询问建站企业是哪家；另一种是查看网站底部的信息，有的建站公司会在网站底部放置"技术支持××"字样。此外，还有一种方法就是查看源代码，有的网站源代码中会有建站公司的名称。其方法很简单，右击网页，选择"查看源代码"命令，然后在打开的页面中查看，如图 7-25 所示。

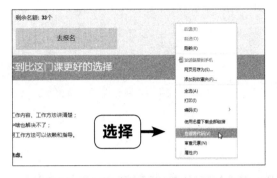

图 7-25

站公司很重要，这类公司一般在建站时就会考虑到网站的优化。而那些只做表面功夫的建站公司可能会导致网站先天优化不足，从而极大地影响后期推广效果。

3. 看技术水平

大多数企业建站都有其营销需求，因而要求网站建设公司懂优化、懂推广。网站是否易于优化和推广，与网站的制作有关。网站的很多优化都需要在建站时就做好，如网站架构、URL 伪静态等。因此，选择具有 SEO 技术的建

4. 看售后

建站公司所提供的售后服务对于企业来说很重要。因为网站建好以后难免会出现这样或那样的问题，如产品图片更换、网站导航修改、网站突然打不开等。只有具备完善售后服务体系的建站公司，才能为我们提供后续的网站服务。但不专业的建站公司就不同，它们会觉得修改起来很麻烦而拒绝提供修改服务，或者提供服务但要收很高的费用。不管面对怎样的建站公司，最保险的做法就是企业在合同中写明提供哪些售后服务及服务的标准是什么。

 职场心得

小刘是公司新招的网站运营人员，公司有一个已经建立两三年的网站，但是权重很低，关键词的排名也很靠后。因为之前有网站运营的经历，于是小刘对公司的已有网站进行了自查。

小刘知道，一个网站的标签关键词以及描述都会影响网站的收录排名，于是他查看了公司网站的 title 标签，发现其中没有包含网站的关键词和品牌词，这样显然不利于做 SEO。因此，小刘选择了几个与网站有关的关键词，使用一些优化技巧将其布局到 title 标签并且设置了网站的核心关键词。

因为太长的 title 标签会被百度搜索引擎用省略号来呈现，小刘就将 title 标签控制在了 30 个字以内。对于核心关键词，小刘将出现次数较多的关键词放在了其他关键词的前面。除此之外，小刘还优化了网站的页面描述，将主关键词添加了进去。因为公司开展的业务有区域限制，因此小刘在设置关键词时添加了区域词，如图 7-26 所示。

图 7-26

对网站进行优化后，公司的网站排名得到了提升，通过打电话咨询的用户也增多了，小刘因此受到了领导夸奖。

08 第8章
微信平台,实现用户精准营销

本章导读

《2017微信数据报告》显示,截至2017年9月,平均每天有9.02亿人登录微信,平均发送微信次数达到380亿次;而到了2018年,微信用户数已达10亿人。从这组数据可以看出,微信平台拥有庞大的用户规模,而这也是个人及企业都要建立自身的微信平台并运营推广的原因。庞大用户规模的背后是平台优势,是流量、销量和商机。微信是一个开放的平台,运营人员需要思考的是如何利用微信平台自身的优势带来客户和转化率,从而实现精准营销。

学习要点

- 搭建微信公众平台
- 做好内容推广规划,提高留存率
- 运营让内容与用户活跃起来
- 如何利用公众号变现赚钱
- 让产品销量提升的微店运营
- 日益火爆的小程序运营推广

8.1 微信公众号的申请与设置

微信公众平台即公众号平台,是为个人、企业和组织提供业务服务并提高用户管理能力的服务平台。要想利用公众号进行一对多的互动营销,首先就要搭建属于自己的公众平台。微信公众平台的规则是不断变化的,为了给后期的公众号运营提供良好的基础,运营人员要对公众号的搭建有清晰的认识并注意申请时的一些细节。

8.1.1 微信公众平台账号的类型

微信公众平台提供的账号有4种类型,即服务号、订阅号、小程序和企业微信。其中,企业微信是一个高效的办公平台,主要作为公司内部通信工具使用;小程序是一种新的开放能力,其开发者可在小程序内为用户提供便捷、丰富的服务。这里说的搭建公众号主要是指服务号和订阅号,它们是目前微信公众号使用最为广泛的类型。

许多微信运营新手在开放公众号时,都会苦于不知如何选择服务号和订阅号。实际上,只要明确了这两种公众号的功能,再结合自身定位,这一问题就迎刃而解了。

1. 服务号

服务号能为企业和组织提供更强大的业务服务并提高用户管理能力,其主要偏向于服务类交互,适用于媒体、企业、政府或其他组织。一个月(按自然月)内,服务号可发送4条群发消息。

一般情况下,服务号的消息会直接显示在好友对话列表中。认证服务号具有高级接口能力和微信支付功能,而只有部分认证订阅号才支持高级接口能力和微信支付功能。也就是说,如果想用公众号获得更多功能,如微信支付,就可以选择服务号。

图8-1所示为服务号消息显示界面,大家可以看到其直观地显示在聊天对话消息列表中。

图 8-1

2. 订阅号

订阅号是为媒体和个人提供的一种新的信息传播方式,其主要功能是通过微信向用户传达资讯,适用于个人、媒体、企业、政府或其他组织。订阅号一天内可群发一条消息。由此可以看出,如果公众号的使用者是个人,那么只能选择订阅号。

如果希望能利用微信推送公众号消息来达到宣传推广的效果，那么可以选择订阅号。订阅号的消息会显示在"订阅号"文件夹中，用户需打开"订阅号"文件夹才能查看消息。这是与服务号不同的一点。

由此可见，用户进入某个订阅号的主界面会比进入服务号要多一步。图 8-2 所示为"订阅号"文件夹的消息显示界面，这里需要注意的是，Android 系统手机和 iOS 系统手机的界面显示会有所不同。

图 8-2

8.1.2 公众号的主要功能

许多运营新手常常会陷入这样一个误区：认为公众号的主要功能就是通过推送图文消息做宣传。

如果你的想法也是这样，那么只能证明你对微信公众号的了解还不够透彻。对于运营者来说，这样显然是不行的。虽然利用图文消息进行推广宣传是公众号的一个重要功能，但公众号的其他功能也不可或缺。

1. 自动回复

公众号运营者可在微信公众平台通过编辑内容或采用关键词，实现被添加自动回复、消息自动回复和关键词自动回复功能。

被添加自动回复是指用户一旦关注公众号立即就会收到回复内容。例如，关注"人民日报"公众号后，会收到如图 8-3 所示的自动回复。

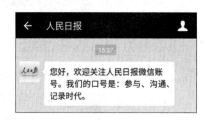

图 8-3

消息自动回复是指订阅用户只要向公众号发送消息便会有回复。消息自动回复与关键词自动回复相辅相成，如果粉丝发送的消息包含关键词，将会优先关键词自动回复；如果开启了全匹配，需粉丝发送与设置一样的关键词才会自动回复。例如，在"中国建设银行"公众号中发送"账号查询"，用户会收到"中国建设银行"自动回复的消息内容，如图 8-4 所示。

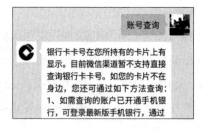

图 8-4

> **提示**
>
> 自动回复的作用在于增强互动，提高用户活跃度，引导粉丝进行下一步操作及开展营销活动等。

2. 自定义菜单

运营者可以在公众号会话界面的底部设置自定义菜单，菜单项可按需设定，并设置响应动作。用户可以通过点击菜单项收到设定的响应，如收取消息、跳转链接等。

不管是网站运营新手还是老手，都会疑惑自己的公众号为什么赚不了钱，其实问题就出在自定义菜单上。通过观察那些赚钱的公众号就可以发现一点，其自定义菜单中都有各自的"生意"。

例如，在"物道"公众号自定义菜单的"限时活动"菜单选项中，可以看到"新品特惠""爆款直降""会员换购"等内容，用户点击就可直接进入微商城，如图8-5所示。

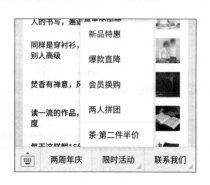

图8-5

为避免公众号推送过多信息，引发用户的反感，就需要将一些功能迁移到"自定义菜单"中。

3. 留言

留言功能并不仅仅是给了粉丝一个评论的入口，还是运营者获得粉丝反馈、与粉丝交流互动的端口。

对粉丝的留言评论，公众号运营者可以进行置顶、加精选、回复和删除操作。这样可以让运营者只展示由自己挑选的留言内容，进而

提高粉丝对公众号的认同感和黏性。这就像在淘宝买东西，买家都喜欢看评论，评论好自然会促使买家下单。而公众号的留言内容可以由运营者自己选择，优秀的留言无疑能提高用户口碑。图8-6所示为某公众号内容的留言活动。

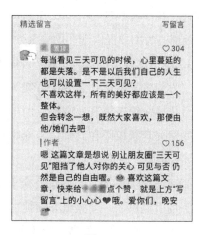

图8-6

4. 投票

运营者可以在微信公众号中举办关于比赛、活动、答题等的投票活动，以收集粉丝意见，了解粉丝感兴趣的内容。

投票是很多运营者都会忽视的功能，但如果投票活动能吸引粉丝参与，那么对后期运营会很有帮助。图8-7所示为公众号中的投票活动提示。

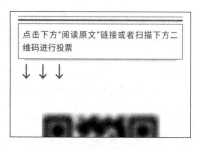

图8-7

5. 其他功能

除以上功能外，公众号还有以下丰富的功能。

（1）卡券功能：是微信公众平台通过提供给商户或第三方一套派发优惠券，从而帮助商户高效运营和管理会员的工具。

（2）摇一摇周边：是微信公众平台提供的一种新的基于位置的连接方式。用户可通过摇一摇周边与线下商户进行互动，而商户则可通过摇一摇周边为用户提供个性化的服务。

（3）电子发票：是微信公众平台提供给商户或第三方的电子发票技术解决方案。商户和第三方可选择由第三方开票方提供的电子发票套餐，并根据套餐权限在其微信公众账号中申请、开具、接收、管理电子发票。

（4）微信连 Wi-Fi：是微信公众平台为商户的线下场所提供的一套完整和便捷的微信连 Wi-Fi 方案，能帮助商户提高经营效率。

（5）客服功能：是微信公众平台为公众号提供的客户服务功能，支持多人同时为一个公众号提供客户服务，可在线回复用户的询问，从而提高粉丝对公众号的满意度。

8.1.3 了解公众号的注册规则

网站运营者在注册微信公众号时首先要了解公众号的注册规范，否则会导致公众号无法通过注册。

（1）按照提示步骤如实填写相关注册信息（如手机号码、身份证号码、邮箱地址、单位名称等信息）。

（2）上传真实有效并清晰可见的证件（身份证、营业执照）照片或授权书（加盖公章）。

（3）一个身份证号码可注册的公众号数量不得超过平台规定的可注册公众号数量的限制。

（4）账号名称、头像、功能介绍等资料涉及色情、暴力及侵害他人名誉权、肖像权、知识产权、商业秘密等合法权利的，将不能注册。

（5）与已有公众号名称重复的公众号无法注册。

（6）大批量注册相似公众号的行为将会被禁止。

（7）中文版与海外版公众号的运营地区分别在中国和海外。

（8）申请公众号后如果 30 日内未完成注册，则需重新申请并注册。

8.1.4 微信公众号的注册

微信公众号的注册需要在微信公众平台上进行，具体步骤如下。

第一步：进入微信公众平台官方网站首页，单击"立即注册"超链接，如图 8-8 所示。

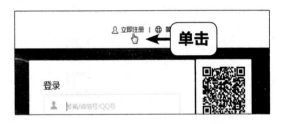

图 8-8

第二步：在打开的页面中选择注册的账号类型，这里选择"订阅号"，如图 8-9 所示。

图 8-9

第三步：进入公众号基本信息填写页面，在"邮箱"文本框中输入电子邮箱，单击"激活邮箱"按钮，如图8-10所示。

图 8-10

第四步：在打开的对话框中输入验证码，单击"发送邮件"按钮，如图8-11所示。

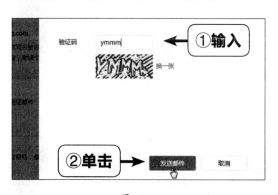

图 8-11

第五步：登录邮箱，找到微信公众平台发送的邮件查看验证码，如图8-12所示。

图 8-12

第六步：返回微信公众平台注册页面，输入邮箱验证码、密码，勾选"我同意并遵守《微信公众平台服务协议》"复选框，单击"注册"按钮，如图8-13所示。

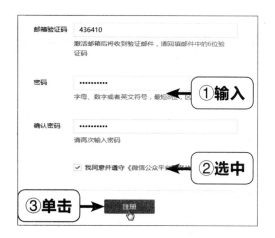

图 8-13

第七步：在打开的页面中选择注册地，这里选中"中国"单选按钮，如图8-14所示。

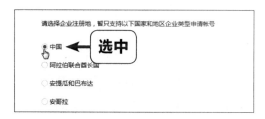

图 8-14

第八步：在页面的最下方单击"确定"按钮，如图8-15所示。

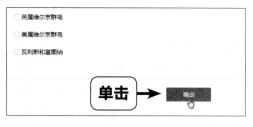

图 8-15

第九步：在打开的页面中选择账号类型，这里单击"订阅号"栏中的"选择并继续"超链接，如图8-16所示。

图 8-16

第十步：在打开的对话框中单击"确定"按钮，如图 8-17 所示。

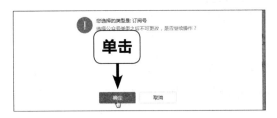

图 8-17

第十一步：进入信息登记页面，选择主体类型，这里单击"个人"超链接，如图 8-18 所示。

图 8-18

第十二步：根据页面提示输入信息，这里输入身份证姓名和身份证号码（选择的主体类型不同，页面显示的内容就会不同），并使用绑定了管理员本人银行卡的微信号扫描二维码，如图 8-19 所示。

第十三步：扫描二维码后，在手机上点击"我确认并遵从协议"按钮，如图 8-20 所示。

第十四步：在手机中打开的"公众号管理员身份确认"页面中点击"确定"按钮，如图 8-21 所示。

图 8-19

图 8-20

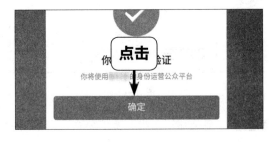

图 8-21

第十五步：返回公众号注册页面，在"管理员信息登记"页面输入手机号码和获取的短信验证码，单击"继续"按钮，如图 8-22 所示。

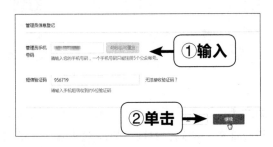

图 8-22

第十六步：在打开的对话框中单击"确定"按钮，如图 8-23 所示。

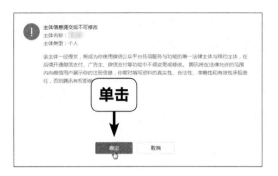

图 8-23

第十七步：进入公众号信息填写页面，输入账号名称和功能介绍，选择运营地区，单击"完成"按钮，如图 8-24 所示。

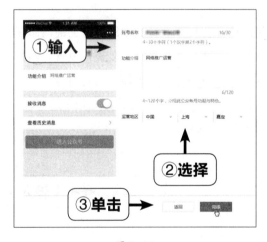

图 8-24

8.1.5 微信公众号的认证

微信公众号的认证是微信公众平台为确保公众账号信息的真实性、安全性而提供的一项服务。对于公众号来说，认证后的订阅号和服务号分别可以获得以下特权。

1. 订阅号

（1）自定义菜单（可设置跳转外部链接，设置纯文本消息）。

（2）可以使用部分开发接口。

（3）可以申请广告主功能。

（4）可以申请卡券功能。

（5）可以申请多客服功能。

（6）公众号头像及详细资料会显示加"V"标识。从图 8-25 中可以看到"人民日报"公众号认证的特有标识。

图 8-25

> **达人支招**
>
> **公众号注册提示"邮箱已被占用"怎么办？**
>
> 同一个邮箱只能绑定微信产品的一种账号，可通过检查核实所输入的邮箱是否已绑定以下其中一种账号。
>
> ①已绑定开放平台。
> ②已绑定个人微信。
> ③已绑定企业号。
> ④已绑定订阅号、服务号。
> ⑤已绑定小程序。
>
> 尝试将绑定的邮箱解绑或修改后再注册。

2. 服务号

（1）全部高级开发接口。

（2）可以申请开通微信支付功能。

（3）可以申请开通微信小店。

（4）可以申请广告主功能。

（5）可以申请卡券功能。

（6）可以申请多客服功能。

（7）公众号头像及详细资料会显示加"V"标识。

经过认证的公众号相当于拥有了"官方""正规"的身份，更能获得微信用户的信任，更容易获得好的排名，也更便于微信用户通过关键词搜索公众号。

总的来说，认证有利于微信公众号的后期运营。

另外，需要注意的是，微信公众号的认证并不是免费的，在微信公众平台申请微信认证，需一次性支付300元的审核服务费给第三方审核机构，且认证无论成功与否都需要支付。即若认证审核失败，也不会退还审核费用（政府类型的公众账号免收审核费用）。

微信认证成功后，该公众账号名称、认证标识及认证特权将会被保留一年（自认证成功之日起计算，一年内有效）。

公众号运营者可登录微信公众平台，在"设置"栏中单击"微信认证"超链接，按照页面提示上传认证资料进行公众号的认证，如图8-26所示。

图 8-26

> **提示**
>
> 微信认证审核能否通过，还取决于公众号运营者提交（补交）的资料是否准确、完整、及时。因此，运营者一定要确保提交的资料信息准确无误。

8.1.6 微信公众号的基本设置

微信公众号的基本信息在注册时就需要填写。因此，接下来需要完成的基本设置主要是自动回复和自定义菜单设置。

1. 自动回复设置

第一步：登录微信公众平台，单击"自动回复"超链接，如图8-27所示。

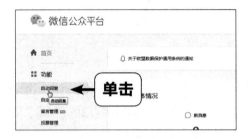

图 8-27

第二步：在打开的页面中即可对关键词回复、收到消息回复和被关注回复进行设置。例如，在"被关注回复"栏中输入回复内容，再单击"保存"按钮，即可完成对被关注回复的设置，如图8-28所示。

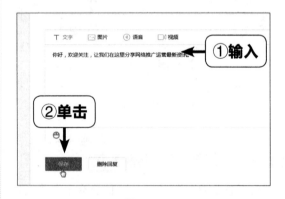

图 8-28

2. 自定义菜单设置

第一步：在微信公众平台首页单击"自定义菜单"超链接，如图8-29所示。

图 8-29

第二步：在打开的页面中单击"添加菜单"按钮，如图 8-30 所示。

图 8-30

第三步：在页面左侧输入菜单名称，设置菜单内容，再单击"保存并发布"按钮，如图 8-31 所示。

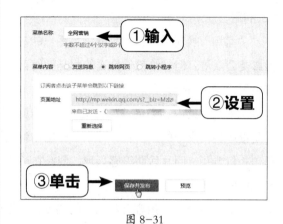

图 8-31

8.2 做好内容推广规划，提高留存率

可以说，持续为微信用户输出有价值的内容是留存用户的关键。在新媒体发展迅猛的当下，用户每天都会接收到大量的信息，这使得微信粉丝对公众号推文的内容越发挑剔。因此，对于运营者来说，让公众号内容更有价值、更有看头，才能使粉丝持续关注公众号。

8.2.1 公众号运营的关键是内容

做公众号运营时，运营者首先要思考一个问题：为什么微信用户会关注自己的公众号？答案很简单，就是公众号对用户来说要有价值。那么，在用户眼中，什么样的公众号才是有价值的公众号呢？其实就是能给粉丝带来阅读享受或者粉丝能从中获得想要的资讯的公众号。

如果把公众号看作用户订阅的电子版期刊，那么能提供"有价值"的内容就是粉丝想看这本期刊的理由。而究竟什么样的内容才是"有价值"的呢？具体如下。

1. 原创

新手运营者，很多时候只会简单地重复利用【Ctrl+C】【Ctrl+V】组合键来凑文章。对于他们来说，每天持续输出原创优质文章不太现实，因此推送一些伪原创的文章，再穿插平台自己的原创也未尝不可。

但粉丝量有了一定的提升后，依托其他平台发布的非原创文章就要越来越少。运营者要明白，非原创文章的可替代性很强，只有原创才是未来的趋势。

目前，很多公众号文章的阅读量持续走低，就是因为平台原创的文章太少。用户刚在其他公众号阅读了一篇文章，进入你的公众号又发现似曾相识的内容，那么自然不会再点击阅读了。

2. 有用

"有用"换句话说，就是能满足用户的需求，什么是满足用户的需求呢？假设你运营的是一个摄影类公众号，但你给粉丝推送的都是如何养生、如何制作美食等类型的文章，这就是典型的没有满足用户需求的行为。

"有用"的内容必定是与公众号平台的属性以及用户感兴趣的内容有关的。还举上面的例子，你是摄影类公众号的运营者，那么目标用户就是摄影初学者、爱好者等。这些用户可能会对摄影技巧、相机购买、照片后期等感兴趣，因此在运营中推送的文章就应该与这几点内容有关。

3. 相关

相关是指公众号内容要与当下的热点、热搜或时事相关。但需注意的是，并不是所有的热点都要跟，而是要学会取舍，找到与公众号切合的热点。对于那些不好的热点、舆论及可能会给公众号带来不良影响的内容则不能跟。

正所谓"好风凭借力"，借热点话题这一势头赢得转发刷屏很有必要。当然，借势的时候还应采取新颖的角度，它会为你带来更多的转发量。

8.2.2 标题是公众号引流的第一步

不管微信用户点开的是服务号还是订阅号，首先看到的都是公众号文章的标题。标题就是文章的门面，它决定着用户是否愿意点击并阅读这篇文章。

如果你是一位喜欢阅读公众号推文且善于观察的运营者，就会发现那些高阅读量的文章标题都具有"撩人"的特性。具体来看，标题的撰写技巧有以下几点。

1. 悬念引诱

对于神秘、新奇的事物，人们往往会产生猎奇心理，想要去了解和探索。因此，在标题中可以设置悬念，给用户制造想象空间，激发其窥探欲望，从而产生想要阅读的动力，如以下标题。

例1：什么样的人在一起后注定会分离？

例2：万万没想到，微信还有这些隐藏功能。

例3：原来如此，这张"鬼"片还有这样的故事。

在撰写悬念引诱式标题时，关键是要能找到引发用户思考的引诱点，让用户对How、What、Why产生联想。运营者可通过运用什么、如何、竟然、居然、原来、哪些、原来是这样、万万没想到、天哪等词汇，再搭配疑问句来撰写悬念引诱式标题。

在设置悬念的时候还要注意一点，悬念不能太过神秘，让人看不懂；也不能太过简单幼稚，让人没有思考的欲望。

2. 目标指向

目标指向就是在标题中明确指明读者对象，让目标用户不由自主地认为这篇文章就是写给他看的，如以下标题。

例1：经常熬夜的人，要注意了。

例2：给初入职场的毕业生一个忠告。

例3：面对这些过敏原，每个过敏患者都要绕着走。

可以看出，以上标题都有明显的目标指向性。如果某一微信用户是上述群体中的一员，那么就很有可能因为想查看"答案"而点击文章标题展开阅读。

在撰写目标指向性标题时，运营者要站在受众的立场上，以帮助他们解决问题为出发点。这样才能引发微信用户的情感共鸣，从而让用户产生想要阅读的动力。

3. 数字冲击

密密麻麻的文字会给微信用户带来视觉上的疲惫感，而如果在文字中穿插具象化的数字则会给读者带来直观的感受。同时，数字的识别度也比较高，它会给人以干货满满的感觉，而微信用户也会抱着找干货的心理点击文章标题。下面来看看有数字和没数字的文章标题的对比。

例1：这则广告的意图大多数人都没有猜对。

对比：99%的人都没有猜对这则广告的意图。

例2：直方图不会用？这些误区要避免。

对比：你用对了吗？直方图应用的3个误区。

例3：几秒搞定偏色，超简单的照片调色技巧。

对比：5个超简单的照片调色技巧，让你60秒搞定偏色。

可以看出，以上标题中带有数字的比没带数字的更有吸引力。因此，运营者在撰写公众号文章标题时也可以灵活运用数字，从而给用户带来视觉冲击力。

4. 对比法

对比法可以让读者看到反差，起到冲突的作用，从而抓住用户的兴趣点，如以下标题。

例1：为什么你要天天加班，他却可以准时下班？

例2：怎么你熬夜变丑，而我却仍然是仙女？

例3：有种孩子，叫别人家的孩子。

上述标题就是典型的对比式标题。通过对比，可以让读者看到描述对象之间某个方面的差别。运营者在使用对比法撰写标题时，可以适当采用夸张、幽默的手法，但要注意不能过度。

5. 其他写法

除了以上写法外，公众号文章的标题还有内幕揭秘式、盘点法则、恐慌式等写法。在实践中，运营者要灵活运用这些标题写作技巧，如以下标题。

例1：揭秘，腿长脸小的效果原来是这样拍出来的。

例2：盘点，电影中触动人心的经典台词。

例3：不看不知道，跷二郎腿的可怕后果。

达人支招

公众号文章标题写作万能公式

1. _____个_____的技巧。
2. 获得_____秘诀/攻略。
3. 很少有人知道的_____方法。
4. 他们觉得_____，但是_____。
5. 如何_____？
6. 看完_____，是不是_____？
7. 为什么_____？
8. 想跟大家聊聊_____。
9. _____高手支招，_____。
10. 万万没想到，_____还可以这样用。

8.2.3 文章导语的5个撰写技巧

除了标题以外，导语对于文章来说也很重要。导语就像一个推销员，一篇文章是否能成功推销给读者，在很大程度上取决于导语的质量。

导语就是文章前面的一句话或一段话。在新媒体时代，并不是所有的公众号文章都有导语，但优秀的导语起着引导作用，确实能让读者产生一探究竟的欲望，在撰写导语时就要从引导的角度出发。

文章的导语切忌啰里啰唆，只要能把自己想要引导的内容表述清楚即可，字数要尽量少。

在简洁明了的同时，还要注意一点，就是导语要与主题相关。导语的内容应该与整篇文章所要表达的主题有相关性，可以是对整个故事的概括描述，也可以是对主题内容的背景介绍。具体在撰写时，可以参考以下几个技法。

1. 设置悬念法

设置悬念法是指在导语部分设置悬念，通俗地讲，就是卖关子。即先不明确表达关键点，而是留到正文内容中再作讲解，如以下导语。

一天中最幸福的时光，莫过于躺在自家柔软又舒适的床上睡一觉。但总有一群"隐形杀手"会潜伏其中，威胁着我们的健康。

上述导语就采用了设置悬念法，如果读者想知道"隐形杀手"是谁，那么只有继续读文章。

2. 一句法

这种导语撰写法很常见，特别是在一些文艺范公众号中会更常用。当选择一句话作为导语时，这句话可以是与主题有关的名人名言，也可以是作者自己总结的与文章主旨有关的精华内容，还可以是网络上广为流传的心灵鸡汤等，如以下导语。

例1：吵架多以争对错开始（该文章主要讲述吵架如何才能不伤感情）。

例2：专注和坚持有时比天赋更加重要（该文章主要讲述坚持到底如何成就更好的人生）。

例3：读书与不读书，过的是不一样的人生（该文章采用了书信的写作形式，讲述了一位母亲向女儿述说逼她好好读书的原因）。

可以看出，以上导语都紧紧围绕文章的主旨内容，即使只是一句话也道出了中心思想。

3. 内容推荐法

这种导语常常采用开门见山的手法明确表明这篇文章就是推荐给你阅读的，如以下导语。

例1：不得不说，那些对摄影后期有偏见的人在看到好看的照片时，常常会用"这明显是PS过的"来评价摄影师的创作，认为后期处理的照片都是虚假的。其实，后期处理也是摄影创作的一部分。以下摄影师的亲身经历将告诉你，照片到底该不该进行后期处理。

例2：今天分享×××的一句话。×××，××女作家。她……

例3：今天，我要分享的这本书，是××的职场成长手册，推荐给想要涨工资的你。

例4：如果您的宽带出现了问题，那么推荐您阅读以下故障诊断操作手册。

可以看出，以上导语都明确指出文章就是分享给你看的，即带有明显的推荐性。

4. 背景介绍法

这种写作手法就是在导语中表述文章的选题背景、时间背景、人物背景或故事背景等，通过对背景的描述让读者对后面即将阅读的内容有一个初步的了解，如以下导语。

例1：一年一度的高考季已经到来，关于高考作文的话题刷爆了朋友圈。

例2：不管是真球迷、伪球迷，还是其他球迷，世界杯看球的热闹你感受到了吗？

例3：本文作者×××，××平台邀约作者，公众号：×××。

可以看出，导语例1、例2和例3分别指出了时间背景和人物背景，这实际上是在为后文做铺垫。

5. 图片导入法

公众号文章的导语并非都是纯文字，还可以是图片。这一图片可以是引导关注该公众号的内容，也可以是与文章有关的情景式图文内容，如图8-32所示。

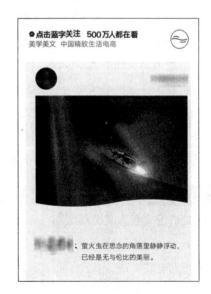

图 8-32

8.2.4 爆款文章的 4 种结尾方式

公众号文章的结尾方式有多种，认真掌握并合理使用就能让文章得到更多评论、点赞。

1. 直接式结尾

直接式结尾是最简单的结尾方式，以文章

内容的结束为自然结尾，如技巧型文章。这种方式在介绍完几个操作技巧后就可结束文章，并不需要加入其他内容。

2. 总结式结尾

总结式结尾就是在文章的最后用一句话或一段话对文章的主要内容进行总结，以加深读者的印象。

总结式结尾可以使用所以、因此、总之等词汇，也可以不采用带有总结性的词汇，而是直接呈现总结内容，如以下结尾。

例1：所以，沟通并不是为了争对错，而是为了解决问题。

例2：人生路上，总要有诗歌相伴。

3. 呼应题目式结尾

呼应题目式结尾就是人们常说的点题。因为读者最开始往往是被文章标题吸引而来的，而在文章结尾重申观点就能加深读者的印象，如以下文章的标题与结尾。

标题：能不能借我 3000 元钱，明天还你！朋友圈传疯了……

结尾：如果你想看清一个朋友，那就借钱给他！如果你想失去一个朋友，也是借钱给他！

4. 调侃式结尾

如果文章的总体风格是比较严肃或中规中矩的，那么可以在结尾用幽默诙谐的语言调侃一下，以增强文章的趣味性，让读者得到放松，如以下结尾。

例1：想追多少部就追多少部，流量够用，任性。

例2：好了，各位小伙伴，别瞎想了，其实我也是从新手过来的。

相比之下，公众号文章的结尾方式受到的限制更多，因为其要受文章风格、内容及写作节奏等因素的影响。运营者在具体的写作过程中，可以根据个人的写作风格和习惯来尝试不同的结尾方式，最终写出令自己满意和让读者认可的文章。

达人支招

公众号文章正文要遵循精简原则

公众号文章的正文不宜过多，应以精简为原则。为什么这么说呢？这主要是因为随着信息量的剧增，大多数微信用户实际上并没有耐心看完太长的公众号文章。文章内容太长，会导致微信用户只阅读一半。这是不划算的，因为很多时候文章的结尾往往有运营者想要推广的重要信息。

由此可见，精简内容十分重要。一般来看，公众号文章的字数在 300～1000 字为宜。如果内容全是干货或是小说类型，那么字数可以稍多些。

另外，运营者也可以通过阅读时间来控制文章长度。一般情况下，2～5 分钟的阅读时间是用户能够接受的。

8.2.5 从视觉效果上提升人气

微信公众号文章不应走让读者深度阅读的路线，在文章内容的安排上应以让粉丝阅读起来轻松为宜。

在推送形式上，运营者不应让文字连成片，可以通过图文搭配让公众号文章内容视觉化。

在图文搭配上，应尽量选择与文章内容相关或相符的图片，且整体风格也应统一。另外，文字与图片之间应有一定的空隙，不可靠得太近，如图 8-33 所示。

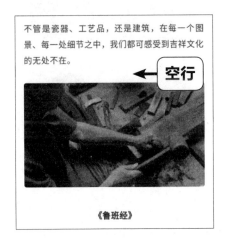

图 8-33

除此之外，在编辑公众号文章时，也可以结合文字内容与图片进行展示，而不是采用上图下文、上文下图的形式。具体来说，有以下几种。

（1）左文右图。即文字在左边，图片在右边，如图 8-34 所示。

图 8-34

（2）左图右文。即图片在左边，文字在右边，如图 8-35 所示。

图 8-35

（3）图文叠加。即把文字叠加在图片上，这种方式可根据文字的多少对文字进行不同的排列。如果文字内容较多，那么可以横排，如果文字内容较少，那么可以竖排，如图 8-36 所示。

图 8-36

（4）图文穿插排列。即把多行、多列文字与多张图片穿插在一起混合排列。这种排列方式比较灵活，有着多种变化形式，如图 8-37 所示。

图 8-37

运营者在编辑公众号文章内容时,可以根据文字内容的多少选择合适的图文排列方式。另外,除了可以使用静态图片外,还可以制作动态图来展示想要表达的内容。动态图可以使用 Photoshop、动图在线制作,也可以在 App 中制作,如美图 GIF、GIF 快手等。

要想让图文内容阅读起来既有趣又轻松,还可以升级为漫画的形式予以呈现,如图 8-38 所示。

图 8-38

如果要对 GIF 动图进行升级,就可以在公众号中以视频的形式分享内容,如图 8-39 所示。

图 8-39

8.2.6 快捷编辑公众号文章

公众号文章的编辑可以在网页上登录微信

公众平台后编辑，也可以在手机上关注"微信公众平台"后编辑。下面以登录PC端微信公众平台发布公众号文章为例进行介绍。

第一步：进入微信公众平台官方网站首页，输入账号密码后，单击"登录"按钮，如图8-40所示。

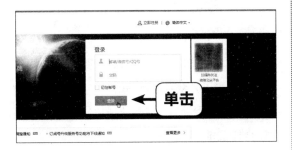

图 8-40

第二步：在打开的页面中单击"新建图文素材"按钮，如图8-41所示。

图 8-41

第三步：进入图文消息新建页面后，输入标题、正文内容，如图8-42所示。

图 8-42

第四步：如果要在文章中插入图片、视频、音频等,则通过在页面右侧单击相应的按钮实现，如图8-43所示。

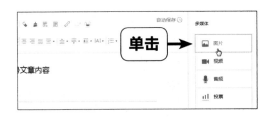

图 8-43

第五步：在页面下方编辑发布样式，包括封面图的上传和摘要的编辑，如图8-44所示。

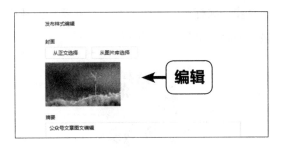

图 8-44

第六步：编辑完文章内容后，单击"保存并群发"按钮，如图8-45所示。

图 8-45

第七步：在打开的页面中选择群发对象，然后单击"群发"按钮，如图8-46所示。

图 8-46

第八步：在打开的提示对话框中单击"继续群发"按钮，如图8-47所示。

图 8-47

第九步：在打开的页面中使用运营者微信号扫描二维码，如图 8-48 所示。

图 8-48

第十步：扫描成功后在手机上点击"确定"按钮，如图 8-49 所示。

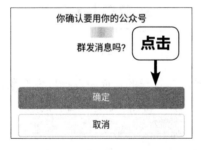

图 8-49

> **提示**
>
> 在微信公众号发布文章前，运营者可以先预览一下，查看内容是否有错。
>
> 在图文消息编辑页面单击"预览"按钮，可以直接在网页上预览，也可以将文章发送到手机上进行预览。由于公众号文章一般都

> 在手机上展示，因此最好是选择发送到手机上进行预览。这样不但可查看到文章在手机上的排版效果，同时也便于在网页上对照着进行修改。

8.2.7　学会推广，让公众号获得更多关注

通过不断推广来增加公众号的粉丝量，可以说，这贯穿了公众号运营的始终，掌握以下几种推广技巧，能帮助运营者快速增加公众号曝光量。

1. 合作互推

合作互推是指运营者通过与其他公众号取得联系，在彼此的公众号中推广对方的公众号。

要想让公众号涨粉，互推是成本较低的一种方法。要想保证合作互推的效果就要选对公众号，而优质公众号是运营者的首选。优质公众号是指用户量较大，且粉丝互动比较频繁的公众号。如果企业的公众号粉丝量比较少，那么运营者就可以选择不那么知名的公众号，从而增加互推合作的概率。

选择好优质公众号后，运营者就可以在公众号会话窗口留言以明确自己的互推意向。留言时要注意不能简单地只留"互推合作"4个字，而应简短地说明互推的主题、时间、形式及范围等。这样不仅可以让对方感受到互推的诚意，同时也能提高互推效率。

当然，对于新创建的公众号来说，互推的难度会比较大。这时可以通过商务合作的方式，以付推广费的形式来实现公众号的推广，当然这样会提高运营成本。

2. 微信社交圈

微信本身就是公众号推广的重要渠道，因

此在微信群、朋友圈分享公众号文章也是公众号涨粉的重要方法。

运营者可以加入不同类型的微信群,以群友而不是运营者和推广者的身份去分享公众号文章,从而实现公众号的曝光和涨粉,如图8-50所示。

图 8-50

3. 视频推广

对于发布原创视频的公众号来说,运营者可以在视频结尾插入公众号推广语或二维码,然后发布到优酷、抖音等各大视频或直播平台上,并引导用户扫描关注。

如果用户觉得你发布的视频有趣、有用,就会主动去关注公众号,并且会自愿分享视频,这样就能使公众号获得更多的粉丝,如图8-51所示。

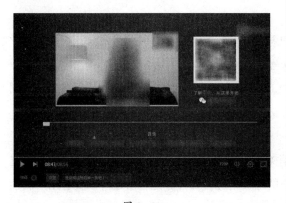

图 8-51

4. 音频推广

音频推广与视频推广有相似之处,只不过音频推广是在音频内容的末尾以主播推荐的方式让用户关注公众号。

利用音频平台做公众号推广,不仅适合音频类公众号,也适合其他类型的公众号。运营者应尽量选择用户量大的音频平台来推广自己的公众号。

5. 网站推广

对拥有独立网站的公众号而言,网站推广比较适用。在网站的首页、尾部或右侧悬浮窗口都可以放上公众号的二维码,以便进入网站的用户能通过扫描二维码来关注公众号。

如果网站本身的流量足够大,那么公众号涨粉的效果将会很明显,如图8-52所示。

图 8-52

6. 以微博带微信

公众号推广并非要局限于微信平台,运营者还可以利用微博平台。在微博上可以利用图片来推广公众号,即在自己发布的微博文章中加入公众号二维码图片,让微博用户扫码关注,如图8-53所示。

问答推广及电子邮件推广等方式同样也适用于公众号推广，运营者可以灵活运用多种推广方式。图 8-54 所示为在论坛文章的末尾推广公众号。

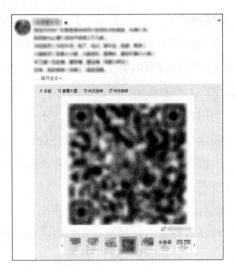

图 8-53

图 8-54

7. 其他推广方式

前面讲述的 IM 推广、论坛推广、博客推广、

8.3 运营五招，让用户活跃起来

随着公众号的数量越来越多，许多运营者开始抱怨公众号越来越难做。当前，用户不活跃、转化率低是许多运营者面临的难题。要想让公众号活跃起来，就离不开运营。在运营过程中，运营者要学会与粉丝进行互动，提高用户参与度，进而让用户成为公众号的忠实读者。

8.3.1 通过数据了解文章状态

在发布公众号文章后，运营者清楚有多少用户看过文章吗？哪篇文章阅读量最高？有多少粉丝对文章进行了留言？要想得到答案，就需要对公众号的数据进行查看并分析。

通过查看分析数据，运营者可以了解粉丝画像，掌握公众号运营的实际效果，从而在后期做到对症下药。以下数据是运营者需要了解并知晓其含义的。

1. 用户数据

用户数据中的关键指标包括新关注人数、取消关注人数、净增关注人数及累计关注人数。通过这些数据，运营者可以比较直观地看出公众号用户的增长情况。另外，运营者还可以查看用户属性数据，包括性别、地域与机型的分布数量。

针对新关注人数数据，运营者还需要进行深度挖掘，了解新增用户的来源。在微信公众平台上，运营者可利用以下渠道查看新关注人数，如搜一搜、扫描二维码、图文页内公众号名称、图文消息右上角菜单、名片分享及支付后关注等。

2. 单篇图文基础数据

微信公众平台上针对图文消息提供的数据指标一般都比较详细，运营者需要了解送达人数、图文总阅读人数、图文总阅读次数、分享转发人数、分享转发次数、微信收藏人数、原文页阅读人数、原文页阅读次数等指标。

3. 单篇图文传播数据

在微信公众平台上还可以对单篇图文的传播数据进行查看，主要包括一次传播数据和二次传播数据。

对单篇图文而言，阅读来源及趋势都是很重要的数据。因为通过这些数据可以了解用户是从哪些渠道阅读公众号文章的，主要包括公众号会话、好友转发、历史消息、看一看、搜一搜等渠道的数据。

8.3.2 从统计报表查看公众号营销效果

了解了不同数据的含义后，接下来就要根据数据分析公众号的运营了。登录微信公众平台后，在"统计"栏中单击"用户分析"或"图文分析"即可进入对应的数据分析页面查看数据，如图 8-55 所示。

对公众号数据，需要进行多维度分析。为了让分析更全面直观，运营者需要对数据进行图表化呈现，形成公众号数据分析报告。在微信公众平台上，运营者可以通过下载 Excel 数据表格来自己创建数据分析报告。但这样做比较麻烦，这里可以使用 BDP 工具快速分析数据。在使用 BDP 分析数据前，需要在 BDP 个人版中绑定微信公众号。

图 8-55

第一步：进入 BDP 个人版首页并登录个人账号（没有账号可先注册），单击"数据源"超链接，如图 8-56 所示。

图 8-56

第二步：在打开的页面中单击"立即添加"按钮，如图 8-57 所示。

图 8-57

第三步：将鼠标指针移动到"微信公众平台"图标上，单击"+"按钮，如图 8-58 所示。

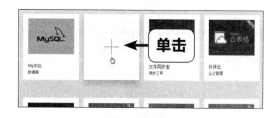

图 8-58

第四步：在打开的对话框中单击"确定"按钮，如图 8-59 所示。

图 8-59

第五步：进入添加"数据源"页面，输入微信公众平台的用户名和密码，单击"下一步"按钮，如图 8-60 所示。

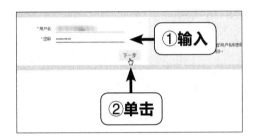

图 8-60

第六步：在高级配置页面中输入数据源名称、分类标签，单击"确定"按钮，如图 8-61 所示。

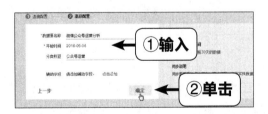

图 8-61

第七步：在打开的页面中单击"关闭"按钮，如图 8-62 所示。

图 8-62

第八步：在打开的页面中单击"同步"按钮，如图 8-63 所示。

图 8-63

第九步：在打开的页面中使用手机微信扫描二维码授权，如图 8-64 所示。

图 8-64

第十步：同步完成后，单击"仪表盘"超链接，如图 8-65 所示。

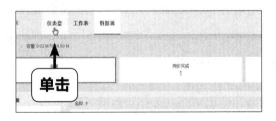

图 8-65

第十一步：在仪表盘页面单击添加的数据源名称超链接，如图 8-66 所示。

图 8-66

完成以上步骤即可查看到生成的公众号数据分析报告，包括图文页阅读次数、分享转发次数、图文页阅读渠道分析、累计关注人数指标完成情况、新增用户来源等。图 8-67 所示为图文页阅读渠道分析圆环图，通过图表的形式可将公众号的运营数据展现得一清二楚。

图 8-67

8.3.3 提升历史文章的利用价值

历史文章，逐渐被一篇篇新发布的文章所覆盖，然后石沉大海，不能像网站上的其他文章一样持续创造价值，以上是许多公众号运营者经常会面临的问题。

大多数微信用户并不会主动进入"历史文章"页面逐页往下翻，查看平台以往推送的文章。而有的微信用户则想再看公众号的某类文章时，却是半天也找不到。那么，如何才能让用户自发点击历史文章，为公众号持续带来流量呢？具体有以下几个策略。

1. 在图文底部添加推荐标签

针对历史文章，运营者可以在图文内容的底部添加推荐标签，引导用户阅读完图文内容后主动点击并阅读自己感兴趣的历史文章，如图 8-68 所示。

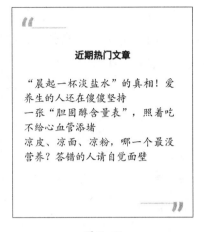

图 8-68

在推荐标签中，运营者编辑图文消息时要主动为文章添加链接，这样才能保证用户点击文章标题后即能跳转到对应的文章页面。具体操作步骤如下。

第一步：在微信公众平台图文消息编辑页面编辑推荐标签后，选择文章标题，单击"超链接"按钮，如图 8-69 所示。

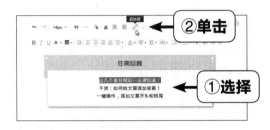

图 8-69

第二步：在打开的页面中，可选择输入地址或查找文章，这里选中"查找文章"单选按钮，如图 8-70 所示。

图 8-70

第三步：输入文章来源的公众号名称或微信号后，按【Enter】键搜索，在搜索结果下方单击公众号名称超链接，如图 8-71 所示。

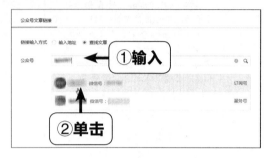

图 8-71

第四步：在打开的页面中输入文章名查找文章，选中文章标题前的单选按钮，单击"确定"按钮，如图 8-72 所示。

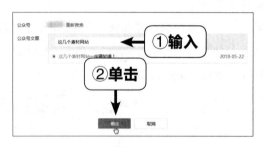

图 8-72

2. 自定义菜单

在自定义菜单中，可以建立"往期文章"菜单，以便新老粉丝都能快速查看历史文章，如图 8-73 所示。

图 8-73

除了以上两种方法外，运营者还可以将自定义菜单与图文消息结合使用，以便用户能更精准地查找历史文章。

运营者首先要建立一个"文章目录"类图文消息，并将往期文章都归集到其中，同时确保每篇文章都添加了链接，如图 8-74 所示。

图 8-74

然后将自定义菜单链接到该图文中，这样用户只要点击该自定义菜单便会在会话窗口弹出该图文，而通过点击该图文则可查看并阅读所有历史文章，如图 8-75 所示。

图 8-75

3. 阅读原文

如果还没有利用到公众号图文页的"阅读原文"，那么也可以将其链接设置为"文章目录"

类图文消息或"历史文章"页面。只不过这样需要对用户进行引导,告知其阅读原文能查看更多内容,如图 8-76 所示。

图 8-76

8.3.4 让用户主动留言和点赞

通过观察一些优质的公众号可以发现,其做得好的地方不仅仅在于公众号内容,更在于评论区的用心经营。

如果将公众号的评论区做好了,不仅能让公众号更活跃,同时也能提高用户黏性,让用户主动生产内容,为运营者提供灵感。

要想让用户主动留言和点赞,就需要运营者的引导。例如,运营者可在图文消息的末尾以文字的方式引导用户进行评论和点赞,如图 8-77 所示。

图 8-77

引导用户评论或点赞后,运营者还需要做以下几件事对评论区进行维护。

1. 运营忠实粉丝

运营者可以为公众号建立微信群,在群中鼓励粉丝们积极交流互动,通过精心维护,让这些粉丝成为公众号的忠实粉丝。运营者还可以在微信群中分享公众号上发布的优质文章,并让他们积极评论,说出自己的看法。这样一来,公众号文章的阅读量和评论量都会得到一定的提升。

2. 及时让评论可见

在发布公众号文章后,运营者要紧密观察微信公众平台的相关评论,一旦发现有比较优质的评论,就将其置顶或加精选。这样一来,其他用户看到后也会跟风参与评论,评论区自然就会活跃起来。

3. 合理回复评论

运营者不必回复每条评论,可以挑选一些有趣的、有内容的。注意,回复时也不必一本正经,可以活泼调皮一些,就如同和朋友对话一样。

要知道,运营者的回复不仅能让用户感受到公众号的用心,还能为评论区营造良好的互动氛围。

4. 设置互动问题

通过在文章底部设置互动问题,可以提高用户评论的欲望,从而增加评论区的评论量。在设置互动问题时要注意,所选问题要能引起用户共鸣,且难度不能太高,以确保用户都能回答上来,如图 8-78 所示。

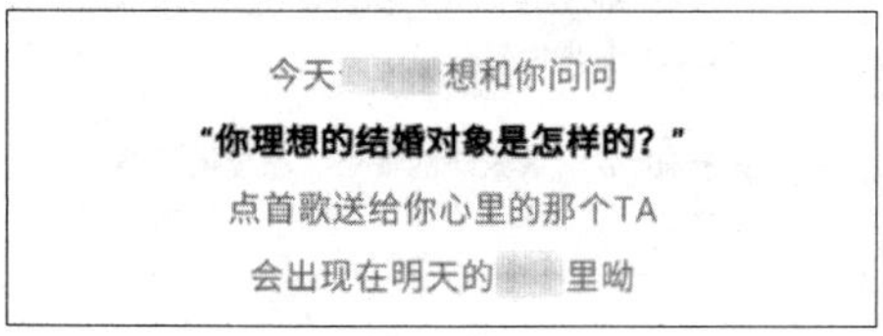

图 8-78

5. 针对评论做活动

一些公众号为了提高用户评论的积极性，可以针对评论举行一些活动，如送礼、抽奖等，如图8-79所示。

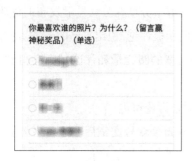

图8-79

6. 做互动问答活动

在公众号上，运营者可以单独设立一个互动栏目，以单独的图文消息方式，针对粉丝的问题做出回答或在公众号文章中晒出整理好的留言。这样既更新了文章，又解决了粉丝的疑问，从而增强了与粉丝之间的互动，同时上榜的用户也会产生极大的认同感，如图8-80所示。

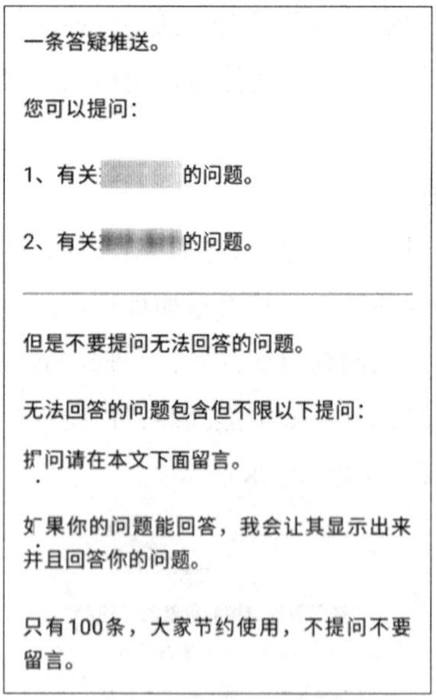

图8-80

粉丝们都渴望得到反馈，而通过互动栏目的方式可以让得到反馈的粉丝感受到自己被认同，同时也会更积极地评论公众号后续的文章。

当公众号上评论氛围渐浓时，就会吸引更多的粉丝参与评论，也会使公众号评论区更加活跃。

> **达人支招**
>
> **如何让评论置顶或加精选？**
>
> 进入微信公众平台后，单击"留言管理"超链接，在打开的页面中可以查看全部留言，选择要置顶或加精选的留言，单击对应的按钮即可，如图8-81所示。

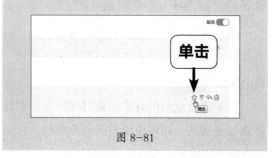

图8-81

8.3.5 策划活动，吸引粉丝积极参与

在定期推送公众号文章的同时，运营者还可以策划一些活动吸引用户参与，以提高用户的活跃度。另外，策划活动也能使公众号涨粉，提高其打开率。

1. 分享有礼

分享有礼的活动常常与公众号的运营目标相结合，因为有礼品加上操作简单，能吸引很多用户参与。分享有礼中比较常用的一种活动形式是分享并集赞，即将活动分享至朋友圈并集赞。这种活动形式一般要求粉丝将指定链接（常常是活动页）转发至朋友圈，并获得活动要求的点赞数才能领取对应的奖品。用户分享并获得要求的点赞数后，需要截图发至公众号后台，运营者在接收到粉丝发来的图片后，再根据活动要求发放奖品，如图 8-82 所示。

图 8-82

图 8-83

另一种活动形式是仅分享，即只要求用户将相关链接分享至朋友圈或微信群而不需要获得点赞。相比于分享并集赞，这种活动形式的门槛更低。

2. 有奖调研 / 问答活动

对公众号而言，有奖调研 / 问答活动具有采集信息的作用，能引发用户对平台的思考，进而让用户参与到公众号的发展中。

在策划此类活动时，运营者要根据活动目标设置有针对性的问题。当然，为了提高用户的参与度，可设置一定的奖项，如图 8-83 所示。

3. 投票评比活动

投票评比活动在微信群屡见不鲜，一般是策划一项比赛，并设立相应的奖项，让用户报名参与，最后通过微信拉票的方式确定获奖者。

这是一种比较接地气的活动，虽然有时会让一些人感到烦恼，但就很多公众号的活动效果来看，仍是一种很不错的活动形式，如图 8-84 所示。

图 8-84

运营者在策划投票评比活动时要注意，投票的流程不要设置得太复杂，应以简单为宜，否则会使很多用户放弃参与活动。

4. 晒照有礼

晒照有礼有两种活动形式，其中一种是让用户按照活动主题的要求，将美食照、宠物照等发送至公众号后台，运营者再根据活动规则发放奖品。

另一种是按照要求将相应的图片分享至朋友圈、微信群或其他平台，然后截图发送至公众号后台，运营者再根据活动规则抽取中奖用户并发放奖品，如图 8-85 所示。

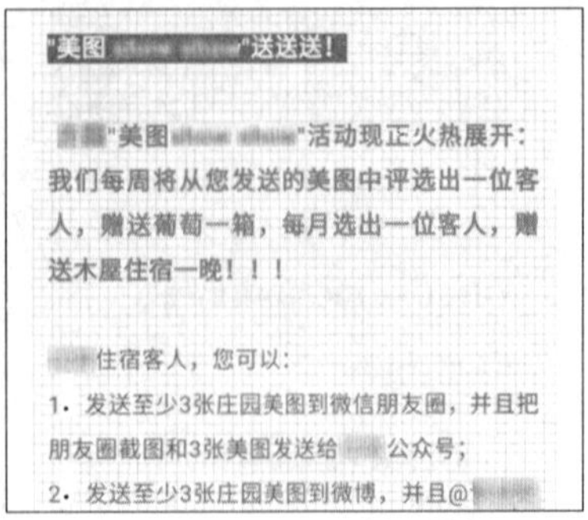

味性，能增强用户的新鲜感。用户可通过玩小游戏的形式来获得对应的奖项，如跳一跳、连连看等，如图8-86所示。

图 8-85

策划晒照有礼活动时要注意，用户发送至公众号后台的图片默认只能保存5天，因此运营者要及时收集整理用户发送的图片，以免过期。

5. 玩游戏赢奖品

这种活动形式相比于前面几种显得更有趣

图 8-86

提示

在公众号活动的结尾，运营者最好是放上该公众号的二维码，以吸引未关注本公众号的用户关注，如图8-87所示。

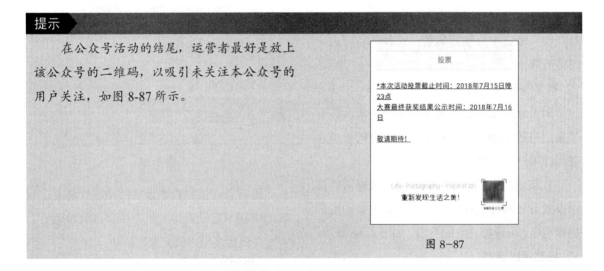

图 8-87

8.4 如何利用公众号变现赚钱

如何利用公众号变现赚钱是每位运营者都关心的事，而不同类型公众号的变现赚钱方式也会有所不同。下面具体来看看利用公众号变现赚钱的几种方式。

8.4.1 确定公众号的盈利模式

微信公众号的盈利模式有很多种,不同类型的公众号适用不同的盈利模式。运营者首先要给自己的公众号定位盈利模式,然后通过运营的方式变现赚钱。总的来看,公众号的盈利方式主要有以下几种。

1. 广告

广告是指通过在公众号中植入广告来获取收益。对个人公众号而言,广告是最直接也是较适合的变现方式。

这种变现方式的好处是收益与流量挂钩,如果公众号的流量足够大,那么收益也会很可观;缺点是如果在公众号中植入的广告产品是劣质商品,或者广告内容是虚假内容,那么将会给公众号带来负面影响。因此,运营者在选择广告商时一定要慎重。

2. 电商

公众号如果有自己的产品或者有合作的商家,就可以把产品放在公众号中进行销售。

这种变现方式的优点是收益明显,如果产品本身足够好,能够吸引一批忠实粉丝,那么转化率就会很高;缺点是对商品质量的要求高,因为劣质商品会引发粉丝的不满,对公众号的持续运营极为不利。因此,若运营者将公众号定位为电商盈利,那么一定要提供优质可靠的产品。

3. 知识付费

知识付费是近年来逐渐兴起的公众号盈利模式。在"内容为王"的时代,这种盈利模式正被越来越多的用户接受;且随着移动互联网的发展,大多数人都愿意利用自己的零散时间通过手机获取知识。

这一盈利模式的优点是收入较稳定,且获得忠实粉丝后,一般会多次购买公众号提供的知识付费产品;缺点是这一盈利模式对知识的内容要求高,运营者需保证这一内容是有价值和有特色的。如果公众号的内容质量不佳,那么会直接影响订购数量;如果公众号能为用户提供优质、实用的内容,那么可以选择知识付费盈利模式。

8.4.2 流量广告,通过点击情况获利

流量广告是广告盈利的一种变现方式。当公众号拥有足够多的粉丝量后,就可以通过开通流量主来实现变现赚钱。

如果在公众号图文消息的全文页面底部可以看到广告链接,表示该公众号开通了流量主,如图8-88所示。

图 8-88

流量主是微信公众平台官方提供的一种变现形式,其主要有以下几个功能优势。

(1)获得收入。可通过提供自己公众号的广告位给广告主来获得收入。

(2)开通快捷。可通过网络上在线签约开通。

(3)数据可查。在公众平台后台可以查看当天的点击量及具体的收入情况。

（4）收入稳定。收入通过银行转账方式按月结算。

只要公众号的粉丝量达到 5000 人，就可以申请开通流量主。但是，未通过微信认证的政府和媒体类型暂不支持开通。申请开通流量主的步骤如下。

第一步：登录微信公众平台，单击"流量主"超链接，如图 8-89 所示。

图 8-89

第二步：在打开的页面中单击"申请开通"按钮，如图 8-90 所示。

图 8-90

在申请开通流量主时要注意，流量主标签最好是跟公众号相一致，这样有助于平台定位到精准人群，从而提高广告点击率。每个流量主最多可以选择 10 个行业标签，且选定后不能修改。

开通流量主后，可选择开启底部广告、文中广告和互选广告 3 种广告模式。其中，底部广告有固定的广告位，文中广告的广告位则由流量主在编辑文章内容时设置，单篇文章暂时仅支持插入一个文中广告位。图 8-91 所示为文中广告。

图 8-91

文中广告的计费模式与底部广告一致，互选广告的计费模式则与前两种不同，广告的点击情况将较大地影响实际收入。

流量主的收入来源于广告点击量，微信公众平台会在每月 25 日前（如遇法定节假日，将会推迟）结算流量主上月收入，并将结算单发送到运营者的结算单邮箱中。针对个人和企业公众账号，流量主收入的提现方式会有所不同。

个人用户无须邮寄发票，企业用户需要邮寄与结算金额等额的增值税发票，腾讯公司会在结算日后 30 个工作日内将流量主的收入打入收款的银行卡中。

> **提示**
>
> 自己点击、强制用户点击、通过程序软件点击及文章中出现点击字样诱导用户点击等违禁行为都会被判定为无效点击，因而不产生收入。

8.4.3 互选广告，双向互选自由合作

互选广告也是微信官方提供的广告模式，

是广告主和流量主可自由合作的一种投放模式。与底部广告不同的是，互选广告的广告呈现在公众号文章内，其广告卡片上有"提供的广告"字样，如图8-92所示。

图8-92

互选广告支持大图及短视频展示，在网络环境下短视频会自动静音播放，而在点击图片后可跳转至图片链接地址。

目前，互选广告支持推广品牌活动和公众号。流量主和广告主可根据合作深度选择不同的合作模式，主要包括广告推荐和内容定制两种。

1. 广告推荐

广告推荐即在文章末尾植入广告，它具有以下特点。

（1）承诺曝光量。流量主需向广告主承诺互选广告的曝光量，若广告上线7天仍未实现承诺的曝光量，则按实际的曝光量来扣费。

（2）广告宣传语。广告主可以向流量主提供如宣传语、口号等推广信息，这些内容可以呈现在广告图片上方。而部分流量主还会根据广告主提供的推广信息撰写推广文案。

2. 内容定制

内容定制即文章主题、内容均由广告主定制，它具有以下特点。

（1）不承诺曝光量。流量主无须向广告主承诺曝光量。

（2）主题/内容定制。流量主可根据公众号的粉丝量和广告主就广告内容进行沟通，流量主撰写的广告文案需通过广告主的确认才能发布到公众号上。

对公众号的流量主而言，互选广告具有可自主定价、可自主选择优质广告主、广告费线上结算、无须担心合作风险等优势。

流量主要通过互选广告接单，首先需要申请"流量主"并开通"互选广告"功能，然后需要设置报价和承诺的曝光量及接单计划，在与有意向的广告主确认合作后，流量主可在发布广告后自助查看投放数据。

> **提示**
>
> 互选广告与底部广告属于微信公众号广告的两种不同广告资源，对于流量主来说有两个广告位。
>
> 当流量主同时开启底部广告和互选广告时，若是有互选广告合作的文章，只展示互选广告而不出现底部广告；若是无互选广告合作的文章，底部广告的展示不受影响。

8.4.4 软文广告，常见的变现方式

帮其他商家在自己的公众号上做软文广告也是广告变现的一种形式，运营者可根据公众号粉丝量的多少收取不同的费用。

软文广告具体可分为一次性广告和长期广告，其中一次性广告适合有一定知名度的公众号。一般来说，广告主至少会选择粉丝量有几万及以上的公众号来推广一次性软文广告，这种广告通常会被穿插到公众号当天推送的图文消息中，如图8-93所示。

图 8-93

若公众号与某广告主建立起长期合作关系，那么就可以通过长期广告来实现盈利。与一次性广告相比，长期广告的盈利数额相对要少些，但稳定性较强。

与软广相对的还有硬广，硬广常以长图文、贴片广告（指以图片、视频等方式将广告植入公众号文章的任意位置）的形式出现。图 8-94 所示为只有一张图片的硬广。

图 8-94

公众号广告有多种形式，包括公众号推广、产品推广、品牌推广、移动应用推广、电商推广及小程序推广等。运营者可根据自身公众号的定位选择合适的广告来赚钱。

8.4.5　点赞打赏，让推文内容也赚钱

点赞打赏是通过发表原创文章并开通"赞赏"功能获得粉丝的赞赏来赚钱的盈利模式。

开通"赞赏"功能后，可在公众号文章末看到"喜欢作者"按钮，读者点击该按钮可对作者进行赞赏，金额则由读者自己设置，如图 8-95 所示。

图 8-95

一般来说，同一公众号最多可开通 3 个赞赏账户。在公众号上发表超过 3 篇及以上原创文章的作者，可创建赞赏账户用于赞赏收款。

因此，要想让自己的公众号文章获得赞赏收款，首先需要发表原创文章。在发表原创文章时，运营者需要单击"声明原创"按钮来为公众号文章添加原创声明，如图 8-96 所示。

公众号运营者可进入公众平台单击"赞赏功能"超链接，查看自己是否可创建赞赏账户，如图 8-97 所示。

8.4.6 电商盈利，引导粉丝尝试购物

当前，为粉丝提供产品和服务是许多电商类公众号的变现形式。虽然都是在销售产品，但公众号上的电商与开网店销售产品的纯电商又有所不同。公众号要想实现电商盈利，不仅要有好产品，还要有好内容和好故事，简单来说，就是"内容+电商"。

内容电商卖的不仅仅是货品本身，还有极具价值的内容，如图8-98所示。

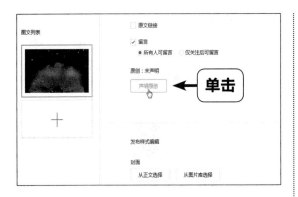

图8-96

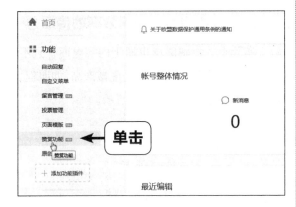

图8-97

只要是满足条件的公众号，即可在"赞赏功能"页面邀请个人微信号开通赞赏账户。发出邀请后，个人微信号会收到邀请通知，打开邀请通知会进入开通赞赏账户的小程序，按要求填写信息提交即可。

> **提示**
> 个人微信号在填写赞赏账户名时要注意，账户名与公众号名不能一致，长度不能小于4个字符或超过30个字符。另外，填写的实名信息要与个人微信号的实名信息相一致。

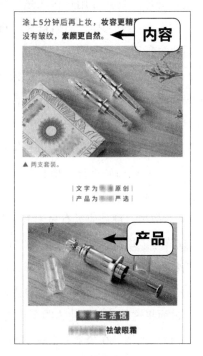

图8-98

优质的内容是微信强有力的武器。在流量越来越值钱的互联网时代，公众号要想通过电商实现变现，就需要以优质的内容来引流和吸引粉丝下单，而不是仅仅把公众号变成一个"杂货铺"。那么，运营者如何才能做好内容电商呢？

从内容电商的现状来看，原创型公众号的销售额占到98%，而非原创型公众号的销售额

占比只有2%。由此可见，原创相当重要。

从消费者的购买行为来看，内容的实用性及内容与产品的关联性是促进消费者购买产品的重要因素。因此，运营者在创作文章时，要用内容连接用户与商品，而不是将两者分离开来。

优质的商品对内容电商来说至关重要，运营者在商品的选择上要注意以下几点要素。

（1）符合粉丝画像。运营者要明确自己公众号的用户群体，是女性用户多还是男性用户多、他们的消费实力怎样，然后选择并推送符合粉丝画像的商品。

（2）非标品。标品在竞争激烈的公众平台上几乎没有任何竞争力可言，因此内容电商应该销售非标品。

（3）有格调。随着消费升级的持续加速，消费者不仅是购买商品本身，还有商品的格调及其传达出来的生活态度。

（4）有故事。商品应具有易于被文案包装的特点，这样才能用内容和故事去感染消费者。例如，销售蜂蜜，内容电商会用养蜂人的故事来吸引消费者，让消费者感受到养蜂人对蜜蜂的热爱，进而将这种热爱转化为购买行为。

（5）设计美观。在公众号上展示的商品图片要足够吸引人，至少看起来要赏心悦目。

要想让消费者在公众号上购买商品，运营者还要学会引导。在文章中，明确的推荐标语是必需的，如图8-99所示。

图 8-99

另外，购买链接也应该醒目，并且有文字引导，如图8-100所示。

图 8-100

8.4.7 付费阅读，知识分享的传播力

实际上，付费阅读也属于内容电商，只不过销售的不是实体产品，而是虚拟产品，如课程、教程、音频等，如图8-101所示。

图 8-101

付费阅读型内容电商会免费向用户分享知识，同时也会为另一部分愿意付费的用户提供精品知识，在保证用户黏性的同时实现盈利。

公众号知识产品的变现要分3步走，下面以当前比较热门的"共读"为例。

第一步：公众号运营团队选择图书和录制音频。

第二步：在公众号上进行引导，包括建立微信群、设置共读签到，以引导用户读书，如图 8-102 所示。

图 8-102

第三步：发布知识内容产品，引导粉丝付费购买。

对于知识付费型电商来说，服务和用户参与度是两个关键要素。在内容的生产上，要以服务为方向，让知识产品更有价值和魅力。只有这样，粉丝才愿意花钱购买知识产品。

因此，通过读者付费阅读实现盈利的公众号要以内容为内核，让服务成为维系其与粉丝的纽带，强化用户参与感。

在内容的设计上，付费的知识产品并不要求很有个性，重要的是有实用性。因此，如何帮助粉丝行动起来，获得他们想要得到的知识内容才是关键。例如，《红楼梦》《史记》《悲惨世界》等耳熟能详的书籍，都是广受欢迎的付费知识产品。原因就在于这些书籍的内容都经得起考验，而且通用性很强，是大众普遍需要的。由此可见，销售实体产品的电商和付费阅读型电商之间的区别在于，实体产品电商的产品一般是非标品，而付费阅读电商的产品恰恰是"标品"，为大众所熟知。

8.5 利用微店提升产品销量

几乎所有以电商盈利为主的公众号都有自己的微信店铺，运营者在微信店铺中可以展示产品、活动等，而粉丝则可以通过这一渠道进行消费。对已接入微信店铺的公众号而言，如何将微信平台的用户引流到微信店铺来提升营业额是运营者运营微店的重要目标。

8.5.1 将微信用户引流到微信店铺

将微信的用户引流到微信店铺有多种方法，具体如下。

1. 自定义菜单

自定义菜单是用户进入微信店铺的一个入口。运营者可以将自定义菜单链接到不同的店铺页面，以便有不同需求的用户能够通过点击自定义菜单快速找到自己需要的商品，如图 8-103 所示。

2. 阅读原文

公众号文章底部"阅读原文"的链接是由运营者自行设置的，因此运营者可以将阅读原文的链接设置为微信店铺地址,从而将阅读完公众号文章的用户引流到微信店铺。为了让用户清楚"阅读原文"的作用,运营者需要在"阅读原文"上方用文字加以提醒,以引导用户点击,如图8-104所示。

图 8-105

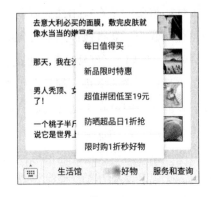

图 8-103

图 8-104

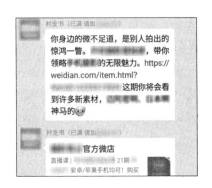

图 8-106

3. 二维码

对于二维码,相信大多数运营者已不陌生。将微信店铺链接生成的二维码在图文内容中展现也可以起到引流的作用,这也是大多数公众号的普遍做法。

4. 自动回复

公众号的新用户,可以利用被关注回复功能,以自动回复的方式将用户引流到微信店铺,如图8-105所示。

5. 微信群

运营者可以把微信店铺的链接发送到公众号粉丝群中,以达到引流的目的,如图8-106所示。

6. 朋友圈

将微信店铺的链接分享到朋友圈也是常用的一种引流方式,如图8-107所示。

图 8-107

7. 友情链接

运营者可以与其他公众号合作,以实现在他人公众号中呈现自己微信店铺的目标。对于有意向合作的公众号,运营者可通过会话窗口留言或通过该公众号提供的联系方式与其取得联系来实现合作。这与前面介绍的公众号互推类似，如图8-108所示。

图 8-108

8.5.2 产品推广的流程

任何产品都离不开营销推广，微店中的产品也不例外。有效的营销推广是提高产品销量的重要手段，运营者可按以下操作流程开展。

1. 商品预热

对微信店铺中销售的产品首先要进行预热，如在微信群、App等渠道进行推广。公众号作为首要推广渠道，运营者要发送一篇推文宣传产品。由于是商品预热，因此在推文中就可以以"预售"的形式进行推广，以便粉丝能提前知晓产品即将开售。

微信店铺中销售的大多是小批量产品，采用预售的形式往往能控制成本，同时让有意向的粉丝提前关注商品，在无形中延长商品的销售周期。当然在预热的同时，不妨采用饥饿营销，这样更能促进消费者下单，如图8-109所示。

图 8-109

2. 优惠活动

对于部分产品，运营者可以在产品热售阶段利用优惠活动来吸引消费者，其活动类型可以是买赠、限时特惠等，如图8-110所示。

图 8-110

产品热售阶段（推文发送后至产品下架前）的重点工作是促进消费者下单，因此在微信店铺中要将正在热售的商品放在首页，以便进入微信店铺的消费者一眼就能看到，如图8-111所示。

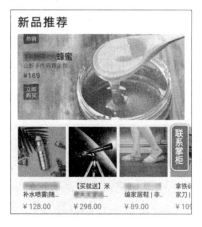

图 8-111

3. 推文助力

在产品销售几天后，运营者可以再次推文进行助力。对于那些没有看到此前推文的粉丝来说，此篇推文可以让他们成为商品的新关注者；对于那些正在犹豫是否要下单的粉丝来说，这篇推文将坚定他们下单的决心。

4. 第二轮销售

对那些销量好的产品而言，运营者可以在一段时间后开启第二轮销售。在第二轮销售中，可以利用前一轮的"热销"来促使新老客户下单，如图 8-112 所示。

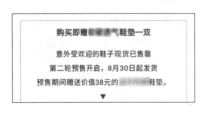

图 8-112

8.5.3 做好图片与文案，提高产品点击率

在微店中销售产品，要想有很好的转化率，在图片展示方面就不能马虎。产品图片不仅有展示的作用，还肩负着吸引消费者注意力，让他们产生兴趣，以获得点击率的使命。以下做法将帮助产品图片更容易被消费者点击。

1. 突出产品本身

在微店中展示的商品图片首先不能花哨，要保证消费者看到图片的第一眼就能将视线聚焦在产品上。要想突出主产品，运营者在设计产品图片时就可以运用一些摄影构图方面的技巧。

在简洁的纯色背景中，产品只要与底色有区别，自然会被突出。因此，运营者可以采用极简式构图方式，利用大面积的留白来最大限度地突出主体。对正方形主图而言，可以将产品居中放置；对 Banner 图而言，可以将产品放在右侧或左侧，并搭配文字来展现，如图 8-113 所示。

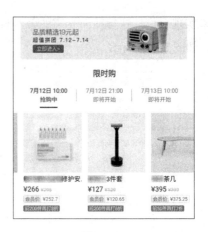

图 8-113

2. 让产品生活化

每种产品都有其适用的场景，这也是产品价值的体现。因此，在拍摄产品图片时，可将产品放在某一场景中，即让产品生活化，这样更能引发消费者的共鸣。

当消费者看到有生活气息的产品图片时，会联想到自己的实际生活需求，进而点击产品进行了解，如图 8-114 所示。

图 8-114

3. 文案展示产品的特性

好的产品还需要好的文案来体现,即产品有哪些卖点、有哪些特性都需要用文案来说明。在微店中,产品主图文案的介绍一定要简洁明了,以突出产品最核心的卖点或特性为重点,如图 8-115 所示。

图 8-115

8.5.4 善于提炼产品卖点

要想让消费者下单,就要给消费者一个购买产品的理由,而这个理由就是产品的卖点。一款产品可能会有多个卖点,但需要提炼出最核心的卖点,这样才能攻破消费者的防御心理,将流量转化为销量。

以防晒霜为例,其最核心的卖点当然是防晒,而这也是消费者购买防晒霜的理由。因此,在微店中销售防晒霜时,就要以防晒为核心卖点。

在防晒这一卖点中,还要挖掘出该防晒霜相比于其他防晒霜的优势。例如,它的防晒效果比其他防晒霜强,它能让使用者的皮肤晒不黑,那么晒不黑就是一大亮点。

仅仅有晒不黑这一卖点还不能让买家马上行动,这时还应再挖掘如美白这一卖点。不仅晒不黑,还能美白,这时爱美的买家可能就会心动了,其下单的可能性也将大大提高。

不同的产品,其核心卖点是不同的,如上面的防晒霜,其卖点是防晒 + 美白,而要是换一款产品,如双肩背包,卖点就要从能装 + 外形上入手。总结起来,在提炼产品卖点时可以从以下几个方面入手。

(1)性能,包括商品的品质、材质、使用功能、技术等。

(2)外观,包括商品的设计、包装、形状、款式、做工及色彩等。

(3)情感,包括运动、健康、生活方式、服务及文化等。

运营者在提炼产品卖点时要注意,产品的功能点并非等同于产品的卖点。产品卖点应能解决消费者的现实痛点,通过文案生动展示出消费者的痛点,给消费者一个非买不可的理由,从而激起消费者的消费欲望。

8.5.5 掌握定价的秘诀

微信公众号电商属于社群类电商,面对的消费者一般都是认可该公众号的粉丝,因此合适的定价将成为店铺爆款的催化剂。

目前,微信店铺爆款产品的价格大多集中在两个区间:一个是 50 ~ 150 元;另一个是 250 ~ 400 元。例如,买断供应商库存的华夫饼机,其价格为 158 元 / 台;12 小时销量达 5000 本的《晚安日历》,其价格为 59 元 / 本;23 小时内就卖完的《Van Gogh 画作全集》,其价格为 328 元 / 本。

有了合适的价格区间,运营者在最终价格的确定上还要掌握一些心理学上的定价方法。

常见的有以下几种。

（1）尾数法。它是指以 9、8 作为商品价格的尾数。以 10 元和 9.9 元为例，虽然只相差 0.1 元，但 10 元会让消费者感觉上涨了很多，而 9.9 元会让消费者感觉是在 9 的区间内。这也是大多数微信店铺最常采用的定价方法，如图 8-116 所示。

图 8-116

（2）价格分离法。针对不同的用户，店铺可以设置不同的价格。例如，针对会员或 VIP 客户可以提供比普通用户实付款更低的价格，这种定价方法的好处在于能培养一批核心的忠实客户，如图 8-117 所示。

图 8-117

（3）折扣定价法。它是指以优惠折扣的方式来定价，如满 200 元减 10 元、下单立减 50 元、第二件半价等。将这种定价方式与促销手段相结合，好处在于能有效提升产品的销量，如图 8-118 所示。

（4）邮费定价法。对某些利润比较低且定

价本身就不高的产品而言，可以采用不包邮方式，而不是抬高产品的定价来降低消费者对价格的敏感度，其中运费的多少可以根据买家的收货地来确定，如图 8-119 所示。

图 8-118

图 8-119

8.5.6　促销活动让买家果断下单

不管是公众号电商还是其他类型的电商，促销活动都是运营工作中的重要组成部分。没有经验的电商运营人员可能会认为促销就是降价，实际上则不然。促销的方式有多种，以下几种促销方式很受微店消费者青睐。

1. 买 × 送 ×

买一送一、买二赠一的促销方式很容易让许多消费者心动，特别是有大量需求的商品，如面膜、零食、洗护用品等。对于此类商品，如果采取买 × 送 × 的促销活动，将会在很大程度上吸引消费者多买，如图 8-120 所示。

2. 拼团

拼团是当前比较火热的一种网购方式，它

打破了传统网购的单一性,更强调社交属性,好友间可互相分享商品并参团购买。

对消费者而言,拼团能帮助其获得低价优惠;对电商而言,拼团能帮助其增加订单量、提高营业额。

单即送、买满200元可获得、前500名即送等。

虽说是赠品,但价值也不能太低;否则,将不能起到刺激消费者下单的作用。当然,赠品最好是与销售的产品互补或对消费者有用的商品,如图8-122所示。

图 8-120

图 8-122

当前,拼团主要是依靠好友转发微信群、朋友圈等方式来传播的,而微信则为这一购物方式提供了良好的基础。因此,微信电商完全可以采用拼团这种促销方式,在实现让客户迫切下单的同时增加销量,如图8-121所示。

4. 捆绑销售

捆绑销售是指将两个或两个以上商品组合在一起进行销售。捆绑销售的产品只有满足关联性、同档次两个条件,才适合捆绑在一起进行销售。因为如果捆绑的商品之间没有关联性,那么消费者就可能会因为被捆绑的商品用不上而放弃购买;而如果捆绑的商品之间档次相差太大,消费者也会因另一件商品的价值较低而放弃下单。

图 8-121

3. 赠品促销

赠品促销与买×送×的促销形式类似,只不过它是通过赠送礼品来吸引消费者下单。具体获得赠品的方法可由店铺自行规定,如下

总之,捆绑销售的商品应是能够配套的商品,如牙刷和牙膏、靠垫和坐垫、洗发水和护发素等,如图8-123所示。

5. 限时抢购

限时抢购是当前比较流行的促销方式,指利用限时低价抢购的方式来吸引消费者迅速下单。运营者可以根据店铺自身的情况选择限时抢购时间段,如10:00~11:00、20:00~21:00等,如图8-124所示。

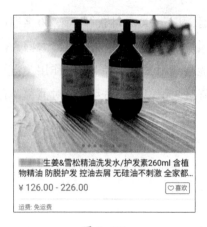

图 8-123

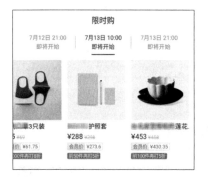

图 8-124

> **提示**
> 要知道，并不是所有的产品都适合促销。一般来说，店内销量好、需求量高的产品才适合促销。而特别高价位和特别低价位的产品不太适合做促销，因为消费者对较低价位产品的价格敏感度并不强，此外，较高价位的产品本身的需求量较小。如果进行促销，所能影响的消费人群也很有限，并且消费者往往不会因为你做促销而增加下单量。

8.5.7 提高粉丝忠诚度才能持续变现

粉丝的忠诚度并不是一朝一夕就能提高的，而需要运营者持续运营，让用户不断获得愉悦感，这样用户才能对公众号"不离不弃"，从而实现粉丝的持续变现。那么，如何才能提高粉丝的忠诚度呢？

1. 稳定的推送频率

稳定的推送频率对于公众号和微店店铺的运营来说必不可少。推送文章时，运营者最好为公众号设置一个固定时间，如 8:00 或 22:00。这样做的好处是，能让用户养成在固定时间阅读文章的好习惯。

目前，微信公众平台也提供了定时群发功能，运营者可以设置发送时间，如图 8-125 所示。

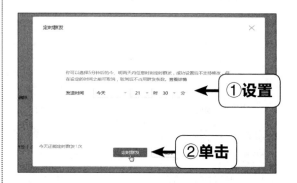

图 8-125

推送频率的稳定除了包括推送次数和推送时间的稳定外，还包括推送位置的稳定。

此外，可将产品推广的内容与常规内容区分开来，如在标题中对"产品"进行体现可避免无购物意向的粉丝点击。

2. 会员制度

对于微信店铺的运营来说，会员制度是与粉丝建立情感纽带的重要工具。会员制度对于维护老顾客，提升二次消费具有重要意义。

目前，微信公众号可通过公众平台提供的"卡券"功能创建会员卡，支持折扣、积分等玩法，并提供会员管理、数据报表等丰富工具，以便运营者高效管理会员。

有开发能力的运营者也可以不使用微信公众平台提供的"卡券",而是自行开发建立"微会员",如图 8-126 所示。

图 8-126

3. 增加服务性功能

在公众号和微信店铺中,运营者可以增加一些服务性功能,如订单查询、在线客服、在线提问、在线测试及小游戏等,潜移默化地让粉丝喜欢上公众号和微信店铺,如图 8-127 所示。

图 8-127

8.6 日益火爆的小程序运营推广

微信小程序是一种不需要安装就可以运行的应用,运营者可以通过小程序为用户提供便捷、丰富的服务,如预订、商品购买及游戏等。

8.6.1 怎么申请小程序账号

具有开发能力的运营者可通过微信公众平台注册并开发小程序,具体操作如下。

第一步:进入微信公众平台首页,将鼠标指针移动到"小程序"按钮上,单击"查看详情"按钮,如图 8-128 所示。

图 8-128

第二步:在打开的页面中单击"前往注册"按钮,如图 8-129 所示。

图 8-129

第三步:进入账号信息填写页面,填写邮箱、密码和验证码,勾选"你已阅读并同意……"复选框,单击"注册"按钮,如图 8-130 所示。

第四步:在打开的页面中单击"登录邮箱"按钮,如图 8-131 所示。

第五步:登录成功后,打开微信公众平台发送的邮件,单击激活链接,如图 8-132 所示。

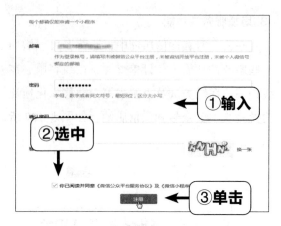

图 8-130

图 8-131

图 8-132

第六步：返回微信公众平台，在信息登记页面选择注册国家/地区和主体类型，如图 8-133 所示。

第七步：在页面下方填写主体信息，选择的主体类型不同，需要填写的主体信息也会有所不同。例如，选择"个人"后，需填写身份证姓名、身份证号码、管理员手机号码和短信验证码。填写完成后，使用管理员本人的微信扫描二维

码，再单击"继续"按钮，如图 8-134 所示。

图 8-133

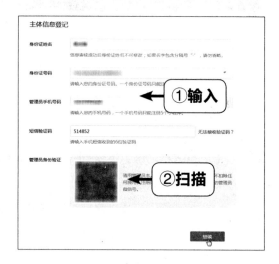

图 8-134

第八步：使用微信扫描二维码后，在手机上点击"确定"按钮，如图 8-135 所示。

图 8-135

第九步：返回微信公众平台，单击"继续"按钮，如图 8-136 所示。

图 8-136

第十步：在打开的提示对话框中单击"确定"按钮，如图 8-137 所示。

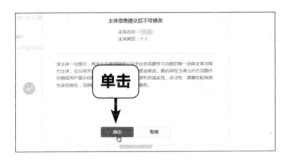

图 8-137

完成小程序账号的注册后，运营者可在微信公众平台官网首页登录小程序账号，新增开发者，然后编写代码，并创建小程序。

> **提示**
> 目前，市场上有很多小程序在线制作工具，不会自主开发小程序的运营者可利用这些在线工具，套用平台提供的模板制作小程序。

8.6.2 让小程序更容易被用户搜索到

面对庞大的微信用户群，运营者要想让小程序被用户发现并使用，就不能忽视微信的搜索功能。目前，在微信平台上小程序的搜索入口主要有 3 个：一是微信顶部的搜索框；二是小程序搜索栏；三是"发现"页面中的看一看

和搜一搜。那么，如何才能让自己的小程序被用户更好地搜索到呢？具体要做好以下几点。

1. 名称简单易搜

小程序的名称应以简单易搜为原则，最好不要使用那些复杂难以理解的词语。在命名时，只需保证名称能简单地概述小程序的特点或点明为用户提供的服务即可。应该将那些用户经常搜索的关键词放在名称的前面，这样更有利于搜索。

如果运营者定义的小程序名称已被注册，那么可以在名称前面或后面加上英文或符号标识，如图 8-138 所示。

图 8-138

> **提示**
> 在正式发布小程序前，有两次修改名称的机会，一旦用完则必须在发布后通过微信认证进行修改。

2. 选择有利于推广的关键词

在微信小程序管理后台有一个"推广"模块，运营者可以在其中提交关键词，以便小程序更易于被用户搜到。目前，每个小程序最多可提交 10 个自定义关键词，且提交并审核通过后每月最多有 3 次修改机会。

在选择推广关键词时，要站在小程序使用者的角度来考虑与小程序提供的服务有关的关键词。运营者可采用先做加法后做减法的方式

来筛选关键词,即先选取多个关键词,再将那些不太适合的关键词减去。

另外,运营者还可以利用微信指数来筛选关键词。通过交叉对比近3个月不同关键词的搜索指数来设置关键词,同时持续关注已使用的小程序关键词的搜索数据,利用每月3次的修改机会来对关键词进行优化。

3. 尽早注册

要知道,小程序上线得越早越好。从影响搜索的角度来看,尽早注册小程序不仅能帮助运营者抢先注册到好的名称,还能提高网站的曝光度;同时,注册越早的小程序,在关键词搜索结果中的排名也会越靠前。

所以,运营者一旦决定运营小程序,就应尽快完成小程序的搭建,让其尽早上线。

4. 利用"附近的小程序"

在微信小程序搜索栏中,可以看到"附近的小程序"入口,如图8-139所示。

图 8-139

运营者可在公众号后台或小程序后台添加地点,展示自己的小程序。当用户正在此地点周围时,可通过"附近的小程序"搜索使用小程序。

8.6.3 如何让小程序实现"分裂式传播"

要想让小程序被引爆并实现分裂式传播,

就不能忽视微信的社交属性。下面就来看看那些能帮助小程序增加曝光量的功能。

1. 立减金

立减金是一种现金抵扣卡券,是小程序比较火爆的功能之一。很多电商类小程序更是通过立减金实现了粉丝裂变,从而疯狂吸金。

立减金的操作方法是:当用户在小程序内支付成功后,就会产生立减金;用户可通过分享立减金链接邀请好友一起领取,其他领取立减金的用户在小程序内支付时可直接抵扣一定的金额。

小程序立减金与美团外卖、滴滴打车等App的红包类似,可以通过互动分享的方式实现裂变+曝光的转化。立减金将小程序、卡包和钱包联系在一起,使用户能在微信中实现"消费→分享→消费"的闭环,同时也让"用完即走,下次再来"成为可能。因此,立减金是小程序营销的重要利器之一,如图8-140所示。

图 8-140

运营者可进入微信支付商户平台,登录账号后,进入"产品中心"→"我的产品"→"运营工具"页面,开通"公众号活动配置"权限,然后创建社交立减金活动。

2. 分享优惠券

分享优惠券也是一种可刺激用户二次消费,并实现小程序推广的工具。根据商家需求的不同，分享优惠券可分为不同的类型，如代金券、兑换券及满减券等。

例如，星巴克小程序"星巴克用星说"就是分享优惠券中做得比较好的。用户可通过在"星巴克用星说"小程序中购买兑换券或星礼卡给微信好友，为其送出一片"星"意，实现情感的传递，如图8-141所示。

图 8-141

分享优惠券充分利用了社交营销的优势，使小程序能在微信朋友圈、微信群中得到广泛传播；同时，分享优惠券也能吸引到一批精准粉丝。

3. 助力享免单

助力享免单是用户通过参加小程序提供的助力免单活动，邀请好友为其助力，当用户满足助力标准后，便可享受0元购物的免单服务，如图8-142所示。

助力免单活动一般都有助力人数要求，因此参加活动的用户为获得免单产品就需要邀请好友为其助力，从而实现小程序在用户之间的传播。其他参与助力的用户在看到活动内容后，也可以发起助力免单活动，享受免单服务。目前，这一营销方法让许多电商小程序成为爆款。

图 8-142

当然，除了以上几种营销方式外，多人拼团、助力砍价等活动也能实现小程序的分裂式传播。

8.6.4 微信公众号关联小程序，实现双赢

当前，微信公众号能与小程序很好地进行衔接互动。在公众号中关联小程序，可以扩展小程序的使用场景，让用户直接享受小程序的服务。因此，利用公众号来推广小程序是非常有效的一种方式。具体来说，公众号关联小程序的绑定流程如下。

第一步：登录公众号后台，单击"小程序"超链接，如图8-143所示。

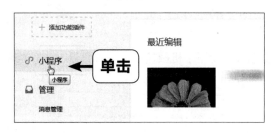

图 8-143

第二步：在打开的页面中单击"开通"按钮，如图8-144所示。

图 8-144

第三步：进入小程序管理页面，单击"关联小程序"超链接，如图 8-145 所示。

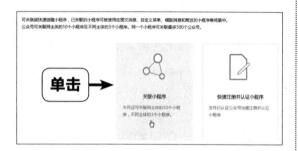

图 8-145

第四步：在打开的页面中使用管理员微信扫描二维码，如图 8-146 所示。

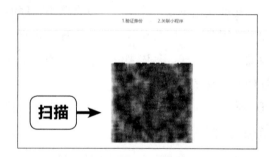

图 8-146

第五步：使用手机微信扫描二维码后，点击"确定"按钮，如图 8-147 所示。

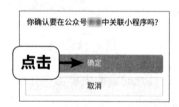

图 8-147

第六步：在打开的页面中输入要搜索的小程序 App ID，单击"搜索"按钮，如图 8-148 所示。

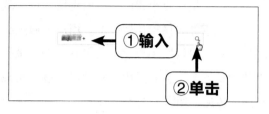

图 8-148

查找到小程序并发送绑定邀请后，小程序管理员需接受邀请。公众号关联小程序后，系统将自动向公众号粉丝推送关联成功消息，此时点击消息即可跳转至小程序，如图 8-149 所示。

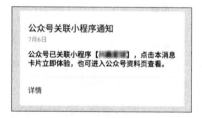

图 8-149

同时，运营者可在自定义菜单中使用小程序，如图 8-150 所示。

图 8-150

除此之外，运营者还可以在图文消息中推广小程序，如图 8-151 所示。

图 8-151

8.6.5 提高小程序黏度,避免用户"用完即走"

公众号有比较好的用户留存机制,而小程序则很难像公众号那样留住用户。可以说,用户"用完即走"是小程序难以获得稳定流量的重要原因。那么,小程序如何才能避免"昙花一现"的尴尬局面呢?

1. 利用模板消息刷存在感

基于微信的通知渠道,微信公众平台为开发者提供了模板消息功能。模板消息的推送位置在"服务通知"中,如图 8-152 所示。

图 8-152

目前,模板消息是最常见的提高小程序留存率的方法。当用户本人与小程序页面有支付或提交表单的交互行为后,即可触发模板消息。

很多电商类小程序就是通过模板消息来唤醒沉睡用户的,即使用户在小程序内没有购买记录,此类小程序仍然会为用户推送活动信息,用户则通过点击该模板消息可跳转到各个页面。这样不仅能促进小程序的分享和传播,还能提高用户留存率。

但运营者要注意控制使用模板通知功能的频率,以免频繁推送消息会打扰到用户,从而引起用户的不满。

2. 将小程序沉淀到公众号中

公众号的优点是有粉丝量,并且只要运营得当用户留存率就会比较高。公众号的这一优点正好能弥补小程序的不足,因此将公众号与小程序结合起来实现公众号 + 小程序的联动,小程序用户的留存率自然就会得到提高。

3. 重视小程序数据的分析

在小程序管理后台,运营者可以通过"小程序数据助手"了解小程序的打开次数、访问人数及分享人数等。通过分析数据,运营者可以了解到用户对小程序的喜爱程度及行为习惯,然后根据分析结果来制定小程序的运营策略,从而能让用户用完再来。

秘技一点通

技巧 1 简单易上手的排版技巧

尽管高质量的内容是微信运营的核心,然而在这个"看脸"的时代,好的内容还需要好的排版来衬托。以下技巧可帮助公众号运营者做好公众号内容的外在排版。

(1)标题字数最好控制在 13 个以内,并且尽量控制在一两行以内,标题过长会导致在手机端显示时不美观。

（2）封面的配图应选择干净、色调统一的图片，且最好选择与文章标题相符的图片，头图的尺寸为 900 px×500 px，次图的尺寸为 200px×200 px。

（3）正文如果采用的是多图文配图方式，那么整体风格就要保持一致，图片与正文上下可空一行。另外，图片尺寸最好也保持一致，可选择 320～640 px。当然，正文图片应尽量与内容相符。

（4）正文字号不可过大，也不可过小。一般来说，14～18 号字比较合适。如果文章篇幅短小，那么可以采用 16 号字或 18 号字；如果文章篇幅较长，那么可以选择 12 号字或 14 号字。文艺抒情类文章可使用稍小的字体，这样能让文章看起来更精致。

（5）为了给用户提供良好的阅读体验，正文的行间距不可太过紧凑，稍小的字体可选择 1.5 倍行距，稍大的字体可选择 1.75 倍行距。

技巧 2 如何修改公众号历史文章

对于许多公众号运营者来说，最不愿意看到的就是文章发布后存在错别字。目前，微信公众平台已提供了对已发送图文消息正文的修改功能，这对于大多数运营者来说是好事。具体的操作如下。

第一步：登录微信公众号后台，在"已群发消息"栏中选择要修改的公众号文章，单击"改"按钮，如图 8-153 所示。

图 8-153

第二步：选择要修改的错别字，在"替换内容"文本框中输入文字，单击"确定"按钮，如图 8-154 所示。

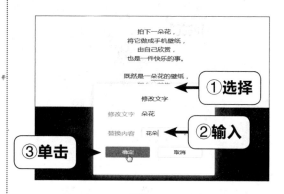

图 8-154

第三步：单击"提交修改"按钮，如图 8-155 所示。

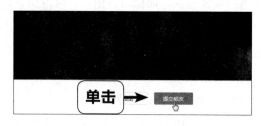

图 8-155

运营者需要注意的是，虽然微信公众平台提供了对公众号历史文章的修改功能，但仍有诸多限制，即全文最多只能修改 5 个字，且一篇文章只能修改一次。

技巧 3 如何使用微信指数查看关键词数据

微信指数是微信官方提供的基于微信大数据分析的移动端指数。运营者利用微信指数可以了解某个词语在一段时间内的热度趋势，同时还可以洞察用户的兴趣点，为精准营销提供决策依据。微信指数的具体操作步骤如下。

第一步：打开手机微信，在搜索栏中搜索"微信指数"小程序并点击进入，如图 8-156 所示。

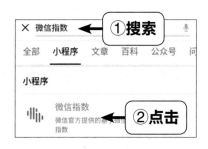

图 8-156

第二步：进入"微信指数"小程序，输入要搜索的关键词，如图 8-157 所示。

图 8-157

第三步：在软键盘中点击"搜索"按钮，如图 8-158 所示。

图 8-158

第四步：在打开的页面中即可查看指数详情，包括 7 日、30 日和 90 日的数据，如图 8-159 所示。

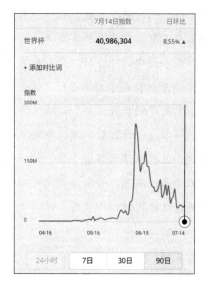

图 8-159

如果运营者要对比多个关键词移动端的指数情况，可以通过点击"添加对比词"超链接添加词汇来实现。

小王是公司的微信运营推广专员，他每天的工作时间基本上都花在了找图片、修图和写文章上，且风吹不动雷打不动地每天定点发布公众号文章。可是公众号的粉丝量就是不见增长，发布的文章阅读量也少得可怜，更别提有人评论互动了。公司老板了解了小王运营的公众号的情况后，要求他想办法增加粉丝量，提高公众号文章的阅读量。于是，小王上知乎求教了专家，终于得知公众号不涨粉、阅读量低的原因——全是硬广内容。

小王发布的公众号文章标题，打头的永远是"产品介绍""活动推广""公司新闻"等字眼。这样的标题根本不会让粉丝有点击的欲望，打开后里面更是除了硬广还是硬广，都是宣传公司或产品的内容。

知乎上的专家告诉小王，要想让公众号文章有人点击，首先标题得有吸引力，即使正文内容可能会有广告，但标题也要软。另外，不要总是站在公司的角度发布文章，应试着想想粉丝喜欢看什么、粉丝想了解什么，进而多发一些对粉丝有用的文章。这样既能让粉丝获得自己想要的内容，也能让粉丝在无形中认可公司，广告效果自然不会太差。

后来小王对公众号文章进行了优化，每次发布前都会认真精选对于粉丝来说有价值的文章，不再使用以前的"骚扰式广告"。就这样，公众号每周都有新粉丝关注，且互动评论的粉丝也越来越多。老板得知这一情况后，不仅夸奖了小王，还给他涨了工资。

上述小王的故事并不是个案，许多微信运营者都犯过类似的错误，发布的公众号文章缺乏创作能力，只是为了满足广告要求，使得公司信息、产品信息占据了大量篇幅。这样的公众号要想让粉丝长期关注就很困难，即使有粉丝，大多也是公司的内部员工。

09 第9章
微博，让"微"账号创造价值

本章导读

现如今微博仍是广大自媒体和企业使用较多的营销平台。微博具有传播速度快、传播范围广的优势，这也使微博营销具有独特的优势。但不可否认的是，随着注册微博的自媒体和企业的日益增多，微博营销之间的竞争也在加剧。所以，常常会听到很多微博运营专员说："微博是越来越难做了。"那么，在今天的微博平台上，自媒体或企业如何才能更好地开展微博营销，进而在网络市场上占有一席之地呢？

学习要点

- 建立微博矩阵架构
- 足够吸引眼球的微博名称
- 微博的身份信息要明确
- 微博账号的形象定位

9.1 微博页面的形象定位和管理

微博是一个打造官方形象的平台,因此其账号的形象定位很重要。微博上有很多将微博账号拟人化的官微,如杜蕾斯的"小杜杜"、碧浪的"碧浪姐"等。而微博形象的拟人化可以拉近粉丝与企业之间的距离。

9.1.1 开设多账号进行矩阵联动推广

对于微博矩阵架构,有的运营者可能比较陌生。其实,可以简单将其理解为通过布局多个微博账号和平台,实现360度塑造品牌或产品形象。

微博矩阵有三大特点:一是多平台布局;二是多账号协作;三是统一化管理。微博平台的布局,主要是指新浪微博和腾讯微博,这里主要介绍新浪微博,因为其广告价值已得到众多商家的验证和认可;多账号协作是指在微博上建立多个不同功能的账号,且彼此之间形成链式传播;统一化管理是指账号之间的营销推广节奏和口径相一致,从而实现联动营销效果。

微博矩阵架构要从账号上来构建,那么这个矩阵是如何布局的呢?具体来说,有以下几种矩阵。

1. 1+N 矩阵

所谓 1+N 矩阵是指在一个垂直领域的大号下,布局多个以产品线为主导的多个分流账号。这个垂直领域的大号主要用于塑造品牌形象,而产品分流账号则用于强化产品宣传。这种微博矩阵特别适用于产品结构比较简单的企业,可以起到强化产品本身的作用。下面来看一个例子。

在新浪微博上,一汽大众有一个官方微博账号"一汽 - 大众",同时还有以一汽大众产品线为主导的微博账号,包括"一汽 - 大众迈腾""一汽 - 大众速腾""一汽 - 大众高尔夫""一汽 - 大众 GTI""一汽 - 大众 CC"等。这种矩阵就是 1+N 矩阵。

除了一汽大众外,可口可乐也有这种矩阵布局方式。可口可乐有"可口可乐中国"官微,还有"雪碧""芬达 Fanta""纯悦 CHUNYUE"等产品官微,如图 9-1 所示。

图 9-1

2. AB 矩阵

AB 矩阵即以 A+B 的形式布局微博账号,A 账号是 Action 账号,用于塑造活动形象;B 账号是 Brand 账号,用于塑造品牌形象。下面举例说明。

加多宝大家应该都喝过，其在新浪微博上有官微"加多宝凉茶"，这个属于 AB 矩阵中的 B 账号；A 官方账号则有多个，包括"加多宝活动""加多宝 CCTV5"等。每个 A 账号都可以与品牌账号构成 AB 模式，两个账号同时发力，既有品牌的输出，又有情感的输出，可谓软硬兼施，从不同角度去影响消费者，如图 9-2 所示。

图 9-2

3. 三维式矩阵

三维式矩阵是指从 3 个维度来布局微博账号，包括企业名人、产品以及理念。

企业名人本身就具有一定的影响力，这种影响力在微博上尤为明显；而借助名人效应，可以提高企业的知名度。每个产品都具有独特的理念，通过持续输出这种理念可以进一步强化品牌。下面来看一个例子。

小米在新浪微博上有"小米公司"官方微博，同时还有以企业名人为主的名人认证微博，如"雷军""黎万强""林斌_Bin"等。另外，还有以小米产品为主的官方微博，如"小米手机""小米电视""小爱音响"等，如图 9-3 所示。

小米的这种账号布局方式就属于三维式矩阵。当然，微博矩阵并不是随意布局的，企业在布局自己的微博矩阵时要注意以下几点。

图 9-3

（1）差异性。各账号之间要有一定的差异性，体现其个性化特征。这一点从前面列举的例子中就可以看出。

（2）一个核心。微博矩阵中要有一个核心账号，用于引导其他账号发出企业的声音，而其他账号的内容则要与核心账号的内容具有统一性。

（3）按需划分。微博矩阵要根据企业的需要来布局，不同企业所适用的布局方式是不同的。有的企业可能适合 1+N 按品牌来布局；有的企业可能会采用 1+N 按功能来布局，如 OPPO 按"OPPO 客服""OPPO 社区""OPPO 招聘"来布局；有的企业可能按地域来布局，如建设银行按"建设银行上海市分行""建设银行北京市分行""建设银行深圳市分行"来布局。总之，企业要根据自身情况找到适合的布局方式。

9.1.2 微博名称要夺眼球

从前面的微博矩阵布局架构可以看出，利用微博进行营销，其账号往往不只有一个，而是有多个。那么，为这些微博账号命名就很重要了，因为它们实际上代表了企业的一种形象。微博账号的命名具体有以下几种类型。

（1）企业官方账号。这类账号名称一般为

企业简称，如"支付宝""阿里巴巴"等。

（2）产品型账号。一般为产品简称或企业简称+产品，如"力量帝维他命水""康师傅红烧牛肉面"等。

（3）企业名人账号。这类名称可为真实全名，但有时会遇到名称被抢先注册的情况。这时可以在名称后加上英文或者其他符号，企业名人微博账号最好也加上"V"认证。如果是企业员工微博账号，则可以用昵称。

（4）功能型账号。一般为企业简称+某一功能，如"36氪招聘""OPPO客服"等。

以上几种命名方式都是比较常规的。但对自媒体来说，命名要更加个性化。微博自媒体很少用真名，除非其本身就具有一定的知名度，否则用真名作微博账号名称不会带来很大的影响力。就算要用真名，一般也会加上一些前缀或后缀，目的是提高名称辨识度。

自媒体微博名称可设置为4~6个字，不推荐太长的。根据微博运营以及自己擅长的方向，自媒体的命名也会不同，主要有以下几种。

（1）职称+真名/花名。这是很多隶属企业的自媒体或者员工常用的命名方式。很多初入微博的意见领袖也常常用这种方式命名，如电商××、运营××。

（2）个性化昵称。微博上的很多红人及大V都采用个性化昵称，如"同道大叔""papi酱"等。

（3）昵称+内容。如果想打造一个体现个人特色和内容的自媒体，那么可用昵称+内容的方式来命名，如"吴晓波频道""星座萝卜苏"等。

（4）主攻方向。如果该账号有专门的主攻或擅长方向，那么可以用此来命名，如

Photoshop大师、UI设计、优秀网页设计等。

（5）提供内容。根据微博账号提供的内容来命名也是一个不错的选择，如YouTube精选、美搭社、全球奇闻趣事、天天美食推荐等。

9.1.3 明确的身份信息有助于粉丝深入了解

可以说，完善的微博信息资料是粉丝了解微博的关键。微博的身份信息除了昵称外，还包括头像、标签、简介等。

1. 头像

对于企业微博而言，头像只需使用能表达企业品牌的LOGO即可；对于个人用户而言，用本人头像则比较好。若微博主要用于营销某一特点的产品，那么也可以使用产品图。总之，头像要选择清晰的图片，并且易于识别。

2. 标签

标签是用于描述微博账号功能、服务的关键词，通过设置标签可以让粉丝更好地找到博主的微博账号。例如，通过关键词搜索某一微博时，在搜索结果中就能看到微博标签，如图9-4所示。

图9-4

当设置微博标签时，可以在感兴趣的标签中添加，也可以自定义创建，如图9-5所示。

图 9-5

图 9-6

微博标签最多只能添加 10 个，因此一定要合理利用标签。对于微博标签，可从行业、业务/产品、服务、品牌几个方面来设置。例如，企业是电子商务行业的，那么标签中就可以添加"电子商务"这一关键词。再如，企业销售的是旅游类产品，那么标签中就可以添加"自由行""国内游""穷游"等关键词。

微博标签也可以根据当时的微博热点进行更换，因为很多微博用户都会利用微博搜索功能搜索热点信息。利用话题和热词来设置标签，可以增加微博账号被搜索到的机会。例如，"旅游攻略"在旅游行业属于一个热门词汇，那么就可以将这个词添加到标签中。

3. 简介

简介也是微博身份信息很重要的组成部分。企业微博的简介可以是对该企业的简单介绍，也可以是对企业提供了哪些产品和服务的说明。个人微博的简介可以从个人职业、提供的内容上入手。例如，我是做运营的，那么我的个人微博简介就可以是：专注网站、电商、微信营销运营，××公司运营总监……

简介没有固定的写作模式，但是不要用那些心灵鸡汤、励志语录，因为它们对于营销推广没有意义。另外，简介中也可以写上企业的联系方式或者个人微信、QQ、网店名等，如图 9-6 所示。

9.1.4 让微博账号在搜索中的排名靠前

微博也有搜索功能，如果运营者的微博账号能在用户的微博搜索结果中得到一个较靠前的排名，那么微博粉丝量及曝光量自然会得到提升。影响微博排名的因素有许多，包括账号名称相关度、是否加 V 及微博粉丝量等。

账号与关键词的相关度对微博账号的排名有很大的影响，账号的名称与关键词越相关，排名就越靠前，如在新浪微博中搜索"推广"，得到的结果如图 9-7 所示。

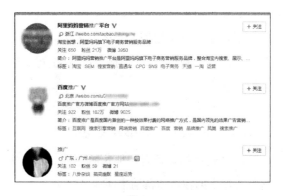

图 9-7

由搜索结果可以看到，搜索的关键词在账号名称及简介中都有体现。排在前两名的是加蓝 V 的企业账号，即阿里妈妈营销推广平台和百度推广。而排在第三名的为普通个人账号，虽然搜索的关键词与其账号名称完全相同，但因粉丝量及活跃度都不太高，排名并不排在最前面；虽然没有在最前面，但因为关键词与账号高度相关，此账号还是拥有很靠前的排名。

由此可以看出，要想让微博账号在运营者所营销的领域有一个好的搜索排名，那么在微博名称和简介上就要考虑目标用户可能会搜索的关键词，而不是随意命名和介绍。

另外，粉丝数量、微博内容数量及活跃度对排名也有较大的影响。为了提高微博搜索的排名，不断增加粉丝数量和发微博很有必要。当微博用户在搜索结果中看到你的粉丝量比较大时，就会认为你值得信任，从而关注你。当然，活跃度可以用转发量与评论量来体现。一般来说，账号的转发量和评论量越多，排名则越靠前。

另一个可能会影响微博用户信任感的因素就是是否认证。一般来说，用户会更信任已认证的账号；同时，是否认证也会影响排名，如在其他影响因素相同的情况下，加V账号会排在不加V账号的前面，实际上，这也体现了认证的优势。

了解了影响微博搜索排名的因素后，运营者在具体建立和运营微博时就可以从上述影响因素入手。

9.1.5 微博账号的形象定位

品牌营销的运营者可能都听过"品牌人格化"，这个词在微博营销中同样适用。

在不少企业的微博营销案例中，常常可以看到这些企业实际上都是随波逐流，试图以"洗脑"的方式来进行微博营销，不管发的内容是否为粉丝喜欢、是否有价值，只是做了"发微博"这项工作。试想一下，这样的微博营销方式能带来多大效果呢？

其实，在微博上进行营销，微博账号看起来似乎不会说话、不会做事，但实际上它是活的。

运营者必须先明确这个观点。我们在微博上发表的言论、图片等都能为微博塑造一个形象，如天猫旗下的微博账号"我的头好重啊啊啊"，这个账号给人什么样的感觉呢？感觉是可爱、耍帅、活泼。为什么这个账号会给人这样的感受呢？就是因为其微博账号被人格化了。

人格化有点抽象，但如果换成形象、虚拟、定位，大家应该就比较好理解了。微博账号在微博上做出的一系列行动都应该像人一样，有感情、有性格。那么，如何才能让微博人格化呢？

1. 角色定位

"人格化"要求微博不能像"机器输出"工具一样，只是单向传播内容，而应该有互动性。例如，"我的头好重啊啊啊"发布的微博内容，这里摘选了其中几条，如图9-8所示。

图9-8

由图9-8可以看到，虽然是官方微博，所传递的内容却与官方语气不同，反而更像朋友间的对话。

对微博账号进行角色定位取决于博主想要与粉丝之间建立怎样的关系，具体如下。

（1）朋友。这是比较常见的一种关系，这种角色定位能增进微博账号与粉丝之间的关系，让对话和互动具有平等性。

（2）服务员。这种角色定位比较适用于服务性质的企业，粉丝是顾客，那么微博账号就用于为顾客提供服务。例如，星巴克的官方微博"星巴克中国"的角色定位就是"服务员"，其微博给人的感觉就像一位服务员在为顾客提供星巴克上新、口味选择等服务。

（3）专家。这种角色定位将微博账号作为知识的传播者，为粉丝答疑解惑。例如，微博上"艾瑞咨询"的官微定位就是以专家为角色，这与其提供的产品和服务有关，主要包括市场调查研究和咨询服务等。

微博账号的角色定位越清晰，那么在后期运营过程中，不管是微博内容的策划还是微博活动的开展都将越容易。

2. 个性特征定位

所谓"千人千面"，通俗地讲就是一千个人有一千个面孔或者一千个性格特征。要将微博账号人格化，那么其性格特征也要人格化，如幽默搞笑的、卖萌可爱的、正经认真的。

在定位微博账号的个性特征时，可以先定位账号的性别，因为性别实际上也是个性的一部分，性别不同则个性特征也会有很大的差别。例如，微博上有小编称自己为理财君、探索君，这实际上就是一种性别定位。

对性格特征的定位，要与企业的形象相一致。例如，企业传播的内容本身比较严肃，那么就不能将其定位为幽默搞笑型。在微博上，杜蕾斯应该是营销界的"大神"，其微博的性格就定位为趣味搞笑型，而这一定位与其销售的产品有很大的相关性。

在定位微博账号时要切忌性格没有定性，今天是幽默卖萌型，明天又变成了深沉稳重型，这样多变的性格会给粉丝带来怎样的感受呢？也许是"精神分裂"吧。同样，在现实生活中，一个人如果是多面派，也会让人感到不值得信赖，其实在微博中也是一样，当定位好微博账号的个性特征后，就不要轻易去更改。

为了避免微博账号出现一账号多面孔的情况，在具体运营时，可以让符合账号定位的员工负责提供微博文案，且尽量不要更换，如果该员工因个人原因而离职了，那么一定要找个性特征相似的运营者来代替。

9.2 微博账号的吸粉和涨粉

在微博营销中，粉丝量对营销效果有很大的影响。因为账号中每个粉丝都可能成为企业的客户，而很多微博用户刷微博时刷的就是已关注的账号发布的微博内容。可以说，微博粉丝量在一定程度上反映了微博账号所能带来的能量。由此可知吸粉、涨粉是微博运营过程中不可或缺的一步。

9.2.1 借势热点事件实现曝光

在微博运营初期，比较简单且实用的吸粉方法就是借势热点进行营销。微博中有一个微博热搜榜，其能够实时反映微博热点内容的方向。现在，热搜榜已经成为一个高曝光流量位。因此，有的企业或名人为了提高曝光量，会通过刷榜来让自己上热搜，只不过现在微博正在严厉打击这种刷榜行为。

微博热搜榜是被高度关注的微博内容，运营者完全可以利用其来吸粉、涨粉。图 9-9 所示为微博热搜榜。

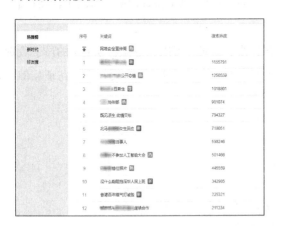

图 9-9

从图 9-9 中可以看到热搜的排行榜与热度，可见其活跃度很大，且这些活跃的粉丝都是优质粉丝。

点击热搜榜中的一条后，会跳转至综合页面。该页面全是与该热搜有关的内容，而且可以看到排名靠前的有些账号并不是大号或者粉丝量很多的号，如图 9-10 所示。

图 9-10

这就给微博运营者一个吸粉的启示：是不是也可以通过发布与该热搜有关的内容来获得曝光呢？答案是肯定的。但这里要注意一点，就是发布的微博内容中一定要带有这个热搜内容的关键词或话题。

要实现吸粉或者引流的目的，运营者在微博内容的发布上还需下点功夫。例如，图 9-11 所示内容就具有吸粉效果。

在微博上利用热点信息进行营销，找准时机也很重要。越早掌握热门信息进行话题发布，话题的"竞争对手"就会越少，曝光量通常也会越高。这里有几点技巧供大家学习。

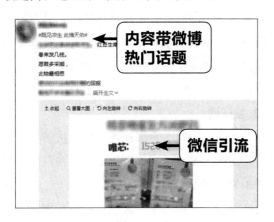

图 9-11

（1）尽量选择最靠近当前时间的热搜内容。

（2）甄选话题，可选择自己擅长的话题内容或者便于引流的话题。例如，一部电视剧在开播及大结局时，都比较容易上热搜，这时就可以在微博内容中加上该话题，并为粉丝提供电视剧资源，如加××号获取资源、私信回复获取资源等。这样一来，很多需要资源的粉丝就会关注该微博账号。

（3）有的热门话题在当前的热搜中可能比较靠后，但也可能因为网友的关注而跃进前几名。如果能判断这个话题具有"冲劲"，那么就可以提前利用它。一般来说，具有争议性的热点信息更容易火。

选择好热门信息或话题后，接下来就是利用它。对于内容的发布，可以采用以下技巧。

（1）多话题发布。一条微博中并不一定只能加入一个热门话题，也可以加入多个，如一个热搜中的话题、两个与之有关的其他话题。例如，将"#汉服#"作为主话题，引申出来的"#汉服摄影#""#汉服约拍#"就是次话题。如果你是摄影工作室的营销者，那么这样的话

题布局方式就比较适合，在信息流中被展现的可能性就会比较大。

（2）互动性。即使是蹭热点的内容，也要注重其互动性。因为评论或点赞的人数越多，微博内容就越容易被排在前面。另外，运营者需明确一点，蹭热点不是去发布与话题不相关的内容。经常会看到有的推广人员在微博上打上热门话题，内容却毫不相关，只有自己想要推广的信息。这样为了蹭热点而发布的内容很难受到微博用户的喜爱，互动性自然也不会太强，吸粉就更是难上加难了。

9.2.2 利用微博大 V 被动吸粉

大家都知道大 V 的粉丝量很多，他们发布一条微博通常就会收到上万人的评论。面对这些自带流量的大 V，可以通过蹭评论来吸粉。通过蹭评论来吸粉的关键有两点：一是抢占先机；二是评论的话术要具有吸引力。

当你发现有某个名人或者某个大号发了微博还没人评论时，就要马上行动，以抢占有利时机，从而提高评论的曝光量。例如，图 9-12 所示的微博，其评论已有上万条，那么即使有再好的评论话术，也不会有人去评论了。

图 9-12

有吸引力的评论才能得到更多微博用户的点赞，而评论本身越精辟，上热门的机会就越大。上热门有一个好处，那就是这条评论会被排在其他评论的前面，如图 9-13 所示。

图 9-13

有的运营者可能会问：我不会写有吸引力的评论怎么办呢？没关系，你可以复制粘贴其他精彩评论。在平时刷微博时，我们就可以留意那些精彩的评论、梗或营销话术并收集起来。这些评论很多都具有通用性，不管微博内容是什么都可以用上。例如，"要是你们@的人迟迟不回复你的话你会尴尬吗""求个关注""我难过的是评论不知道@谁""×××详见我置顶微博""私信我，问我拿哦"等。

当收集到一定量的合适评论素材后，一旦大V发微博，就马上进行复制粘贴，这样也很容易获得他人的点赞或上热门。

我们评论的目的是引流，那么引流要如何才能实现呢？

1. 评论插图

目前，在微博上评论是可以配图的，虽然并不会直接显示图片，但如果自己的评论具有吸引力，微博网友就会感到好奇，从而点击图片进行查看，这时就可以将广告植入图片中。例如，在图片中打上微博水印标识"@××"，其中的"××"就是自己的微博账号名称。

2. 主页植入

对于精彩的评论，很多微博网友会好奇地想：他的微博是不是也比较精彩啊？这时，他

们可能就会点击微博昵称来查看微博主页。一般微博主页的内容都是自己编辑的，只要编辑的内容没有被新浪禁止发布的内容，那么在上面打广告是完全可以的，如在个人简介、背景图片中打上广告信息。

3. 发微博

另外，还有一种引流吸粉的方法就是发微博。在给大V评论后，我们就可以在自己的微博中发一条诱导性微博，如奖品诱导、转发+关注抽奖。这样一来，被评论吸引到微博主页中的用户很自然就成为粉丝，而这些粉丝因为受到奖品的诱惑又会转发此微博，从而形成分裂式传播。

当然，发微博是一种不花钱的吸粉方式。还有一种花钱的吸粉方式，就是让大V转发自己的微博、@自己的微博账号或者发布与产品相关的推广软文。之所以要花钱，是因为除非自己的内容真的很优秀，或者自己的账号有一定的知名度，否则大V是不会主动转发他人的微博的。

不同的大V价格自然也不同，资金足的企业可以选择名人，没有太多资金的企业可以选择自媒体或者知名博主。值得注意的是，现在有的大V并不是真正意义上的大V，有可能是"水货"，因此运营者要仔细识别。一般可从粉丝属性、微博数量、注册时间等方面来识别，具体方法如下。

（1）查看其微博内容，了解其原创微博与总微博的比值，一般原创微博多的大V更值得信任。

（2）查看粉丝的属性，一般无头像、无内容发布的粉丝是僵尸粉的可能性比较大，而粉丝活跃度越高的大V越值得选择。

（3）从理论上讲，微博注册的时间越长，粉丝量就越多。如果某个大V账号注册才一个月，但粉丝量已经有几十万个，那么很有可能存在刷粉的情况。

（4）看大V的微博等级，运营者可选择微博等级更高的大V。

另外，选择大V时也要考虑其粉丝有没有自己的目标受众。例如，幼儿教育培训的企业做营销推广时，选择教育行业的大V就比较好。

> **提示**
>
> 在利用评论被动吸粉时，可以准备一个大号、二十几个小号，待大号发表评论后，小号马上点赞，这样就更容易把自己的评论推上热门。

9.2.3 微博互粉为账号增加真人活粉

互粉是微博吸粉常用的一种方式，其中利用互粉大厅来增加粉丝操作起来比较简单。具体方法如下。

第一步：打开粉丝管理大师，单击"用微博账号登录"按钮，如图9-14所示。

图9-14

第二步：在打开的页面中输入账号和密码，单击"登录"按钮，如图9-15所示。

第三步：进入授权页面，单击"允许"按钮，如图9-16所示。

图9-15

图9-16

第四步：在打开的页面底部单击"互粉大厅"按钮，如图9-17所示。

图9-17

第五步：在打开的页面中单击"我要求关注"按钮，如图9-18所示。

图9-18

第六步：打开"我要求关注"对话框，可设置出价、任务点击上限等，这里保持默认设置，单击"确认加入"按钮，如图9-19所示。

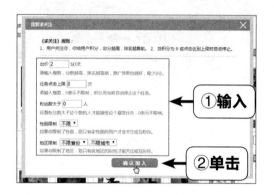

图9-19

图9-21

除了通过互粉大厅吸粉外，还可以通过互粉群吸粉。在论坛、微信及QQ上都可以搜到微博互粉群，如图9-20所示。

在搜索结果中可以看到很多与"穿搭"有关的热门微博，其中有些博主具有很高的人气。我们可以关注这些博主，因为关注他的粉丝应该也对穿搭感兴趣，即我们可以将他的粉丝作为自己的精准粉丝。这里要注意的是，关注一些知名博主后不要马上去引流，可以先浏览热门文章，在搜索结果页中单击"热门"超链接，如图9-22所示。

图9-20

图9-22

另外，新浪微博本身也有"互粉"话题，在其中发互粉信息也能实现互粉引流。

9.2.4 如何找到精准粉丝进行引流

很多人都希望在微博上能吸到精准粉丝，其实要找精准粉丝并不是很难，用微博搜索功能就能实现。

具体来说，可以根据自己销售的产品来搜索查找。例如，我们销售的产品是服装，也有自己的网店，那么就可以在微博搜索中搜索"穿搭"关键词，如图9-21所示。

进入热门文章页面后可选择合适的文章快速浏览，然后直接进入评论区，通过评论来引流吸粉。例如，关于穿搭的文章，可以作出"朋友推荐的潮流穿搭，东西质量又好又便宜@×××"或者其他有趣的评论。

对于我们已关注的热门博主，可以进入其微博主页，找到关注他的粉丝，并关注这些粉丝，如图 9-23 所示。对于前期账号增粉来说，这个方法比较实用。

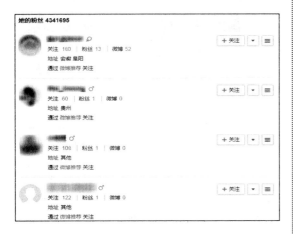

图 9-23

有的博主还有自建群，进入手机微博私信聊天界面就可以查看到"粉丝创建的群"。我们可以加入这些群，记住进入后先不要打广告，等混熟了再说，如图 9-24 所示。

图 9-24

在通过关键词搜索"穿搭"时，还可以找到其他的普通用户。我们也可以主动关注这些普通用户，然后私信其互粉或者在其微博下进行评论。为了避免账号频繁操作被限制，可以多准备几个号，换 IP 进行引流。

如果想要更精准地找到目标粉丝进行引流，可以使用微博的高级搜索功能，如图 9-25 所示。

图 9-25

另外，我们也可以找到同行的粉丝定期进行互动，这样就会逐渐引来不少精准粉丝的关注。

私信互粉及评论引流一定要长期坚持去做，因为短期的效果不会特别明显。其实，很多微博大 V 在初期增粉时，也都采用私信互粉关注或评论引流的方式。

9.2.5 坚持微博内容的发布和转发

总的来看，做微博营销是一场"长跑运动"。在这项"运动"中，运营者需要做的是微博内容的持续输出，这一点很关键。如果你的微博没有内容，即使用前文所述方法吸引了大量粉丝，那么这些粉丝也会很快流失掉。

对于微博内容的发布，要学会利用微博的特点，即"#""@"和转发。"#"是指发布的微博最好带有话题，但这个话题并不一定是热门话题，也可以是微博中的超级话题或其他普通话题。微博上有个话题分类页，进入后可选择自己擅长的类别，然后关注并发布与该话题有关的内容。例如，"时尚美妆"下就有以下话题，如图 9-26 所示。

图 9-26

在图 9-26 所示话题中，#.lns# 话题就有很多微商和淘宝客在其中引流做推广。微博上的话题有的可以申请主持人，而成为主持人有一个好处，那就是可以选择将某些带有话题的微博置顶。当然，如果你发布的微博内容也比较好，就可以置顶，如图 9-27 所示。

图 9-27

将话题置顶后，可以让进入话题的微博用户优先看到微博内容，这样微博所获得的阅读量将会很大，而且这些用户也比较精准。

如果进入的是超级话题，那么即使不插入"#×××#"，也能让微博内容在该话题页面显示。其实，超级话题就好比贴吧，还可以在其中签到。

超级话题同样支持置顶，图 9-28 所示为"女装超话"。

图 9-28

在话题中发布微博时，可选择同步到微博，也可选择不同步。一般都选择同步到微博，因为这样可以让其他粉丝也看到自己的微博内容。

发布微博也要善用"@"功能。例如，转发微博大 V 的微博内容时，就可以"@"他，并写上一句评论，如果评论很精辟，那么这个大 V 也可能会转发此微博，这样你就可以获得不少流量。

当然，发布微博内容的核心还是内容本身，我们的微博内容要符合账号的定位，但偶尔也可以发布一些其他内容，如段子、专业见解等，但整体上不能偏离原有定位。例如，你希望引流的是祛痘的用户，于是将微博定位于祛痘护肤，那么发布的内容就应主要是祛痘攻略、护肤品使用及补水方法等。在这些微博内容中可以穿插祛痘好物的内容，这个好物就可以是自己要推广的产品。

在微博内容的转发上，等到微博有了一定的粉丝量后，就可以与其他处于同一层次的微博账号进行合作。这个方法很多自媒体都在用，其实就是互转微博，你转我的，我转你的，两者互相引流，实现合作共赢。

微博内容的发布不能"三天打鱼，两天晒网"，而是贵在持续输出，且一天至少要发布几条微博，不管是蹭话题还是@名人都行，但内容本身要有看头。发布时可以配图，也可以配短视频，文字内容可以少点，但图片不能少。

运营者可以规划一个微博内容发布表，明确一天发布的微博数量和微博内容，如5～10条，内容则为美容话题、养生话题、活动促销等。

达人支招

微博内容时间发布技巧

进行微博内容营销，要选对内容发布的时间，在不同的时间段，粉丝的活跃度是不同的，在活跃度高峰段发微博效果会更好，一般来看，可以选择以下时间段。

工作日：工作日上午可选择8:00～9:30发微博，因为很多上班族会选择在公交车上、上班之前刷刷微博，下午可选择快下班前，而晚上则可选择21:00以后，这时很多上班族会浏览微博。

周末：周末可在10:00以后发微博，因为很多人会比平时晚起，15:00～16:00可发一发，22:00以后也可以发。

在数量上，周末发布的微博频率可以比工作日多，如工作日发5条，周末可发8条。

在内容上，80%为实用方法、技巧、资讯等信息，20%为推广信息。

9.2.6 奖品激励是最直接有效的手段

在微博营销中，奖品是很有效果的吸粉、涨粉工具，具体而言，就是利用"微博抽奖平台"。这个工具的效果有多好呢？例如，一个服装品牌微博，利用奖品激励，在两天内就涨粉十几万人，如果奖品价值足够高，微博也有一定名气，那么一两天内涨粉几十万人或者上百万人都是有可能的。那么，要如何使用微博抽奖平台呢？具体操作如下。

第一步：登录微博，发布一条抽奖活动微博内容，然后进入微博个人账号的主页，单击"管理中心"超链接，如图9-29所示。

图 9-29

第二步：在打开的页面中单击"营销推广"栏中的"抽奖中心"超链接，如图9-30所示。

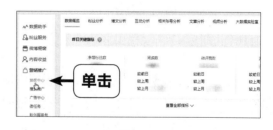

图 9-30

第三步：在打开的页面中选择要抽奖的微博，单击"抽奖"按钮，如图9-31所示。

图 9-31

第四步：进入抽奖设置页面，输入奖品名称和中奖人数，单击"保存"按钮，如图9-32所示。

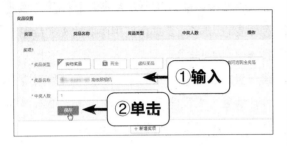

图 9-32

第五步：在基本设置页面设置互动方式、@好友数等，单击"开始抽奖"按钮，如图9-33所示。

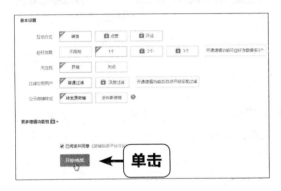

图 9-33

在发布微博抽奖活动时，首先要说明活动的奖品，其次写明参与活动的条件，最后说明活动开奖的时间并@微博抽奖平台。图9-34所示为微博抽奖活动。

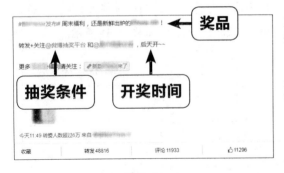

图 9-34

在发布微博抽奖活动时，如果没有@微博抽奖平台，那么就需要在抽奖活动发起24小时内私信"微博客服"，向微博客服发送"备案"二字，然后进行抽奖活动的备案。在抽奖活动微博中直接@微博抽奖平台，会被视为自动备案。另外，也可以在"微博客服"私信界面单击"更多帮助—活动备案"进行备案提交操作，如图9-35所示。

图 9-35

在通过微博抽奖平台发起抽奖活动时，要注意自己的微博活动文案应与后台所设置的奖品、抽奖条件相一致。如果在微博活动文案中增加其他抽奖条件，如后台设置的是转发+关注，但活动文案中写的是转发+关注+点赞，这就属于自行增设抽奖条件。微博抽奖活动一旦发起就不能撤销，因此在撰写活动文案及设置活动内容时一定要仔细，以免出错。

从微博抽奖活动设置的奖品类型可以看出，有实物、现金、虚拟奖品及微博会员。对于以现金作为奖品的活动，在微博抽奖活动文案中必须写上"@微博抽奖平台"。

9.2.7 设置微博标签以便微博用户搜索

前面说过，微博账号个人资料可设置标签

信息以便用户进行搜索。但实际上，除了个人资料可设置标签外，发布的微博内容也可以设置标签。这样可以让用户通过微博搜索内容时，更容易找到自己发布的内容。下面来看看如何添加标签。

第一步：进入微博账号"我的主页"，选择要添加标签的微博，单击下拉按钮，选择"加标签"选项，如图 9-36 所示。

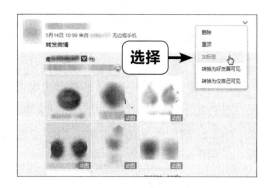

图 9-36

第二步：在打开的"添加标签"对话框中输入标签内容，单击"确定"按钮，如图 9-37 所示。

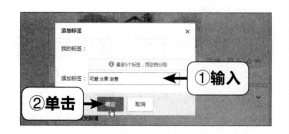

图 9-37

为微博内容添加标签后，就可以在内容的下方看到标签内容，如图 9-38 所示。

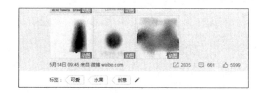

图 9-38

9.2.8 通过微博推广上热门涨粉

在刷微博时，有时会看到有的微博内容有"热门"图标，而这条微博会出现在打开的第一条微博中，如图 9-39 所示。

图 9-39

这就是微博提供的博文头条功能，该功能可以让自己的微博在粉丝的微博页面置顶显示。在微博营销中，这一功能可以避免博文被其他微博内容所覆盖，保证微博内容能在 24 小时内被每位粉丝看到，进而提高博文的阅读量、点赞量、评论量和关注量。

一般而言，使用博文头条推广后，博文的阅读量会提高 3～5 倍，有时还会提高七八倍。那么，要如何使用博文头条推广呢？

博文头条的推广方法有两种：一种是自己推广自己的博文，另一种是让其他博主帮助推广自己的博文。如果是请他人帮助让微博上头条，那么就需要与相关的博主谈合作了。对自己的微博进行头条推广时，可选择自己已发布的微博，单击"推广"按钮，如图 9-40 所示。

图 9-40

推广时，可以根据需要设置是否要推广给

更多用户，如图9-41所示。

图9-41

如果设置了推广给更多用户，在用户的微博中就会显示"推荐"标识，而自己的博文也会出现在目标用户微博中的靠前位置。在设置推广给更多用户时，建议运营者选择指定账号粉丝的相似用户。因为这种推广方式能将博文投放给更精准的粉丝，相比投放给潜在粉丝的推广效果要好。如果要针对兴趣用户进行推广，就要考虑目标粉丝可能具有的标签，如求职中、宠物、家居等，标签定位越准确，花的冤枉钱就越少。因此，一定要对目标粉丝进行充分研究，之后再进行兴趣用户的推广。

在设置指定账号粉丝的相似用户时，可选择添加20个账户，如图9-42所示。

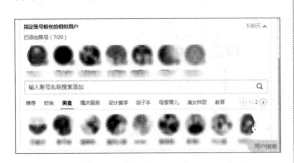

图9-42

选择目标账户也有一定的技巧，具体如下。

（1）除非推广费用足够多，否则一般不要选择目标账号粉丝过多的用户，如上十万、上百万的目标账号。因为博文头条推广是按照曝光量来扣费的，若选择的目标账号粉丝量很多，推广费用可能几分钟就被扣没了。

（2）尽量选择粉丝活跃度强的目标账号，因为如果投放给僵尸粉很多的目标账号，基本上没有什么价值。

（3）可选择竞争对手的账号或目标粉丝调性相似的账号。

在进行博文推广时，如何选择博文也很重要。一般来说，以下内容比较适合进行博文推广。

（1）短视频博文相比纯图文内容更适合推广。

（2）与热搜有关的话题微博。

（3）可以通过高曝光量来提高话题热度以及微博品牌知名度的博文。

（4）正在进行营销推广活动或引流的博文，如进行微信引流的博文。

> **提示**
>
> 对于刚建立不久、粉丝量也不是很多的微博账号而言，建议在做博文推广时不必选择"推广给我的粉丝"。因为粉丝量本身就很少，即使有曝光量，效果也不会很好。此阶段的重点工作应该是拉新，选择"兴趣用户"或"指定账号粉丝的相似用户"推广效果会更好。

9.3 微博实战：粉丝互动运营

待微博账号有了一定的粉丝量后，运营重点就会逐渐从拉新转为留存和转化。在微博上，粉丝量多并不代表账号价值就高，关键还是要看互动占比。例如，你的账号粉丝虽然只有 5 万人，但互动占比有 6%；另一个账号粉丝有 50 万人，但互动占比只有 1%。这里就以广告主为例（注意：广告主看重的都是营销价值），他们会选择那个粉丝量只有 5 万人的微博账号。因此，互动在微博运营中很重要，而在互动的同时也会进一步实现拉新。

9.3.1 了解多种多样的微博活动形式

微博活动就是微博互动的一种形式。除了前面介绍的抽奖外，微博活动还有其他类型。

1. 大转盘

大转盘是微博官方提供的限时抢活动，即微博用户可通过转幸运转盘进行抽奖，参与活动默认分享活动微博并关注活动发起人，当然也可选择不分享和不关注，如图 9-43 所示。

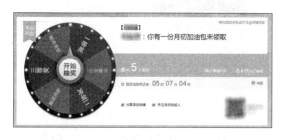

图 9-43

目前，只有认证用户才能发起该活动。进入"微博活动"页面后，可点击"发起活动"开始活动的发起。

大转盘活动的奖品可以是虚拟奖品，也可以是实物奖品。但不管是哪类奖品，都要注意一点，就是奖品要具有通用性。因为粉丝参与活动大部分都是冲着奖品去的，若你的奖品对他来说没什么用处，他自然不会参与。

2. 有奖征集

有奖征集类似转发活动，活动参与人需要发布一条原创微博，内容中要带有与该活动相关的话题，如图 9-44 所示。

图 9-44

有奖征集获得的活动标题和活动话题可以不同。例如，图 9-44 中的活动标题为"中秋节，给爸妈的礼物，我们承包了！"，而活动话题为"#情浓中秋，赠礼予你#"。

至于有奖征集活动的奖品，建议选择企业自己的产品，因为这样就能加强品牌与粉丝之间的互动。

在发起有奖征集活动时，要注意活动主题的策划，主题要有意思才能吸引微博用户参与，可以打趣味牌，也可以打祝福牌、晒照牌或创意牌。例如,做美食产品营销推广就可以让活动参与者通过晒美食来赢大奖;做手机营销推广就可以让参与者晒出与同一品牌手机出镜的照片来赢大奖。

如果想让活动参与者主动为品牌打 call,还可以采用广告的形式,即让活动参与者带活动话题发布一条与品牌有关的原创广告语并配上文字解释。这种有奖征集活动形式既可以为企业企划部积累广告素材,还可以实现营销推广的目的。

总之,有奖征集活动的主题内容要根据营销需求来选择。

3. 免费试用

这是很多电商平台采用的活动类型,在微博中同样可以发起,如图 9-45 所示。

图 9-45

对于新品营销来说,免费试用是比较好的活动类型。与前面两种活动类型不同的是,要想通过免费试用实现新品营销,在免费试用的活动详情页最好配上有吸引力的产品文案,并以图文结合的形式呈现出来。这样一来,每个参与免费试用的微博用户都可以看到新品详情,进而成为营销对象。当抽中某一用户后,可以@他,申请试用成功的用户又可能会加以传播,这样就能为产品聚集人气。

9.3.2 自行策划活动与粉丝进行互动

前文提到的活动都是微博官方的活动。除了可以发起微博官方活动与微博用户进行互动外,还可以自行发起互动活动。下面先来看一个例子。

众所周知,《中国诗词大会》在播出没多久后就红遍了微信、微博等平台。在这档节目中有一个环节叫"飞花令",在这档节目很火时,有的微博账号也玩起了"飞花令"互动,其形式很简单,就是出一个飞花令主题。例如"花",让粉丝们说出带"花"的诗词。图 9-46 所示为某微博账号发起的主题为"雨"的飞花令,其互动评论达 1724 条。

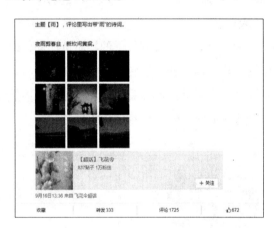

图 9-46

该微博内容中没有奖品诱惑,评论都是微博粉丝自发作出的。从这个案例可以看出,让粉丝进行互动并不一定要有奖品,活动内容也不一定要很复杂,简单的微博内容就可以让粉丝自发互动。那么,如何才能让微博内容获得粉丝互动呢?

在互动内容中,应该留有让粉丝能够插话和拓展的空间。这就像两个人聊天,如果一个人就把所有的话说完、说死了,对方就无法接话了。

从内容形式上看，问题型微博比较容易产生互动。因为既然你问了，那么粉丝可以针对你的问题进行回复。但要注意的是，问题本身不能太复杂和深奥，如果问的是很专业的问题，很多粉丝都答不上来，那么要让他们评论互动更不可能了。总之，问题型微博内容的要点是简单、易于回答。例如，支付宝官微曾向粉丝提问，大概内容是问支付宝排名第几，下面还配了一张图，图上展示的是前10名最受欢迎的品牌。看完图以后就知道应该回答什么了，因为支付宝就排在第一位。这就是一个很好的问题型微博内容，既宣传了品牌的影响力，又与粉丝实现了互动。

当然，除了问题型微博内容外，能够实现互动的微博内容形式还有意见征集型、话题讨论型、吐槽型等。

意见征集很好理解，当企业需要公开向网友征集意见时，就可以采用这种形式，最典型的就是投票活动。新浪微博本身也提供了投票功能，运营者可以根据需要自行创建。具体操作流程如下。

第一步：进入微博账号首页，在微博发送页面的"查看更多"下拉列表中选择"投票"选项，如图9-47所示。

图 9-47

第二步：在打开的对话框中输入标题和内容，单击"发起"按钮，如图9-48所示。

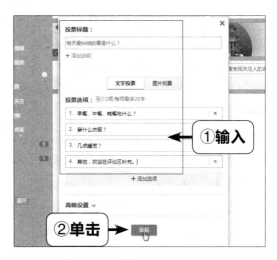

图 9-48

一些具有争议性的微博就很容易引起网友们的讨论。例如，曾有自媒体在新浪微博上晒出了她手机里自己的照片和网友手机里她的照片。这一微博内容就引发了热议，甚至还上了微博热搜。网友一看P图前和P图后的对比这么大，自然就会讨论，这是个比较典型的案例。但对自媒体运营者来说，如果采用自黑形式发微博，心理素质一定要好。因为这样的微博一般既能吸引一批用户路转粉，同时也会收到很多负面评论。

在撰写话题讨论型微博时，可以从探讨的角度出发，来考虑这个内容是否能吸引网友们参与讨论。这里有一个技巧，就是运营者可以在微博话题榜中去找灵感，如"#各地霸气街名#""#网络上看到的照片 你拍的照片#""#别人问你工资哪去了#"，这些微博话题都可以作为创作话题讨论型微博的素材，而且按照这个方向来写即可。

吐槽型微博因为有趣，常常也能引发网友

的互动。例如，微博上有的娱乐博主有时就会发微博吐槽电视剧特效及台词等。因为这些电视剧本身就很有话题性，在微博上的宣传活动也不断，网友参与吐槽也就不稀奇了。

在微博粉丝参与微博内容的互动后，博主也要进行回复。如果评论太多，就选择性地回复；如果评论不多，就逐一回复。要知道，在微博上塑造亲和的官微形象会给自己的品牌赢得更多好感度。每次与网友之间的互动，都是品牌形象的展现。但在互动的过程中，要明确自己的定位是搞笑形象还是专业形象。如果是搞笑形象，那么互动内容可以使用当下的网络语言；如果是专业形象，那么态度要正经些。总之，要以自己所定位的形象来给语言定基调。

> **提示**
>
> 在微博上与粉丝互动时，也可能收到粉丝的恶意评论。面对这些评论要保持风度，不要删除他们的评论，只需表现得云淡风轻即可；同时也不用刻意去回应，只需回复那些正面的积极的评论即可。

9.3.3 独立运营话题与粉丝互动

前面说过，发微博可以加上话题。但不少运营者可能不会想到，其实也可以自己运营一个话题，让粉丝参与互动。下面先来看一个案例。

虽然杜蕾斯微博营销的成功无法复制，但其营销方法却是我们可以借鉴的。杜蕾斯官方微博就独立运营了一个话题，名为"#杜绝胡说#"。这个话题现在的阅读量有12.1亿次，评论有8万条，话题的主持人就是杜蕾斯官微，如图9-49所示。

图 9-49

在杜蕾斯发布的微博内容中，也有不少让粉丝参与该话题讨论的内容，如图9-50所示。

图 9-50

从杜蕾斯的案例可以看出，独立运营话题不仅能提高微博账号的曝光量，还能起到与粉丝互动的作用。另外还有一点，就是微博的话题资源是免费的，因此企业或自媒体一定要利用起来。

在独立运营话题前，首先要想好话题名称。一般来说，话题名称与微博账号名称相一致即可，如果微博账号名称不适合作话题，那么可以定义与微博形象或企业产品有关的名称作为话题名称。例如，"杜蕾斯官方微博"就不太适合作为话题，于是杜蕾斯将话题命名为"#杜绝胡说#"，这下就有趣多了，并且有了话题性。再如，"#小米8#""#努比亚红魔游戏手机#"就是以产品名称作为话题名称的。

在开话题前，要先去搜一搜这个话题存不存在，如图9-51所示。

如果不存在，我们就可以发一条微博带上这个话题，这样话题就创建成功了。话题创建成功并不代表这个话题就是我们的，关键是还要成为主持人，这样才能进一步运营话题，如管理优质内容、推荐热门内容等。

图 9-51

成为话题主持人有一定的门槛，一般主要会通过以下几方面来审核主持人。

（1）是否为话题首发用户。

（2）微博账号名称及内容与话题的匹配度，匹配度越高越容易申请成功。

（3）话题的贡献值，贡献值越高越容易申请成功。

（4）话题与微博账号名称同名的，优先考虑官方微博。

（5）热点事件话题，优先考虑官方媒体或首发用户。

因此，要想成为话题主持人，第一步就是带话题发微博，至少要先发 5 条，且内容要与话题相关，否则会被微博作为低质量内容处理。为什么要发 5 条呢？因为带话题发布一条微博的贡献值为 5，申请话题主持人的贡献值为 25。另外，转发与话题有关的微博也能获得贡献值，每条的贡献值为 1。

如果想成为其他话题的主持人，就只能去竞争了。方法一样，就是先发 5 条带话题的微博，满足条件后再去申请。如果遇到多次申请系统仍提示正在忙的情况，这时就可以私信微博客服来解决。

9.3.4 对重点粉丝进行培养和维护

微博粉丝可分为两种：一种是普通粉丝，另一种则是忠实粉丝。在国内互联网圈子中有一位"神"一样的人物，他就是凯文·凯利。凯文·凯利曾提出一个关于 1000 个忠实粉丝的理论，是指无论你从事什么职业，只要拥有 1000 个忠实粉丝，就能养家糊口。这一理论在微博运营中同样适用。

在微博中，1000 个忠实粉丝看起来似乎很容易获得，但事实并非如此。你的微博粉丝量必须有一定的规模才能得到 1000 个忠实粉丝，而一个忠实粉丝的背后可能是 10 个甚至 20 个普通粉丝。也就是说，你的微博粉丝量可能要达上百万个才能有 1000 个忠实粉丝。

忠实粉丝不仅能为我们带来直接的收入，还能带动普通粉丝做出购买行动。这也是很多广告主在微博上找大 V 做推广时很看重互动占比的原因。你的微博互动占比高，那么相应的忠实粉丝的占比一般也会较高。因为只有忠实粉丝才会关注你的每个动态，并与你积极互动。当然，也不排除那些在背后默默支持你的粉丝，他们才是忠实粉丝。

1000 个忠实粉丝理论为广大运营者，特别是社群运营者提供了最基本的思路，那就是无论在什么时候都要专注于忠实粉丝的培养和维护。

对于微博中的活粉、忠实粉丝，运营者要与他们进行沟通。例如，认真回复他们的评论，建立新浪微群将其拉入微群中，偶尔也可以转发一下他们发布的微博，这些都可以为自己赢得好感。

在与忠实粉丝进行互动评论时要注意一点，就是你的互动评论是否有效。举个例子，你的粉丝给你的微博评论了，然后你千篇一律地回复了"谢谢""嗯嗯"，这样的互动会让粉丝觉得你在敷衍了事。既然要与粉丝进行互动评论，就应足够真诚、给粉丝切实的反馈，而不是草草回答、随声附和，否则还不如不回复。另外，在发布一条微博后，最好及时对粉丝的评论进行回复，这样下一次的互动就会很自然地找上门。

经常回访粉丝也是培养和维护忠实粉丝的一种方法。很多官微在粉丝关注后，基本上都不会对粉丝做回访。实际上，在粉丝第一次关注时就可以进行回访，这个"回访"就是被关注自动回复。另外，自动回复还是一个引流的渠道，如将粉丝引流到微信，如图9-52所示。

图 9-52

在微博"管理中心"的"粉丝服务"列表中选择"自动回复"选项，即可进入自动回复的设置页面，如图9-53所示。

图 9-53

除了被关注自动回复外，在微博中也可以像微信一样设置关键词自动回复、私信自动回复，在具体运营中，运营者可以根据需要设置。

前面讲过，微信中的自定义菜单具有互动作用。在微博中，也可以设置自定义菜单与粉丝进行互动，只不过这种互动性没有微信强。微博中自定义菜单设置方法如下。

第一步：在"粉丝服务"列表中选择"自定义菜单"选项，如图9-54所示。

图 9-54

第二步：在打开的页面中单击"添加菜单"按钮，如图9-55所示。

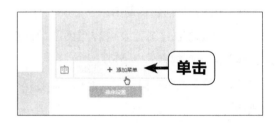

图 9-55

第三步：在打开的菜单编辑栏中进行编辑，完成后保存即可，如图9-56所示。

图 9-56

微博自定义菜单的内容与微信不同，因为微博粉丝的沉淀性没微信高。微博自定义菜单的设置可以比微信简单，一般可设置为网店地址、联系方式、商务合作、最新招聘、产品服务等。微信上很多公众号会设置往期文章、免费活动等，但一般不会在微博自定义菜单中设置。

对微博中的粉丝还可以进行分组管理，以示区别，如分为合作伙伴、忠实粉丝、社群圈子、普通粉丝等。在发起微博活动时，可以首先私信忠实粉丝或参与过微博活动的粉丝。

另外，针对微博粉丝还可以定期给予回馈奖励，如很多明星常常用自拍照或者视频来回馈粉丝。对于企业官微来说，可以通过发长微博、开展抽奖活动等来回馈粉丝，如图9-57所示。

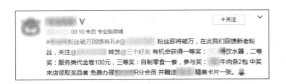

图 9-57

9.3.5 如何借势玩走心互动营销

在这一节，同样以杜蕾斯为案例进行讲解。杜蕾斯玩互动营销有几点值得大家学习，具体如下。

第一点就是固定话题互动，如前面介绍的"#杜绝胡说#"。除了"#杜绝胡说#"外，杜蕾斯还有一个固定话题，称为"#最粉丝#"。这个话题与其他话题不同的是，杜蕾斯每月都会从与官微互动最多的粉丝中选择一位作为"最粉丝"，官微会@被选作"最粉丝"的粉丝，并且发布该粉丝的言论。

久而久之，即使"最粉丝"只是虚拟的荣誉，杜蕾斯的粉丝也希望被选作"最粉丝"。通过设置这样的固定话题，杜蕾斯不仅实现了与粉丝的互动，同时也让粉丝自愿进行评论、留言。

除了固定话题外，杜蕾斯也会随机发布其他话题。例如，动漫中的"#银魂#""#银魂超话#""#火影忍者#""#旗木卡卡西#"等。其实，杜蕾斯选择动漫话题也是有原因的，因

为其用户群体偏年轻化，其中不乏很多动漫爱好者。这就告诉每位微博运营者，选择话题要充分考虑粉丝属性。

第二点是走心的评论。杜蕾斯的评论有多走心呢？我们去看看杜蕾斯刚开始做微博营销时的微博内容就知道了，那时杜蕾斯在每条微博下方都会有针对性地回复粉丝的留言。再看杜蕾斯最近发的微博，可以发现没有关于粉丝的互动评论。这是因为杜蕾斯将忠实粉丝逐渐转移到了微信平台上，而与粉丝互动也主要在微信平台上进行。

但现在去看很多刚开始做微博营销的企业官微，对粉丝留言通常都是采取不回复的态度。而自媒体则不同，其在这方面做得要比官微好，尤其是那些粉丝上百万的自媒体，也经常在评论中与粉丝互动。

第三点就是微博活动。杜蕾斯也会定期开展有奖互动，奖品当然是杜蕾斯自己的产品。

第四点是要介绍的重点：借势营销。那么，杜蕾斯是怎么做的呢？2018年9月13日是新一代iPhone发布的日子，在这一天，杜蕾斯官微也借势进行了营销，其微博内容中带了"#苹果发布会#""#新iPhone发布#"两个话题，文案内容为"双卡，双戴"，同时还配了一张图，内容与"双卡，双戴"密切相关。最后，这一微博内容获得了一万多条的评论和6万多个点赞，如图9-58所示。

图 9-58

那么，为什么杜蕾斯要将文案设计成"双卡，双戴"呢？这是因为新一代iPhone的特

点就是巨屏双卡双待。杜蕾斯的此次借势营销无疑是成功的,并且得到了众多粉丝的转发与评论。

其实,杜蕾斯还有很多类似的借势营销案例,如碟中谍电影、谷歌20周年话题等,感兴趣的运营者可以看看其微博内容。

通过杜蕾斯案例,可以总结出以下几点关于借势营销玩互动的技巧。

(1)借势要借准时机,最好选该内容正是热点的时候。这比较考验文案创作者的能力,要求其能在短时间内快速创作出与热点有关的微博文案。

(2)借势要恰到好处,内容应与所借热点相关。

下面几点是提供给文案创作者的借势类文案写作技巧。

(1)谐音法。例如,"双卡双待"改为"双卡,双戴"。谐音法很好用,我们不必改变热点文字的内容,只需替换关键词即可。

(2)拆分法。对热点内容的文字进行拆分重组,然后变成新的文案,或者只提取热点内容中的部分文字进行文案撰写。例如,将谷歌发展20年与谷歌AI组合起来,杜蕾斯创作的微博文案为"学会AI,你用了20年"。

(3)替换法。将热点内容中的文字替换成英文,替换时不必在乎语法。如果要将中文替换为中文,则可以将热点内容文案精简或者替换成更适合网络传播的流行语。例如,借"#世界上第一包方便面诞生#"话题,将"开袋即用"替换成"即撕即用"。再如,借"#最强男人公式#",将"真男人"替换成"real man"。

秘技一点通

技巧1 创建微博橱窗为网店引流

微博橱窗是新浪微博提供的可以进行商品出售的窗口,不管是自媒体还是微商都可以通过微博橱窗转化产品。

微博橱窗中的商品可以直接在微博上进行交易,也可以跳转至淘宝或聚美优品进行交易。下面来看看如何使用微博橱窗。

第一步:在微博"管理中心"的"微博橱窗"列表中选择"创建商品"选项,如图9-59所示。

图 9-59

第二步:在打开的页面中编辑商品标题、商品描述等内容,单击"完成"按钮,如图9-60所示。

图 9-60

第三步： 在微博橱窗添加商品后，可以在发布微博时插入自己的商品链接。在"微博橱窗－我的商品"中单击"分享"超链接，如图9-61所示。

图 9-61

第四步： 在打开的对话框中输入内容，插入图片，单击"发布"按钮，如图9-62所示。

图 9-62

发布微博后，微博用户就可以通过单击微博内容中的"去看看"或"购物车"按钮购买商品了，如图9-63所示。

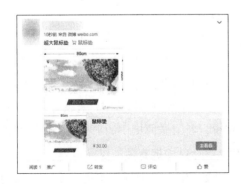

图 9-63

技巧 2　利用微博红包活动互动涨粉

每年快到春节时，微博上的"让红包飞"活动无疑是最火的，企业、名人、网红及草根达人都会参与进来。因为这一活动会让企业获取大量粉丝，同时也是进行品牌曝光的通道。例如，据《2016年微博企业白皮书》数据显示，在2016年"让红包飞"活动中两家知名企业粉丝获取量均达150万+。而对于中小型企业来说，"让红包飞"也是重要的营销机会，不少中小型企业通过参与"让红包飞"活动，粉丝从几万人涨到了几十万人。

在"让红包飞"活动中，企业发出的福利不仅可以是红包，还可以是企业优惠券、礼品、卡券等。

但是，每年微博上的"让红包飞"活动都会有所不同。以2018年为例，2018年"让红包飞"活动有1.8亿人在抢红包，活动类型除了抢红包外，还有集财神卡，集齐财神卡可召唤现金红包，财神卡的获取方式包括抢红包获得、互换获得等。

在"让红包飞"活动中，企业进行营销的方式也有多种，如秒钱与明星开启红包战队实现营销、荒野行动游戏以集"荒野行动，吃鸡红包"财神卡活动进行营销。那么，企业或者广大自媒体要如何借力"让红包飞"活动呢？

1. 塞红包

对于没有什么知名度的微博账号来说，可以选择给微博大V塞红包来实现涨粉。有的微博大V还提供塞钱转发活动，如塞2000元，为你转发一次微博营销内容。

如果有足够的营销资金，还可以争取上红包塞钱排行榜，这样获得的曝光量会更高。很多时候你会发现，要想上红包塞钱排行榜也并不需要塞很多钱，为有些明星塞三五百元也能上排行榜。

在选择微博大V塞红包时要有针对性地选择，运营者要考虑微博大V的粉丝是不是有自己的目标粉丝，应根据自己的企业类型或产品业务来选择微博大V，微博大V选择越精准，引流来的粉丝也会越精准。

这里分享一个塞红包的技巧，有时运营者会看到有的微博大V红包塞钱排行榜的金额很大，自己却没有那么多资金上排行榜，遇到这种情况该怎么办？其实，运营者可以选择红包排行榜前几名的微博账号塞红包，这时上红包塞钱排行榜的门槛就会大大降低，同时带来的粉丝也比较精准。

2. 发起粉丝红包

运营者也可以选择自己发粉丝红包，让网友去抢。在微博内容中最好写上"#让红包飞#"或"#×××的红包#"，让网友能通过搜索找到自己的微博，从而实现品牌信息的多重曝光。

对于知名企业或者自媒体来说，则可以考虑在"让红包飞"首页获取一个展示位，这样涨粉率会大大提高，因为很多微博用户都会通过"让红包飞"参与抢红包活动。

3. 联名发起红包

在"让红包飞"活动期间，运营者也可以和其他企业、名人或自媒体联名发起粉丝红包活动，实现合作共赢。

4. 打造账号首页

在"让红包飞"活动进行期间，企业微博的首页也要符合活动主题，如将封面图换成具有春节氛围的图片，主页可以考虑置顶"让红包飞"活动内容。选择要置顶的微博内容，选择"置顶"选项即可，如图9-64所示。

图 9-64

技巧 3 以头条文章创建微博内容

在微博上发布内容，虽然已没有字数限制，但是如果字数太多，仍以发布普通微博的形式来发布微博内容，最终在微博首页的展现效果不会太好。对于内容较多的长微博，可以考虑以头条文章的形式来发布，图9-65所示为头条文章的展现方式，由此可以看出，采用的是信息流大卡片的呈现方式。

图 9-65

发头条文章除了在内容呈现上有优势外，还具有以下优势。

（1）在微博信息流中，头条文章占了很高的权重，新浪微博提供的加权是旧版长微博的5倍，在全站中拥有最高权重。

（2）相比长微博，头条文章的平均阅读量会更高。根据头条文章测评期间的数据显示，其评论阅读量提升了152%，互动量提升了33%，点赞量提升了51%。

（3）头条文章提供了打赏、广告分成、付费阅读变现方式，对自媒体作者来说，是很好的变现途径。

了解了头条文章的优势后，下面来看看如何在微博上发布头条文章。

第一步：登录新浪微博，在首页单击"头条文章"超链接，如图9-66所示。

图 9-66

第二步：在打开的页面中单击"创建一篇新文章"超链接，如图9-67所示。

图 9-67

第三步：进入头条文章编辑页面，编辑标题、内容及封面图，单击"下一步"按钮，如图9-68所示。

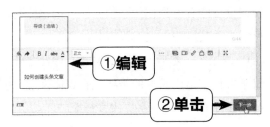

图 9-68

第四步：在打开的对话框中单击"发布"按钮，如图9-69所示。

图 9-69

对于自媒体来说，要想实现头条文章的打赏，那么在头条文章编辑页面就需要单击"打赏"按钮。进入"打赏设置"页面后单击"点击设置打赏文案和默认价格"超链接，完成设置后保存即可，如图9-70所示。

图 9-70

技巧 4　找大 V 转发微博，如何判断其性价比

众所周知，选择大 V 合作转发微博时，选择活跃粉丝和真粉更多的大 V 合作效果会更好。那么，如何才能了解大 V 的真粉情况呢？其中一个方法就是看互动占比，也就是用转评赞数除以账号微博粉丝总数，占比越高越好。

这里介绍另一个更为简单、实用的技巧，就是使用帮上头条。选择几个同层次想要合作的大V账号，在其单条微博中选择"帮上头条"选项，然后查看其报价，在同等量级的账号中，推广费用更高的，其真粉会更多。这里分别选择了同行业领域的两个微博大V作对比，如图9-71所示。

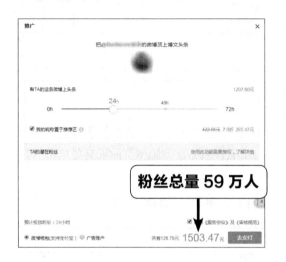

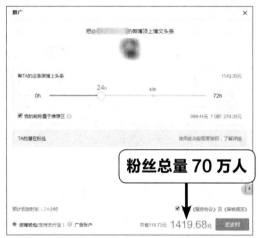

图 9-71

在选择的两个微博大V中，前者的微博粉丝总量为59万人，后者的微博粉丝总量为70万人，帮上头条的报价分别是1503.47元和1419.68元。由此可以看出，后者的粉丝总量虽然比前者多，但帮上头条的报价却更低，这样孰优孰劣就一目了然了。可见在粉丝活跃度上，

前者更好。那么，要在这两个大V中找微博转发的合作者，自然要选择前者，因为其性价比更高。

还有一种方法就是看微博大V发布的生活日常类微博互动数据，如晒的生活照。如果这种普通的微博内容都能引起网友的广泛转发、点赞和评论，那么这个微博大V的真粉肯定不会太少。当然，这一方法还是要排除明星大V，明星大V即使发一张自拍照也会获得很多的转发、点赞和评论。另外，运营者也可以看看该微博大V转发过的广告类微博的互动情况，如果数据表现还不错，那么也可以选择。

在微博上，运营者还可以看到有些大V账号基本上已经成为大半个"营销号"了，转发的广告类微博比较多，且一天转几条的情况也有。针对此类偏营销性质的大V，建议不考虑其微博粉丝总量，而应重点看其互动占比。如果其最近转发的广告类微博的互动量很少，那么建议不要选择。例如，粉丝量有几百万人，但转赞评只有几条或十几条，那么最终的推广效果可想而知。

技巧 5 开启微任务，保障在交易的条件下做推广

在微博上找大V做推广，可能会遇到私信大V后，久久得不到回复的情况。其实，这种现象很常见，大V每天收到的私信会很多，他们很可能看不到你的私信。针对这种情况，可以查看其微博主页有没有其他联系方式，如QQ、邮箱等，然后换个方式联系。除此之外，对于有长期推广需求的企业或自媒体来说，也可以通过加入"微任务"来进行推广。

微任务是微博官方提供的任务平台。在

该平台上,企业、自媒体及个人都可以通过发布任务的形式来提交推广需求,而微博上的其他用户则可以通过接推广任务来获得报酬。相比于其他微博内容发布渠道,微任务具有新浪官方提供的交易保障。下面来看看如何开启微任务。

第一步:在微博"管理中心"的"营销推广"列表中选择"微任务"选项,如图9-72所示。

图9-72

第二步:在打开的页面中单击"进入微任务"按钮,如图9-73所示。

图9-73

第三步:进入授权页面,单击"授权"按钮,如图9-74所示。

图9-74

第四步:进入个人信息填写页面,输入联系人姓名、图形验证码和手机号码,单击"获取验证码"按钮,如图9-75所示。

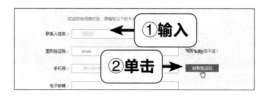

图9-75

第五步:输入手机验证码和电子邮箱,选择账号类型,勾选"我同意微任务平台服务协议"复选框,单击"提交"按钮,如图9-76所示。

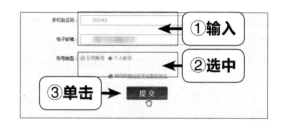

图9-76

第六步:在打开的对话框中单击"确定"按钮,如图9-77所示。

图9-77

第七步:进入微任务首页后,根据账号类型选择需求,这里单击"我要推广自己"按钮,如图9-78所示。

图9-78

第八步：在打开的页面中单击"创建任务"按钮，如图9-79所示。

图 9-79

第九步：在创建任务页面选择要推广的微博及任务类型，单击"投放"按钮，如图9-80所示。

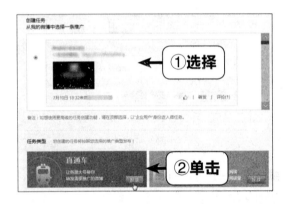

图 9-80

第十步：进入投放内容设置页面，设置转发推广时间，设定转发语（也可不设定），单击"下一步"按钮，如图9-81所示。

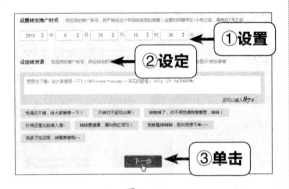

图 9-81

第十一步：在打开的页面中挑选自己满意的投放账号，勾选其复选框，单击"下一步"按钮，

如图9-82所示。

图 9-82

第十二步：进入投放任务预览页面，查看投放时间、投放账号是否正确，单击"提交"按钮，如图9-83所示。

图 9-83

其实，很多广告主之所以会选择微任务做推广，还有另一个原因，就是如果微博内容带有外部链接，如微信二维码，则很可能被新浪判定为广告，导致无法发布。另外，对于部分账号，微博也有推广内容上的限制。如果推广的广告是与自己所销售的产品不相关的，那么也可能被新浪屏蔽。因此，为了保险起见，很多企业或自媒体都会选择通过微任务来发布推广需求或者接推广广告，以保证广告推广能顺利执行。

职场心得

作为一家初创公司的运营新人,小刘负责的是公司的微博运营工作。在工作期间,小刘每天都会发布 3～5 条微博,但微博的阅读量和粉丝量一直没有大的提升,他很苦恼。这时,公司的其他运营人员告诉他可以通过蹭话题或热搜来提高阅读量,于是在后续的微博内容发布中,小刘带上了排名靠前的话题,最终的效果是阅读量由过去的几千次涨到了一万多次,同时评论量也增多了。

在具体蹭话题和热搜的过程中,小刘还发现微博热搜榜单会带有"热""新""荐"等字样,不同的标识具有不同的含义,如"热"表示这一热搜很具有吸引力,"新"则表示新上榜单的热搜,"荐"则表示是广告位。一般有"荐"和"热"的热搜小刘不会去蹭,而主要蹭有"新"标识的热搜,因为从带热搜的微博内容的反馈来看,蹭"新"热搜更容易进入热门榜单,获得更好的阅读量。

在刷热搜微博的时候,小刘还发现有的网友因发布带有热搜话题的内容反而产生了负面效果,有些甚至招来了痛骂,小刘百思不得其解,于是他请教了以前运营过微博的同事老王。老王让小刘打开微博,并找到带来负面效果的热搜微博,为小刘分析了原因。原来,有的微博内容所阐述的观点与广大网友的观点是不同的,而有的则仅仅是滥用,为了蹭热搜而发微博,一部分则是蹭了负面新闻。在为小刘分析了原因后,老王还顺便告知他哪些热搜内容不能蹭。小王当时就把这几点内容记录了下来。

(1)涉及重大新闻题材的热搜不要蹭,如社会类、民生类题材。

(2)带有负面关键词信息的热搜不要蹭。

(3)明星艺人的热搜一般也不要蹭,除非该明星艺人是公司品牌的代言人。

(4)不符合公司官微定位的热搜不要蹭。

小刘向同事"取经"后,在后续的热搜微博发布过程中,对于热搜的选择和内容的发布就更为慎重了,因为官微发布的内容代表企业形象,如果发布了不好的内容势必会给公司带来负面影响。在蹭话题时,小刘则有自己的方法,他会通过目标受众来选择话题,公司销售的产品更多的是针对上班族的,因此,他主要选择上班族关心的话题来发微博,如"#再上 6 天班就是国庆长假#""#9 月去哪儿玩#"等话题。在发布带有热搜话题的微博时,小刘有时还会在内容中加上能引起网友互动的文案,如"转发收藏""为××点赞""转给需要××的××"等。

第 10 章
App，移动互联网络上的推广营销

本章导读

如今，App 在人们的工作和生活中扮演着重要角色，每个人的手机中都安装有各类 App，而在各类安卓市场和苹果商店里，App 也是数不胜数，下载总量更是天文数字，并且每年还会有大量的 App 诞生。然而，并不是每款 App 都能有可观的下载量和活跃度的，提高 App 的下载量和活跃度就是 App 运营者的工作。

学习要点

- App 拉新有哪些渠道可以选择
- 如何选择主流应用市场提交 App
- 做好 ASO，提高 App 下载量
- 如何做安卓应用市场关键词覆盖

10.1 移动端的 App 运营推广

一款 App 如果没有用户量，那么基本上就是一款"已死"的 App，因此 App 的拉新推广就很重要了，可以说，没有拉新就没有后续 App 的促活和留存。

10.1.1 App 产品运营的 4 个阶段

由于工作的原因，从事网络运营的朋友都认为自己的工作很繁杂，既要考虑留存用户，又要做活动，还要兼顾内容输出，因此有很多人自嘲是打杂的。确实，想要做好网络运营这项工作，就不得不面临工作范围广泛的问题。但是，每天忙东忙西，运营效果并不一定好，这里，给大家一点建议，在着手工作之前可以先花点时间整理一下。如果现在你要做 App 运营，那就应该先搞清楚 App 的运营生命周期，而在 App 运营的不同生命周期中其运营的重点又会有所不同。

1. 探索期

App 运营的初期是探索期，在这个时期运营人员要搞清楚两件事：一件是产品定位；另一件是目标客户。

众所周知，现在的 App 都有很多类型，如购物优惠、社交通信及网络游戏等，产品定位就是搞清楚这个 App 是做什么的，目标客户就是搞清楚哪些用户会使用这个 App，这两者将决定 App 的风格及功能。

App 正式上线前还有一个设计、开发和测试的过程，这个过程也是需要运营者参与的，同时运营者还要根据 App 开发的情况制订出合适的上线计划。

2. 内测期

内测期是 App 运营的第二个阶段，这个时期的重点工作是对 App 进行优化，根据用户使用 App 的反馈数据对 App 的页面、功能等进行优化。

内测的用户数据不要求量多，但要求真实。要获得精准的内测结果，明确测试范围很重要，运营者需要与产品策划人员一起讨论目标地点和人群，如公司即将开发的 App 是奢侈品购物，那么目标人群就要选择有高消费倾向的，地域上可以选择北上广深及其他二线城市。

除此之外，内测时间的选择也很重要，如购物优惠 App 选择在"双十一"的时候做内测，那么最终的测试结果也可能会产生偏差，因为"双十一"基本上成为"购物节"了，在这期间，很多有购物需求的用户都会进入各种 App 中挑选优惠商品，所以运营者要考虑清楚什么时候开始内测、什么时候结束内测会比较好。

3. 爆发期

爆发期是 App 运营的重点时期，也是运营者的工作繁忙期，因为在这个时期 App 开始上线，运营者需要大规模推广产品。

这个阶段的重点工作是铺量，通过各种营销推广方式获取用户，并且进行精细化运营，了解用户活跃度及增长量，让 App 能在用户心里留下印象。

4. 成熟期

经过爆发期的积累后，此时 App 已经有了比较稳定的用户量，用户增长也会趋于平缓，但如果运营得当，也可能进入第二个爆发期。此阶段的运营工作主要是通过活动及增值服务等来为企业创造收益，同时也要重视用户运营，此时 App 已拥有大量用户，但活跃度可能堪忧，因此通过用户运营来促进用户活跃就很重要。

成熟期的 App 运营有几个数据很重要，分别是用户在 App 内付费的金额、付费用户总量及付费路径转化。

10.1.2　App 拉新阶段有哪些渠道可以选择

App 运营推广有多种方式，不管推广的方式如何多变，只需用 8 个字就可以概括 App 运营推广的全过程，就是拉新、留存、促活和转化，从事 App 运营的人都知道，这 8 个字就是自己的工作目标，那么 App 运营中的拉新要怎么做呢？

拉新的目的是提高 App 的下载量和注册量，这是 App 推广的重点内容。总的来看，App 推广可分为线上和线下两个渠道，包括以下内容。

（1）应用商店。这是最基础的推广渠道，包括华为应用商店、OPPO 应用商店、Google 商店、豌豆荚、魅族应用商店、应用宝、十字猫、HTC 应用商店、安智市场、360 手机助手、木蚂蚁、安卓市场及移动运营商的应用商店等。不同应用商店所要求提交的素材和资质也会不同，有的需要付费推广才能上架，运营者需要了解不同应用商店的上架规则。

（2）手机厂商预装。运营者可以寻求与手机厂商合作，在手机中预装自己的 App。

（3）论坛推广。论坛主要以测评软文或活动的方式来推广，做 App 论坛推广，论坛的选择很重要，如机锋论坛、智友论坛、威锋论坛就是比较适合的平台。

（4）官方平台。主要是指官方网站、微信公众号、小程序、微博，官网推广的重点是对 App 关键词进行优化，微信公众号和微博则以软文、置顶、活动及红人推广等方式进行。

（5）网盟／广告平台。这是一种付费推广方式，如积分墙推广、刷榜推广、插屏广告等。其中，刷榜并不是一种正规的手段，但就国内 App 推广来说，这种方式很常见，也较受欢迎，因为效果确实比较好，就很多 App 用户的下载习惯来看，他们很多时候都会通过 App Store 去下载 App，并且会选择排名靠前的来下载，但是推广成本也比较高。积分墙推广也是一种见效快的推广方式，但就用户留存率来看并不是很高。插屏广告则是在各应用中以广告弹出的方式进行推广，很多手游都会采用这种推广方式。

（6）应用互推。这种推广方式在业内被称为换量，即应用之间合作进行互推，推广方式有多种，如弹窗广告、消息推送、应用推荐等。

（7）其他平台。如百科、问答平台、文库、短视频、QQ等。

（8）线下推广。包括地推、广告屏推广、物料推广及店面推广等，如2015年比较火的团购类App采用的就是店面推广，在各大店面的门口都可以看到其App的二维码身影。

10.1.3 选择主流应用市场提交App

通过前面的内容，大家知道国内的应用市场是有很多的，选择哪些应用市场上架是很多运营者比较苦恼的，建议主流的、占市场份额大的应用市场都尽量上架，这里提供一个可以帮助运营者选择应用市场的方法。运营者可以进入艾瑞咨询官网查询移动App指数应用分发的排名情况，选择排行靠前的应用市场，具体查询方法如下。

第一步：进入艾瑞咨询首页，单击"移动App指数"中的"查看详情"按钮，如图10-1所示。

图 10-1

第二步：在打开的页面中选择"应用分发"选项，如图10-2所示。

第三步：在页面下面即可查看到排名结果，如图10-3所示。

确定要上架的应用市场后，接下来就是App的提交了。不同平台应用的提交操作会有所不同，大致流程是：开发者账号注册→选择开发者类型（个人或企业）→填写资质证明并完成审核→提交移动应用上线。

图 10-2

图 10-3

10.1.4 做好ASO，提高App下载量

大家知道，网站推广要做关键词优化，实际上做App推广也有关键词优化，只不过在应用市场，App的关键词优化被称为ASO。做App的ASO，首先要了解ASO优化的基础。因为安卓市场的应用市场有很多，审核力度不是那么严格，规则也不同，所以这里以苹果App Store中的"小红书"应用为例。在苹果应用商店搜索查看一款应用时，在应用介绍中看到的是图10-4所示的图片。

在图10-4中，"小红书-标记我的生活"是App的标题，"一亿年轻人都在分享的生活社区"是App的副标题。在标题的下方可以看到屏幕快照，如图10-5所示。

图 10-4

图 10-5

屏幕快照用于显示 App 的展示图，在屏幕快照旁会显示支持的设备，如小红书支持 iPhone 和 iPad。接下来用户还能看到 App 的简介、新内容及评分，如图 10-6 所示。

图 10-6

上述 3 幅图展现了一款 App 在应用商品的详情，而做 ASO 也要从这几方面入手，包括标题、副标题、展示图、简介、新内容和评分。需要注意的是，新内容只有在 App 有过版本更新后才会显示。

在应用商店中，App 是否能出现在用户的搜索结果中与关键词有很大的关系，关键词排名越靠前，App 被用户下载的概率就越大，据统计，App 关键词搜索的 80% 的流量都会被排名前三的 App 瓜分。

在关键词搜索中，标题的权重是最高的，副标题则次之，因此建议运营者将核心关键词添加到 App 的标题中。那么，如何选择合适的关键词呢？首先，运营者需要考虑用户会通过搜索什么样的关键词来查询应用。例如，音乐类 App，其标题中都带有"音乐""歌曲"等关键词，这是因为用户大多时候都会通过搜索"音乐""歌曲"等关键词来搜索音乐播放器。下面介绍几种 App 标题的关键词选择方法。

（1）品牌词 + 使用用途词，如"前程无忧51Job – 求职招聘找工作"，其中品牌词为"前程无忧""51Job"，使用用途为"求职""招聘""找工作"。再如，"58同城 – 租房招聘兼职二手车"。

（2）品牌词 + 功能 / 工具词，如"车轮 – 查违章2018全国车辆违章查询助手""作业帮 – 学霸搜题利器"。

（3）品牌词 + 行业词，如"土巴兔装修 – 室内设计"，其中品牌词为"土巴兔装修"，行业词为"室内设计"。

（4）品牌词 + 诱导词，如"美团外卖 – 美食水果优惠订餐""一起来飞车（竞速送流量）"，其中"优惠订餐""送流量"就是诱导词。

（5）品牌词 + 数据词，如"拼多多 – 3亿人都在拼的购物App"，其中"3亿人"就体现了 App 的用户量，而"购物"则是其核心关键词。

（6）品牌词 + 名人 / 热剧词，视频类及音乐类 App 比较常用，如"爱奇艺 – ×× 喊你看脱身""优酷视频 – 蚀日风暴全网独播"。

App 副标题可用于强调产品，同时还有提升核心关键词权重的作用。对于核心关键词，副标题中同样可以出现，如果部分核心关键词排名已经比较靠前了，那么选择其他关键词，如滴滴 App 的标题为"滴滴出行 – 滴滴一下，美好出行"，副标题为"一键叫车，体验快速舒适出行"，"出行"这个核心关键词在标题和副标题中都有出现。

在苹果应用市场提交 App 时还可以提交关键词标签，关键词标签与标题中的关键词是不会重复记录权重的，因此如果标题中已经有该关键词了，那么关键词标签就不必再重复设置，否则只会浪费字符。

在设置关键词标签时要注意一点，越靠前的关键词，其权重越高，因此重要的关键词要放在前面，没有热度的关键词不要设置，没有意义的分词也不适合添加在关键词标签中。

屏幕快照虽然对 ASO 没有直接的影响，但对于用户的转化却很重要，在屏幕快照上也可以带上相关的关键词文案，主要用于体现 App 的特性、功能等。针对屏幕快照，运营者要做的是确保每次优化都能得到转化率，在选择屏幕快照图片时，尽量选择色彩好看的，这样更能吸引用户的眼球，每个屏幕快照搭配的文案都要与其相呼应。

对于 App 的简介，比较重要的是前几行内容。在 App 简介中，核心关键词的频率可出现几次到十几次，但要注意的是，没必要堆砌关键词，因为在苹果应用市场，简介不会影响搜索优化，但会影响用户转化率。因此，简介描述最重要的还是要有看点，一般写法是突出产品的功能，有促销信息的也一并写上，对用户会有很大的吸引力。

关于用户评价及评分，在苹果应用市场这一权重已越来越受重视，同时评论的好与否对用户转化也会产生很大的影响。另外，在 iOS 11 中可以看到，开发者对用户评论的回复也会出现在产品详情页上。在搜索中，是否会索引评论中的关键词，苹果官方并没有说明。但可以确定的是，好评对转化率的影响是实实在在的，而转化率会影响关键词的排名。

总之，做 ASO，实际上要做的是两个方面：一是搜索流量，二是转化率。搜索流量通过关键词去做，转化率通过截图、视频、评论去做，流量与转化率两者相辅相成。

> **提示**
>
> 做 ASO 不能半途而废，这是一项长期的工作，无论你的 App 搜索排名第几，都有继续优化的空间，而如果停止优化，就会很快被对手超越。因此，运营者在具体做 ASO 优化时，还要结合监控数据来进行多次的不间断优化。

10.1.5 如何做安卓应用市场关键词覆盖

对于初入 App 运营岗位的运营者来说，可能会有一个错误认识，就是认为 iOS 和 Android 的 ASO 策略是一样的，运营者首先要明确这两者采用的规则是不同的，苹果的算法在不断优化，有严格的应用审查机制，而国内的安卓市场商业化比较严重，但有的也会看关键词、下载量等数据，不同应用商店的规则不同。

做国内安卓市场的优化要通过不断的尝试去总结经验，然后去对比和选择。因为安卓商店有很多，这里选择主流应用市场进行讲解。

1. 华为

在国内的应用市场上，华为占的份额没有vivo、OPPO多，因为华为应用市场有一部分份额是在海外市场的，但华为应用市场具有其他手机应用市场没有的优势，华为手机用户群多为男性，质量高，付费的表现更好。

华为应用市场关键词的抓取范围很广，标题、简介、评论等都会抓取，但就权重来看，主标题和副标题最高，评论区、关键词标签、小编推荐和介绍次之。所以，主标题和副标题中要有核心的关键词，如房产中介App，主标题可以是App名+中介找房电商平台，副标题中可以加入的关键词有找房、租房、房屋中介平台、海量房源、真房源等，可将这些组成一段话放在副标题中。

需要注意的是，华为现在对于标题的审核要比过去严格，应用名中一般不能带有"-"，也就是副标题的形式，"-"后面的副标题很可能会被过滤掉。那么，想在标题中覆盖关键词要怎么做呢？可以将"-"用括号代替。例如，"四川麻将（血战到底）""轻松截图王（微商水印）"，这些App在华为应用市场就是采用了"（ ）"的命名方式。

在华为应用市场后台，运营者可以为关键词设置100个字符，官方的提示是关键词之间要用空格隔开，不能超过4个关键词。很多运营者看到这句话的时候会以为只能设置4个词，实际上并非如此，我们可以设置的是4段话，每段话中可以包含多个关键词，但是这4段话的长度不能超过规定的长度要求。另外，在具体撰写时也可不用空格，只不过加上空格更好。例如，按照一般人的理解，一款房屋中介App在华为应用市场能设置的关键词为"新房 租房 买房 二手房"，而实际上可以设置为"新房二手房学区房地铁房特价房 海量房源高效房屋买卖房屋估价 经纪服务购房体验房产问答 房产价格省心省时专业经纪人"，即中间有3个空格，把关键词长度填满。

在华为应用市场可以看到"小编推荐"展示位，这个位置会被很多运营者忽略，但实际上对于关键词覆盖也是有用的。"小编推荐"中也可以加入关键词，如输入法工具App在"小编推荐"中加入"输入"关键词，如图10-7所示。

图 10-7

对于应用介绍，建议尽量多写内容，可以增加关键词的覆盖量。在安卓应用市场，华为给评论的权重是很高的，排在标题之后，并且关键词会被抓取，因此做华为应用市场优化不能忽视评论区，只不过要利用评论区做关键词优化还需要花钱去刷，在评论区评论时带上相关关键词，如输入法工具App，在评论中如果有"输入""输入法"等这些词就很好。每天保持几条评论，不必过多，过多可能会被警告，如图10-8所示。

图 10-8

App在应用商店的权重越重，覆盖的关键词就越容易被抓取，影响华为应用市场App权重的主要因素是CPD（一种广告合作方式），这个对权重的提升影响很大，其次是评论、更新率和下载量。因此，要做好华为应用市场的ASO，还是要花点钱做官方的付费推广，可以进入华为开发者平台进行申请。

不仅是华为应用市场，其他安卓应用市场也建议多更新，尽量半个月或一个月提交一次更新的应用包，只不过这个对权重的影响并不是特别大。下载量对权重的影响主要是门槛，一般来说，在华为应用市场要有5万～20万次的前端下载量，上了这个门槛对权重的影响就很小了，所以前期最好先做付费推广，让下载量满足门槛。

2.OPPO

OPPO应用市场抓取的关键词主要是主标题和副标题，这与华为应用市场是不同的，因此，在OPPO应用市场覆盖关键词时，标题要尽可能的长。例如，一款视频交友App，除了要写App名称外，还要加上副标题，同样以括号代替，如"App名（聊天交友）"。

App的权重受前端下载量和CPD的影响，其中下载量主要影响关键词覆盖的概率，而CPD在投放期间会提升权重，所以申请OPPO应用市场的付费推广服务还是有必要的。

另外，OPPO应用市场的词汇拓展能力比较强，在标题中可以以一个字为单位进行拓展，如"拼多多"，OPPO应用市场可以按"拼""多"来覆盖关键词，如可覆盖"拼团""多点""拼好货"等词汇，所以在OPPO应用市场做关键词覆盖时，标题要尽可能地覆盖核心关键词。例如，理财App，核心关键词肯定就是"理财"，在OPPO应用市场做关键词覆盖时，应用名中如果没有"理财"，那么要在副标题中加上。另外，因为有了"理财"，所以"财富"可以不要，但"信贷"可以要，因为可能覆盖资信、贷款等词。

但要注意一点，OPPO应用市场没有提供标题添加页面，需要开发者在APK中加入标题。

3.vivo

vivo应用市场比OPPO应用市场多一个关键词抓取位置，就是应用标签，即vivo应用市场可抓取标题和应用标签中的关键词。虽然vivo应用市场在后台也提供了简介、更新等内容的填写，但不会抓取这些内容中的关键词，所以在填写简介和更新的内容时，不必刻意去植入关键词。

在vivo应用市场做关键词覆盖时要注意副标题字数的控制，过长可能会被降权从而影响排名，一般来说控制在12个字以内，我的建议是控制为4个字，如贷款App，其副标题为"信用贷款"就比"帮您极速互联网小额分期贷款的软件"好，因为后者可能无法通过审核。

在关键词的拓展上，vivo应用市场相对较弱，以词组来拓展，如"西瓜视频"，拓展为"西瓜""视频"，应用的权重越高，词组的拆分能力越强。所以，标题中注意词组的组合，同样以贷款App为例，标题可以写为"App名+线上信用借款贷款"，把借款、贷款两个词都加上，虽然是同义词但还是要有。

与其他应用市场不同的是，vivo应用市场还支持应用标签覆盖关键词，需要注意的是，从2018年8月24日起，新提交的App要通过官方标签申请流程进行标签的添加，具体方法为进入vivo开发者官网通过"管理中心"进行申请。

> **提示**
>
> 在vivo应用市场搜索应用时，有时会遇到标题中覆盖了该关键词，但通过该关键词搜索后的结果页中没有显示应用的情况，这是因为vivo应用市场的搜索列表结果的位置是有限的，那些权重高于我们的App也可能拥有这个关键词添加的标签，vivo应用市场会按权重高低来展现结果。例如"投资"这个词，高权重的应用会自动覆盖"财富投资""小额投资"等关键词。

4. 360手机助手

前面介绍了手机厂商应用商店的关键词覆盖方法，下面来看看第三方应用，首先来看360手机助手。

360手机助手主要会抓取标题、应用标签中的关键词。360手机助手的标题拓词能力还是比较强的，因此对于初上线的App来说，在标题中拓展关键词就很重要。拓展时在"-"后面加入副标题，如阅读类App，可设置为"App名-海量热门电子书免费看"。

在360手机助手后台可以添加应用标签，标签数量有限，最多能添加4个，因此要将核心关键词设置在其中。一般选行业词，同样以阅读类App为例，应用标签可设置为阅读、小说、电子书、看书，如果设置为畅读、快读就没那么好了。

另外，360手机助手还有一个关键词拓展技巧，就是其支持添加其他分类标签，如果App涉及的功能比较多，那么利用该规则就可以拓展其他分类，从而覆盖更多关键词。具体方法为在开发者后台添加标签时单击"添加其

他分类标签"超链接进行添加。

影响360手机助手应用市场App权重的是应用等级，应用等级主要受开发者等级、转化率及下载量等因素的影响。除此之外，上360手机助手的推荐位也需要较高的应用等级，如上首页需要S级和A级，因此在360手机助手市场做关键词推广，提升应用等级很重要。运营者可通过参与官方活动、评论维护、定期更新、进行付费推广、刷下载量的方法提升等级，刷下载量时可采取递增方法，如今天刷一万，明天则递增为两万。

5. 应用宝

应用宝市场也是第三方平台，其关键词会从标题、小编推荐、应用介绍、关键词、标签及开发者名称中抓取。在小编推荐和应用介绍中，运营者可以重复关键词，因为在应用宝中，关键词重复对覆盖率会有帮助，另外，核心关键词要放在前面。例如，App的核心关键词是短视频，那么在小编推荐和应用介绍中，就要把"短视频"放在前面，如小编推荐为"搞笑短视频，通过短视频记录美好生活"，应用介绍的第一句可以为"短视频分享平台，大家都在用的短视频社区"，通过这种方式来提高"短视频"这个词的覆盖率。

应用宝虽然能抓取开发者名称中的关键词，但用处不大，因为开发者的名称要与营业执照相一致，而大多数App用户并不会通过开发商的名称来搜索应用。

此外，应用宝同样会评估应用的权重，权重与下载量、好评、更新和CPD投放有关。

10.1.6 换量，常见又有效的推广方式

对于很多App开发者来说，他们没有太多

的预算去做付费推广，但是 App 不推广也不行，针对此类开发者，建议采用换量推广。

换量推广是性价比较高的一种推广方式，同时效果也还不错，缺点就是需要耗费运营者较多的时间和精力，因为寻找可以换量的资源并不是件容易的事。

在做 App 换量推广前，运营者首先要明确自己换量的目标是什么。

不同的应用追求的换量目标是不同的，有的可能想要的是下载量，有的可能要的是曝光量。在做换量前，运营者要先明确自己的需求，同时要看看自己的流量资源情况，因为需要用这个资源去和对方置换，当然，置换是双方的，还要看对方的流量资源情况。

换量最重要的是找准换量的对象，要让自己的 App 通过换量获得下载量和活跃度，那么必须选择用户画像、体量相近的合作者，如果两者的产品有关联性，那么会更好，这样目标用户就会更精准，这里提供几点选择合作者的技巧。

1. 看运营力度

运营者可以通过待合作方的官方网站、App 及应用市场中的营销推广情况来了解其运营的力度。有的开发者对于自己的 App 推广做得很少，那么与此进行换量合作，能够得到的流量资源可能也会较少。

另外，了解对方 App 的运营力度还可以通过数据网站来查看，如易观网，下面具体来看看如何查看。

第一步：进入易观官方网站首页，单击"易观千帆指数"超链接，如图 10-9 所示。

图 10-9

第二步：在打开的页面中输入要查询的 App，单击"搜索"按钮，如图 10-10 所示。

图 10-10

第三步：以输入"爱奇艺"为例，在打开的页面中就可以查看到包含"爱奇艺"关键词的 App，找到要查看的 App，在 App 名称后方可以看到 App 所属行业、开发商、月指数和日指数，指数越大，表示该 App 的运营能力越强，如图 10-11 所示。

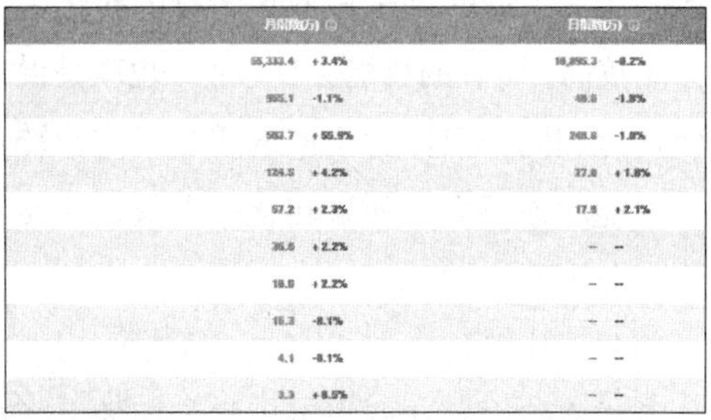

图 10-11

同时，运营者也可以查询自己 App 的运营指数，进行对比，看可谈判的余地有多少。

2. 了解对方的产品

进行合作换量前，了解对方的产品很有必

要,主要是看对方应用的调性,如所属行业、类别、风格、产品定位等,运营者只要尝试去用一用这个 App,就能知道这个 App 是不是合适的合作对象了。

在了解对方产品的同时,运营者还可以记录下对方 App 中哪些地方在做推广,如焦点图、应用内推荐等;形式有哪些,如 VIP 充值、优惠券等,这些点都可以成为合作时的谈判点,运营者可以向对方说明自己的 App 中有哪些展示位,自己的产品方向是适合的,定位是匹配的。

一般来说,两个应用如果量级处于同一等级,那么合作成功的机会就比较大。有时,也可能遇到想要合作的对象量级比自己大的情况,这时如果想实现换量合作,就要找到对方的特殊需求,如现金券发放,可以用自己的优势去满足对方的特殊需求,这样就比较容易谈成合作。如果自己的量级大于对方的量级,在谈判时可以让其多带点量,若无法合作,那么可以将这一资源留待下次使用。

换量的具体比例是通过双方沟通达成的,一般谈的都是 1:1。换量最终追求的还是转化率,一般会用几天的时间来做测试,有的转化率可能会比较高,而有的可能会比较低,也就是说,即使资源相同,但因为推广的产品不同,转化率也可能相差很大。如果转化率太低,就要考虑终止合作了。

当然,换量的方式也可以是买量,现在买量的渠道有很多,运营者可以将不同的渠道列出来,对比不同渠道能带来多少量、可以推广什么、价格是多少、用户质量如何等,然后进行筛选。

在具体寻找换量的合作对象时,运营者可以借助一些工具来帮助自己找到合作的换量对象,下面以"App 换量推广"小程序为例,具体操作如下。

第一步:进入"App 换量推广"小程序,在打开的页面中点击"开始换量"按钮,如图 10-12 所示。

图 10-12

第二步:在打开的页面中可以看到最新的有换量需求的 App,这里点击"筛选"按钮,如图 10-13 所示。

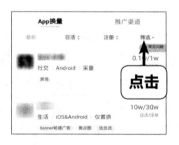

图 10-13

第三步:在打开的页面中可以进行日活区间、系统、行业及支付模式等的筛选,筛选完成后点击"完成"按钮,如图 10-14 所示。

图 10-14

第四步：在筛选结果中选择合作对象，如图10-15所示。

图 10-15

第五步：在打开的页面中查看换量详情，点击"邀请合作"按钮，如图10-16所示。

图 10-16

10.1.7 增长下载量的营销活动策划

对于一款新上线的App来说，要吸引用户下载，活动运营不可少，App拉新活动的形式比较多，这里来看看比较典型的几种活动形式，运营者可以借鉴参考。

1. 新用户注册奖励

大多数App都在用这一活动形式，奖励的形式可以是优惠券、现金红包、礼品等。例如，很多购物类App针对新注册的用户都会送出现金红包；游戏类App会送出道具礼包；而很多贷款类App则会送出现金券，如图10-17所示。

图 10-17

这种拉新活动很直接，也很有吸引力，运营者如果能好好利用，对下载量的增长将会有很大的帮助。

2. 游戏化推广活动

以游戏的形式来拉新具有很强的互动性和趣味性，比较厉害的无疑是曾经很火的西瓜视频"百万英雄"活动了。

"百万英雄"是一种答题活动，用户通过参与视频直播中的互动答题游戏可以领取红包，西瓜视频打出的宣传语是"答对12题，瓜分100万"，在视频直播的过程中主持人还多次用金额、提现等字眼来提醒用户，这无疑会让很多用户心动。

如果仅仅是答题，那还不足以让西瓜视频立即火起来，西瓜视频在此次活动过程中还充分利用了社交传播优势，用户在参与活动的过程中如果闯关失败，而又想要继续闯关，就需要分享邀请码给新用户，新用户下载西瓜视频后，两者都可以获得复活卡，这使西瓜视频在短时间内就实现了老带新。有很多人都是因为微信朋友分享了邀请链接，才下载了西瓜视频App。

对于用户来说，下载和使用西瓜视频都是无成本的，如果赢了还能赚到奖金，这"羊毛"果断要薅啊。那么，"百万英雄"的活动效果是怎样的呢？图 10-18 所示为 2017 年 10 月～2018 年 4 月西瓜视频 App 的搜索量。

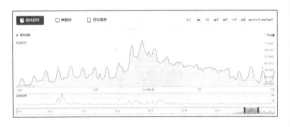

图 10-18

从图 10-18 中可以看出，明显的波峰出现在 2018 年 1 月，这期间也是"百万英雄"活动进行得很火爆的时间段。下面再来看看 2017 年 11 月 1 日～2018 年 2 月 28 日西瓜视频 App 的下载量汇总数据，如图 10-19 所示。

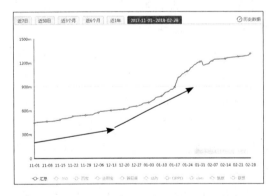

图 10-19

从图 10-19 中可以看出，在 12 月以前，西瓜视频 App 的下载量也在增长，但是比较平缓，而在 12 月底开启"百万英雄"的活动后，下载量迅速有了明显的上升。而在这一期间苹果应用市场中西瓜视频 App 排在了第一位。由此可见，有趣的游戏再加上红包的诱惑，对用户的吸引力真的很大。

3. 拼团 / 砍价活动

大家对拼团应该都不陌生，在朋友圈、微信群中很常见，前面也介绍过拼团的玩法。现在，这一活动形式在折扣、购物类 App 中应用广泛，典型代表如拼多多、折 800 等。砍价则是与拼团相似的一种活动形式，用户发起"帮忙砍价"的邀请后，好友可为其砍价使其免费获得商品。

除了以上活动类型外，App 拉新活动类型还有很多种，如一元购物、抢好友红包等，运营者在具体策划 App 拉新活动时，要注意以下几点。

（1）在策划拉新活动时，首先要明确拉新的对象，根据目标对象的特征来设计活动。

（2）活动的参与方式要简单，易于操作，如果门槛太高，用户可能不会下载 App。

（3）在奖品设置上要结合目标对象的属性来选择，可以采用大奖诱惑，小奖发放的形式。

现在市场上也有 App 活动制作工具，运营者可以利用这些运营工具快速创建 App 拉新活动，如活动盒子、易企秀等。活动盒子是一款活动运营工具，易企秀则是 H5 制作工具。

10.1.8 激发老用户带来新用户

老带新是提高 App 下载量的常用方式，同时也是成本较低的一种拉新方法。对于老用户来说，如果要让其帮忙带来新用户，没有点好处是不行的，只有在利益的驱动下才能实现老带新。

老带新的奖励形式有多种，如优惠券、现金红包、话费券、VIP 会员等，如果想让一个老用户带来更多新用户，可以采用阶梯性奖励的方式。例如，邀请一位好友获得 10 元，邀请两位好友获得 20 元，最高可获 60 元。

为了避免"薅羊毛"党或者恶意注册，可以在老带新活动中设置一些限制。例如，购物类App可以要求新用户注册并下单后，老用户才能领取现金红包，对于下单这种方式，老带新的现金奖励就要有足够诱惑力，否则老用户会拒绝参加。如果奖励的价值不高，那么可以只限制为注册或者其他门槛较低的App互动内容。

例如，新浪微博针对老带新的活动，其奖励为8元现金红包，但老用户要获得这一现金红包需在新用户注册微博后，并连续3天都在App中进行签到，如图10-20所示。

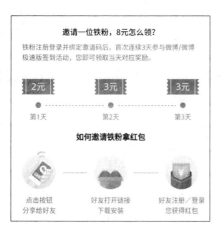

图 10-20

从图10-20中可以看出，新浪微博的这种老带新活动形式将现金红包分为了3天领取，这种方式就可以有效避免恶意注册，因为如果老用户邀请的新用户不是自己的亲朋好友，就很难做到坚持3天在微博中签到，这样既保证了用户质量，也提升了App的活跃度。

如果运营者不希望用门槛较高的规则来影响老带新活动，那么奖励采用优惠券、满减券的形式会比较好，因为新老用户领取优惠券以后，最终还是要在App中进行消费的，对企业来说活动成本会较低，而现金奖励的形式如果采用只注册即可领取的方式，"薅羊毛"的人就会比较多，很多用户可能注册后就卸载了。

在App中做老带新活动，活动的信息一定要放在显眼的地方，一般来说，首页banner位置、图标及弹窗的形式都是比较合适的广告位，可以让老用户很容易看到，也可以增加点击率，如图10-21所示。

图 10-21

另外，老带新活动的内容和图片也要有足够的吸引力，可以将福利以文案的形式体现出来，如"邀请好友获10元现金券"。活动的图片要使用醒目的颜色，如红色、黄色、紫红色等，以吸引用户的眼球。

老带新活动对社交的要求比较强，因此老用户对活动的分享或邀请渠道也要选择具有社交性质的，如微信、朋友圈、QQ和QQ空间，这几个是首选。有的App可能也会采用豆瓣、陌陌等，但这两个渠道更偏向于陌生人社交，而老带新要获得好的推广效果，在熟人社交的基础上会更好。

10.2 App 运营推广的技巧

在一款 App 还未上线前，运营者就可以着手推广计划了，如果 App 已经开发好了，再考虑怎样去推广，那么会浪费很多推广时间。现在各 App 之间的竞争很激烈，在做基本的推广时，掌握一些技巧能让 App 运营推广的效果更好。

10.2.1 让应用精准覆盖关键词

做应用市场关键词优化时，很多运营者都希望自己的关键词覆盖量越多越好，但在选择关键词时，不能忘了精准，因为这样才能提高效果，否则即使你的 App 覆盖了过万的关键词，转化率也不会很高。

关键词不是随意选择的，首先，可以通过竞品去选择，竞品不能只选一个，根据需要选择 3 ～ 6 个会比较好。其次，分析竞品的关键词覆盖情况，从这些关键词中筛选出热度较高或者带量能力强的关键词。在具体操作时，运营者可以利用 ASO 查询工具进行竞品关键词覆盖分析，下面以蝉大师为例。

第一步：进入蝉大师官方网站首页并登录，在打开的页面中输入竞品应用名称，单击“搜索”按钮，如图 10-22 所示。

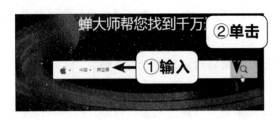

图 10-22

第二步：在搜索结果中单击应用名称超链接，如图 10-23 所示。

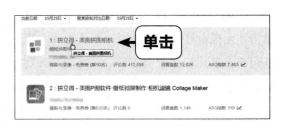

图 10-23

第三步：在打开的页面中选择“ASO 关键词”选项，如图 10-24 所示。

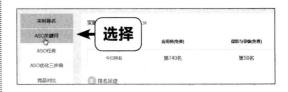

图 10-24

第四步：在打开的搜索结果中可以看到关键词、排名和热度等，如图 10-25 所示。

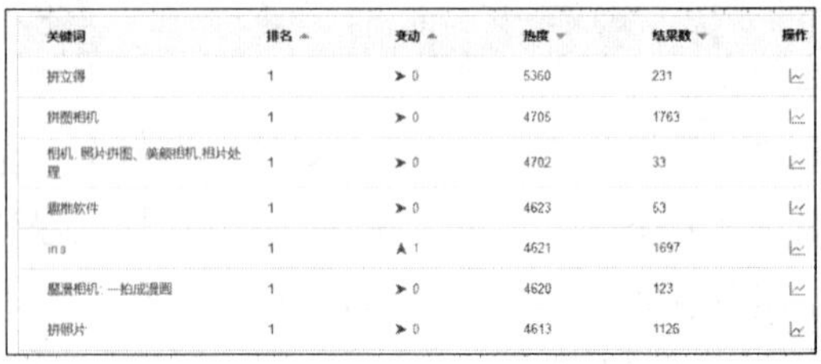

关键词	排名	变动	热度	结果数	操作
拼立得	1	0	5360	231	
拼图相机	1	0	4705	1763	
相机、照片拼图、美颜相机、相片处理	1	0	4702	33	
趣拼软件	1	0	4623	63	
ins	1	1	4621	1697	
魔漫相机：一拍成漫画	1	0	4620	123	
拼照片	1	0	4613	1126	

图 10-25

根据查询到的竞品关键词情况，运营者可以进行关键词筛选或者导入 Excel 表格中，如图 10-25 中针对摄影类 App，可筛选的关键词就有相机、照片拼图、相片处理等，然后对这些关键词进行分类，分为行业词、通用词等，需要注意的是，在导入 Excel 表格时，不要忘了添加各应用的标题，标题中也有很多关键词，且这些关键词是需要重点参考的对象。在具体选择竞品时，可以根据分类排行榜，选择排名靠前的、关键词覆盖做得好的。

筛选出合适的竞品关键词后，运营者还需要进一步进行关键词挖掘，此次挖掘的对象主要是长尾词拓展，这里同样可以使用蝉大师来进行分析和筛选，也可以使用其他工具，如爱站 ASO，输入"相机"可以得到以下结果，如图 10-26 所示。

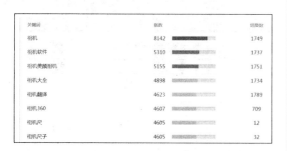

图 10-26

对于行业热门的关键词，也需要进行筛选，使用蝉大师的热词排行榜即可查看，然后再从中进行筛选，如图 10-27 所示。

图 10-27

筛选出大量的关键词后，运营者还需要进行组词和改词的工作，将不同的关键词进行组合及修改，变成适合自己 App 的关键词，如 QW 和 WE 两个关键词，可以组合成 QWE，如果这两个词是核心关键词，通过组合也可以放在标题中。

在为 App 布局关键词时，不要过多重复的关键词，避免浪费字数，在布局时可以利用 ASO 优化助手来进行组词的优化，如图 10-28 所示。

图 10-28

10.2.2 投放 CPD 时如何获得更多 ROI

ROI 是指投入产出比，做 App 推广如果投放了 CPD，那么运营人员肯定希望 ROI 能最大化，这样才对得起花的钱。

在应用市场投放 CPD，其出价的多少会影响排名，当然应用质量也会受一定的影响，因此优化应用等级，做好评论也很有必要。对于刚上线不久的 App 来说，建议出价可以高一些，因为在应用上线初期，点击率和下载量都不会太高，此阶段的重点应放在曝光量上，利用高曝光量来提高应用的点击量和下载量，等到应用的点击量和下载量都得到提升后，再逐渐降低出价,同时,在这一阶段需要不断进行关键词及应用等级的优化。

在投放 CPD 时,运营者可能还会遇到这样的问题,就是自己的出价已经很高了,但还是不能上推荐。这可能是因为 App 转化率太低造成的,在推广初期,应用市场给了比较好的展示位,但后台数据显示下载量仍然很低,这样应用市场就很难再推荐。另外,如果应用因违反了应用市场的规则而遭受了处罚,也可能导致不能获得推荐。

此外,还有一个原因可能是自己认为的高出价对同行业来说并不高,同行业的其他竞品当然也会投放 CPD,如果这些竞品的预算很足,他们的出价就可能很高,而自己所谓的高出价,可能对行业而言只是低出价。

在应用市场,CPD 的投放位置也有多个,一般有精品应用推荐、分类热门推荐、搜索结果页等。如果运营者选择的是搜索结果页投放,就要格外重视关键词的选择,一定要确保选择的核心关键词能够实现带量。对于品牌词,建议不选为核心关键词,因为如果用户是通过搜索品牌词来下载应用的,那么自己的 App 自然是排在前面的,没必要将钱花费在品牌词上。

有的应用市场 CPD 投放的后台会自动推荐一些与应用无关的关键词,对于此类关键词要进行删除,避免其消耗资金。有的应用市场可能不支持后台关键词的编辑修改,这时可以找代理商合作,把应用的核心关键词外包出去。

在 CPD 投放期间要实时关注后台数据,了解转化率,如果转化率很低,那么就要考虑是不是关键词选择不够精准。如果选择的是热门关键词,那么可能会出现这段时间这个关键词效果好,但过一段时间后效果就不那么好了的

情况,此时也需要进行关键词的调整。

搜索结果页推荐位投放是很多应用首选的 CPD 投放位,有的企业也会选择推荐位投放。选择推荐位时也要注意,有的应用市场可能支持自主选择,而有的应用市场可能是根据出价和应用质量,由算法来推荐。一般来说,建议运营者优先考虑首页精品应用推荐位,这个位置的曝光量无疑是最高的,用户只要打开应用中心,即可查看到,图 10-29 所示为华为应用市场的首页精品应用推荐位。

图 10-29

其次,可以选择排行榜,排行榜一般分为总榜、上升最快及口碑最佳等,不同应用市场排行榜的竞价位也有所不同,如小米应用市场提供的是 6、10、20 位。有的应用在排行榜盘还有精品推荐位,这个位置也可以选择。在具体投放时,运营者可以登录不同应用市场的开发者平台查看可选择的投放位置。

很多应用市场还提供奖励式的应用推荐位,如华为的激励榜单、OPPO 的安装有礼,对于这个投放位置,建议运营者慎重考虑,因为很多用户可能是冲着奖励去下载的,应用下载后的卸载率可能也会比较高。

10.2.3 利用应用首发，免费推广 App

在应用市场推广 App，应用首发这个免费的渠道不能浪费，现在很多应用市场都提供了首发资源，对于那些量大的平台，都可以去申请。只不过在申请应用首发时，首先需要摸清各个渠道的规则和方式，不同的应用市场申请应用首发的规则和方法也不同，有的只能独家首发，有的则可以联合首发，下面来看看几个主流平台如何首发。

1. 华为

华为应用市场的首发分为更新版本首发和新应用首发，其中更新版本首发支持独家首发和联合首发，但新应用首发只支持独家首发，也就是说，如果新应用要在华为应用市场申请首发，那么在其他渠道发布应用的时间就要晚于华为要求的 7×24 小时，也就是 7 天后才能在其他应用市场发布。

华为提供的首发资源位有首页精品应用推荐、首发专区展示，并且有首发标签显示，因此这个资源位是很不错的。

在华为应用市场申请应用首发，需要提前 5 个工作日进行，运营者可通过应用首发管理页面进行申请，同时要发送 APK 到指定邮箱中。

2. OPPO

OPPO 应用市场也分为新品首发和更新首发，新品首发要求该 App 没有在其他渠道上架过（也就是只能独家首发），更新首发要求要早于其他渠道 10 分钟。针对更新首发，OPPO 应用市场提供的资源位有软件 - 精选页面和专题推荐；针对新品首发，其会提供图文内容重点推广。要注意的是，更新首发最多展示 15 天，而新品首发则是根据运营策略来调整的。

在应用内测期间，运营者就可以在 OPPO 应用市场申请首发，具体为提前两周申请，申请方式为提供图文卡片并发送至邮箱 zmyy@oppo.com。

3. vivo

vivo 应用市场的首发被称为"新品速递"，资源位为应用商店首页 - 新品模块，App 可以是全新的产品，也可以是新入驻的产品，但是上线不能超过 1 个月。

申请时间为星期三 8:00 ~ 18:00，发送申请至邮箱 xinpin@vivo.com。

4. 小米

小米的应用首发分为新应用和更新版本应用，未在其他渠道上架过的应用可申请，申请方式为发送申请邮件至 shoufa@xiaomi.com，需提前 4 ~ 5 个工作日提交。首发的资源位有两个：首页精品和分类精品，但最终只会上架到其中一个资源位。

5. 魅族

魅族针对应用首发提供的资源位有首发精选和"发现"评测页面，其中"发现"评测需提供评测文章，会永久展示，申请的 App 要求未在其他渠道上架过。

申请方式为提前 3 ~ 4 个工作日发送邮件至 shoufa@meizu.com。

6. 应用宝

对于新品应用首发，要求其在应用宝平台上的评分高于 4 星才能申请，与其他渠道不同的是，如果应用的上线时间还没到 6 个月，也可以申请首发，对于上线已到 4 个月的应用来说，要求下载量达 7000 次。

版本更新的首发则要求有明确的新版特性，上线 4 个月的应用同样要求下载量达 7000 次。如果运营者选择将新应用在应用宝独家首发，应用宝会提供优先排期。针对应用首发，应用宝提供的资源位为抢先体验外显卡片，展现方式既可以是图片，也可以是视频。

7. 360 手机助手

全新应用首发要求未在其他渠道上架过，版本更新的首发只支持已在 360 手机助手上架过的产品，也就是说，360 手机助手支持独家首发和联合首发，但联合首发要求首发包优先在 360 手机助手中提交。

运营者需提前 3 个工作日在开发者平台申请。360 手机助手提供的资源位比较多，包括 "今日首发"卡片、新品首发及 banner 位等，可推荐 1～2 天。

对于应用市场首发，很多运营者会觉得带量一般，但运营者要明白的是，这个资源是免费的，如果你有资金，大可去做付费推广，如果没有，那么只能选择免费资源。其实，首发除了带量外，还有额外的权益。很多应用市场会有针对性地开展官方活动，而这些活动的评选会在一定程度上参考首发应用，如 OPPO 应用市场提供的 "至美奖"，获奖应用可获得闪屏曝光一天，同时会在 "至美奖"版块展示，在评选这一奖项时，会参考其是否在 OPPO 首发这一因素。

另外，第三方平台针对首发应用则会提供应用等级上的帮助，如应用宝。了解了应用首发的方法后，下面来看看首发的一些技巧。

应用首发的目的自然是给 App 带来流量，在安排首发时，也需要考虑到应用市场流量的情况。因此，第一个技巧是，首发平台优先考虑有新品上市的手机厂商渠道。例如，vivo 有新品要上市了，就去申请它的独家首发，因为在这一阶段 vivo 会大力推广自己的产品，手机用户在购买 vivo 新款手机后第一步一般都是下载 App，此时如果自己的 App 能在首页推荐位展示，那么带来的流量会比较好。

第二个技巧是，如果不是追求更多渠道曝光，就尽量选择独家首发，因为所获得的资源位会更好。如果一定要申请联合首发，建议选择有假日活动的时候，平时的话，选择周末更好，周末的流量会更大。

10.2.4 积分墙怎么玩才不会被坑

现在，苹果应用市场在打击刷榜，因此很多运营者都会选择积分墙来实现应用的短时间内冲榜。很多运营人员认为，做积分墙推广只要烧钱就行，但是如果做同样的关键词，别人只花了一半的钱，你是不是也会不甘心？

要做积分墙推广，就要了解积分墙的玩法。积分墙是内置在一款应用中的积分任务，用户要获得积分，需完成应用的注册或下载等操作，对于内置积分墙的应用开发者来说，他们可以获得相应的收入，应用的广告主则可以获得下载量，实现冲榜，下面以一个案例来帮助运营者理解积分墙。

一个用户在玩一款游戏，这款游戏中植入了积分墙，用户玩到第 5 关时发现自己的金币用完了，以前他想获得金币需要花钱去买，现在他可以通过下载一款 App 来获得金币，这就是积分墙的玩法。积分墙按 CPA 来计价，价格与任务类型有关。

现在，市场上的积分墙平台有很多，运营者应该如何选择呢？

1. 看规模

在选积分墙平台时，可以首先看其用户规模。现在，市场上的平台大致可分为 4 种：第一种是老牌平台，发展已很成熟，平台的用户规模很大，效果值得信赖，但价格也可能会比较高；第二种是发展期平台，这类平台的价格相对较低，因为其为了推广平台会相应地给出一些优惠，效果一般也有保证；第三种是初创平台，这类平台在价格上有优势，但因为经验欠缺，效果可能无法保证；第四种是机刷渠道，这类渠道能够给出比较低的价格，但有清榜或下架风险，且效果可能会出现快速下滑的情形。

对于这 4 种平台，有资金的、想实现短期冲量的企业可以选择第一种；有长期投放需求的企业可选择第二种；预算不足的、想尝试积分墙效果的可以选择第三种；最后一种一般不要选择，如果实在没什么资金，又想短期冲量，也可以考虑，但要明确自己的 App 是否能承担这个风险。

2. 看业务模式

除了看规模外，还要看积分墙平台的业务模式。积分墙平台有自家独立运营的，也有代理商运营的。如果是自家积分墙平台，在谈合作时可以问一问如果投放，什么时候能够上线，同时也可以下载其提供的应用，看看有哪些产品在做该平台的积分墙，以及活跃度怎么样。

区别自家积分墙和代理商的方法是了解其是否有专门的投放后台，问一问是什么墙，能不能体验一下。如果是代理商一般会说无法提供体验，因为代理商的后台通常只有一个账号可以登录投放，而独立运营积分墙的服务平台一般能提供平台体验。

另外，也可以进入积分墙平台的官方网站了解，看其服务的案例，或者服务了多少应用，了解这些应用是否在榜单上及其位置变化怎样，如果效果好，那么可以考虑选择合作。

3. 看新用户来源

目前，大部分积分墙的用户来源主要有两种：一种是邀请模式；另一种是徒弟模式。有的可能会通过广告投放方式来获取，有的可能会利用自身平台的流量，即将合作的平台属于哪种模式需要运营者了解清楚。

另外，还要了解其用户群体，是网赚人群还是学生群体。通过了解其用户质量可以对积分墙投放效果把关。

4. 看 IP 是否限制

通过 IP 可以看出用户群体的大致分布，当然也有用一个 IP 下载多次的情况，如学生群体，因为学校一般都是用一个 IP 的。

一般来说，劣质的掺杂机刷的平台可能没有 IP 转换器，这样风险会很大。从积分任务完成的时间上也可以看出是否为机刷，机刷的时间会比较固定，间隔时间也很有规律。

5. 看是否外放

积分墙平台每天的量都是有上限的，因此，很多积分墙平台的量分为自己平台的量和外放的量。如果积分墙平台有外放的量，那么运营者要了解外放的渠道、日活及是否会进行排重等。如果合作方回复说不能告知外放渠道，那么可以选择不合作。

6. 看是否提供效果报表

身为运营人员一定要去了解积分墙投放的效果，一般来说，积分墙平台都会提供 IDFA 数据及效果报表给广告主。如果对方不提供，就需要注意了。效果报表中通常会呈现下载激活量及关键词等信息，有了数据后，最好还是利用 ASO 分析工具去实际查询一下，做个对比。

通过看报表还可以了解订单转化情况，对于那些质量差的渠道，就可以停止再次投入。

按照以上思路来选择积分墙平台，可以尽量避免选到给假量的积分墙平台。

> **提示**
>
> 有的运营者可能会诟病积分墙的留存率，认为积分墙虽然会带来下载量，但卸载率也会很高。实际上，大多数 App 做积分墙并不是为了直接获取用户，而是为了刷榜，让自己的 App 排在前面，最终目的是获取高榜位带来的自然用户。

10.3 留住用户的互动体验营销

在 App 前期推广中，获取一个用户的成本是很昂贵的，几元到几十元都有，当 App 已经拥有了一定的用户量时，如何留住这些用户就很重要了，那么运营者要如何做才能提高用户活跃度，从而留住用户呢？

10.3.1 推送消息，唤醒沉睡的用户

通过前期的推广后，正当运营者在为新增的用户数量感到开心时，结果一看留存率只有百分之几，心里落差可想而知。较低的用户留存率意味着运营者通过推广带来的用户都走了。面对这种情况，就要采用一些互动方式来唤醒一部分已经离开的用户，高质量的消息推送就是其中一种。

消息推送功能只对允许向他推动消息的用户有用，因此要使用消息推送来唤醒用户，首先要做的是让更多的用户允许 App 推送消息。

运营者应该都知道，在安装某款应用时，会提示很多权限，如读取短信、联系人列表等。此时的权限请求很多时候会遭遇"不允许"，因为对于不了解这款 App 的新用户来说，他们对于权限请求会抱有警惕心理。那么，如何才能提高用户授权的概率呢？

其实，运营者可以在用户注册或者解锁某一功能时再请求权限，如很多拍照 App 会在用户使用拍照功能时请求照相机权限，相应地，针对消息推送，如果在用户注册账号或者订阅某一功能时再获取权限，被允许的概率就会大很多。

其次，就是消息推送的内容一定要有价值。消息推送是一种互动方式，这种互动方式是否有成效，关键还要看内容。如果发送的内容过于频繁或者内容本身没有价值，反而会引起反效果，导致用户卸载 App，所以内容本身和内容频率都要控制好。

以大家比较常用的购物类 App 为例，通常情况下，购物类 App 会在大促或者有打折商品时提醒用户打开 App，如图 10-30 所示。

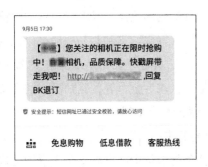

图 10-30

从图 10-30 中可以看出，这一消息内容对用户来说是有价值的，低价就是一个很好的价值。如果运营者通过后台数据发现某一用户前段时间在 App 中有活跃，但这段时间不活跃了，那么就可以推送一条消息。另外，节假日、App 做活动或有特殊事件时也可以做推送。

例如，很多 App 中都有签到活动，连续签到一般会有额外奖励，若在前段时间这个用户都坚持签到了，但现在没有继续签到，那么此时就是推送消息的好时机，可以告诉他每日签到有什么好处，根本目的还是让其打开 App，如图 10-31 所示。

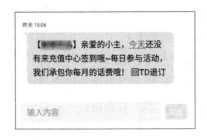

图 10-31

对于不同类型的 App，消息推送的内容应有所不同，如音乐类 App 可推送某一歌手新专辑发布的消息，理财类 App 可推送理财定投信息等，常见的消息推送类型有以下几种。

（1）活动类：如活动促销、打折、抢购、福利等。

（2）资讯类：如新闻信息、重大事件、热点话题等。

（3）系统通知类：是指 App 内针对不同用户的行为推送的通知，如被关注、评论，电商的发货提醒等。

无论是哪种类型的消息，总之一定要确保推送的内容是对用户有用的。

个性化推送也很重要，以图 10-30 为例，用户准备购买一款相机，因此在购物 App 中浏览了相机，但是没有下单，过段时间后，也就是用户关注的相机有降价后，这款 App 就给用户推送了相机降价的消息，这就是个性化推送的体现，针对每位用户的不同需求来推送。

个性化推送并不难，运营者可以从用户的浏览数据中找到该用户喜欢什么，然后有针对性地进行推送，现在很多 App 都利用智能算法来个性化推送内容和时间。

针对推送的时间，这里提供几点技巧，一般来说，选择用户空闲的时间会比较好，如上下班途中、中午休息时间及用户晚餐后至睡觉前。在用户空闲的时间段推送消息，可以提高 App 被打开的概率。

除了要考虑一天之中在什么时间推送消息外，运营者还要考虑一星期内选择什么时段推送，这里可以借助数据报告进行分析和确定。以腾讯大数据提供的《2017 年 Q1 移动 App 使用情况分析》报告为例，报告中显示了用户对各类 App 的使用频率和时间上的偏好。

据报告显示，星期六游戏类、音乐类、阅读类及拍照类 App 的使用率很高，星期日视频类 App 的使用率会得到很大的提升，而办公类 App 的打开率也会飙升，因为很多人周末也在工作。星期五出行类和旅游类 App 的使用率很高。星期三、星期四办公类、儿童类、生活类、购物类 App 使用率很高，星期一和星期二各类 App 的使用率都不是很高。通过这一数据，运营者就可以根据自己 App 的类型来参考和选择消息推送的时间，要查看详细的报告内容帮助进行分析，运营者可在腾讯大数据中心查看。

10.3.2 建立 App 奖励机制，留住用户

一款 App 要留住用户，设置一些奖励很有必要，这些奖励不仅可以增强用户的黏性，也可以增强 App 的活跃度，常见的 App 奖励机制有以下几种。

1. 签到

签到是最常见的一种 App 奖励机制，大部分 App 都有。例如，游戏 App 中的签到领道具，购物 App 中签到领虚拟货币等，图 10-32 所示为京东 App 签到领京豆。

图 10-32

签到奖励机制的优势在于操作简便，用户只需每天登录 App 点击相应的按钮即可，对于提高用户活跃度有很好的帮助。

运营者在考虑签到奖励机制时要注意两点：一是签到的类型，二是签到的奖励。一般来说，签到可设置为连续签到和累计签到两种，具体应结合 App 来选择签到类型。

签到奖励的奖品本身要有一定的价值。例如，购物 App 中的签到奖品一般可以抵现，有的则是送话费等，而游戏 App 中的签到奖品可能是皮肤或者金币等，奖励形式同样要根据 App 产品的特点来规划。

2. 任务打卡

任务打卡是指用户需要在 App 中完成指定的任务后才能获得奖励。例如，很多手游中都有日常任务，用户通过完成日常任务就可以获

得相应的奖励；而有的学习工具类 App，则有每天学习多少分钟的任务，完成打卡可获得勋章或学习币等。图 10-33 所示为新浪微博中的任务。

图 10-33

用户通过完成不同的任务可以获得积分，完成全部任务还可以获得神秘大礼。类似于这种任务式的奖励机制可以引导用户在 App 中做出行动，同时还可以引导用户成长。当 App 中有新产品或新的推广需要用户做出行动时，就可以采用这种形式。

在策划任务式奖励机制时，要考虑任务的难易程度，相比签到难度可以高一些，但也不能设置得太高，玩法应简单一些。

3. 积分商城

积分商城在很多 App 中都看得到，用户通过在 App 中完成某些行为即可获得积分，该积分可在积分商城兑换物品。例如，用过信用卡的朋友应该知道，使用信用卡进行消费是可以累积积分的，而这些积分可用于在银行提供的积分商城上兑换商品或者某一权益。

对于积分商城这一提高用户留存的方法，很多优秀 App 都在用，其实前面说的签到、做任务打卡等都可以是获取积分的一种形式。

在培养用户累积积分的过程中，积分商城承担着一项重要的工作——让用户了解积分的价值。只有这样，用户才会通过完成各种预定的行为去赚取积分，由此可以看出，积分规则与积分商城是相辅相成的，那么运营者要如何设置积分规则呢？

因为不同 App 的运营要求不同，所以积分的具体规则也会不同，但也有一定的共通性，运营者可以根据运营的指标来设置。

例如，某一视频类 App 的运营指标有视频转发率，那么在设置积分规则时就可以设置为每天分享两个视频可获得 30 积分。在设置积分规则时还需要考虑积分的权重，指标越重要或者完成任务的难度越高，积分的奖励应越多。例如，签到和分享这两个指标相比，签到的积分权重就应小于分享的积分权重。

10.3.3 提高微社区用户活跃度，留住用户

"社群"概念对于做运营的人来说并不陌生，而微社区实际上就是一种社群玩法，很多 App 就是利用微社区来提高用户活跃度的，这里以拍照类 App 为例。

众所周知，用户使用拍照类 App 主要是想让拍出的照片更好看，因为拍照类 App 中通常都提供了大量的滤镜和贴纸等。对于用户的美图需求，拍照类 App 都能满足，但很多用户修完图后，还会有一个需求，那就是分享。如果能在 App 中做一个图片社区，让用户的这种需求也能得到满足，用户就可能在图片社区进行分享、评论等操作，这种互动就提高了用户活跃度，图 10-34 所示为 MIX 修图工具中的微社区功能。

图 10-34

微社区不仅适用于拍照类 App，也适用于金融类、视频类 App。例如，金融类 App 可以利用微社区打造理财"领袖"。很多用户使用金融类 App 都是因为有理财的需求，而在这些用户中有一部分可能是理财小白，有一部分则是专业理财人士。如果能在 App 中建立理财社区，让这些专业理财人士主动去创建内容，并给予一定的奖励，那么 App 中就会形成理财交流的氛围，对于理财小白来说可以从中吸取理财经验，对于专业理财人士来说则可以获得一些额外收益，对于 App 来说则提高了用户活跃度。

视频类 App 也可以创建微社区让用户分享视频、图片，或者进行评论等，如爱奇艺中的"泡泡"、腾讯视频中的"doki"都是微社区的一种形式，而这一形式也是近几年才在各大视频软件中上线的，如"doki"是腾讯视频 2017 年 8 月上线的社区，上线仅 3 个月就获得了很多粉丝。

微社区中用户参与的方式可以多样化，点赞、转发、评论都可以，表现形式可以是图文、视频、音频及文字，开发者要根据用户的特点来考虑微社区的功能。

微社区能提高用户活跃度，但也可能带来

垃圾信息，运营者要做的就是尽量抵制这种垃圾信息，具体方法有举报、敏感词定义及管理团队审核等，用完善的机制来确保社区拥有良好的氛围是很重要的。

入口越明显，微社区就越容易受到关注，因此如果 App 想要引导用户进入微社区，入口就一定要显眼，如爱奇艺中的"泡泡"和腾讯视频中的"doki"，其入口都在 App 首页。把 App 中的用户沉淀到社区后，用户才会真正稳定下来，这样才能进一步提高留存率。

10.3.4 如何让用户自愿给评论

在很多 App 中，都可以看到好评弹窗，如图 10-35 所示。

图 10-35

对于一款应用而言，用户能够做出评论，对 App 运营及下载量都会产生影响。因为评论会显示在应用市场中，用户评论多，评分高，如评分在 4 星以上，App 就更容易被下载，所以很多运营者都在极力做好评论方面的工作。

要让用户进行评论和评分，只靠用户自我行动是不行的，还需要进行一定程度的引导，于是好评弹窗就应运而生了。但好评弹窗也可能会引起用户的反感，以下做法是不可取的。

1. 影响用户交互行为的好评弹窗

好评弹窗能引导用户主动评论，但部分 App 中的好评弹窗选择了不恰当的时间推送好评弹窗，如用户首次启动App时、正在浏览信息时，出现的好评弹窗会影响用户的交互行为，严重的可能会引起用户的反感，导致用户卸载App。

因此，在用户首次启动App时，或者App使用次数还不多时，不要推送好评弹窗，先让用户好好体验App带来的乐趣才是正确的做法。

2. 频繁推送好评弹窗

即使是老用户，也不要频繁推送好评弹窗。有的App会在用户点击"不，谢谢"后，隔段时间又推送好评弹窗，频繁推送好评弹窗是不可取的。当用户拒绝评论一两次后，就要停止向这个用户推送好评弹窗，因为用户拒绝评论可能是因为不愿评论或者懒得去评论，如果用户拒绝一两次了，还去邀请其填写评论，就可能会引起用户的反感。

那么，如何做好评弹窗才能让更多用户自愿评论呢？这里提供几点建议。

（1）好评弹窗可在用户对App做出某些行为后弹出。例如，一款购物类App，某用户在这段时间都有使用该App的习惯，这天该用户在App中下单并付款了，此时弹出好评弹窗就是比较合适的。因为用户在购物后心情都会比较好，且多数情况下他们都会选择在此时退出应用，那么在这个时候打扰用户一下，他们

也不会很反感。在设置好评弹窗的弹出时间时，开发者要多换位思考，想一想什么时候用户会对App产生好感，此时弹出好评弹窗就是合适的。

（2）开发者可以将应用好评内置在应用菜单中，而不是以弹窗的形式出现，这样可以起到引导的作用，也不会引起用户反感，因为用户如果不感兴趣可以直接忽略，而不用做出任何行动，如随手记就将好评内置在了App中，如图10-36所示。

图 10-36

（3）可以在版本更新的描述中邀请用户参与评论，虽然这种方法比较低调，但仍是一种有效的方法。

用户在评论区进行留言评论后，运营者要对这些评论进行反馈，同时也可以据此进行应用的优化，只有不断优化App的用户体验，才能更好地留住用户。

10.4 分析App数据，了解运营全貌

与网站运营、微信运营一样，App运营也离不开数据分析。数据分析能够帮助运营者了解App的实力，也为更好地留住用户提供优化依据，那么App运营中有哪些指标具有很高的参考价值呢？

10.4.1 精细化运营要分析这些指标

对 App 进行数据分析，有几个指标是很重要的，具体包括以下 4 类。

1. 与用户有关的指标

与用户有关的指标主要包括 App 总的用户数、留存用户数、回流用户数、流失用户数、连续活跃用户和转化率等。很多 App 运营者在对 App 进行数据分析时，常常只关注下载量或安装量，要知道下载量并不是真实的用户数量，因此要重点关注真实的总用户数。对这几个指标可按天、周、月和年来统计。

用户的留存要与活跃度结合起来看，对于用户留存要关注留存率指标，留存率可以通过留存用户数除以新增用户数来得到。例如，App 8 月新增用户 1000 人，到 9 月有 500 人启动过 App，那么一个月后的留存率就是 50%。用户留存率越高，说明 App 保留用户的能力越强，同时也说明 App 能够满足用户的核心需求。提高用户留存率指标的方法前面已经介绍过了，如推送、积分、任务及签到等。

2. 与应用有关的指标

与应用有关的指标包括应用启动次数、使用时长、使用频率等。统计的周期同样可以按日、周、天和年来统计。

对 App 来说，用户打开 App 就应被视为启动了应用，退出后则视为结束。对于启动次数的统计，要区分版本及时间。预测在哪个时段，App 的启动次数、使用时长表现良好。

3. 与路径有关的指标

主要分析用户在 App 中页面访问和跳转的情况。利用路径分析可对用户进行细分，了解用户的偏好，从而将分析结果运用到 App 换代中。

针对每位用户都应该有点击行为日志，通过点击行为日志就可以了解到用户访问的模式，如一款拍照分享 App，通过用户行为日志，可以细分出喜欢点赞的用户、喜欢上传照片的用户及只看图不互动的用户。

另外，路径分析还可以帮助运营者进行 App 优化。例如，通过路径数据发现 App 的某一功能基本上没有用户使用，那么开发者就可以有针对性地进行该模块的改进。

4. 与渠道有关的数据

在对 App 的新增用户数、活跃用户数、转化率及留存率进行分析时，还可以按渠道来分类，这样就可以了解到不同渠道的用户质量情况，为后期做营销推广提供参考依据。

总之，在 App 数据分析中，以上基础数据具有通用性，但在实际分析中，还要找到 App 的个性化的指标，如游戏类 App 与社交类 App，两者分析的重点是不同的。所有脱离产品本身的数据分析都是无意义的，因此 App 运营指标的分析要结合产品特性来进行。

10.4.2 利用数据分析工具进行 App 分析

对每个运营者来说，做 App 数据分析都要借助工具来行之有效地解决运营工作，现在市场上的 App 数据分析工具有很多，如国内的百度统计、友盟、腾讯移动分析及国外的 Flurry 等，运营者可以根据自己的情况来选择，这里主要来看看如何利用数据统计工具中的数据进行 App 分析。

新增用户数、活跃用户数、活跃账号数及启动次数在数据统计工具中都可以直观地看到，如图 10-37 所示。

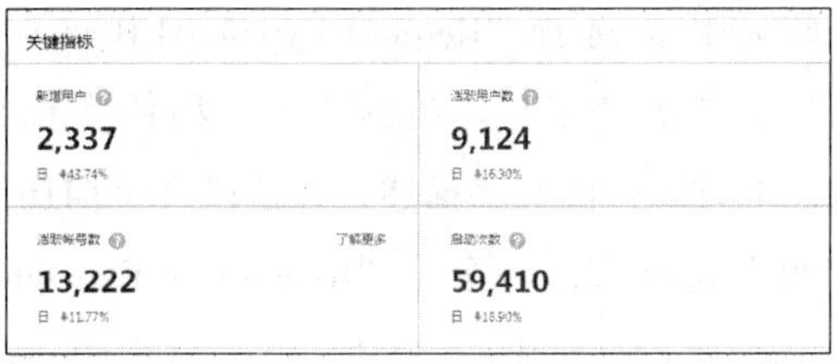

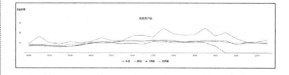

图 10-37

在看这几个指标时,运营者要与预期的指标做对比。例如,上线初期预期每日要实现新增用户 5000 人,实际数据只有 2337 人,那么就要找原因了。但一天的数据并不能说明什么,因此对于这几个指标,运营者要关注每日的趋势,图 10-38 所示为新增用户趋势图。

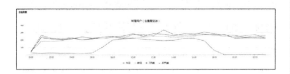

图 10-38

通过趋势图可以了解到 App 每天的发展状况是正常还是异常。用户新增是衡量推广工作的重要指标,可用应用的生命周期或运营周期来判断新增是否正常。而对新增用户渠道的分析可以指导推广工作,如图 10-39 所示。

图 10-39

从图 10-39 中可以看出,vivo 渠道的用户新增表现最好,那么在 vivo 应用市场就可以考虑加大推广力度。

用户活跃数是衡量 App 价值的重要指标,这一指标还需要看单位活跃度比率。公式为单位时间活跃用户数 / 用户总数,如周活跃率为周活跃用户数除以累计用户数。因为一款 App 每天都会有用户新增,也会有用户流失,运营者要看用户的单日用户活跃率或 7 日用户活跃率是否正常,可将这一数据与行业水平对比,从而进行判断,图 10-40 所示为活跃用户数趋势图。

图 10-40

分析了用户活跃度后,此时可以重点分析留存用户,这一指标可以衡量 App 与用户的契合度。前面说过可按天、周和月来分析,因此一般要分析新增用户次日留存率、7 日留存率、周留存率、30 日留存率。通过留存率数据可以关注活跃用户增长情况,如图 10-41 所示。

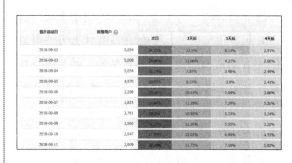

图 10-41

在 App 上线推广初期要密切关注每天的留存情况。那么,App 的留存率为多少才合适呢?有个比例可以做参考,即 4:2:1,指次日留存率要达到 40%,7 日留存率要达到 20%,30 日留存率要达到 10%。当然,不同行业有其不同之处,可以与行业平均水平作对比。

留存率还要结合 MAU 和 DAU 进行分析，MAU 是指周活跃用户数，DAU 是指日活跃用户数，而 DAU/MAU 可得到当前用户留存率，该比值越接近 1 越好，大多数 App 能保持在 30%～60%，如果你 App 的 DAU/MAU 比值很小，那么说明用户黏度有待提高，如图 10-42 所示。

图 10-42

这里分析了几个关键的指标，在具体进行 App 数据分析时，运营者要结合行业和 App 本身来进行。

秘技一点通

技巧 1　如何快速通过 App Store 审核

苹果应用市场进行 App 审核，都会有 3～5 天的审核时间，对于亟待上线的应用来说，这一时间是很宝贵的，那么有没有什么方法可以让 App 的审核加快呢？答案是肯定的，就是快审。普通审核需要 3～5 天，而快审在 24 小时内就能得知审核结果，并且快审并不影响审核的最终结果。

首先，运营者要明白在什么情况下才能申请快审，当 App 审核状态为"正在等待审核"时，就可以申请快审。

在该页面可以看到"Contact US"，翻译成中文就是"联系我们"，单击该按钮，然后页面会提示选择问题类型，这时选择"App Review"选项。接着需要选择 Review 的类型，这里要选择"App Store Review"，之后再选择

请求原因，选择"Request Expedited Review"选项，即加速审核。将这 3 个选项依次选择后，下方有一段文字描述，在这段文字描述中有两个超链接，一个是"Request an Expedited App Review"，另一个是"App Store Review Guidelines"，单击"Request an Expedited App Review"超链接。

进入联系方式页面后，首先，需要填写姓名、邮箱等信息；其次，需要填写应用信息，包括应用名称和苹果 ID，这个不能填错；最后，需要填写加速审核的理由，根据自身情况进行选择，但一般都选择"Critical Bug Fix"选项，即重大 Bug，如果选择"Time-Sensitive-Event"选项，即重大事件，通过率不高，如图 10-43 所示。

图 10-43

接下来详细描述理由，以便通过审核，如图 10-44 所示。

图 10-44

最后单击"Send"按钮，即提交申请。需要注意的是，虽然提交了快审，但并不能保证苹果应用市场会百分之百马上开启审核，审核的时间也可能是一两天。另外，如果是首发应用提交快审，通过率会比较低。一般来说，应

用出现紧急状况时可以使用快审。

市场上有的公司承诺可以花钱帮忙做快审，并且保证百分之百通过。面对此类营销，运营者要明白这是骗人的，申请快审不需要花钱，可以自己做，其他公司也不能保证百分之百通过。

技巧 2　App 被下架，运营者要怎么做

App 在应用市场上架后，可能会因为各种原因而被下架，即便一些知名的 App 也遭遇过下架，那么运营者要如何避免 App 被下架？若不幸遇到下架又该怎么办呢？

一般来说，应用市场不会轻易下架已上架的 App，而下架是运营者最不愿看到的一种处罚手段，除此之外，还有清榜、降权和清词。清榜、降权和清词 3 种处罚手段主要会影响关键词的搜索量，而下架则会导致我们的应用在应用市场无法被展现。

App 被下架的原因有多种，如被投诉、资质问题及违反了应用市场的其他规则。当 App 被下架了，运营者首先不能惊慌，要找到恰当的应对方法，具体来说有以下几种。

（1）向应用市场了解 App 被下架的原因，配合其做好更改。

（2）应用下架开发者会接收到相应的邮件，根据邮件内容向应用市场官方提交申诉。

（3）为防范应用被下架的风险，开发者可以为应用准备与 App 同名的马甲包，当应用被下架时就用马甲包顶上。

（4）当一个企业开发的应用有多款时，不要使用一个开发者账号提交，采用不同账号提交不同应用。

（5）就苹果应用市场来说，申诉处理起来一般很慢，当然积极的邮件回复还是很有必要的，不要让苹果官方觉得运营者对下架毫无动作，比较好的做法是重新换个开发者账号进行提交。在提交时，应用的 icon、截图等都要进行更换。

要避免应用被下架，最好的方法还是熟悉应用市场的规则及审核上的变化，尽量不去触碰规则。

职场心得

为了提高 App 的下载量，小李的公司正准备大力对 App 进行推广，在推广方向的选择上，小李选择了渠道。在各大应用市场进行大量付费推广后，小李发现公司 App 的下载量仍没有起色，面对自己的运营成绩，小李也高兴不起来。为了找到 App 下载量低的原因，他决定在自己的朋友圈中做调研，他将公司的 App 推荐给身边的朋友，却发现他们中的很多人都拒绝安装 App。小李向他们询问原因，得到的回复大多是"都不知道你这个 App 是干什么用的，以前也没有听说过，不敢也不想去下载"。听了朋友们的理由后，小李恍然大悟，原来自己公司的 App 在推广方向上就选择错了。

小李此时才明白，原来自己公司的 App 对于市场来说还是一个比较新的品类，很多用户对此类 App 的认知度还很低，不知道该怎么用，因此推广的主要方向还是要从内容推广入手，通过内

容上的传播让潜在用户知道这款 App 的价值、用法，这样才能让用户放心下载。

明确 App 推广的主要方向后，小李开始着手做 App 软性推广。他将能够做软性推广的平台进行收集，包括微信、微博、网站及论坛等，然后进行组合式的推广。在官网上，小李主要做 App 品牌认知推广，介绍该应用是款怎样的 App 及有哪些功能，能给用户带来什么，只要用户在搜索引擎中搜索公司 App 的品牌关键词，一篇关于 App 介绍的文章就呈现在搜索结果的第一页，这样大部分不了解 App 但又想尝试的用户通过搜索引擎搜索的方式就可以充分了解这款 App。

在微博平台上，小李主要做 App 体验上的推广，找一些微博红人放上 App 操作体验的截图，再制作一些 App 使用短视频在微博上进行发布，让微博上的用户能够了解到 App 的核心功能，同时也进一步提高了 App 的曝光量。

在微信平台上，小李在公众号和微信群中进行推广，主要以软文的形式，包括评测类软文和新闻通稿类软文。通过分享真实的用户体验及正规的消息稿形式，向潜在目标用户分析产品的使用效果，以提高用户的信任感。

在具体进行推广时，小李首选了以上 3 个渠道进行小范围测试，根据测试结果进行标题、图片等素材的优化，然后再拓宽渠道进行大范围的推广。通过一段时间内容上的推广和事件营销后，用户对小李公司的 App 认知度提高了，因此 App 的下载量也得到了大幅度的提升。

通过这件事，小李明白了对一款全新的 App 而言，提高用户的认知度和信任感是很重要的。对于工具类产品而言，大都属于低信任、低门槛的产品，用户一看就能知道这款 App 的主要功能是什么，他们更适合大力做渠道推广，因为只要曝光，基本上都能获得广泛的用户。而小李公司的 App，用户不了解，所以不敢用，因此要从内容上帮助用户从完全陌生向体验产品转变。

第 11 章
电商平台，推广营销与变现

本章导读

电商是很多企业实现变现的一种方式，利用电商来卖货，产品销量的多少与店铺的运营能力有关。现在，企业做电商已经没有前几年那么容易了，各平台、各店铺之间的竞争都很激烈，要想占有一席之地就需要进行运营推广。

学习要点

- 设置好标题让买家搜得到
- 商品发布时间有哪些技巧
- 做好详情页优化提高转化率
- 商品定价要考虑的策略

11.1 做好商品发布，提高网店流量

一款商品要在淘宝网上被买家搜到，首先需要让商品上架，在商品上架的过程中，就要考虑影响网店流量的因素，如店铺宝贝标题、上下架时间选择等，通过做好这些来获得好的展现，从而得到更多转化。

11.1.1 好标题让买家搜得到

在淘宝卖家中心发布商品时，需填写商品标题，商品标题最多可输入 30 个字，而这 30 个字则是网店运营者打造爆款的重要因素。

在淘宝平台上，淘宝搜索引擎是很重要的，很多买家购买商品前都会通过搜索的方式来获取商品信息。而商品标题是保证买家能够找到店内销售的商品的基本条件，优化商品标题也是每位电商运营者必做的一件事。

在为商品标题选词时，应考虑买家的搜索习惯。商品标题中，大热词是需要有的，那么如何查看热词呢？首先，可以通过淘宝搜索引擎下拉框，在搜索框中输入与产品相关的关键词，然后在下拉框中选择合适的关键词，如图 11-1 所示。

图 11-1

搜索引擎下拉框中的词汇是买家搜索比较多的，同时也是成交比较多的商品，因此这些词不能放过，特别是对中小型卖家来说，搜索下拉框中的长尾词更适合作商品标题，如图 11-1 中的"被子冬被 全棉"。

其次，可以通过 PC 端搜索结果页的"您是不是想找"选择关键词，如图 11-2 所示。

图 11-2

在搜索结果中还可以看到品牌、尺寸等有关的词汇，如果网店所销售的产品属于某一选购热点，建议在标题中将选购热点词也放上。

在淘宝主题市场可以看到不同商品的分类，这也可以成为运营者选词的来源之一，如店铺销售的是羽绒服，那么"短款""中长款"这些能体现产品特点的词汇一般都要包含在标题中，如图 11-3 所示。

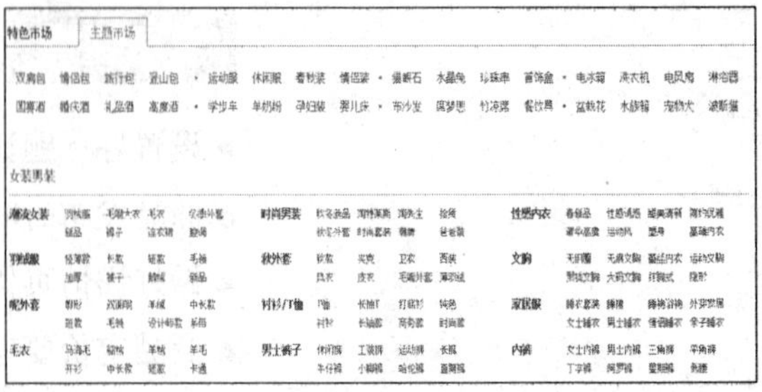

图 11-3

除此之外，生意参谋和阿里指数也是运营者进行关键词选词优化的重要工具，在生意参谋中，可以利用市场行情对单个词进行分析，也可以查看行业热词榜，只不过市场行情需要订购才能使用。阿里指数则可以帮助运营者了解行业大盘走势，通过搜索排行榜选择能带来更多流量的词汇，如图11-4所示。

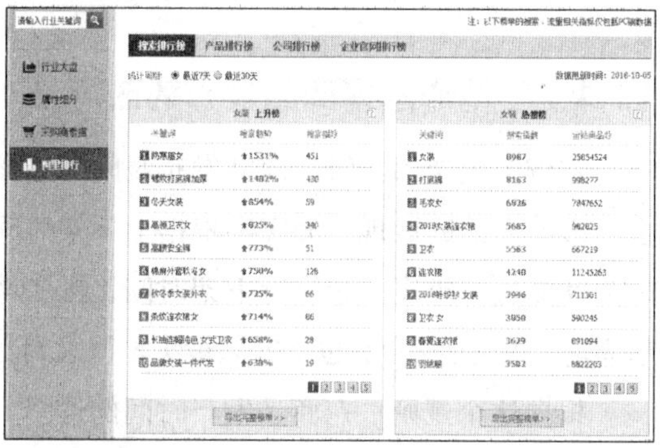

图 11-4

从以上地方选词后，接下来就是组合和优化了，组合时要注意的是，一个标题中一般要包含的词汇有产品词，如连衣裙、牛仔裤；产品修饰词，如长款、修身；季节时间词，如2018秋季；销售对象词，如女士、男士。

对于部分卖家，特别是新手卖家来说，他们在为商品标题命名时，常用的方法是在关键词搜索结果中去找排名靠前的商品标题，然后照搬过来，如图11-5所示。

图 11-5

在图11-5的搜索结果中可以，看到第一个商品和第三个商品的标题是相同的，而第一个商品做的是付费推广。按照许多新手卖家的做法，可能就会把这个标题照搬过来，因为搜索"被子冬被"关键词时，这个标题排在前面，可见权重很高。

照搬他人标题的方法是不可取的，网店商品的标题可以参考权重高的标题的写法，但一定要自己做，实际上他人的基础权重已经很高了，运营者再去用已拥有高权重的标题是无法得到好的排名的。

组合标题时应首选与商品高度相关的关键词，如"被子冬被"为增加搜索量可以在标题中加入"全棉""四件套"，对于那些与产品相关度比较低的词汇，不要去添加组合，即使那些词有很高的流量。运营者要明确一点，选择不精准但有流量的热门关键词，可能会在短时间内给网店带来流量的提升，但同时也会拉高跳失率，进而影响店铺权重。

在商品标题中，关键词的排序也会影响搜索引擎对标题的判断，常用的方法是将各个关键词按买家搜索习惯进行紧密排序，即关键词的搜索顺序与买家的搜索习惯相一致且不加空格，如"印花长裙"不要写成"长裙印花"。在组合时，将"印花"和"长裙"搭配在一起，并让"印花"在前，这样获得的搜索权重会更高。

淘宝商品标题只有30个字，因此不要浪费位置，重复的关键词不要写在标题中，另外，需要格外注意的是同义词，很多运营者在撰写标题时都会将同义词写在标题中。例如，很多买家在淘宝上搜索商品时都会带上与自己性别有关的词汇，如"牛仔外套女"，因此有的卖家可能就会在标题中写上"2018春秋牛仔外套女短款修身牛仔上衣少女牛仔夹克衫",首先"牛仔"这个词不必重复出现多次;其次"少女"和"女"是同义词,也不必重复出现。

在组合商品标题时,有的卖家会将"包邮""特价"等词汇也放入其中,这类词属于无效词,不必组合在标题中,因为只要商品设置了包邮,不管标题中是否有"包邮",搜索引擎都会自动匹配。

在撰写标题时还可以适当地给标题加空格,空格对标题的作用是强制分隔。例如,"牛仔外套"如果加上空格,变成"牛仔 外套",在不考虑其他影响因素的情况下,搜索引擎会对空格前的"牛仔"加权,所以核心关键词或者需要主推的关键词,可以在其后加上空格,注意空格一般输两个。

对于重要关键词,需要将其放在一段标题的前面或者后面,因为这两个位置的权重更高。

将各个关键词进行组合变成标题后,最后还需要通过搜索引擎来判断这个标题是否受到搜索引擎的喜爱,最简单的方法是在搜索引擎中搜索标题,如果下方显示的红色关键词与自己心中的关键词比较吻合,如自己希望出现"连衣裙""中长款""打底裤"等关键词,而红字部分也有显示,那么就是比较好的标题,当然完全一致的情况很少,大致匹配就行,如图11-6所示。

图 11-6

如果相差比较大,那么需要进行重新组合,直到红字部分出现自己想要的关键词。

> **提示**
> 淘宝网店商品标题的优化要持续去做,一般来说,可以以 7 天为一个周期,标题优化后关注 7 天内的访问量的情况,如果没有明显增长,那么再进行优化。在特殊时期也要对商品进行关键词优化,如大促期间,标题也要配合促销进行优化。

11.1.2 精心选择商品发布的时间

在淘宝上架商品时,商品发布时间的选择也会影响商品的展现。淘宝会根据上下架时间来为商品进行排序,越靠近下架时间,排名就越靠前,相应地,商品也更容易被买家搜索到。

根据这个规则,在商品发布时间的选择上就可以采取一定的发布技巧。对于同一天到货的商品,不要急着全部马上上架,可以分批次上架,这样一周中店内的商品就可以有多次排在前面的机会,这个技巧对于新店来说更为适用。

另外,选择在商品发布的黄金时间段上架,能够获得更高的曝光量。淘宝公布过"24小时生活数据",该数据显示,人们在淘宝网上的消费呈现了"多频次"的特点,一天中美妆的高峰段在 14:00～16:00 和 21:00～23:00,对于母婴用品而言,则有 04:00、11:00、16:00、21:00、24:00 5 个高峰点。家居用品在 21:00～22:00 是高峰段,家政服务在 13:00～15:00、22:00～23:00 是高峰段。10:00 开始,女装会迎来高峰,14:00 和 20:00 又会迎来两个高峰。中老年人常在 14:00～15:00 和 20:00～21:00 的时段购物,90 后则更偏向于 20:00 以后。

这一组数据可以为运营者提供参考,一般

来看，运营者可以选择在 10:00～11:00、15:00～16:00 和 20:00～22:00 3 个时间段发布商品。因为此时网络上购物的人会更多，这样可以在一定程度上提高商品的浏览量。

在购物高峰时段，运营者也可以让商品分批次进行上架。例如，每隔半个小时发布一款商品，从而让店内商品都能获得比较好的搜索量。

另外，运营者也可以根据生意参谋来合理安排上架时间，还可以根据店铺或行业大盘显示的访客高峰期来选择上架时间。

11.1.3 优化商品详情页，提高访客转化率

在发布商品时需要填写商品详情，众所周知，详情是影响买家决策的重要因素，因此很多卖家都会在商品详情上下功夫。但是，很多卖家也会反映，在商品详情上花费了很多时间和精力，可为什么转化效果仍不好？那么，什么样的详情才是好的详情呢？应该是能回答买家提问的详情。

如果详情页能解决买家大部分的提问，就可以为客服节省很多时间。因此，要站在买家的角度去考虑详情页要安排哪些内容。例如，买家感兴趣的尺码、适合人群、颜色、功能、赠品及寓意等，这些要结合产品灵活安排在详情页中。总之，商品详情要能够全面概括商品的内容。

全面概括商品内容不代表要将商品的所有卖点都放上去，这也是很多卖家常犯的一个错误，认为详情页越长越好，于是就将产品图、模特图、细节图、服务质量等统统放上去，认为这样就能带来更多的转化。

实际上，商品详情页的加载也是需要时间的，如果内容过多，那么加载的时间也会延长，特别是在买家网速较慢的情况下，如果几秒钟内详情页还未很好地加载出来，买家就可能会关闭页面。而卖点过多也可能导致买家看了以后对商品卖点没什么印象，很多买家也没有耐心把很长的详情页慢慢看完。

虽然淘宝对于计算机端详情页的长度没有限制，但是卖家需要去控制，一般来说 4～6 屏比较合适，最长也不要超过 8 屏。

在详情页内容的安排上，图片肯定要比文字多，因为图片更有吸引力，且更容易被买家记住。产品图片在详情页上的排序也应有讲究，首先，可以放产品全局图，如果是女装就放模特图，如果是家居摆件就放摆件的正面展示图，这就好比去商场购物，消费者都是先看到商品整体特征，觉得有好感才会进一步询价。

其次，可以放产品卖点介绍，如材质、做工、设计、功能等。主要展示产品的细节，让买家知道产品好在哪里。这一部分的内容一定要有差异化，因为这是买家很关心的点，很多时候决定了买家是否会下单。

最后，可以放让买家信任的内容，如服务质量、售后保证、快递通知等，虽然网购已成为了大多数人的习惯，但如果不是自己常购买的店铺，其还是会抱有警惕心理，如果是天猫店铺还好，大多数买家还是比较信任的；如果是普通店铺特别是星级较低的新店，要让买家信任并下单，必要的

承诺还是要有的。

一般来看，详情页常用的模块有场景图、焦点图、模特图、买家秀、同类商品PK图、平铺图、细节图、产品属性描述、尺寸及试穿、相关推荐、购物须知等。对于这些方面的内容，不同的产品所安排的内容会不同，如玩具，可按关联推荐→商品展示图→商品细节→适用年龄→服务承诺来安排，而服装可按模特效果图→尺寸及试穿→细节图→相关推荐→服务承诺来安排。

从中可以看出，玩具有适用年龄这一内容描述，而服装有很多关于试穿效果的展示。在相关推荐模块，玩具类放在前面，服装类放在后面，这是因为对于服装而言，要想引流买家到其他产品详情页浏览，等买家浏览完商品后再推荐会更好，如果买家不满意，那么可以在推荐中选择同类的其他商品；如果满意可以选择与之相搭的产品。

对于相关推荐模块，建议放的产品不要太多，3～8个比较合适，其中2～4个是店内热销、性价比较高的产品。

> **提示**
>
> 网店详情页在风格上要统一，忌页面花哨，常用的有白底黑字，以浅绿、浅蓝或浅灰为主调，橙色、红色作为点缀等，舒服的配色能够更好地取悦用户。

11.1.4 商品定价要考虑的策略

在网店上销售产品，定价是很关键的一步。在价格上，网络上消费者会比线下消费者更敏感，且网络上商品比价更容易，因此做好定价就很重要。

在网店商品的定价上，对于新上架的商品或者新店而言，可以定一个比竞品有竞争力的价格，且价格较低的商品还可以参加淘宝活动，如天天特价、聚划算等，这些活动都可以帮助网店商品提高曝光度。当商品活动结束后，或者商品有了一定的销量以后，就可以按照热销商品来定价了。

在实际定价时，可以参考同行的定价，再结合自己的成本和想要实现的利润来定价，对于同款商品而言，价格可以相同，也可以低几角或者几元，如果商品要冲量，定价就要比其他同行低。

对于店铺中有了一定销量的商品而言，在做完活动后一般就不会轻易改价了，因为如果涨价，对销量的影响会比较大，而降价，老客户又会不满。如果卖家想要逐渐增加自己的利润，可以小幅度涨价。例如，商品销量每上涨100单适当涨一点。一般来说，价格的调整幅度如果超过了10%，就会对买家的下单行为产生比较大的影响。

在定价过程中还可以使用淘宝提供的工具进行价格的参考制定，如价格区间。在淘宝上搜索店铺销售的商品，查看不同价格区间的用户数量，然后进行价格区间的选择，如图11-7所示。

图 11-7

如果用生意参谋来帮助定价会更为精准，

在"生意参谋–市场行情"中有一个"搜索人群"选项,通过"搜索人群"可以查看单个产品的支付偏好,包括支付金额及年龄分布等,根据数据结果,运营者可以了解哪个价格区间属于热销价格带。例如,商品的成本价为60元,热销价格区间为75～90元,那么商品的最低价可以为75元,最高价可以为90元,根据尾数定价法,那么最终把价格定在89.9元或86.9元就比较合适,这样不仅可以保证足够的利润,同时也能让商品定价位于热销价格带,获得的目标消费者也会更多。

除此之外,淘宝网店定价还要善用一口价和折扣价,在淘宝的商品详情页上一般可以看到两个价格,如图11-8所示。

而最终商品的成交价格是"淘宝价",也就是折扣价(如果没有使用打折工具只显示一口价),折扣价才是商品的真实价格,那么折扣给多少合适呢?具体方法如下。

在关键词搜索结果中设置真实价格区间,然后在排序结果中依次选取排在前20～50名的商品价格,查看一口价和折扣价,再将这些价格统计在Excel表格中,最后在Excel表格中将一口价和折扣价分别计算出总和,用折扣价总和除以一口价总和,就可以得到一个折扣率,根据这个折扣率就可以确定商品的一口价。例如,折扣率为0.6,商品的最终销售价格确定为36元,那么发布商品时一口价就要设置为36÷0.6=60元。

这种方法可以让打折相对合理,让一口价看起来更可信。

> **提示**
>
> 在调整商品的价格时,一般不改变一口价,不管是降价还是涨价,都应通过打折工具来进行。

图 11-8

11.2 充分利用平台自身的推广工具

针对在淘宝网络上开店的企业和中小型卖家,淘宝自身也提供了丰富的推广工具来帮助其更好地进行商品和网店的推广,下面就来看看如何利用这些推广工具来进行网站的推广。

11.2.1 加入淘宝直通车推广

直通车是淘宝提供的一种按优先位置展现的推广工具，也是淘宝的主流推广工具，大部分卖家都在使用。

使用直通车推广工具，可以让网店商品展现在手机端和PC端搜索结果页的显眼位置。例如，手机淘宝搜索结果页第一条、PC端搜索结果页第一条和右侧展示位，如图11-9所示。

图11-9

直通车推广按点击付费，只有当潜在买家点击了直通车广告，卖家才需要支付费用。做直通车推广主要会经历五大步骤，新建计划→选择商品→添加创意→添加关键词→设置出价。

从直通车推广步骤可以看出，做直通车推广要涉及选款的操作，如何选款对直通车推广很重要，如果商品选择不正确，会大大影响直通车推广的效果。

做直通车推广的商品最好是店内的潜力款，那么如何确定其为潜力款呢？主要看两个数据，一是商品的收藏率；二是商品的加购率。如果店内的某一商品收藏率比较高，那么这款商品以后成为爆款的概率就会比较大，值得卖家用直通车推一推。加购率可以结合收藏率一起分析，加购率比较高的商品也值得推一推。

另外，新品也可以进行直通车推广，但前提是这款新品没有硬伤，同时还要考虑新品获取流量的能力，要选择性价比高、更有市场的商品。

要想直通车选款准确，最好的方法是做测款，用数据来说话是最直观和准确的，虽然做测款会花费一定的时间和金钱，但只要能选对一款产品，后期带来的回报也是很可观的，做直通车测款可按照以下步骤来进行。

（1）在"生意参谋-市场行业"中查看同行业热销或高流量的商品，了解这些热销商品的属性，从自己网店中选择适合这些属性的商品。另外，也可以通过搜索词查询选款，搜索自己想要推广的商品的关键词，了解搜索人气、支付转化率等数据，如果数据表现良好，那么自己网店的同类商品也会获得高人气。

（2）最终在每个品类中确定1～2款测款商品，投放时根据网店预算设置日限额，建议设置为500元以下，但也不能太低，300元以内的限额投入还是要有的。做测款时可以关闭PC端，只做移动端看看效果。直通车推广有站内和站外推广，测款只需做站内推广即可，定向推广和智能匹配都不需要，关闭即可。

（3）选择直通车推广关键词时，在直通车后台会有关键词的推荐，但每款商品最多可用200个，可以选择一部分精准的长尾词和一部分大词，总之最后确定的词一定要是有搜索量和符合商品属性的，因为是做测款，所以不必200个关键词全用上，1～30个比较合适，这样也方便后期进行关键词的调整。

（4）接下来就是出价，出价时可以先看看直通车后台的行业均价数据。首先可以以行业均价的1/2价位来出价，如果没什么展现，再提高出价，直到商品有展现。出价时也要考虑标品和非标品，如果是标品就要卡位，因为标品的同质化比较严重，如果没有展现几乎不会有什么销量。标品卡位时,如果是大词,那么可卡在前3~6个的位置,如果是精准的长尾词就卡在首页,因为长尾词一般花费不高的费用就能排在首页,标品可以设置广泛匹配。

对于非标品,如设计、款式有较大差异的商品,可采用高溢价精选人群的出价方式,具体方法是在精选人群设置中按覆盖人群属性一个个去做测试,溢价比例为30%~50%比较适宜。总之,前期做直通车测试推广,只要没有展现就拉高价格。

(5)推广开始后,就需要进行数据分析了,首先要看点击率,点击率能够反映商品获取流量的能力。如果在关键词没有问题的情况下,点击率表现的数据不佳,经过调整后还是很低,只能说明这款商品不适合做爆款推广。

点击率过关后就可以看收藏率和加购率了,有的新品可能不会有很高的转化率,因此测款时可先不看转化率,主要看收藏率和加购率,并且转化率高并不一定就能成为爆款。

收藏率和加购率要结合访客数来看,公式为收藏率(加购率)=收藏(加购)人数/访客数,以女装为例,这个比率在10%以上就比较好。运营者可以利用生意参谋提供的数据计算行业比率,也可以结合店内其他爆款产品的比率来作参考。

(6)在测款期间需要不断对数据进行总结分析,然后进行优化调整,最后就可以得出结论。主要用收藏率、加购率和点击率与行业平均数据作比较,如果高于行业平均值,那么这款商品就有爆款潜质,适合继续做直通车推广。

11.2.2 利用钻展投放广告

钻石展位是一种展示广告,其展示位置有站内,也有站外,如淘宝首页焦点图,如图11-10所示。

图 11-10

做钻展推广,卖家遇到的问题通常有以下3个方面。

(1)钻展的钱消耗不出去。

(2)花了钱,但成本太高。

(3)花了钱,成本可控,但转化不高。

对于第一个问题,大多数情况下都是由出价太低导致的,钻展采用的是智能竞价,如果出价低了,就没有展现,没有展现,钱也就花不出去。另外,也有可能是投放时间选择不对,选择大多数人都在计算机旁或者玩手机时最好,一般来说,针对热门位置,在每天的14:30设置出价比较好。定向人群过于细分也可能导致钱消耗不出去,设置定向时不要过于细分。

对于第二个问题,最大的原因是钻展素材的问题。钻展的推广素材会在很大程度上影响买家的点击率,如果素材不够吸引眼球,点击率就可能上不去。运营者可以结合以下几点与美工一起进行钻展素材的优化。

①文案精练准确,可适当运用优惠促销信息。

②版面简洁,焦点图要突出,主色不要太多,一般不超过3种。

③内容要有层次感,主题一定要突出。

目标人群定向不准确也可能导致钻展成本

过高。钻展定向建议首选访客定向，因为针对的是自家店铺的人群，效果会较好。营销场景定向和店铺型定向可两者选其一进行定向，如果选店铺型定向，定向时最好加入收藏或加购了商品、收藏了店铺的目标人群，如果店铺的复购率比较高，那么也可以选中有过成交的用户。营销场景定向与店铺型定向相似，一般选定对店铺、商品有搜索、浏览的潜在人群。另外，店铺一钻以上的卖家建议使用达摩盘来定向，因为达摩盘可以设置定向标签，运营者可以根据店铺情况去圈定人群标签。

除此之外，出价的溢价过高也会导致成本偏高，运营者要做的是，让预算在投放的时间段合理分配。

对于第三个问题，可能是由钻展落地页选择不准确导致的，店铺首页、商品详情页和专题页是做钻展常用的落地页。如果正值店内活动期间，如大促、年末清仓，建议选择活动专题页。如果店铺进行的销售没有太大的起伏，比较平稳，也没有大型活动，那么选择店铺首页会比较好。如果店内有主推商品，且这个商品的销量还不错，那么可选商品详情页，或者这款商品正在参与淘宝活动，如聚划算，选商品详情页的效果也会不错。

11.2.3　让淘宝客选择与卖家合作

淘宝客推广也是许多卖家比较中意的推广方式，因为其是按成交量来计费的，淘宝中很多销量排在前面的店铺，其一部分成交量来自淘宝客。

做淘宝客推广，卖家常遇到的问题就是没能带来销量。那么，出现这一问题的原因是什么呢？一般来看，有以下几种原因。

（1）选品不行。

（2）佣金过低。

（3）商品价太高。

淘宝客在做推广时会选择自己比较中意的商品进行推广，一般来看，他们主要会选择热门商品来做推广，因为热门商品更容易成交，所以在选择主推商品时，卖家也要选择店内的热门商品。

另外，淘宝客还会看商品的评论、收藏等数据，他们更愿意推广人气高的商品，所以卖家尽量选店内有一定销量、评价比较好的商品，选择这类商品也有助于爆款的打造。另外，商品的利润也是选品时要考虑的一个因素，选利润较高的商品更好，因为卖家必须考虑淘宝客推广的成本，利润高才能给得起佣金。店内准备清仓及正在做活动的商品也适合做淘宝客推广。

淘宝客做推广也是为了赚钱，所以佣金是他们比较看重的。一般来说，10%的佣金比率属于一般水平，如果是新店，要设置20%～30%的佣金才会有人愿意推广。具体设置多少佣金，主要看利润。例如，商品的利润能达到30%，那么给淘宝客10%～20%的佣金是可以的，有的卖家可能会觉得这样的佣金率会太高，但卖家要明白，如果淘宝客赚不到钱，那么卖家自己同样也赚不到钱。

那是不是高佣金就一定能获得淘宝客的青睐呢？也不一定，还要看品类。一般来说，淘宝客更愿意推广快消类商品，如服装、化妆品及家居用品，如果店内销售的商品不属于热门大类，那么也不太适合做淘宝客推广。

许多淘宝客都不太愿意推广价格太高的商品，因为这类商品面对的消费人群相对比较少。另外，在淘宝同款商品中，若你的商品价格更高，这样的商品即使淘宝客愿意推广，销量也不会太高。淘宝客在选择商品时或许不会去比价，但买家会，与同款商品相比，你的价格更高就会降低商品本身的竞争力。

很多卖家做淘宝客推广容易犯一个错误，即认为只要发了推广计划就会有人自动找上门。实际上，现在做淘宝客推广也需要卖家自己去招募淘宝客，方法有以下几种。

（1）加入淘宝客群进行招募。

（2）论坛、博客发招募帖。

（3）站内达人、红人旺旺私聊。

（4）在淘宝客网站上进行招募。

（5）直播平台招募。

淘宝客也需要维护，卖家可以为淘宝客团队建立激励措施。例如，针对不同淘宝客设置不同的佣金，给予销量好的淘宝客一些奖励，定期进行沟通维护等。

11.2.4 加入试用中心打造爆款

淘宝试用是做新品推广比较好的一种方式，从大部分网店参与试用活动的效果来看，试用对于网店引流和转化都有很大的帮助。当然，参与试用活动对商家也是有要求的，一钻以上、店铺评分 4.6 分以上、加入消费者保障服务的商家才能参与。

商家可进入淘宝试用中心单击"报名免费试用"按钮参与活动，如图 11-11 所示。

在提交淘宝试用申请时，要求选择排期，需要注意的是，因为淘宝对试用活动申请有 3～7 天的审核时间，近期的排期申请也会提前截止，所以至少要提前半个月以上在试用中心进行申请，图 11-12 所示为排期表。

图 11-11

图 11-12

填写申请信息时要求填写活动基本信息、试用品图片和商家信息，在标题的填写上，卖家要花点心思。

标题要体现产品的卖点，如果参与试用的商品属于某一品牌，那么最好将这一品牌体现出来。卖点则主要说明产品的特点，如语音对话学习智能机器人、亮肤臻颜面膜。有的试用产品在数量上会有优势，那么在标题中也可以体现出来，如面膜产品一般不会只提供一片，就可以在标题中写上石斛兰补水面膜 30 片。

淘宝用户在参与试用活动后会按要求填写试用报告，卖家要做的就是让试用报告发挥其价值。最简单的方法就是将精华报告放在宝贝详情页进行展示，以增加其他消费者的信任感，提高转化率。

另外，还可以将试用报告发布在微淘上，这样也可以让商品得到更多关注，如图11-13所示。

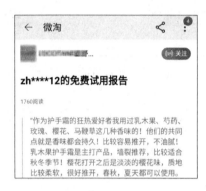

图 11-13

做试用推广主要是利用试客的良好口碑来做营销推广，因此选择参与试用的商品一定要有保障。如果为用户带来了不好的试用体验，那就得不偿失了。

11.2.5 如何让淘抢购卖得更好

做淘抢购推广，很多卖家遇到的第一个问题就是报名通不过。淘抢购是淘宝上的大型官方活动，参与的卖家很多，要提高淘抢购的通过率，这里有几个技巧可供参考。

1. 提高店铺维度

首先要做到的是满足淘抢购的硬指标，如近半年店铺 DSR 评分不低于 4.7 分、物流服务不低于 4.6 分、店铺实物交易占比 100% 等，在满足硬指标的前提下，才能进行淘抢购的报名。

店铺满足硬指标后，类目、服务排名越靠前通过的概率就会越大，也就是 DSR 评分越高越容易通过。因此，在日常经营网店的过程

中，卖家就要注意提高服务态度、物流服务等的 DSR 评分。店铺动销率也会影响通过率，动销率越高越好，对于店内长时间销量比较低或者没什么销量的商品可以删除，这样可以提高动销率。

另外，上次活动的完成情况也会影响下次淘抢购活动的报名通过率，一般来说，要保证上次淘抢购活动的售卖率在 80% 以上。所以，第一次做淘抢购一定要把准备工作做好，否则后续可能会无缘淘抢购活动。

2. 单品的选择

单品的选择要选对，淘抢购是手机淘宝的一项营销活动，既然称为抢购，自然会有价格上的优势。所以，单品要选择低客单价的商品，另外，尽量选择应季的、普遍流行的商品，这样才能提高通过率。

淘抢购商品的定价一定要低于 30 天的历史最低价，建议卖家可以设置为历史价格的 9 折以下，折扣越低当然越好，但也要考虑利润，所以在可接受的利润范围内，折扣越低通过率越高。在定价时也可以参考同行的价格，看看他们做淘抢购是如何定价的。

对于参加淘抢购审核通过无压力的卖家来说，最重要的是提高淘抢购的活动效果，这里也有一些技巧。

上面说淘抢购的活动商品要选应季的，但有一种情况例外，就是有淘宝大促活动时，如"双十一""双十二"大促，很多买家会冲着低价购买反季商品，因此在大促期间，可以将店内热销的反季商品拿去参加淘抢购。

一味地用低价来吸引淘抢购买家也是不可取的，有数据显示，现在的买家会被低价所吸引，但这并不是必要的因素，大多数消费者现在越

来越看重商品的品质，所以选择品质高的热销款或潜力款会更好。

3. 活动时间的选择

除了平台大促，月末 28 日的时候会迎来抢购的一个高峰，因此选择在这天上线活动会比较好。另外，在月中的时候，针对服饰类商品来说，也会有一个小高峰，所以建议服饰类商品在月中上线活动。

参加过淘抢购活动的卖家应该知道，一天中，淘抢购分了几个不同的时段，从过去的淘抢购平台日均每小时的订单量来看，建议卖家选择 10:00～12:00、20:00～23:00 两个时段，因为这两个时段会成为淘抢购平台的抢购高峰期。

11.2.6 加入聚划算活动参团

从淘宝活动来看，除了淘抢购外，聚划算是买卖双方都比较热衷的活动。做聚划算与淘抢购一样，首先要做的是提高通过率。硬指标可在聚划算报名条件中查询，这里就不再多说，下面来看一些技巧性的内容。

对于没有参加过聚划算的卖家来说，建议先参加主题团，包括日常主题和大促主题，如果赶上大促主题会更好，如"双十一"，因为会自带流量。具体操作方式为在聚划算活动中找有"主题团"字样的活动进行报名，如图 11-14 所示。

图 11-14

相对于其他聚划算活动，通过主题团的审核要容易一些。每个主题团也是有具体条件要求的，需要卖家去了解，并看看自己是否达标。

聚划算活动的审核分为店铺审核和小二审核，店铺审核是机审，比较难通过的是小二审核。聚划算活动都有相应的旺旺群，运营者要加入官方的群，因为小二一般会在里面公布一些活动信息，如果没有加入群就关注聚划算商家后台。

一般来看，小二会比较关注店铺的营业额和基础销量，如 30 天营业额在 20 万元以上。为什么会看营业额呢？因为小二是有坑位产出要求的，如果小二觉得某一卖家的店铺不能承受此次活动，就可能不会让其商品上聚划算，所以小二看的不仅仅是产品好不好，还关心销量。如果多次报名都没有通过，那么就从提高店铺销量做起吧。

另外，卖家也可以通过代理一个品牌来提高通过率。例如，我们在天猫中除了看到旗舰店，还会看到该品牌的直营店、专卖店等，选择代理那些在淘宝上比较出名的品牌，小二的通过率会高一些。

做聚划算，比较难的是首次参与，如果第一次成功参与后，数据表现良好，再次参与的通过率就会比较高，所以第一次做聚划算的时候一定要做好。建议卖家将其他资源整合起来进行推广，尽量做到第一次参与时商品就售罄，具体来看，可有以下操作。

（1）投放钻展。在聚划算推广期间，可以在开团前和开团期间进行钻展投放，为聚划算带来流量，如图 11-15 所示。

（a）

（b）

图 11-15

（2）直通车推广。把参与聚划算投放的商品全部加入直通车推广，并在其中关联与之相关的商品。

（3）淘宝客推广。提前找几个长期合作的、实力比较强的淘宝客，让其帮助为聚划算商品做推广。

（4）老客户营销。为店内老客户发布营销短信，告知聚划算活动信息。

（5）微淘推广。在微淘发布聚划算商品信息，文案体现活动信息，如"#10.8第一小时三件6.8折#""聚划算全场一件9折，两件8.5折"。

对于第一次做聚划算的卖家来说，可以用主推款，因为通过率会高一些，第一次主要是为了打基础，如果再次参与，就不建议用主推款了，可以将流量较小的一些商品用来报名，因为做聚划算的目的还是通过活动带来流量，进而获得成交。

总之，做淘宝官方的活动，第一次参与活动的数据很重要，包括评价、售罄率、退款率等，所以第一次一定要引起重视。

另外，卖家还要注意一点，就是不能为了做活动而做活动，如果你做这个活动并不能赚钱，相反还要亏钱，那么建议不要参与活动。

11.3 提升店铺销量的新玩法

现在淘宝的玩法是越来越多了，如现在比较火的淘宝直播、微淘等，在过去这些都是没有的。作为卖家或者网店运营者，其要做的就是与时俱进，这些比较新鲜的玩法也要参与进去，下面就来看看如何利用这些工具来提升店铺的销量。

11.3.1 被内容营销所占据的手淘

手机淘宝上的内容频道有很多，如每日好店、问大家、生活研究所及有好货等。另外，现在手机淘宝上也有淘宝头条频道，上面全是与淘宝商品有关的图文内容，如图11-16所示。

由此可以看出，手淘现在的内容布局很广泛，手淘已成为一个"内容即商品"的平台，对于广大商家和淘宝运营者来说，就不得不了解手淘上的内容运营。

面对手机淘宝上种类繁多的内容运营渠道，很多卖家都不知道该如何选择，这里可以参考第一财经提供的报告，图 11-17 所示为 2016.01～2017.06 淘宝重点内容频道的 UV 和 PV 情况。

图 11-16

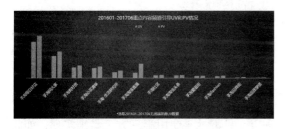

图 11-17

从图 11-17 中可以看出，排在前三位的有每日好店、问大家和有好货。如果继续看数据，就会发现那些流量比较高的频道，在浏览深度上表现并不佳，如每日好店、问大家和有好货 3 个频道，如图 11-18 所示。

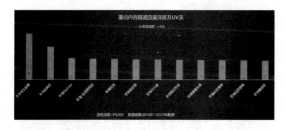

图 11-18

从图 11-18 中可以看出，从浏览深度来看，

排在前面的有淘宝直播、品牌街和 iFashion。下面再来看看转化效果，如图 11-19 所示。

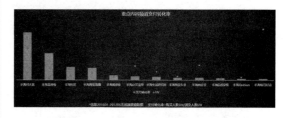

图 11-19

从图 11-19 中可以看出，排在前面的有问大家、品牌街、社区和淘宝直播。所以，有了数据的支撑后，运营者在做手淘内容运营时就可以首先考虑问大家、每日好店、有好货、淘宝直播、品牌街和 iFashion 几个频道。其中，对于中小型卖家来说，如果没有那么多精力去做太多的渠道，那么建议主选淘宝直播和问大家。

淘宝直播现在的带量能力和转化能力都在提高，所以中小型卖家不要放过，图 11-20 所示为第一财经发布的 2016 年 9 月～2017 年 11 月淘宝直播发布的内容及引导效果数据。

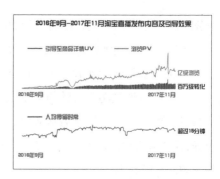

图 11-20

11.3.2 微淘如何吸粉引流

微淘在手机淘宝中是很重要的，只不过有不少卖家还没有意识到其重要性。微淘在手机

淘宝上有专门的一个入口，而且就在首页的底部，可见其地位非常重要，如图11-21所示。

图 11-21

另外，微淘是能带来免费流量的渠道，我们来随便看一条微淘，如图11-22所示。

图 11-22

从图11-22中可以看到，阅读量为20.6万次，点赞有303个，这个曝光量无疑是可观的。

做微淘推广，粉丝量比较重要，因此，我们可以给关注了店铺微淘账号的粉丝推送微淘消息。另外，粉丝量也会影响微淘等级，等级越高越好，这样淘宝给的流量扶持会更多。那么，如何利用微淘来吸粉呢？

1. 发微淘内容

这个是最基础的，即坚持每天发内容。微淘的发布入口在"卖家中心-手机淘宝店铺"页面中，单击"发微淘"图标进行发布，如图11-23所示。

图 11-23

2. 用官方工具

微淘现在提供了两个官方工具，一个是粉丝通；另一个是微淘置顶。粉丝通具有精准吸粉的作用，吸引的主要是公共区域的粉丝。微淘置顶则可以让微淘内容在微淘中脱颖而出。这两个工具在钻展后台可以找到，类似于微博的粉丝头条和置顶。

3. 首页领优惠券

通过首页领优惠券的方式吸引用户关注店铺也是微淘吸粉的一种方式，用户领取优惠券后会自动关注店铺。

这种吸粉方式可以将新客户和老客户吸引进店，只不过要使用第三方工具来实现，如收藏大师、无线宝箱等。

如果店铺本身的流量比较大，那么建议使用这个方法。与之相似的就是在商品详情页用一些小礼品来让买家关注店铺，如图11-24所示。

图 11-24

只不过这种方法的流失率比较高,部分用户可能在收到货物后就会取消关注。

4. 活动吸粉

对于粉丝较少的店铺,通过做活动的形式来吸粉的效果也比较好,如微淘上常见的盖楼送福利,让微淘上的用户主动去评论,如图11-25所示。

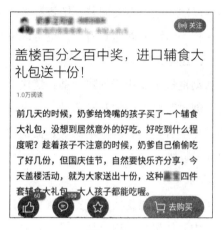

图 11-25

另一种常见的活动就是上新抽奖,服装品类比较常用,方法就是在文案中写上"点赞评论抽五位送××××"。除此之外,还有微淘粉丝专享价、微淘晒加购截图免单等。

在做活动时,若结合粉丝通来吸粉,效果就会更好,因为能够获得推荐,让微淘活动获得更多展现,投放时注意设置定向,一般设置相似商品、兴趣人群、访客定向。

5. 找达人

微淘上现在已经有了不少达人和自媒体,可以找他们为店铺做广告,或者推广店铺内的产品,间接地来提高微淘的粉丝量。

6. 短信旺旺

对于老客户,可以向他们推送短信,短信内容要体现关注店铺微淘可以获得什么,如满减优惠券、店铺最新动态等。一般来说,买家包裹到达目的地后,就可以推送一条,内容要先写包裹已抵达××,然后说关注微淘有××福利。短信内容不要复杂,尽量精简,把意思表达清楚就行。

旺旺提醒也是一种吸粉方法,有的买家在购物前可能会咨询客服,在询问用户没有其他疑问后,就可以告诉用户关注微淘来获取店铺动态。有的买家可能是静默下单,这种情况可以设置订单确认提醒、签收提醒来做微淘的推荐。

11.3.3 布局微淘内容做产品推广

微淘的内容是多样化的,如互动问答、上新、短视频等,这些内容在微淘后台都有相应的模板,运营者要做的就是灵活运用这些模板来进行产品推广。

1. 帖子 / 清单

帖子 / 清单可用于发长文章、商品清单和装修样板案例。长文章要有标题、正文和图片,在最末可以添加淘系内链接。长文章在内容上具有很高的灵活性,文笔好的运营者可以尝试。

与长文章相比,更建议发商品清单,内容不必多,图片更重要。商品清单支持添加6～100个商品,凑成9个发九宫格更好,这样看着比较美观,也符合大众的阅读习惯,如微信朋友圈就很流行九宫格。装修样板主要是针对装修商家或设计师的,创造场景化购物,所以图片一定要美,户型、建筑面积要写清楚,这样才具有参考性。

2. 上新

从名称可以看出针对的是新品,分为上新和预上新。这个版块可以主要用于测款,了解粉丝对新品的喜爱程度,文字内容同样不必多,可以穿插一些互动话题或活动，如"准备购哪件？""评论聊一聊，送××"。建议上新版块配合粉丝置顶来做。需要注意的是，上新版块要求商品是7天内上架商品或预上架商品。

3. 短视频

微淘是可以发布短视频的，现在用得很多，因为毕竟正是短视频的火爆期。短视频的自由度会更高，内容制作可以参考前面关于短视频营销推广的内容，在发布视频时，可以加入一些互动玩法，如边看边买、优惠券、内容标签、红包和倒计时宝箱，以增加视频的互动性。

4. 图片

图片模板主要用于展示商品图集。对于这个版块，有的微淘店铺可能只是用来展示店铺商品，实际上，这个版块可以用于展示其他的内容，不一定是要与店铺相关的产品，如一些与生活有关的内容，风景、美食、电影、有趣表情包都可以。如果是微淘达人或自媒体，那么更可以利用这个版块来展示一些有趣的内容了，每张图片都可以添加描述。

5. 单品

主要用于进行单品的推广，建议将这一版块定位为热销款、主推款的推广专属模板。因为是围绕一个产品进行描述的，所以内容应主要体现单品的优势和特点，有说服力的推荐理由更能获得买家青睐。

在进行单品微淘内容撰写时，可以首选有"精品推荐"的商品，因为这类商品的单品微淘内容更容易被有好货、生活研究所等内容渠道采用。但有一点一定要避免，就是文字中有明显的广告字眼，这样的内容是不会被内容渠道采用的，所以广告促销语不要写进去。

其实，只需以推荐者的身份来写单品类的微淘内容即可，在内容中也是有商品链接的，所以广告促销语大可不必。

6. 互动

互动分为互动问答和活动链接，互动问答可以帮助运营者了解粉丝的喜好，拉近彼此之间的距离，发互动问答微淘内容的关键在于提问的内容，可针对产品来提问。例如，销售珠宝的可以问一些宝石的问题；销售鞋子的可以问一些鞋子清洗的问题。另外，也可以发起有奖问答，提高参与度。

活动链接主要用于创建活动，链接可以自定义，创建时可以添加互动活动，如大转盘、投票、分享有礼，店内做聚划算、促销活动时可用这个版块。

7. 买家秀

买家秀就是指将店内买家的优质评论展现在微淘中，如果想获得公域流量，就要在微淘上多做买家秀。买家秀的公域流量有淘宝头条"最美买家秀"、微淘"晒单"和主搜关键词话题。在买家秀管理后台，对单个商品的买家有图评价加精大于等于4条，就可以在前台展示买家秀，该条买家秀也可以转发到微淘。

因为买家秀由商家自行控制操作，所以可以选择优质评论加精，这对商家进行单个商品的推广很有利。

11.3.4 手淘"问大家"如何运营优化

问大家是手淘中流量高且能影响买家购买决策的频道，现在很多买家在手淘上购买商品前，都会习惯性地看一下"问大家"中其他用户的一些问题和回答，图11-26所示为"问大家"版块。

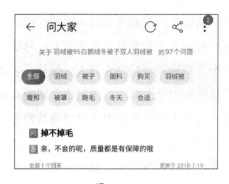

图 11-26

从"问大家"版块的性质可以看出,如果其中有几个不好的回答,且排在前面,就会对商品的转化产生较大的影响。所以,针对"问大家"版块,需要运营者去跟踪和优化,那么具体该如何去做呢?

1. 新品布局问大家

对于新品来说,"问大家"版块的内容布局可以由自己去做,前期这部分是可操作的。首先在新品未上架前,运营者就要设想几个买家可能会询问的问题,如关于毛绒拖鞋的问题可以是:掉色吗?尺码标准码?防滑吗?主要设计一些与产品质量有关的问题,在具体策划时可以参考竞品的"问大家"版块,看看已买过的用户都问过哪些问题,将这些问题收集起来,然后选出对自己产品有利的问题,尽量占有问大家的名额,让潜在买家找不到想要提问的问题。

有了问题后,可以找网店的员工或者身边的朋友在"问大家"版块进行提问,这个并没有什么限制,只要有淘宝账号就行。

提问后接下来就是回答了,回答的问题也需要提前准备好。"问大家"版块是可以由卖家自己进行回答的,后期系统会随机选择买家。所以,前期卖家可以用自己已准备好的回答对提问进行一一回复,回复不要太短,长一点有利于有礼问题的置顶。

因为在"问大家"页面如果用户不再点击一次是看不到回答的人是买家还是卖家的,而实际上大多数买家只会匆匆浏览一下提问和回答,不会深度阅读,所以前期卖家回复是比较有利的。

2. 有销量产品的布局

当商品有了一定的销量后,如果回答都是正面的,那么不用担心,怕的就是差评。如果差评很多,那么这时要做的不是去优化,这很可能是商品本身的问题,改进商品质量才是正确的做法。

对于逐渐有销量的产品,要定期关注"问大家"版块上大家的提问及回答,负面的评论是需要及时去优化的。比较简单的就是自己或找人做回评,回评时尽量往好的方面回复。

如果是恶意的提问或者回答,可以联系提问者把问题删除,因为卖家自身是不可以删除的,但提问者可以删除提问,所以可以与提问者沟通,让他删除问题,如图 11-27 所示,让提问者点击"不想问了"即可。

图 11-27

在沟通无法解决的情况下,可以举报,如图 11-28 所示。

针对比较好的提问和回答,可以找淘宝用户在回评下点"有用",或者点"关注此问题",

来提高这个问题的排名。

图 11-28

要想让"问大家"版块表现良好，最重要的是产品质量要过关，一般来说，只要产品不出大的问题，买家就不会恶意给很差的回答，一般都是比较中肯的。

11.3.5 集市卖家如何开通淘宝直播

在淘宝上进行直播推广有两种方式，一种是商家自己做直播，另一种是找达人或者机构做直播。集市卖家要开通直播也需要满足一定的条件，首先是店铺等级的要求，店铺的卖家信用等级要达到一钻以上，也就是说，如果卖家店铺的信用等级显示的是心形，是无法申请开通淘宝直播的，图 11-29 所示的卖家等级就属于不满足条件的。

图 11-29

其次就是微淘等级，微淘的等级至少要在 L1 以上，所以开通直播前多发微淘内容，积累粉丝比较重要，不同的行业和类目对开通淘宝直播的微淘粉丝量要求也是不同的。例如，极有家一般要求微淘粉丝达到 1 万人，母婴行业一般要求微淘粉丝达到 3 万人。另外，店铺老客户运营能力及商品数和销量也会影响直播的开通。对于天猫卖家来说，只要微淘的等级在 L1 以上就可开通。

如果卖家符合条件，就可以申请开通淘宝直播，具体申请方法如下。

第一步：进入阿里创作平台首页，输入淘宝账号和密码，单击"登录"按钮，如图 11-30 所示。

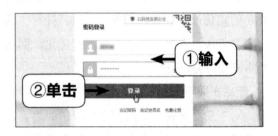

图 11-30

第二步：在打开的页面中单击"直播"超链接，进入淘宝直播开通界面进行开通，如图 11-31 所示。

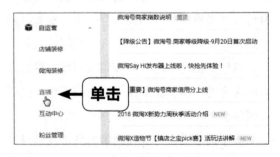

图 11-31

对于不满足淘宝直播开通条件的卖家，如果想要利用直播进行营销推广，就只能暂时选择和达人或机构合作，等到店铺和微淘等级满足条件后再开通。

11.3.6 卖家怎么找到淘宝主播合作

对不少淘宝卖家，特别是星级卖家来说，他们可能更愿意找主播合作，因为这样省心省力，还可以把内容制作交给专业人士。

商家在淘宝上找主播合作有两种方式，一种是在淘宝直播平台找自己想要合作的主播，然后关注他，进入其主页后发送合作私信，如果主播想要合作就会主动回复和联系。

另一种是在 V 任务平台以商家的身份挑选合作方，进行沟通合作。下面来看看如何在阿里 V 任务中找到淘宝主播。

第一步：进入阿里 V 任务首页，单击"直播服务"超链接，如图 11-32 所示。

图 11-32

第二步：在打开的页面中选择想要寻找的主播类型，如单击"服饰主播"超链接，如图 11-33 所示。

图 11-33

第三步：在打开的页面中可以根据需求筛选主播，在主播详情中还可以看到主播的合作任务数、服务评价等，单击主播头像超链接，如图 11-34 所示。

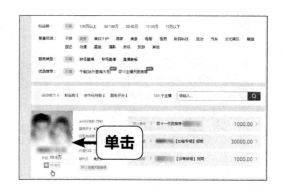

图 11-34

第四步：在打开的页面中单击"合作咨询"按钮进行沟通合作，如图 11-35 所示。

图 11-35

找主播寻求合作，具体的底薪和提成是由双方共同协商确定的，确定合作后，商家要在后台设置淘宝客定向佣金和合作任务，然后就是邮寄商品，主播按照约定的排期开始直播。

现在淘宝上的主播有很多，对于商家来说，选择带货能力强的主播才不会白花钱，那么如何看一个主播的带货能力呢？以下技巧可以用一用。

1. 看直播间的活跃度

进入想要合作的主播直播间，看主播的粉丝量。除了要看粉丝总量外，重点还要看该主播留言板的铁粉多不多，淘宝直播按亲密度来判断粉丝与主播之间的互动频率指数，其中新粉为 1～499、铁粉为 500～1499、钻粉为 1500+，要成为铁粉至少要持续与主播互动一个月，所以一个主播拥有的铁粉如果比较多，那么是可以考虑合作的，如图 11-36 所示。

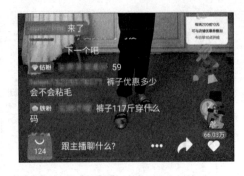

图 11-36

2. 看粉丝群运营能力

很多主播都有自己的粉丝群，卖家可以选择加入这些群，看主播对群的运营能力。一般来说，带货能力强的主播其粉丝群的运营能力也不会太差，他们会在群中解答粉丝的一些问题，提高群的活跃度，培养铁粉，有的还会在群里预热秒杀商品。对于商家来说，主播有自己的粉丝群，并且能够在群里进行营销推广，那么就多了一个推广渠道，如图 11-37 所示。

图 11-37

3. 看主播推荐的商品的销量

进入主播的直播间后，可以点击"购物车"按钮查看主播推荐的商品。因为主播推荐的商品一般都是有一定基础销量的，所以要多关注几天，主要看这个商品的增长情况。另外，对于有意向合作的主播也可以让其提供直播数据，包括直播销售额、成交单量等。

4. 看主播直播状态

最后还可以看看该主播在直播期间的状态，看其是不是经常离场、介绍商品的专业程度及与粉丝的互动程度，选择热情度高的主播更好。

11.3.7 卖家自主直播时，如何提高带货能力

对于企业或个人卖家来说，想要通过做淘宝直播达到卖货的目的，就必须有流量，如果直播间很冷清，那么卖货就很难，要让自己的直播间获得更多流量，就得想办法将自己的直播排在对应类目的前面，如精选直播、潮搭攻略等。

想要在直播中获得首页展示的机会，预告就要做好，直播预告的审核一定要保证通过，通过审核的预告可以获得优先在前台浮现的机会，所以不要忽略。提交直播预告审核时要注意发布时间，要求在直播开始前一天 16:00 之前，但建议卖家在每天 15:00 之前提交，如果能早一点提交就尽量早一点。

若预告审核未通过，那么直播只能在淘宝私域进行展示了，也就是只有自己的粉丝能在微淘、直播区、粉丝群看到直播。

另外，直播类目也要精准，卖家应根据店铺的类目来选择直播类目。直播类目也决定了直播的定位，将定位做好，可以让你的直播间更聚焦，也可以让流量更精准。建议卖家在选择一个直播类目后不要轻易更改，因为会影响栏目的匹配。

互动是直播卖货的关键，不管是达人还是卖家自己做直播，都要重视互动，尽量让观看者停留的时间更长些，因为淘宝会根据停留时

间来判断这个流量是有效流量还是无效流量。对于刚开启淘宝直播的商家来说，可以邀请老用户及有身份的朋友来自己的直播间助力。

主播在互动过程中要不时地引导观众点赞、评论，对于主播新手来说，可以搞一些活动。例如，点赞3000送10元无门槛优惠券；分享直播间送红包；截屏送好礼等，这样不仅可以留住观众，也可以带动观众互动。

在直播的同时，会有观众提问，要尽可能去回答，如果回答不过来，可以告知观众向客服询问。

在与观众互动的过程中也可以适当做一些动作，让自己的表情丰富一点，这些细节看起来比较小，但却会影响观众对你的好感度，不积极热情的主播很难得到很高的人气。

另外，日常多积累专业知识，在直播时会更容易说服买家。例如，你做服装类主播，那么就要掌握一定的穿搭知识，这样回答观众提问时也会更得心应手。在话术方面，建议主播多谈谈试穿或试吃产品的亲身感受，这是一个比较重要的转化要素，因为观众进直播间就是想要看看这个商品怎么样，说出你的切身感受就会给观众提供重要的参考。

最后不要忘了引导加购，有的观众可能不知道在哪里领优惠券和加购，主播可以在直播过程中告诉他们，可以点左上角"亲密度"，点左下角"购物车"拍××号，如果有观众问了怎么拍之类问题，就要及时回答，所以也要时刻紧盯手机屏幕，看观众的发言。

直播即将结束前，还可以再次引导关注和加购，这样也可能会再次吸引一批粉丝，从而增加下单量。

11.4 通过运营扩大店铺影响力

网店与微信、微博、App一样，都是一种工具，如何用好这些工具，看的是运营能力，现在卖家进入淘宝的门槛很低，但要在竞争中存活，甚至做大，还是要靠运营。

11.4.1 从数据中分析运营问题

网店的数据分析主要在生意参谋中看，其中的数据很全面，要养成每天都去生意参谋中看看数据的习惯。在对生意参谋中的数据进行评估时，可以从以下思路入手。

1. 看全局

要从全店的视角去看核心数据，包括访客数、支付金额、买家数、下单转化率等，主要观察变化情况，如果其中某个数据下滑比较快，就对其进行重点分析。

在具体分析过程中，可以将每月的数据统计出来制成表格，这样看起来会更直观，如图11-38所示。

		2017年10月	2017年11月	2017年12月	2018年1月	2018年2月
交易	支付金额					
	支付转化率					
	客单价					
	支付买家数					
	支付老买家数					
	老买家支付金额					
	支付件数					
	支付子订单数					
流量	访客数					
	浏览量					
商品	加购人数					
	加购件数					
	商品收藏人数					
推广	直通车消耗					
	钻石展位消耗					
	淘宝客佣金					
服务	成功退款金额					

图 11-38

哪个指标与去年同期相比运作不乐观，就具体将这个数据调出来看趋势图，然后分析原因。例如，访客数稳中有升是比较好的，但也允许偶尔出现高潮或回落，如"双十一"当月，访客数可能会出现一个高峰，过后可能会出现回落，可以与同等级店铺进行均值对比，太明显的回落需要关注。

2. 看渠道

了解了店铺整体的情况后，可以看看不同渠道的带量情况，如手淘首页、每日好店、直通车、购物车、淘宝客等，关注各个渠道的访客数、下单买家数和下单转化率等数据，哪个渠道的转化率比较高，就可以将该渠道作为重点营销渠道，如图 11-39 所示。

流量来源	访客数	下单买家数	下单转化率
淘内免费	140 -7.28%	20 0.00%	3.57% +7.67%
手淘天天特价	430 +88.60%	14 +75.00%	1.91% +38.41%
手淘试用	259 +25,800.00%	2 0.00%	0.31% +200.67%
手淘淘金币	207 -48.76%	18 +28.57%	1.21% +24.74%
手淘搜索	125 0.20%	17 0.00%	2.94% +7.30%
爱淘金铁	104 -8.77%	3 0.00%	0.00% +114.20%
每日好店	103 -51.18%	6 -14.29%	1.00% +19.05%

图 11-39

3. 看商品

先将商品按类目进行统计，因为一个店铺销售的商品可能隶属多个品类，找出销量好的品类，如图 11-40 所示。

类目	数量	加购件数	支付件数	支付金额	商品收藏次数
T恤					
外套					
风衣					
女仔裤					
帆布鞋					
……					

图 11-40

销量好的品类就是店铺的核心品类。有的品类销量不佳，就要考虑是否还要继续做这个品类。

4. 看单品

生意参谋中提供了单品分析工具，在单品分析工具中通过关键词查询或粘贴商品 URL 的方式来查询数据，如图 11-41 所示。

图 11-41

每个店铺都应有一两款爆款产品，所以看单品时要重点分析潜力款，特别是对新店而言，不求所有商品都热卖，但打造一两款爆款很重要。

了解单品的来源去向、访客特征及转化情况，如果发现某个关键词转化高或者某个渠道访客质量好，就进行重点推广。

11.4.2 多用网店营销工具提高产品销量

在淘宝的服务市场上，可以看到种类繁多的促销工具，大多数卖家常用的有 3 款，包括搭配套餐、满就减（送）和优惠券，这 3 个工具也是官方提供的，所以这里重点介绍这 3 个工具。

1. 搭配套餐

搭配套餐在服务市场已更名为"搭配宝",其优势在于能实现关联营销,提高客单价。在设置搭配套餐的标题时,标题与单品的标题不一样,这样会降低吸引力,最好的方法是说明套餐中包含了哪些商品,并说明买家搭配购买能得到什么,如图11-42所示。

图 11-42

图11-42中搭配套餐的标题为衬衫+休闲裤,最多可省148元,这样的标题就比较好,简单明了。在标题上直接体现优惠也可以,如搭配立减50元等,这种标题适合搭配价格为区间价的商品,因为买家不知道搭配后到底能享受什么优惠,所以由商家来告诉买家,这样更容易让买家动心。

要让买家通过搭配套餐下单,还要选对搭配的商品。商品至少两个,最多能搭配5个,比较好的是成套搭配,典型的例子就是上衣搭裤子,这种成套的商品搭配更容易实现让买家一次性购买多个商品,所以搭配的原则就是这两个商品要是互补的,若你是卖热水壶的,你推荐的搭配还是热水壶,一个买家是很难一次性买两个热水壶的,除非他的亲戚朋友也需要,但如果是这样,他可能更愿意选择拼团的方式去购买,所以热水壶+热水壶就是失败的组合,对于热水壶之类商品而言,搭配套餐不太实用,买一赠礼品活动会更好,如买热水壶送开瓶器、打蛋器、保温杯等。

所以,在使用搭配套餐时还要考虑商品适不适合这种营销工具。另外,也可以考虑将店内的热销款与滞销款搭配起来销售,以此来带动滞销款的销量。

最后来说说搭配套餐如何设置价格,搭配套餐的总价要低于两件单品加起来的价格之和,建议搭配后的总价比单品原价之和低10元以上,如果只有几元,一般没什么吸引力,具体低多少要根据利润来看,有的商品属于利润比较高的,搭配后减少几十元,甚至上百元也很正常。

2. 满就减(送)

满就减(送)在服务市场已更名为"店铺宝",该工具同样具有提高客单价的作用。满就减(送)具有两种优惠,一种是满件打折,如满两件打8折;另一种是满元减钱,如满300元减50元。

满就减(送)工具使用的关键是如何进行满减定价,这需要商家进行成本利润的计算。例如,某店内两个档次的满就减活动,分别为满259元减30元和满459元减70元,那么在活动期间,单品价格的尾数也最好带9,因为9加9的尾数是8,这样买家就容易被卡在一个档次。

再如,某一买家在店内选购了159元的商品,按理说他只要再购买100元的商品就可以享受满减了,但因为店铺单品的价格尾数都为9,如果他买一件最接近100元的商品,如99元,是不能享受满减优惠的,这时他就不得不买一件高于99元的商品。例如,最接近100元的是139元,这样两件商品加起来的价格是298元,客单价也大大提高了。

在设置满减的标准时,可以根据店铺的历

史客单价来设置满减金额。如果店内产品比较少,那么设置单档满减;如果种类多,那么设置多档满减。

具体计算方法是以近7天(近30天)平均客单价×(115%～130%)来计算满减金额。例如,近7天客单价为159元,卖家打算鼓励买家多付出20%,那么满减金额为190.8元,为了数字好看,取199元就比较合适。那么,减少的金额应该如何设置呢?计算公式为满减条件×(5%～10%)。

如果满减金额要按档次来分,在计算客单价时也要按照买家的消费层次来划分,比较好的方法是按客单价分布最密集的主力人群来计算满减门槛。例如,店内92元和162元是客单价占比人群比较高的,就可以根据这两个数据来设置满减金额,如设置为满115元减5元和满195元减10元。

3. 优惠券

网店优惠券主要分两种,一种是无门槛优惠券,另一种是有门槛优惠券。无门槛优惠券一般设置的价值为3元、5元或10元。有门槛优惠券可以按满减的计算方式来计算优惠券的领取金额,在设置时多利用尾数来设计金额。例如,优惠券为满130元领5元,那么单品的价格就最好包含角,如63.9元、24.9元、46.8元,尽量避免买家凑齐130元这个整数。

不管是设置优惠券还是满减,比较好的做法是先定满减力度,再定商品单价,因为这样更容易实现利润最大化。

11.4.3 做好服务提高店铺订单量

在网店运营过程中,客服扮演着很重要的角色,客服若能给买家留下良好的印象,就可以提高成交率和回头率,下面就来看看客服如何做才能帮助网店提高转化率。

1. 帮助买家挑选

进行在线咨询的买家对这个商品的意向是足够强的,之所以迟迟不下单,很多时候是因为他们对商品的尺寸、款式等抱有疑问。在此阶段,客服要做的就是解决买家的疑惑,并帮助他们挑选商品。例如,买家对商品的面料抱有疑惑,那么就告诉他面料是纯棉的,顺便再说一说这个面料有什么好处,如亲肤舒适。如果买家对尺寸、样式有疑惑,可以问一问他的身高、体重等,为他推荐适合的尺码和样式,只要解决了买家的这些问题,下单就会很迅速了。

客服在向买家介绍商品时要注意不能只顾自己说,还要看看买家的反应,解答完一个疑问后,可以问一问买家还有没有其他问题,这样可以让买家感受到网店服务的贴心。

2. 刺激买家下单

针对犹豫不决的买家,客服人员可以适当地刺激买家,来促成其果断下单。例如,可以告诉买家店内正在做优惠,现在买很划算,明天这个优惠就没了。另外,也可以告诉买家这个商品马上就要售罄了。通过限时折扣、限量方式来制造紧迫感,可以让还在观望的买家下定购买的决心。

除此之外,客服也可以用发货时间制造紧迫感。例如,现在下单今天下午就可以发货,有的买家也会因此立即购买。

3. 应对买家议价

不少客服人员可能都遇到过议价的买家,面对买家的议价,不能直接说"网购不议价",可以从侧面强调商品的品质,让买家知道这个商品值这个价。

另外，也可以采用搭配销售的方法应对议价买家。例如，可以推荐买家购买搭配套餐，并告诉他这样可以优惠很多，以满足买家的议价欲望，并进一步提高客单价。

如果店铺采用的是会员制，还可以先向买家表示抱歉，然后说这次购买后成为会员，下次就可享受会员价。

除了做好售前服务外，售后服务也要做好。售后的第一个服务就是订单确认，这个可以在千牛中设置为自动核对订单地址。售后比较难处理的是因货物质量导致的纠纷，如货物破损、有瑕疵要退货等。

当买家对货物质量问题提出疑问时，首先要聆听这个问题是什么，然后根据这个问题做出必要的解释，如购买的羽绒服有异味，可以告诉买家这是正常的，在通风处晾一晾就可以消除异味了。

听了买家的反馈后，如果确认货物质量问题是由卖家造成的，那么应先道歉，然后采用补偿、换货、退货等方式来解决问题。一般来说，只要客服态度良好，能解决买家的问题，或给出补救措施，买家都不会无理取闹。

秘技一点通

技巧 1　撰写标题时如何避免权重分散

网店的商品标题实际上是由多个关键词组合而成的，而淘宝自身也有一个分词原则，即将30个字的标题分成若干个词组。

分词的作用是，在商品标题中成交的这个关键词可以获得一定的权重加分。

但是，如果这个词按照拆词方式被分成多个词，那么加分的分数会被分别分给多个词。

也就是说，分词多了，那么单个分词的权重加分就会变少，因此商品的标题要多用分词少的，这样权重会增加得比较快。那么，如何查看一个标题被分成了多少个词呢？具体操作如下。

第一步：在淘宝搜索引擎中搜索全标题，然后在全标题上右击，选择"审查元素"命令，如图11-43所示。

图 11-43

第二步：在页面下方即可查看搜索引擎是如何分词的了，如图11-44所示。

图 11-44

技巧 2　网店如何应对负面评价

负面评价对网店会产生什么影响大家都知道，但开网店就难免会遇到买家给负面评价，毕竟销售的商品并不能保证满足每个买家的需求，面对负面评价，运营者要积极去优化。

回复解释是一种比较常规的应对买家负面评价的方法。回复时先对买家表示抱歉，然后表示会努力把商品做得更好，或者可以说如果商品确实有问题可以联系退换货，也可以私信买家给予补偿，再让买家追加评论，图 11-45 所示为常见的回复话术。

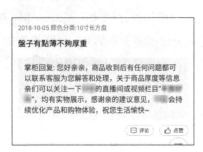

图 11-45

但是一种负面评论属于恶意评论，只不过这种买家比较少，针对这类买家可以联系其删除评论。如果买家实在不愿删除，也不必理会，因为如果商品质量本身没问题，也不怕好评中有一两个负面评论。另外，卖家也可以对恶意买家进行投诉，只不过效率很低。

有的买家之所以给出负面评论，是因为客服没有满足他的要求，因此感到不满。针对这种情况，可以在他的评论中晒出客服与其交谈的截图，表示客服已经积极解决了他的问题，这是他无理取闹。

还有一种负面评论是"差评师"或同行竞争者的恶意评论，这种可以在网站上查询是不是可疑买家。例如，进入亲查查网站首页输入买家旺旺进行查询，如图 11-46 所示。

图 11-46

如果甄别出是同行，同样可以联系其删除，也可以在其评论下明确指出同行恶意诋毁的身份。

对于负面评论，我们不要忽视它，但也要摆正心态，因为淘宝上的买家各种各样，难免会遇到个别刁钻的。如果是新店，想要收获买家的好评，可以采用好评返现、送小礼品等措施来赢得买家的好感。

职场心得

小梁所运营的网店有一个目标，就是将网店的日销售额做到 5 万元。为了实现这个目标，小梁进行了行业竞品店铺的分析，从中找到了日销售额达到 5 万元的竞品店铺。针对竞品店铺，他主要对目标人群进行了数据分析，包括目标人群的年龄、性别、地域等。

通过对竞品目标人群的分析，他发现竞品店铺的目标人群与大盘所显示的数据比较相近，然后他又对比了自己店铺的目标人群数据，发现自己店铺的目标人群女性用户居多，大多集中在 18～25 岁，而竞品店铺的目标人群则集中在 26～30 岁，于是小梁将这一要点写在了运营日报中，打算下次做推广时，将人群画像扩展到 26～30 岁。

接下来，小梁对货品布局进行了分析，他发现竞品店铺的墙纸、墙贴卖得很好，而自己的店铺中也有墙纸、墙贴商品，但并没有主推，销量就少得可怜。小梁明白，自己的店铺在货品布局上还存在一些问题。在分析流量结构时，小梁发现在竞品店铺的关键词搜索中，品牌词流量是比较大的，而自己店铺的商品虽然也是品牌商品，但在标题的设置上并没有加入品牌词。

结合此次数据分析的结果，小梁首先对店铺的货品进行了优化，将店内过去没有主推的墙纸、墙贴设定了主推款，加大了推广的投入，包括直通车、微淘等推广方式。在推广的过程中，把人群定向在26～30岁。另外，为了提高店铺的动销比，他将店内的一些滞销商品进行了下架，保证动销率在80%以上。在营销推广期间，首先重点对老客户进行营销，包括短信、旺旺、老客户推广定向等。

同时，对店内商品的标题进行优化，将那些有品牌的商品加上了品牌词，如油漆涂料、灯具照明，使这些商品都具有了品牌属性。

此次运营优化一个月后，小梁发现店铺的访客量提升了15%左右，下单的买家数提升了40%左右，这是比较大的飞跃，由此可见，此次运营优化的效果是明显的，日销售额虽然还没有达到5万元，但越来越接近5万元。

小梁的故事告诉我们，在做网店运营的过程中，要善用数据来帮助做决策，数据能客观反映网店的不足之处，不要凭主观去想象。

第 12 章
网络推广运营的进阶策略

本章导读

内容运营、活动运营和用户运营是贯穿网络运营推广始终的,而这 3 种方式也是常见的运营方式。这 3 种运营方式都是围绕产品来开展的,将产品与这 3 种运营方式结合起来,让产品走得更好更远,就是运营者的目标。

学习要点

- 做好内容运营有四大手段
- 从抓取内容到筛选内容
- 把内容正确地分发到媒体平台
- 做活动运营要明确的几点

12.1 内容运营提高用户关注度

内容运营对企业的重要性不言而喻，企业中文案、策划这样的岗位就是内容运营的一部分，现在所说的内容已不仅仅是指文字，还有图片、视频等载体。在用户对内容的口味要求越来越高的同时，高价值的内容才能赢得用户的关注和青睐。

12.1.1 做好内容运营有四大手段

在信息泛滥的今天，你的内容即使是高价值的，也可能被淹没，所以需要内容运营者把内容的价值体现出来，传递给用户，在这一过程中，内容运营者要做好以下方面。

1. 判断

当内容贡献者将内容交到运营者手上，或者运营者本身就是内容创作者时，运营者要做的第一件事就是判断这个内容是否有价值，这个内容是否能火，这个内容是否适合在互联网络上进行传播，如果回答是肯定的，那么这个内容就是合适的内容。

对内容价值的判断比较考验内容运营者的自身能力，这个需要经验去积累，有经验的内容运营者一眼就能知道这个内容是否符合主流用户的喜好，是否能引爆话题。

当下，人们不断讨论的话题、时事是内容引爆的重要催化剂，所以作为一名内容运营者，经常关注热门话题，培养自己对"热点"的洞察力是很重要的。

2. 审核

一篇内容，无论是图文还是视频，要发到网络上被千千万万的用户浏览，审核这关要做好。在网络上，我们经常可以看到，有的内容创作者因为内容存在不实言论，而遭到网友举报或者批判，所以要把好内容审核的关。

虽然很多平台对内容都有自身的审核机制，有的是机审，有的是机审加人工，但无论是企业还是自媒体，在向网络上发布一篇内容前，最好都自己审核一遍，看看里面是否含有敏感关键词或者低质量内容。如果是直播，那么在直播过程中也要注意言论，前段时间就有某知名主播，因言论不当而被广大网友愤怒声讨，有的甚至被平台封杀。

鉴于网络上的案例，内容运营者最好建立一套审核机制，确保内容符合各平台的要求。

3. 二次加工

二次加工是指内容标题、图片、推荐语、标签等的加工，用"包装"这个词大家可能更容易理解。

在互联网络上，有一个词是用来形容以标题来吸引眼球的创作者的，那就是"标题党"。"标题党"并不完全是贬义词，很多优秀的内容创作者其实也是"标题党"，他们的内容本身很好，用"标题党"式的写法主要是为了让用户产生阅读的冲动。

现在各大平台越来越重视视觉化，图片、短视频用得越来越多。图片和视频的聚焦能力相比文字更强，但图片和视频也要具有美感和吸引力才行，所以我们在直播平台的封面图上看到的不是美女就是帅哥，这实际上就是一种包装，以实现吸引观众眼球的目的。在对内容进行二次包装时，内容运营者就要从配图、排版、结构以及标题这些方面来考虑，看看这个内容整体视觉效果是不是足够好。

4. 内容栏目化

大家知道，电视台每天播出的节目都是以栏目的形式来规划的。例如，星期一到星期五20:00是情感剧集；星期六和星期日 20:00 则是综艺节目，每天不同时段播出的内容不同，让用户对电视节目有个固定栏目的认识。

而在内容运营中，栏目这一概念同样可以使用。将我们发布的内容进行栏目化，可以提高观众对产品的认知，也可以带给观众更有深度的内容。

我们可以看到，不少平台都将自己的内容版块分为了不同的专题，举一个与我们相关的例子，互联网运营网站，这类网站就常常将运营内容按广告营销、新媒体运营、ASO 等进行专题划分，网友点击某个栏目就会进入对应的专题页面，如果全都放在一起，看起来就会很混乱，不利于网友阅读。

栏目内容积累到一定程度后，运营者还可以考虑将内容产品化，如做成独立的 App、在微信中进行打包销售等，这样的商业尝试未来会越来越多。

12.1.2　结合产品阶段来做内容运营

在产品的不同发展阶段，内容运营的方向也会发生一些变化。

1. 零用户阶段

用户都是一个从无到有的过程，第一个阶段就是零用户阶段。在零用户阶段做内容运营，主要针对潜在核心人群来设计内容，找准这类人群的痛点，把内容做垂直，更容易获得一批初始流量，而且越是垂直行业的人群，他们的需求也会越清晰。

找到主要人群后就可以有针对性地来做内容，内容的形式可以有多种，文字、图片、影音都可以，然后将不同的内容形式在不同的渠道投放，观察效果，最终留下引流效果好的内容。

2. 有部分用户

当有了一部分用户后，内容也初步成型了，这时就需要进一步细分人群和需求，将他们的需求通过内容呈现出来。例如，一个公众号在没有粉丝前，将核心人群定位为大学生，积累了一定粉丝量后，发现粉丝中有一部分是职场人士，此时，就可以策划一些与职场人士有关的内容进行发布。

在这个阶段，还需要不断地进行用户调查，了解用户喜欢什么样的内容，从而更好地进行内容规划。

3. 一定规模

当用户积累到一定规模后，你会发现你的用户类型会越来越丰富。这个时候就可以对人群再进行细分，如分为大学生、职场人士、宝妈等，根据不同的细分需求来制作不同的内容形式，总的来看，细分过程会形成树状结构。

12.1.3　从抓取内容到筛选内容

内容运营的关键自然是内容，首先要解决的就是找内容，那么内容从哪里来呢？在找内容前,必须明确自己的定位,定位准确了,才能解决内容从哪里来这个问题。

通过从产品到用户的分析,我们能知道自己需要什么样的内容。例如,运营一个公众号,公众号定位于分享汽车导购、养车资讯,公众号的内容主题就可以围绕买车、养车来写,有一个栏目是关于试驾评测的,就很受欢迎。

知道自己内容的方向后,再去找内容就容易多了,那么具体可以从哪些地方找呢?以下内容采集点可以给内容运营者参考。

(1)微信公众号。现在微信公众号的内容是很多的,可以说应有尽有,不知道写什么的时候就去微信公众号上搜索,搜索时带上关键词。有一个小技巧大家要掌握,按阅读量来排序,然后选择最近发布的文章。例如,搜之前比较火的"中国锦鲤",在搜索结果中可以看到前3条的阅读量都为10W+,如图12-1所示。

图 12-1

(2)论坛社区。去大型知名的或者行业型论坛社区找内容,例如,知乎就比较好,知乎上也有话题,关注你的内容所属的话题,看看有哪些热点,这个前面也说过,希望大家利用起来。

(3)KOL资源。关注相关内容行业的KOL,了解他们经常发布哪些内容。如果你准备策划的内容是短视频,那么就去美拍、抖音这些平台上找;如果是图文就去微博、小红书,或者头条号、网易号这些平台上找。

从以上平台中我们可以找到很多内容,这就涉及内容挑选了。筛选内容时,从前到后筛选,先找阅读量高的,然后快速浏览一遍,看质量怎么样,如果能吸引你,那么一般也能吸引其他观众。看的时候,顺便浏览下用户的评论,评论多,那么就说明这篇文章具有话题性,很吸引网友眼球。将数据筛选和人工筛选结合起来,这样就能更好地把握文章的质量。

最后就是分类整理,按照自己的思路或者想法进行加工创作,具体如何写可以参考前面的文案写作内容。

12.1.4 把内容正确地分发到媒体平台

影响内容运营效果的一个重要因素还有内容分发,内容什么时候发最好,发给哪些用户,在哪些位置展示,这些都需要运营者来把控。

什么时候发会影响内容的点击率,不同题材的内容有自己内容发布的黄金时间。喜欢浏览公众号文章的运营者应该知道,大多数公众号都喜欢在21:00～22:00推文,这个时段就是大多数公众号内容发布的黄金时段,当然有的公众号也会选择在早上8:00发布,如新闻类题材。

那么,作为内容运营者应该如何去把控内容分发时间呢?这个只有自己去摸索,或者根据自己的经验来判断,因为没有定论。比较好的方法是做测试,选择不同时间发文,然后看用户的数据反馈,最后进行总结。

另外就是展示位置,不同的媒体渠道提供

的内容展示位是不同的,这里还要分是否付费。展示位肯定是越优越好,时间越长越好,建议内容运营者将自己内容的分发渠道都摸透,了解他们提供了哪些展示位,付费的与免费的有什么区别及内容推荐机制是什么,将这些都了解清楚了再去发布内容会更好。

对于主流的新媒体平台,建议内容运营者都要去布局,如果新手不知道有哪些可进行内容发布的平台,这里总结几个,包括头条、百家号、网易号、大鱼号、一点号、企鹅号、淘宝达人等,这些号尽量都去注册,然后在平台上发布内容。

看到这么多平台,有的运营者可能会想,一个个去发不是很麻烦吗?我们可以借助工具来实现内容的多平台一键发布,下面以简媒为例,具体操作如下。

第一步:进入简媒官方网站首页,登录账号后单击"账号绑定"按钮,如图12-2所示。

图 12-2

第二步:在打开的页面中选择账号类型,这里单击"微信公众号"图标,如图12-3所示。

图 12-3

第三步:进入账号授权页面,输入账号、密码,单击"授权"按钮,如图12-4所示。

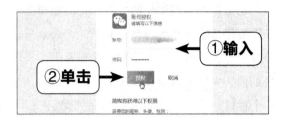

图 12-4

第四步:在打开的页面中使用公众平台绑定的管理员个人微信号扫描二维码,如图12-5所示。

图 12-5

第五步:扫码后在手机上点击"授权"按钮,如图12-6所示。

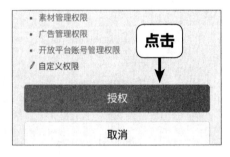

图 12-6

第六步:授权成功后,可进行其他账号的添加,操作流程相似,这里不再演示。单击"写文章"按钮,如图12-7所示。

第七步:在打开的页面中输入文章内容,如图12-8所示。

图 12-7

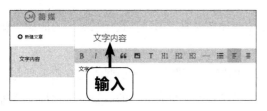

图 12-8

第八步：在页面右上角选择文章类型，如图 12-9 所示。

图 12-9

第九步：在页面右下角单击"请选择账号"超链接，如图 12-10 所示。

图 12-10

第十步：选中已绑定的账号的复选框，如图 12-11 所示。

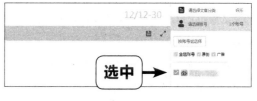

图 12-11

第十一步：单击页面右下角的"立即发布"按钮，如图 12-12 所示。

图 12-12

12.2 活动运营提高用户活跃度

无论是在微信公众号上还是在微博、淘宝上，活动的身影无处不在。对企业、自媒体及电商来说，活动都是活跃用户及拉新的重要手段。

12.2.1 做活动运营要明确的几点

从零开始做活动运营，首先要明确活动运营的步骤，按照时间，可以分为活动前、活动中和活动后。

活动开始前先明确活动的目的，是拉新、留存还是促活，是增加下载量，还是进行品牌曝光，正确的活动目标是做好活动的关键。

其次就是确定活动方案，方案由各部门共同策划决定，这样才能保证活动方案行之有效，并且做一场活动也需要多方配合才能成功。

在活动过程中，对用户进行实时跟踪，并且通过各渠道进行活动扩散，活动的扩散范围越广，效果也就越好。

活动结束后则进行总结分析，找出不足，总结经验及优化后续的活动方案，这样有利于帮助自己不断成长。

了解了活动的主要步骤后，对一名活动运营者来说，还需要明确用户喜欢什么类型的活动，总结起来有以下几种。

（1）互动型。互动型活动是比较受大众喜欢的，如转发、答题等。互动型活动有几个要点：一是互动的内容要具有大众性，也就是参与门槛要低；二是要让大众有参与的欲望，也就是要有利益诱惑。

（2）新奇型。新奇型活动以"新"来诱人，可以是内容新奇，也可以是形式新奇，利用大众的好奇心来引导其参与活动。例如，活动还没有开始，就利用直播开展营销活动，这样的活动对大众而言就很新奇。

（3）体验型。体验型活动是让用户直接参与到产品的体验中。例如，App公测期间，邀请用户做测评，让做测评的用户优先体验App，这就是一种体验型活动。

12.2.2 通过SWOT分析，做好活动运营的准备

一场活动的成功开展离不开活动前的精心准备。在准备工作中，可以借助SWOT分析来帮助分析活动资源。

1. S（Strengths）和W（Weaknesses）

SWOT分析法中的S指优势，W指劣势，对活动进行优劣势分析可以让运营者明确此次活动有哪些资源可以利用，又有哪些不足，一般要从以下几方面来分析。

（1）资金。做活动需要投入一定的成本，成本的大小也决定了活动的规模，所以在优劣势分析中，首先需要考虑企业的资金是否充足。例如，在微博上做转发活动，我们希望吸引20W+的粉丝，那么我们所提供的奖品价值就要有吸引这20W+粉丝的能力，如送5台iPad mini 4，一台的价值约为2800元，5台就是14000元。如果企业拿不出这笔资金，那么活动就无从谈起。

如果资金是企业的劣势，那么运营者就要找其他突破口来吸引目标用户，如有趣的活动形式。如果资金是企业的优势，就可以利用这笔资金来让活动更声势浩大，更强有力。

（2）产品。产品本身的好与否也会影响活动的效果，以淘宝直播为例，利用直播来做活动的网店已越来越多，在直播活动过程中主播会介绍产品的优势，并向观众展示。如果产品不够优质，

买家购买回去后发现质量很差，就不会再相信你以后做的活动了，久而久之，店铺的口碑也会越来越差。相反，如果产品足够好，直播间的人气就会越来越高。

（3）技术。在网络上开展的许多活动都需要一定的技术支持，如 H5 页面设计、幸运大转盘工具开发等，当然这些技术支持也可以交给第三方来完成，但找第三方合作也需要投入成本，如果企业内部能够提供技术保障，这样就可以根据自身需要定制开发。如果不能，就只有简单化活动内容，或者根据资金的多少来选择合适的外部工具。

2.O（Opportunities）和 T（Threats）

SWOT 中的 O 指机会，T 指威胁，如果说 SW 是内部因素的话，OT 就是外部因素，在分析 OT 时，可以从以下几个方面来分析。

（1）用户需求。用户需求一般不会一成不变，我们要分析这种变化对活动来说是机会还是威胁。例如，通过用户需求分析，发现用户现在更偏爱娱乐性的活动，而以往的活动类型都比较常规，那么在此次活动中就可以增加更多的娱乐互动性，让用户更愿意参与。如果我们的产品进行了升级，那么对此次活动来说这可能就是机会，因为这可以成为用户新的需求点。用户需求分析可利用问卷及用户的行为数据来进行。

（2）规则变化。运营者在网络上开展活动，通常都要借助平台来进行，这时就需要遵守平台的规则，如在淘宝上开展电商活动，就需要遵守淘宝的规则。而平台的规则也会发生变化，活动运营者要时刻关注这些变化，以避免触犯规则，给活动造成影响。

（3）竞争对手。有的运营者可能会认为竞争对手带来的全是威胁，实则不然，如果竞争对手的活动成功了，我们可以借鉴其成功的套路；如果失败了，我们可以总结教训，避免自己的活动犯同样的错误。另外，也可以借助竞争对手的活动势头来为自己造势，所以竞争对手也可能给我们带来机会。

在具体使用 SWOT 对活动进行分析时，可以利用矩阵来进行分析，将各影响因素一一列举出来，如图 12-13 所示。

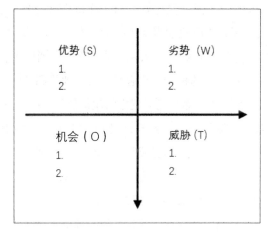

图 12-13

12.2.3 如何利用活动实现粉丝裂变

前面介绍了做活动的一个整体思路和分析方法，下面就以吸粉引流为例，来看看如何做社群活动。

吸粉引流是所有运营者关注的问题，尤其是一些电商小卖家，对他们来说引流简直就是一场噩梦。

我们帮助过一个龙虾项目的学员做社群裂变，借这个机会，再一次把我们的方法分享出来，看完我们的操作之后，你可能会觉得，原来吸粉竟然可以如此简单！

先给大家说一下，做这次裂变活动我们一

共投入了多少。从活动开始到结束，我们一共送出了 7 份十三香小龙虾，红包加赠品（来自淘宝客）不到 50 元。算下来我们仅仅花了 400 元，就加到了 300 个本地精准粉丝，粉丝成本 1 元多。是不是很划算？来看看我们是怎么做的！

1. 筛选种子客户

想要做好社群裂变，最主要的是种子客户的挑选。在社群裂变过程中，种子客户主要起到两个作用：裂变和信任背书。

先来说一下信任背书，比较好的例子就是淘宝的评论和"问大家"，在购物的时候，我们会习惯性地去看产品的评价和"问大家"中的回答。

为什么我们要去看评论和"问大家"呢？因为我们看不到实物，只能看到淘宝卖家的描述，不知道产品是不是真的好，而评价和"问大家"是其他买家的反馈，其在一定程度上反映了产品的真实情况，所以我们需要去参考。而这时候的"问大家"和评价就起到了信任背书的作用。这也是淘宝卖家刷好评和"问大家"的初衷，让消费者看起来更相信自己的产品是好的。

而我们的种子客户起到的就是评价和"问大家"的作用，新进群的粉丝对群、对你、对产品毫无了解，想要靠自己来建立粉丝信任的可能性不大，而且需要的时间比较长。但有了种子客户之后，你只需要介绍群，介绍自己，种子客户会帮你做信任背书，让他们觉得你是好商家，你的产品是好产品。

试想一下，你想减肥，这时候朋友把你拉进一个减肥群，群成员都在说群主好，群主的减肥方法好，自己一周减掉几斤，这时候你潜意识里会觉得群主肯定有好方法，更愿意和群主交流聊天。

2. 谁才是我们的种子客户

判断一个客户是不是我们的种子客户，主要从 3 个维度进行考虑，即是否活跃、对产品是否足够信任、是否喜欢支持你。那是不是必须同时具备这 3 个条件才可以呢？我给大家举个例子。

有 A、B、C 3 个买过我们产品的客户。

A 非常活跃，经常在我们的群里分享一些链接。

B 一般活跃，和你聊得也不多，但他是产品十足的受益者。

C 偶尔活跃，非常喜欢你，也愿意支持你，有人怀疑你的时候会挺身而出。

这 3 个人，我们肯定会选择把 B 和 C 拉进群，虽然 A 非常活跃，但是我们不会把他拉进群，因为他不仅起不到信任背书的作用，反而会影响群氛围。如果能找到综合了 A、B、C 3 个人优势的种子客户，那你的社群必定做得很红火。

知道了谁是我们的种子客户之后，想要裂变，首先要把种子客户邀请进群，通常采用的方法是语音或者电话，可以参考下面的话术：

我想建一个群，看能帮忙拉 18 个人进群吗？都是咱们本地的，也都是朋友关系，其他人不让进。

3. 如何实现种子客户裂变

下面就讲到了我们的核心操作内容，我们是如何实现裂变的呢？在裂变之前，我们邀请了 20 位种子客户进群（第一次做没老客户，所以不是很精准）。进群之后我们做了两个活动。

第一个活动是在规定时间内邀请 18 位本地好友进群（不包含进群发广告、违反群规被踢及在活动结束前主动退群的粉丝）。

想要种子客户帮助我们拉人，我们也要给他一个拉人话术，话术是这样设计的：推荐有礼啦，让人垂涎欲滴的小龙虾正式开卖，想不想吃免费小龙虾？只要推荐 18 位和你一样的吃货好友进群，就能获取十三香小龙虾一份。朋友进群推荐 18 位好友，同样可以获取免费小龙虾哦。活动截止到明天晚上 8 点。再次强调，只限时间，不限名额哦！

第二个活动就是发朋友圈邀请好友进群，朋友圈的内容同样是设计好的，他们只需要转发就行。文案如下：这是我朋友建的群，他正在做小龙虾推广，现在进群可参加免费送一份十三香小龙虾的活动，活动仅限两天，只限时间，不限名额哦。

通过这两个活动，我们实现了粉丝从 0 人到 300 人的裂变。如果你认为到这儿群裂变就已经完成，那就错了，我们的目的并不是把人邀请进群，而是把人加到个人微信，并且把产品卖出去。所以我们还需要下大功夫去维护群，采用营销策略把客户加到我们的个人微信中。

根据我们的经验，一个裂变获得的 300 人群，能够做到 70% 的好友通过率就很不错了，这里包含主动退群、发广告被踢等在内。如果后期做不好群维护，成本是很难赚回来的，所以还是需要下功夫去做的。

4. 这些粉丝能给我们带来多大的价值

在文章一开始的时候，我就给大家算了一笔账，我们每个粉丝的成本是 1 元多一点。那这些粉丝可以给我们创造多大的价值呢？

因为这位加盟者现在处于学习阶段，之前也没有社群运营的经验，维护得不是很好，现在每天平均有 3～5 单，每单的利润平均在 30 元左右，也就是说，只要出 10 单左右，我们的成本就已经赚回来了。而且随着维护能力越来越好，客户信任度越来越高，订单量会不断增加。而我们自己测试的成果，每天 70 单左右，复购率 30%，单个粉丝价值 30 元，超出成本几十倍。商家只要做到我们的一半，生意就非常好了。

换个角度来说，我没有产品，我吸引来本地粉丝可以做什么呢？做淘宝客。我们做淘宝客是带学员操作的，淘宝客建一个 300 人的群，成本不会超过 300 元，而这样一个群，它的月产出是可以达到 6000 元的，粉丝平均价值为 20 元。

而我们要实现从准备到完成 300 人的目标，大约需要多久？就按照我们这个加盟者来说，两天时间足够，两天时间，不超过 500 元投入，就可以获得 300 个价值超过 20 元的粉丝。

12.2.4 如何提升在朋友圈做活动的效果

朋友圈是许多运营者做活动的地方，而不少运营者反映自己在朋友圈做活动完全没效果，甚至无人点赞或评论，为什么会这样？

在此之前首先要知道决定活动效果的几大因素（主要有三大因素）：粉丝黏性、活动策划、参

与人员。

1. 提升粉丝黏性

运营者要明确一点：什么时间在朋友圈做活动，由粉丝黏性决定。

首先需要清楚活动目的，做活动不是让陌生粉丝变成客户，而是让那些已经关注我们一段时间并且也有购买意向，但就是不买的这些粉丝成为我们的客户，借助活动，做最后的发力。所以，什么时间做活动，取决于我们有多少黏性比较高的粉丝，那么如何提高粉丝黏性呢？

经过多次测试后，我们发现最好的方法就是有计划、有套路地借用热门事件去与粉丝多做互动，刻意设置一些互动内容。

像火热的世界杯，就可以利用其做一个互动。例如，发一个文案，今晚10点世界杯小组赛波兰对日本，觉得波兰会赢的点赞，运营者可以给第1、第16、第66、第88、第288等点赞人员发红包。

有运营者按照这套理论利用青岛峰会互动实践过，点赞效果显著；也有人做过类似文案，但是只有一个人点赞，原因是选择的事件不对（要选择具有广泛关注性的事件）。

有人会疑惑这样的互动有意义吗？从表面上看，这类互动文案对我们没有任何意义，但如果把眼光放长远些，就会发现这类活动确实能将我们与粉丝的距离迅速拉近。

例如，世界杯文案，参加这个活动点赞的基本都是对足球感兴趣的，这样会产生一个互动话题，后期无论是否聊天，都会加深对你的印象，认为你与他是同频同类人，都对足球感兴趣。后面再去私聊时，对你的抵触心理就会较弱，也能找到更多切入点与他聊天。

2. 判断活动时间

通过互动文案拉近与粉丝的距离后，如何判断是否该做活动？给大家提供以下3个参考因素。

（1）互动。如果除去这些互动性文案，每次发到朋友圈都会有人点赞评论，那说明你的粉丝与你距离拉得较近。

（2）私聊。如果粉丝愿意与你就产品的问题进行交流，交流过程中他买不买不是关键，主要是能就产品和你进行交流，这就说明你的粉丝已经具备了购买产品的潜在条件。

（3）私聊人数。微信里粉丝至少要有70%以上是已经聊过的。这一点很关键，一定要做到。建议每加一个粉丝都要与他聊一遍。当然不排除几种情况，如去找他聊，但是没有回复我，或者只是大体自我介绍没有深聊的情况都会有，但是运营者要做到最基本的就是，70%以上的粉丝都聊过，都有印象。

有运营者说他4个微信号基本上人都满了，感觉聊不过来。其实，这并不是一个问题，主要是之前没有规划好。

有的运营者有七八个微信号，基本也都满员了，但也会每个人都去聊。因为这几个微信号并不是一下就加满的，而是每天会加一部分人，那就每天都花一点时间与这些新人聊天，如果有时加不到，就会把之前的再聊一遍。

这是做活动的第一步，也是最基础的工作。如果第一步做不好，就不要做促销活动，当然，也可以利用一些小活动做吸粉或者粉丝裂变，但不要做较大的促销活动。

3. 策划活动内容

第一个重点就是活动时间。有些人会经常做活动，如端午节活动、"六一"儿童节活动，甚至世界杯时喜爱的球队赢球了也要做活动，尤其一些受传统电商影响的人做活动频率更高。这个做法实际是不对的，经常做活动会让自己的产品或服务廉价化，让粉丝觉得自己的产品不值钱、没价值。

活动不要多，一年两三次就足够了。一次六月年中大促，把上半年积累的那些潜在客户圈进来；一次年底大促，把下半年的客户圈进来。

在一年中还可以挑一个时间段再做一次活动，例如，在十分重要的节日或纪念日，也可以再做一次活动，但如果没有就不要再做，包括日常一些小促销活动也不要做，保证产品在一年中有两次大促销就行了。

第二个重点是大促时我们的产品或服务要不要降价？

活动太多会使客户觉得我们的产品廉价。同样，如果大促活动降价太多，客户也会认为你的产品本身利润就很高，甚至导致以后他再复购或购买其他产品时，总想降价，你不降价，他就不下单。这样容易导致恶性循环，为了避免这种情况出现，我们的方法就是活动不降价，只送赠品。

例如，买一套化妆品，送你一套化妆教程，这样自己的成本并没有增加多少，但对客户来说会觉得比较好。选择赠品时要选择看起来比较有价值的，如果有一定实力或是自己公司操作的话，也可以定制一些自己的小物件（有实力做属于自己的赠品一定要自己做）。

4. 切记活动预热

不少人会忽略预热活动，甚至有时候晚上睡觉前觉得自己该做个活动拉动销售额了，于是第二天起来立即就在朋友圈发布内容，如果这样还有人参加那真是运气不错。

任何活动不管大小都要有预热的过程，目的是调动目标客户的好奇心和购买欲。当好奇心调动起来，才能更容易出单。因为并不是你发一个商品信息消费者都会买，毕竟产品不是稀缺性物品。那该怎么预热？要预热多久？

先说预热时间。小活动预热三天，大活动预热一周，像两个大促活动预热保持在一周左右较好。

预热具体该怎么操作？预热实际上就是把我们的产品或赠品在朋友圈里进行一些剧透。首先是场景化，剧透产品和服务，但在过程中不明说也不提活动，而是结合身边案例，保持每天有一到两次的曝光，让粉丝有所期待。

在做促销活动和预热时，最好能结合新品发布，活动前将新品做一些内部试用数据反馈。最后活动要发布时配合一个文案做促销，这样效果会非常好。

如果没有新品发布，那做促销活动时建议用搭配套餐，这同样会起到新品的作用，要保证在剧透时有内容可发。

必须强调一下，在真正开始互动前，一定要对活动有所演练。例如，内部先将整个活动流程梳理一遍，包括什么时间应该发布什么内容，这些都要有一个大体的掌控，否则到时候手忙脚乱，难达效果。

5. 掌握时间节点

活动文案应该何时发布？最好的时间段为 10:00～12:00。如果早于这个时间段发布文案，基本大家都在上班路上或者刚到公司处理手头上的事情，可能看了文案马上就忘记了，10 点后基本都处于上班稳定期，效果会好一些。另外，晚上发虽然客户有足够的时间，但是要考虑到客服人员基本处于下班时间，对于客户的询问回复不及时，效果会大打折扣。

当天文案怎么发？除了活动发布文案外，当天还要有 2～3 条相关文案，如下午发一条结合案例的互动文案，这个文案就不要出现"现在正在做什么活动"之类的，而是要结合一个案例向客户说明你这个产品多么有价值。

另外，当晚上大家要睡觉时再发一条朋友圈，将活动的热度再提升一下。这条朋友圈是为了营造紧迫感，让客户觉得这个活动要赶紧参加，最好的文案内容是活动现在还剩多少个名额。

要补充一点，任何活动都要根据自己的实际情况确定名额，不要狮子大开口。例如，你一共 1000 个粉丝，感觉会买的只有 20 个，那活动名额就不要设置为 50 个或者 100 个，只要设置 10 个就好。

6. 四项注意

（1）活动结束之后，前面发的这些文案应该怎么处理。强烈建议大家，只要活动时间一到，立刻将所有涉及活动的文案、文章、图片全部删除，不要保留在朋友圈。

（2）晚上 10 点结束活动，但 11 点可能有人再来找你要一个活动赠品该怎么做？这个要给，但是不能直接给，你要和他讲"不好意思，我们的活动名额已经满了，我要申请一下或者看一下赠品还有没有"，就是要婉拒一下，但最后还是要给他。这样会让客户觉得这个名额来之不易，会更加珍惜。而不是来要就给，让客户觉得活动名额限制比较随意或你就是想赚钱。

（3）虽然说客户是上帝，但有时还是要稍抬自己的身价。如果身价比客户低，或是平起平坐，那客户的要求会非常多，做营销或服务就会较难。如果稍抬自己的身价，比客户高一点点层次，会发现不管是销售还是服务都会轻松很多。

（4）活动不管是个人做还是公司做，一个人肯定无法完成，其中得有一个接待人员，选择的接待人员一定是对你的整个活动流程、产品及客户有一定的了解，千万不要随便找一个陌生人做接待工作，因为接待人员在很大程度上会影响活动的转化率。例如，一个好的客服和一般客服，他们的转化率会有 20%～30% 的差距。

12.3 用户运营提高用户价值度

用户运营是以用户为中心开展的运营活动，它与内容和活动运营是分不开的，我们可以将用户运营看作最大化提升用户的价值度。随着社群这一媒介越来越热，越来越多的运营者开始利用社群来运营用户，所以我们主要以社群为例来看看如何进行用户运营。

12.3.1 从零开始的社群，如何运营

说到用户运营，很多运营者的做法一定会建很多微信群，然后将目标用户都拉进群中，再在群中对重点种子用户进行运营。从中可以看到，用户运营比较重要的一部分就是社群的管理，因为社群可以将用户聚合在一起，那么如果是从零开始做社群又要如何做呢？

1. 明确目标和分工

建立社群前，先明确你的社群想要实现什么样的目标。例如，现在比较常见的知识分享型社群，目的是让大家聚在一起分享交流心得和知识，实现共同进步，而社群的创建者则可以在其中解决一些产品专业问题或者营销自己的产品。

做社群并不是把人拉进群里来就完了，你还要明确团队的分工，谁做产品专家教练、谁做客服、谁负责宣传，都要分好工。好的产品加好的服务，才可以复制出 N 个社群。

对于社群比例来说，一般群人数控制在 100 人以内，产品专家 10 人为宜，一名产品专家可以邀请 3 名正在使用产品的顾客进群互动，邀请 6 名意向顾客见证产品效果。创造一个让顾客跟产品专家互动的空间。专家负责解决产品专业问题，顾客分享产品使用心得。

建立社群还要有一定的规则机制来约束群内的群友，没有规则的群就是一个松散的组织，很难真正形成规模。要想让社群规模化，并且有效复制，制定交流规则很有必要，那么规则要如何制定呢？以下方法供大家参考。

（1）未经群管理员允许，不可私自发小广告，一次警告，二次踢出群。

（2）可以不同意他人的观点，但禁止人身攻击，禁止恶意刷屏灌水。

（3）不要随意打断他人的讲话，可以聊生活八卦，但政治敏感话题除外。

（4）有问题先尝试自己搜索解决，如果无法解决再在群内提问，不要认为群友有义务为你答疑解惑。

通过制定规则可以让群里的发言质量提高。制定好群规后，最好让每位进群的用户都阅读一遍群规，因为很多群友根本不细看群规，或者压根不知道有群规这回事。

运营者可以参考以下做法，强化群友阅读群规。在公众号中单独撰写一篇"加群必看"的推文，推文中会写上加群的条件和群规，并注明"请认真阅读以下群规"，然后让想进群的用户回复关键

词"加群"。用户在公众号后台回复"加群"关键词后，会自动推送客服的二维码让其添加，添加后客服会将群规粘贴复制发给他，并提醒他不要违反规定，然后才会拉他入群。

2. 内容输出

社群要黏住用户还需要内容的持续输出，线上公众号每日的推文、每周的视频分享等都属于内容输出。目前，在微信群中开课的电商也很多，不定期举办免费的微信公开课，然后引导群友去微信店铺购买其他付费课程。记住，群友的时间都是有限的，如果提供的内容不能满足群友的需求，社群将会很快衰落。

3. 社群互动

做社群的时候，互动是非常重要的，不管是一对一私聊还是社群内部的交流，这里提供一些小经验供大家参考。

（1）一对一私聊。在一对一私聊的时候，流程是跟踪→思维植入→痛点描述→讲故事→多给信息，敢承担。跟踪聊天的目的是发现用户的需求，并满足他，以增加信任度。在这个过程中要强调产品的价值，进一步满足用户的需求。

（2）群内部分。在群内交流的时候，不管是谁一定要先@对方，再去跟他讲话。另外，我们要少说欢迎，多说你们好，多问同频的话，就像自己家来了客人一样，要多讲故事，少评价别人的发言，多提问、多赞美。同时，也要介绍情况差不多的伙伴给他们相互认识，让他们在群里能快速地找到归属感。还有就是找托在群内说话，帮助带动气氛。

12.3.2 保证社群活跃度，提升社群价值

做用户运营时我们会建立微信群，或者加入一些群，刚进群的时候，群里一般都比较活跃，而且都是围绕群主题进行交流的，但是半个月或者一个月之后，群里互动开始减少，慢慢地成了死群，或者广告群。因此，经常有人问，应该如何保持群的活跃度，提升社群的价值，其实方法很简单：学会解散和升级群。下面来给大家简单讲解下如何操作。

1. 社群面临的问题

例如，目前我们有7个学员群，其中5个群的群成员数量在480人以上，两个新群的群成员数量在300人以上。它们都面临以下几种情况。

（1）群数量较多，维护起来比较困难。

（2）老群人数较多，且时间较长，已经组建两年左右，活跃度降低。

（3）群内部分成员关系甚好，聊天话题容易跑偏。

（4）群内开始出现严令禁止的广告和推广链接。

随之产生的问题就是，群内有价值的信息越来越少，群成员活跃度也越来越低，这也是大部分社群的命运。出现这些情况应该是直接解散群，还是想办法升级群呢？

2. 解散社群

首先来说一下解散社群。有些人宁愿把社群变成广告群保存,也不愿意解散,这是错误的。有两种社群是必须要解散的,一种是泛粉丝群,另一种是活动群。

什么是泛粉丝群?例如,你之前微信上有3000个好友,你想从这3000个好友里筛选出某款产品的精准客户,挨个去聊并不是很现实,这个时候可以把这些人拉几个微信群,在群里进行分享,把有意向的好友进行标签或者引导其拉别的好友进群。

那我们建立的这几个群就是泛粉丝群,当精准客户引导得差不多的时候,就要找个合适的时机进行解散,解散可以促进潜在客户关注和倒流。

第二个必须解散的是活动群,例如,我们在朋友圈做转发邀请活动,这时候会建一个群,所有粉丝邀请朋友进群,当活动结束后我们也必须把群解散,因为这样的活动群黏性比泛粉丝群更差,存在的意义不大。

另一些没有必要继续存在或者存在也很难产生价值的群也必须要解散。解散会面临一个问题,就是会流失掉部分潜在客户,但是却提升了绝大部分客户的价值,利远远大于弊。

3. 升级社群

升级社群也是我们要做的事情,原本的学员群是按照报名时间建立的。群内学员的层次不同,行业不同,有完全的小白,也有月利润10W+的大卖家,他们关注的焦点不同,所以共同话题就很少,会使群更加不活跃。

这个问题如何解决呢?结合学员内部做的一次2017年的学习及实践反馈表说明,如图12-14所示。

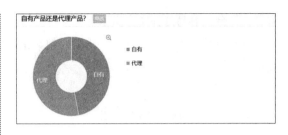

(a)

(b)

图 12-14

通过这里的两组数据,可以把群升级为两大类,一类是根据产品属性,另一类是根据销售额。

例如,你是一个做自家水果零售的卖家,年利润为10万元,那我就会拉你进零售群和10万卖家群。再如,你是一个做某品牌代理的卖家,年利润10万元,我就会拉你进代理群和10万卖家群。

这样,每个群内成员情况都差不多,话题会更集中,包括解答问题也会更有针对性,同时老学员和新学员也打乱,对于他们来说也是进一步拓展了自己的人际关系网络。

4. 为什么要这么做

一个好的社群,可以帮助运营者短时间内建立与客户之间的信任,缩短成交时间和流程,同时还可以稳定地带来精准粉丝,增加核心卖点。

举一个最简单的例子,你想要买外贸原单的衣服,微信里你加了两个卖家的客户群,第一个卖家客户群里有300人,基本没人说话,而且经常有人发推广信息;第二个卖家客户群里有100人,都是客户晒单好评和卖家的精心解答。你会更容易选择哪个卖家下单？

所以社群要么不做，要做一定要做精细化操作，发挥出社群的基本价值来，不然就是浪费时间和精力。

12.3.3 如何与群成员相处

社群创建的初期，你可能只能圈到零星的几个或者十几个人，这种情况很常见，但这零星的几个人的价值却比后面加入的人要高很多。因为这些人可以说是核心用户，对于这部分人，运营者不要把他们当成粉丝，为什么呢？因为我们完全可以把他们发展为共同"打江山"的合作伙伴，把握住他们，他们将帮助我们的社群发展壮大。

要让他们帮助我们把社群做大，就需要赋予这些人特殊的地位，不管是管理岗位，还是职能岗位，这都是让他们与我们一条心的重要条件。

有的运营者加了很多社群，也在运营社群，但却没有重视最开始进来的那几个人。运营者若能发展最开始进入的那几个人成为利益共同体，有了这批小伙伴帮助你进行社群的传播，你的社群会成长得更快。

接下来是贯穿社群始终的，那就是如何管理群友，与他们相处，这里需要运营者做到以下几点。

1. 明确你的角色

虽然我们建立社群的目的是销售产品，但不管是课程还是实物，要记住作为群的管理者，你的定位不能是服务员。

有的运营者在社群中与群成员交流就像客服，类似于"您好，请问您需要什么服务"，我建议你不要这样。一旦你将自己的身份定位为服务员后，你的社群就"死"了。这时你会发现，无数的群成员会找你询问这样那样的问题，即使有的问题根本就是低级问题,同时群成员也不再听你指挥了。

另外，也不要将你的身份定位为供应商，有的运营者认为，我建社群就是为了卖货，那我不是供应商是什么？记住，要搞活一个社群的关键是情感联系，你和群成员的感情有多深，社群的价值就能得到多大的延伸。建立和群友之间的感情纽带，你和他们的关系可以是朋友，可以是师生，但不能是服务员或者供应商。

2. 保持威信力

如果你是社群的领导者，那么请保持你的威信力，同时，适当地与群成员保持一定的距离，但也不能高高在上，否则群友也会离你而去，那么如何把握好这个距离呢？运营者可以参考以下做法。

每周固定一个时间段专门给群成员讲授他们所需要的知识，其间，如果他们有什么问题可以提问，我们尽量解答。其他时间段基本不出现，有什么问题可以 @ 小助手或者客服。如果有空闲时间，也可以在群里与群友答疑互动一下，但不要像邻居唠嗑一样天天都和群友唠家常，这是一种塑造影响力的玩法，记住保持你的权威性，即使他们是付费用户。

3. 引导造势

想象一下，你打算周六在群里开课，于是你发了这些信息在群里，结果鸦雀无声，没人回应，你肯定不希望出现这样的状况。你可能会想是不是我的文案有问题，实际上不是，其实是因为没有人造势。

当你建了社群后，要发表一个广告信息前，一定要先和群里的管理员说一声，让他们帮忙引导舆论，让群成员附和，必要的时候也可以准备多个小号去发言。如果你的社群活跃度很高，不用人为造势也能获得互动，那么这一步就不用做了。

12.3.4 用好群管理员新功能，助力群运营

2018年8月16日，微信上线了群管理员新功能，这个功能对于广大社群运营者来说是个好消息，因为这可以解放群主的劳力，群管理员拥有移除群成员、发表群公告、群聊邀请确认权限，针对这一变化，在社群运营过程中也可以随之变化。

1. 管理员竞争制

在社群内，运营者可以建立管理员竞争机制。例如，经常在群内为群友答疑解惑，互动频率达到一定的要求后就可以成为管理员。那么这里就存在一些问题，为什么群成员会愿意去竞争管理员？要让这种竞争机制有效，你需要用一定的利益去诱惑他们。

例如，做社群运营的朋友可以参考如下做法，管理员微店购物打5折，这个是用金钱来诱惑。不同类型的群设置的诱惑可以不相同，但无外乎3种：一是钱，二是权，三是名。

例如，你是做微商的，就可以送社群管理员自己销售的产品；你是做课程培训的，就可以送课程优惠券，这个是钱。

权和名是比较抽象的一种诱惑，但很多人都想获得，如果你的社群规模足够大，成员足够多，那么很多人会为了权和名来竞争管理员，因为拉人和踢人会有一种掌握了"生杀予夺"的感觉。

给了管理员一定的利益后，管理员也得相应地做出自己的贡献，主要贡献就是维护群内的发言、保持群活跃度等。

2. 广告合作位

在不少社群中都可以看到打广告的，有的群禁止打广告，因此群成员即使想打广告也只能忍着。针对管理员这个位置，我们还可以将其设置为广告合作位。

方法可以是这样，广告合作商可以与社群合作，由群主将合作商拉进群并设置为管理员，该管理员可以在群内与群友互动，并间接进行广告宣传。当然，广告合作商要相应地给予社群一定的广告费。只不过这种方法实际操作起来会比较烦琐。

秘技一点通

技巧 1　做内容排版时要用表情包怎么办

在很多文章中，我们都可以看到表情包的身影，特别是在社交软件中传播的文章，表情包的趣味性能让文章阅读起来诙谐轻松。在看到带有表情包的文章时会发现，这些表情包图片上的内容和正文内容都是搭配起来的，好奇的运营者可能会想这是怎么弄的？是PS吗？其实使用一些工具我们也可以制作与正文内容相配的表情包，下面以斗图啦为例进行介绍。

第一步：进入斗图啦网站首页，单击"表情制作"超链接，如图 12-15 所示。

第二步：在打开的页面中选择素材，如图 12-16 所示。

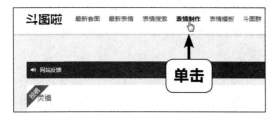

图 12-15

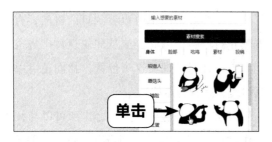

图 12-16

第三步：在页面左侧使用画笔、文字工具等制作需要的标签，如图 12-17 所示。

图 12-17

技巧 2　通过活动涨粉，快速积累用户

想快速实现涨粉，活动是一种见效比较快的方式。但要想获得好的效果，前提是你的活动要被更多人看到，所以活动的曝光渠道很重要。那么重点是如何让活动获得更多曝光。

1. 朋友圈

作为重要的社交平台，朋友圈这个渠道不能放过，这里我们就要解决一个问题，怎样让用户愿意将活动转发到朋友圈。通过我们的测试，大多数人转发链接到朋友圈是出于以下理由。

（1）对自己或者身边的朋友有用。

（2）有趣好玩，如可以做测试。

（3）可以获得某种利益，如奖品。

（4）可以表达自己的想法、观念。

（5）可以塑造自己的某种形象。

所以在策划活动链接时，运营者就要考虑这个活动是否触发了用户转发的动机。

2. 微信群扩散

微信群也是很好的传播路径，毕竟很多中小型企业并没有太多的活动，这时就要多想办法利用免费的资源。要想在微信群得到扩散，其前提是我们要有足够多的群，这里介绍几种方法。

（1）去百度贴吧找，关注你的目标用户所在的贴吧，贴吧中有不少分享群二维码的吧友，一般可扫码或者留言让吧友拉你进群。

（2）现在有很多群分享网站，可以通过百度搜索的方式查找，然后有选择性地加入，如图 12-18 所示。

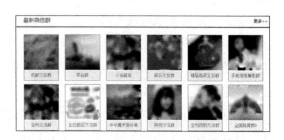

图 12-18

（3）很多公众号都会创建自己的粉丝群，关注目标用户所在的公众号，看其自定义菜单

中有没有微信群链接,如果没有就阅读几篇图文内容,图文内容中会有相关的入群指南,按其要求操作即可。

(4)如果你已经有了几个群,就会发现有不少微商也在其中打广告,这时可以联系这些微商,和他们互换群,因为他们手中一般都有很多微信群。

(5)在淘宝中求资源也是不错的选择,可以去淘宝中搜索微信群服务商,他们也能提供很多微信群,只不过可能质量不高。

3.各大平台号

微信只是其中一个渠道,其他渠道同样也可以进行活动传播,如微博、头条号、短视频平台号等,把之前介绍过的平台都利用起来。

针对不同渠道我们最好做一个区分,这样可以方便后续活动的复盘。在不同渠道发布活动信息时可以设置不同的关键词,如在社区中发布的活动,可以在文案中写上:活动用户关注××公众号后回复数字"1"获取抽奖链接,在其他平台上发布的文案则依次写上2、3、4,这样来区分从不同渠道引流来的用户。

技巧3 在社群发起签到活动,实现群友互动

活跃社群的方法有很多种,签到活动就是其中的一种利器。运营者可以在群里发起签到活动,并且可以让签到作为固定的参与形式,为什么要使用群签到呢?因为社群签到具备传统签到所没有的优势,如果参与的人多,那么就容易形成"羊群效应",群成员之间通过相互督促、鼓励的方式进行每天签到,社群的活跃度就会越来越高,那么如何在社群中创建签到活动呢?下面以"小小签到"小程序为例进行介绍。

第一步:在微信中打开"小小签到"小程序,点击"创建一个新的签到"按钮,如图12-19所示。

第二步:在打开的页面中设置签到文案、时间等,完成后点击"确认"按钮,如图12-20所示。

图 12-19

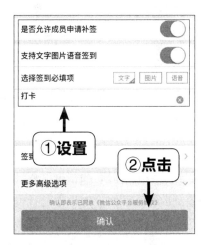

图 12-20

第三步:签到活动创建成功后,点击"开启群签到"按钮,如图12-21所示。

图 12-21

第四步：在打开的页面中点击"多选"按钮，如图12-22所示。

第五步：选中要发送的群的复选框，点击"发送"按钮，如图12-23所示。

图12-22

图12-23

在创建签到活动时，要根据群属性来创建合适的签到内容。例如，如果你的社群是知识分享群，就可以创建每天阅读一小时的签到活动；如果你的社群是职场交流群，就可以创建早起打卡的签到活动。总之，签到活动要符合社群的调性。

另外，为了引导群成员参与签到活动，还可以设置一些奖励，如给予连续签到30天的群成员一定的红包、实物奖励等。运营者也可以在"小小签到"小程序中创建"契约金签到"，以签到分奖金的形式来鼓励群成员参与签到活动，如图12-24所示。

图12-24

 职场心得

尽管小王所在公司的公众号仍然每天持续地输出内容，但公众号内容的打开率仍呈现下降的趋势。小王意识到，随着公众号的不断增多及用户阅读疲软，大多数公众号的阅读量都出现了衰落之风。为了沉淀粉丝，留住用户，作为公众号运营者的小王决定建立社群。

在刚开始建立社群时，由于加入的用户比较少，小王会给每一个新入群的用户私信发"欢迎"语及群规和定位。刚开始还没觉得什么，但是随着入群的人越来越多，小王发现即使只复制粘贴也会浪费很多时间，再加上还要回答群友的一些日常问题，这样就让他更忙了，几乎每天都在回答各种各样的问题，另外，还要处理发小广告等琐事。

在社群增加到 6 个的时候，小王询问企业领导能不能再招一个人运营社群，领导一口回绝了他。理由是，别人可以同时运营几十个群，如今才几个群就忙得不可开交，是不是没找对方法。面对领导的否决，小王只得自己一个人继续运营社群。为了解决这个问题，小王就去知乎上找"大神"咨询，原来那些一个人操作几十个群的运营者都使用了群工具来帮助自己运营社群。

于是，他也在网络上搜索了微信社群工具，发现这类工具还挺多。用了微信社群工具后，小王发现，原来一个人运营几十个群真没问题，这些工具一般会提供机器人聊天、入群欢迎语、定时发送信息等功能，他只需在后台设置即可，如图 12-25 所示。

图 12-25

使用群工具后，小王的社群运营效率得到很大的提升，社群也在不断地裂变和扩大。通过小王的故事告诉我们，在发现自己运营效率低的时候，一定要尝试去找一种工具来辅助自己工作，不要硬着头皮继续做，这样只会让自己白白浪费很多时间，现在市场上的工具有很多，不管是数据分析还是运营管理，那些能让自己工作更轻松的工具要学会利用。

第13章
互联网运营推广案例实战

本章导读

在互联网上，有很多成功的网络运营推广案例，这些案例都是值得运营者参考学习的，那么有哪些网络运营推广的成功案例呢？本章以微信、微博及其他平台为例，来介绍那些让人赞叹不已的成功案例。

学习要点

- 支付宝锦鲤，转发量破百万次的营销方式
- 海尔微博成为"新晋网红"
- 海底捞的微博口碑式营销
- 杜蕾斯活动互动营销策略方案

13.1 微博运营推广案例实战

如果你是喜欢刷微博的运营者,你就会发现,在微博中做营销推广的企业真的很多,不管是知名品牌还是新兴企业。图 13-1 所示为微博推广思维导图,在看了思维导图后,再去学习微博运营推广的案例对你会更有帮助。

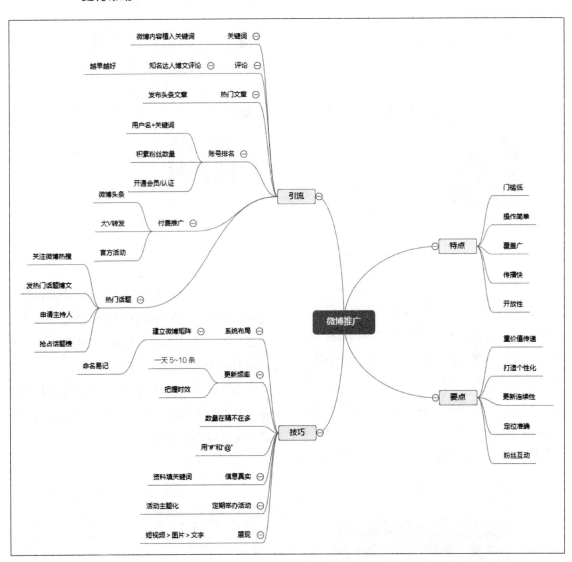

图 13-1

13.1.1 支付宝锦鲤，转发量破百万的营销方式

【案例描述】2018年国庆节期间，微博中最火的营销活动就是支付宝的"中国锦鲤"了，这个营销活动的来龙去脉是怎样的呢？下面我们就来看看。

2018年9月29日，支付宝开启了"锦鲤"转发活动，微博内容如图13-2所示。

图 13-2

【案例分析】我们先来看看这条微博的内容，首先说了"十一"出境免单活动，其次就是转发此微博，在10月7日抽"中国锦鲤"。抽中"中国锦鲤"的微博用户能获得什么呢？全球各大商家的见面礼，礼单很长，这里就不一一细说，运营者可以自己去看这条微博的评论，用支付宝中的话来说，看完这个礼单需要3分钟，可见奖品有多丰富，如图13-3所示。

图 13-3

那么，这次活动到底有多火呢？大家可以看看图13-2的转发量：200多万次。

其实，支付宝在发布"锦鲤"转发活动后，并没有在第一时间公布奖品礼单，而是把公布奖品的机会留给了与之合作的商家，这样支付宝的评论区就成为商家必抢的广告位，图13-4所示为部分蓝V的评论内容。

图 13-4

一个小时后，支付宝公布了"中国锦鲤"礼单，而支付宝的评论区也早已被蓝V企业所占据。评论区的广告效果也是特别好，看看图13-4中的点赞数就知道了。

在微博开展活动的同时，支付宝微信也没有闲着，迅速为微博引流，图13-5所示为当天的推文，阅读量10W+。

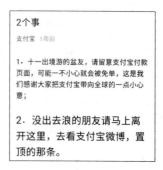

图 13-5

为了进一步引流，支付宝官微再次做出了行动，利用"三百万分之一"的话题来造势，"三百万分之一"指的是成为中国锦鲤的概率。在其官微中，"三百万分之一"被多次提到，有2000多万粉丝的微博大V也发了一条关于这一话题的组图，同时支付宝转发了这条微博。

在活动期间，支付宝还不时进一步进行此次活动的推广，包括抽小锦鲤、朋友圈转发免单页，如图13-6所示。

（a）

（b）

图 13-6

10月7日，公布中奖者的时候到了。在公布结果时，支付宝发了两条微博，第一条先恭喜@信小呆获得"中国锦鲤全球免单大礼包"，第二条为短视频，视频上长长的礼单被制成了横幅。通过短视频拉横幅的形式来公布奖品清单，这种新奇的形式又成功引起了网友的兴趣。

公布中奖者后，这一营销活动并没有结束。获奖者发了一条微博，紧接着支付宝回复了这条微博，又一次制造了话题，如图13-7所示。

图 13-7

在结果公布后，"锦鲤""信小呆"上了微博热搜榜，同时"信小呆"的微博粉丝量直接暴增至70多万。随后，"中国锦鲤"内定的消息也传了出来，支付宝官方发微博辟谣，并顺势营销了自己的品牌，如图13-8所示。

图 13-8

看完此次活动，我们来分析一下为什么锦鲤活动会如此成功。首先，"锦鲤"本身就带话题性，经常玩微博的朋友应该对"锦鲤"不陌生，在微博上常年都可以看到"转发锦鲤好运"的内容，支付宝成功地利用了"锦鲤"话题的热度。

另外，就是蓝V助阵，在支付宝开启转发活动后，蓝V第一时间就进行了转发造势，这无疑进一步促进了活动曝光。同时，支付宝微博也跟进发布礼单，用长长的礼单撬动网友的转发热情，微信联动再次进行引流，上述阶段可以看作支付宝"锦鲤"活动的冷启动阶段。接下来，就是造势，利用话题、小活动的穿插，将微信、微博的流量打通。最后，利用获奖者本人的话题来实现话题的二次传播。

那么，支付宝运营策划此次营销活动的目的是什么呢？如果我们去看支付宝活动期间发布的微博内容及礼单就会发现，其内容中都有一个词"全球"，通过此次活动不难看出，支付宝微博运营的主题已逐步引导至全球支付，以推广海外市场。

【案例总结】通过支付宝的"锦鲤"活动

案例，我们可以学到以下内容。

（1）在开展一场营销活动时，要充分利用话题，每个环节都不能放过话题点，尽量去扩大它，实现造势，并且不要忘了推广活动本身。

（2）在一个平台上做活动的同时，可以拓展其他传播渠道来曝光引流。

（3）活动开始前，做好策划，做主题式营销，如支付宝打造的"双十一""集五福"都是主题式的营销，并不是一次性活动，而支付宝"锦鲤"活动未来应该也会再次开展，因为获奖者的微博认证为2018支付宝中国锦鲤，既然是2018，那么就可能有2019、2020。

13.1.2 海尔微博成为"新晋网红"

【案例描述】海尔作为微博上的蓝V企业，其微博数据让不少企业羡慕，包括粉丝数、转评数及影响力排名等，海尔还因此被称为"八十万蓝V总教头"，那么海尔是如何一步步成为微博"网红"的呢？这要从海尔的几次微博营销事件说起。

1. 豆浆机事件

豆浆机事件源于一位微博网友发了一条不知道该如何选豆浆机的微博，并且@了几大豆浆机的企业微博。让人没想到的是，这条微博开启了企业微博之间的"争锋吃醋"，按理说，这一微博与海尔没什么关系，然而海尔却在下面快速作出了评论，并且占据了评论区的热度第一条，如图13-9所示。

此时，海尔虽然尚未走红，但已有了网红的潜质。

2. 买不起房事件

这一事件源于一则视频，视频上提及海尔砸冰箱事件，有网友将视频截图并发微博@海

尔，海尔进行了回复，如图13-10所示。

图 13-9

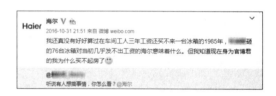

图 13-10

随后"但我还是买不起房"这一金句就成为热门话题，其他蓝V也纷纷模仿造句。这条微博的转赞评超过10万次，其他大V的传播也促进了此次微博事件的引爆，与此同时，海尔也借着这一事件给自己打了不少广告，粉丝也增加不少。此时，海尔在微博中已不再是参与者的身份，而是开始主动策划营销话题。

3. 借势蹭热度

买不起房事件后，海尔趁热打铁，积极与粉丝互动，并且还蹭了明星的热度，如借明星公布恋情时发布"需要空调洗衣机么"的微博，此时海尔的人设也多了"追星"一条。此时在网友眼中，海尔已不再是一个企业，而是一个有血有肉的人。

借助热点事件被大众所熟知的海尔，开始

持续深度与用户互动,并且策划了不少营销事件,如为明星歌曲打榜,代私信官微的粉丝给明星送祝福、找人等,如图13-11所示。

图 13-11

【案例分析】在了解了海尔一步步走红的过程后,我们来分析其走红的原因。首先,海尔很擅长蹭热点,如豆浆机事件抢热评,借明星公布恋情抢热门。这些都充分体现了海尔擅长在微博上"搞事情",通过蹭热点,海尔不仅让粉丝记住了自己,还提高了自己的品牌参与度。

其次,对于粉丝来说,海尔微博能真正为他们创造价值,如代粉丝送祝福、帮粉丝找人等,这些行为都获得了粉丝的一致好评,让粉丝把海尔当成了朋友。与此同时,像日常的转发有礼、品牌联合营销等微博营销活动,海尔也会不定期开展。

【案例总结】海尔官微更是深得用户的喜爱,有趣、幽默的形象深入人心。通过海尔的"网红之路",我们可以借鉴以下几点。

(1)不要把官方微博运营成机器,发微博时也不必每次都是"官方声明"体,像平时与人交谈一样自然表达就好。

(2)在内容上,要生动有趣,塑造一个接地气的形象。

(3)持续与粉丝互动,不要摆架子,多点趣味性,更能获得粉丝的喜爱。

(4)多挖掘热点蹭热度,有时评论区也可以成为蹭热度的好位置,占据前排可以加大曝光量,有了热度后要乘胜追击。

13.1.3 海底捞的微博口碑式营销

【案例描述】海底捞的微博营销可以说是口碑式营销,为什么这么说呢?在微博上,海底捞有一个海底捞式的文案模板,这个模板被网友称为"海底捞体"。

海底捞体走红源于一位微博网友发了一条微博,大致内容是他在海底捞的时候和朋友抱怨自己在网购平台买的画册还没有到,然后海底捞的服务员就问了他网购平台的账号,结果当天画册就到了。

这本来是一条普普通通的微博,却被转发了几万次,海底捞体就这样形成了,虽然该网友也解释自己只是写着玩的,但仍然抵挡不住海底捞体的传播。在这次事件中,海底捞果断抓住了机会进行营销,有意识地推动网络舆论来提高海底捞的知名度。

于是,在微博上就涌现了更多的"海底捞体",不少网友都发布了海底捞体式的段子,内容大致都是说海底捞的优质服务和体验,这样海底捞就在广大网友心中有了良好的口碑。

微博是进行口碑营销的好平台,海底捞利用这一特性为自己创造了口碑,同时也吸引了更多顾客去海底捞消费。这是海底捞走红的第一次典型案例,海底捞第二次的走红则是源于抖音。

一位网友在海底捞用餐时用抖音拍摄了自

己的独特吃法——"海底捞番茄牛肉饭",视频走红后,这一搭配也成了海底捞的就餐标配,越来越多的海底捞创意吃法开始在抖音上出现,图 13-12 所示为海底捞在抖音上的话题热度。

图 13-12

【案例分析】海底捞的这两次走红都是由"病毒式"扩散引起的,用户在网络上了解了海底捞后,再在线下进行体验,然后又进行传播,这样就形成了"病毒式"扩散。而在网络舆论朝积极方向发展时,海底捞也并非无所作为,首先助推舆论,其次线下配合进行营销。

【案例总结】海底捞的走红为餐饮行业的企业提供了一些营销思路。

(1)餐饮企业可以在主流平台,如微博、抖音等,发起 DIY 美食挑战,鼓励网友创作美食视频,通过线上的视频传播来实现线下引流。

(2)在线上引流的同时,线下也需要做好菜品和服务,如海底捞会帮助顾客搭配网红餐,满足顾客的需求。

(3)餐饮企业也需要紧跟潮流,如在海底捞抖音火了,若之后不采取行动,那么热度也会很快下去,所以企业要适应市场的变化。

(4)做好菜品最为关键,餐饮企业能否持久走下去,最终还是要回到菜品上来,如果将线上顾客引流到线下后不能抓住他们的胃,你的口碑也会被网友玩坏。

12.1.4 加多宝凉茶微博借势营销

【案例描述】我们知道加多宝属于传统快消行业,就是这样一个快消品牌,在 2016 年 2 月时,冲入了企业品牌榜前十,相比 1 月,其排名上升了几十位,那么加多宝是如何实现品牌逆袭的呢?

2016 年春节,微博、支付宝、微信中最火的活动无疑是抢红包,在微博中,"让红包飞"是各大蓝 V 必参与的活动。加多宝作为其中的一员,表现尤为突出。

首先,加多宝冠名了"让红包飞";其次,联合知名影星打造红包盛典。在"让红包飞"活动开展期间,"加多宝凉茶"官微的粉丝量增长了一百多万人,图 13-13 所示为加多宝联合明星发起的抢红包活动。

图 13-13

【案例分析】在明星 KOL 的选择上,加多宝并不是随意选择的,其选择的是与自己受众定位相关的明星 KOL,通过与明星 KOL 联合发起"让红包飞"活动,加多宝实现了将明星 KOL 的粉丝转化为自己的粉丝。

在活动期间,某人气明星抢了加多宝的红包,加多宝快速做出了反应,发布微博海报,同时跟进话题"跟着××抢红包""加多宝的红包",因此加多宝的红包引发粉丝疯抢,如图 13-14 所示。

在之后加多宝的微博营销中,人们都可以看到借势营销的身影,包括新学期开学、热门电视剧及各种节气、假日等，如图 13-15 所示。

图 13-14

图 13-15

【案例总结】加多宝的微博营销案例可以给我们以下启示。

（1）对于微博官方提供的活动，企业可以根据自身实力进行参与。

（2）与 KOL 合作能实现大 V 粉丝向品牌粉丝的转化，但要有明确的受众定位。

（3）在微博上进行营销要多借势，利用微博话题进行传播。

13.2 微信运营推广案例实战

微信不仅是用户进行社交的平台，同时也是不少企业及自媒体营销的主战场，在微信平台上，也有不少成功的运营推广案例。在看案例之前，同样建议大家先看看图 13-16 所示的微信推广思维导图，熟悉一下微信推广的一些要点。

13.2.1 杜蕾斯活动互动营销策略方案

【案例描述】在微信公众号中，杜蕾斯可谓玩互动营销的"好手"，在杜蕾斯的推文中，基本上都能看到长长的评论，那么杜蕾斯公众号的评论区为什么能得到粉丝的频繁互动呢？这首先要归功于杜蕾斯公众号的文案。

杜蕾斯公众号的推文有很多都是带有互动性的，先来看几个推文标题，如图 13-17 所示。

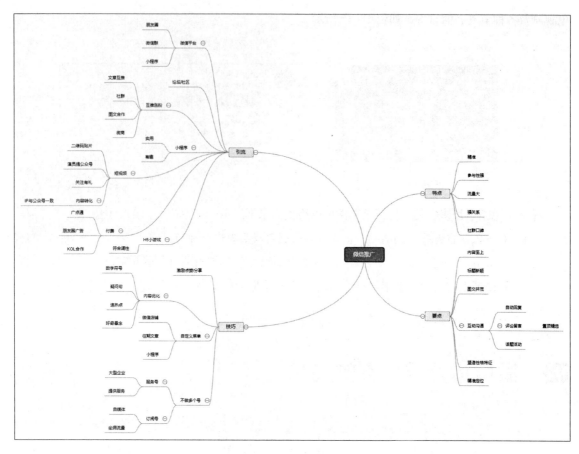

图 13-16

图 13-17

图 13-18

从其标题可以看出,标题本身就带有互动性,采用了问句的形式来提问。再来看其推文的具体内容,推文中有一个版块是杜蕾斯公众号文案的标配,就是"今日互动",如图 13-18 所示。

这个版块无疑让杜蕾斯公众号的评论区有了互动量,再加上其推文都很有创意,粉丝自然会越来越喜爱,图 13-19 所示为部分评论内容。

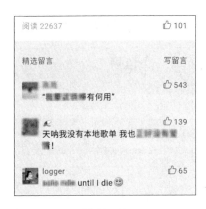

图 13-19

除了推文的每日互动外,杜蕾斯公众号也会不定期开展有趣的 H5 游戏活动,如图 13-20 所示的"金色称号"活动。

图 13-20

【案例分析】这些活动既新奇又有趣,并且与其产品紧密相关,这为杜蕾斯微信公众号的成功吸粉打下了很好的基础。另外就是杜蕾斯公众号的定位,杜蕾斯微信公众号的定位沿用了微博的定位,同样称呼自己为"杜杜",在与粉丝交流的过程中都是以"杜杜"的形象进行互动,而粉丝也会直接称杜蕾斯为"杜杜"或者"小杜杜"。总体来看,杜蕾斯将自己定位为诙谐、有趣又有点小坏的形象,这种形象也符合杜蕾斯的产品定位。

【案例总结】从杜蕾斯的微信运营案例中,我们可以获得以下几点启发。

(1)游戏的娱乐性比较重要,但在保证娱乐性的前提下,还需要让游戏贴合自己的产品。让游戏既满足用户心理,又不脱离产品,这样的微信 H5 游戏会很受用户喜爱。

(2)微信公众号也要经常与粉丝互动,拉近彼此之间的距离,可以在推文中尝试以互动话题的形式向粉丝征集答案。

(3)为自己的公众号确定一个形象定位,让品牌人格化,这样更能让微信粉丝印象深刻。

(4)公众号内容要具有创意性,同时要符合品牌的调性。

13.2.2 星巴克通过微信打造贴心服务

【案例描述】微信公众号每天的推文次数都是有限制的,作为餐饮行业,与顾客的互动是比较重要的。星巴克在开通微信公众号以后,就很重视与粉丝之间的互动,那么星巴克是如何在微信中实现互动的呢?

首先,星巴克对自己的签名进行了设计。星巴克的签名属于贴心提示型,让用户明白关注星巴克后能获得什么,同时还告诉粉丝可以在微信中加入"星巴克第三生活空间",如图 13-21 所示。

图 13-21

这种签名形式能够让用户加深对星巴克的认识,同时还有利于推广自己。

在微信营销中,星巴克也很具有创意。例

如，在星巴克的公众号中，有一个"用星说"平台，虽然这个平台是用于销售咖啡的，但进入后，你会发现其文案在语言上都很动人，能够让用户感受到星巴克的创意，如图13-22所示。

图13-22

另外，"用星说"用"星礼卡表心意"的方式来实现朋友间的礼物社交，也让用户觉得很新奇和贴心。

在星巴克公众号中，星巴克还通过推送丰富的咖啡知识来将自己定位成咖啡文化使者的形象。星巴克在推文中很注重为用户提供互动贴心服务。例如，当星巴克门店有了优惠活动或新品后，会通过公众号第一时间传递给粉丝，如图13-23所示。

图13-23

此外，星巴克也很重视用户线下与线上的互动体验，星巴克在公众号中推出了"咖啡文化节""咖啡星享卡"等活动，图13-24所示为"咖啡星享卡"活动的部分推文内容。

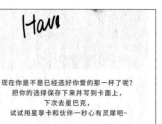

图13-24

【案例分析】查看这些活动的推文，你会发现星巴克一直在引导微信中的线上用户走向线下，与星巴克门店进行互动，而这些互动活动为用户提供了独特的线上线下互动体验。

星巴克在微信公众号中提供的互动贴心服务不止这些，如其还推出过"自然醒"活动，粉丝在公众号中发送任意表情，都可以马上获得星巴克回复的音乐曲目。这种创新形式获得了很多年轻人的青睐，这些活动让用户得到了被重视的感觉，使星巴克获得更多粉丝的青睐。可以说，星巴克为用户提供了个性化的线上体验。

【案例总结】通过星巴克的微信营销案例，我们可以得到以下启发。

（1）餐饮行业可以通过微信公众号向顾客传递门店最新优惠信息，将线上用户引流至线下。

（2）在公众号中可以多策划线上与线下联动的互动体验营销活动。

（3）微信公众号可以作为顾客下单的另一种渠道，为线下支付节省时间。

（4）企业可以通过微信公众号传播自己的文化，在日常推文中，除了优惠信息外，推送相关的知识性科普内容能增强用户的黏性，让用户了解自己，同时也间接实现口碑营销。

13.2.3 小米公众号客服式营销

【案例描述】在小米的"小米手机"微信服务号中,我们可以看到其自定义菜单有"小米购物""小米8青春版""我的服务"。

在"我的服务"标签中,小米提供了多种服务,包括"订单查询""在线客服"和"售后申请"等,如图13-25所示。

图 13-25

最开始,小米的公众号中并没有专门的客服后台,随着用户量的增多,在公众号中进行咨询的客户也增多了,为了解决信息量大的问题,小米在公众号中接入了专门的客服后台。

当用户登录小米账号,在公众号后台发起提问后,后台会随机为用户分配客服来实时解决疑问,这种方式大大提高了用户对小米的品牌忠诚度,如图13-26所示。

图 13-26

【案例分析】在微信刚兴起时,小米对自己公众号的定位也犯过难,后来考虑到微信具有服务属性,于是将其公众号定位为客服平台。确定定位后,小米也遇到了粉丝量增加所带来的客服信息处理的难题,于是小米着重提升了客服能力,并且在公众号后台接入了在线客服。

对于早期公众账号的涨粉,小米也有自己的方法。小米公众号的粉丝主要来源于3个渠道:一是微博,包括腾讯和新浪;二是活动推广获得;三是小米官方及其他电商平台。

在刚开始建立微信公众号时,小米的官方微博就已拥有了几百万的粉丝,将这些粉丝引流到公众号无疑是可行的。

另外就是活动。例如,"小米非常6+1你敢挑战吗""小米+QQ会员生活特权"活动等,这些活动的参与门槛很低,规则也很简单,通过这些活动,小米公众号获得了大量的粉丝。

在策划拉粉活动时,小米也有自己的方法论,主要分三步走:一是预热,主要通过微信和微博两个渠道;二是活动当天的推广,利用自己可以利用的渠道进行活动的大力曝光;三是结束后的推广,活动结束后小米还会再次进行推广。

在拉粉活动进行过程中,小米也出现过问题,如"非常6+1"活动,在活动当天由于信息量的爆发,导致部分用户未能成功参与抢答活动。虽然出现了这些问题,但活动的效果同样是惊人的,新增粉丝有十几万人,而此次活动接收的消息量有200多万条。

对于自身的官方渠道,小米也进行了引流,如在官网上有小米微信公众号的二维码,一般在"点击预约"按钮下方。

现在在小米官网上同样有微信公众号的二

维码，只不过要比过去更为隐蔽，在官网页面的底部，图 13-27 所示为官网提供的小米微信公众号扫码关注页面。

图 13-27

目前，小米在其公众号中也会不定期开展活动，如小米手机免费抽、816 特惠等。另外，还有 H5 游戏，如"创作名画脸"，粉丝可以通过上传自己的正面照，找到与自己面部特征相似的传世名画，如图 13-28 所示。

图 13-28

【案例总结】通过小米的微信营销案例，我们可以得到以下启发。

（1）在建立微信公众号前，不管是企业还是自媒体都要考虑好自己的定位，在确定定位后再进行微信公众号的全面运营。

（2）活动的拉粉效果是比较明显的，在策划活动时，要分步骤进行，前期的预热是比较重要的，而在活动当天更要大力推广。

（3）在对公众号进行引流时，要充分利用自身的引流渠道。

13.2.4 1号店公众号利用游戏进行营销

【案例描述】微信公众号可以向用户推送网址、图片及语音信息。而 1 号店就利用了公众号的推送功能进行了一场游戏营销，这个游戏叫"我画你猜"。

1 号店首先在公众号中群发了图文消息，内容中说明"我画你猜"的参与形式。用户关注 1 号店微信公众号后，每天都会接收到 1 号店推送的一幅画作，参与活动的粉丝要根据画作的内容猜答案，猜对并且回复最快的粉丝将获得 1 号店的礼品。

从 1 号店的游戏活动内容可以看出，活动的规则很简单，并且比较有新意，再加上礼品的诱惑，1 号店的这种互动式游戏就吸引了不少人的参与，并且"你画我猜"活动本身就具有一定的知名度，很多人也玩过，这也使得游戏的参与对象比较广泛，属于通俗类型的互动式游戏。

另外，参与此次游戏活动也不会浪费粉丝很多时间，对于粉丝来说，有乐趣、有好处，自然就愿意参与。对于 1 号店来说，这种方式适合在微信中进行推广，同时能够实现吸粉和平台营销的目的。

"我画你猜"是 1 号店微信公众号过去推出的互动式游戏，现在，1 号店公众号中仍有游戏活动，只不过活动玩法改变了，如"签到抢金币"，如图 13-29 所示。

对于 1 号店的用户来说，签到可以获得金币，并且金币可以用来抵现，因此就有了签到的动力；对于 1 号店来说，这种活动形式可以增强用户的黏性。

图 13-29

除了签到领金币外，还有全民抽奖及傲娇的娃娃机活动。全民抽奖活动的参与方式是粉丝通过登录 1 号店账号即可进行抽奖，每轮抽奖的奖品会有所不同，有金币，也有优惠券。傲娇的娃娃机则是模拟商场随处可见的娃娃机，每位用户每天可参加 3 次抓娃娃活动，第一次免费，第二次和第三次需要花费 1 个金币，抓取娃娃后，会展现中奖结果，如图 13-30 所示。

图 13-30

【案例分析】从 1 号店提供的活动可以看出，1 号店为用户提供了很多福利玩法。对于 1 号店这样的电商平台来说，这样的福利玩法能够在物质上给予粉丝刺激，同时也能提高微信粉丝的活跃度，粉丝获得的金币最终也要在 1 号店中进行消费使用，这样也间接避免了粉丝的流失。

【案例总结】通过 1 号店的游戏营销案例，我们可以得到以下启发。

（1）微信公众号中的游戏形式最好选择老少咸宜的通俗游戏，游戏的参与方式要短、平、快，即门槛低，不会占用太多时间。

（2）公众号要开展游戏营销，不一定要自己开发游戏，也可以借用比较火的、受大众喜爱的游戏形式。

（3）游戏活动要有一定的利益诱惑，这样可以增加互动的人数。

13.2.5　try try 用微信小程序实现用户裂变

【案例描述】try try 是大牌试用平台，这是一个新兴的电商平台，在 2017 年年底才上线。就是这样的新兴平台，通过微信小程序却在短时间内获得了大量的用户。

try try 为用户提供了两款小程序：一款是"try try 福利"，另一款是"try try 试用"。try try 福利是一款可以领取现金红包的小程序，用户可通过"try try 福利"领取现金红包，在现金红包领取成功的界面中，可以看到"下载 App，领更多"的字样，这样就可以通过小程序将用户引流到 App 中，如图 13-31 所示。

"try try 试用"的功能则是 1 分钱领取包邮商品，如图 13-32 所示。

图 13-31

图 13-32

try try 是一款先试后买的 App。对于大牌商品，很多网购用户都希望能试一下，看看适不适合自己，因为担心买回来后不合适，退货及按二手商品出售都会造成一定的损失，为了帮助用户减少成本，try try 将共享理念引入了 App 中，打造了奢侈品共享的消费模式。

而在众多电商 App 中，try try 并不是特别知名，为了让更多用户了解 try try，"try try 福利"和"try try 试用"小程序就上线了，这两款小程序在上线两个月后，获得了 900 多万的用户。

通过这两款小程序，try try 将 50% 的用户引流到公众号和 App 中，同时公众号也会为小程序引流，用户首次关注"try try 试用"公众号后，就能收到公众号后台推送的"try try 福利"小程序链接，如图 13-33 所示。

图 13-33

进入"try try 福利"和"try try 试用"小程序，会发现这两款小程序的界面都很简单，只有一个页面。其实，这是 try try 有意为之，try try 希望通过极简的页面让用户在极短的时间内就体验到 try try 的核心功能。

在"try try 试用"小程序中，注册、下单、绑定银行卡等操作统统没有。而在"try try 福利"小程序中，用户直接点击就可领取红包，并不需要授权等操作。就是这样极简的页面却为 try try 带来了很高的转化率。因为简单，"try try 福利"小程序快速实现了裂变，很多用户都会主动分享该小程序给身边的朋友。

为了更好地实现引流，try try 与人民日报联合开展了 2018 中秋送福利活动，人民日报作为广受大众喜爱的权威媒体，其带量能力自然不一般，同时通过与权威媒体合作，try try 也更能赢得受众的信任，如图 13-34 所示。

图 13-34

【案例分析】try try 小程序之所以能够快速实现裂变，并为公众号和 App 引流，主要有以下几方面的原因。

（1）抓住了用户贪小便宜的心理，领红包、1 分钱试用都对用户有足够的吸引力。

（2）极低的参与门槛大大提高了用户的参与度，红包奖励实时到账，用户参与活动的反馈迅速，使其更愿意进行分享。

（3）文案提醒用户下载 App 可领更多福利，可激励用户下载 App，从而实现引流。

（4）通过与其他平台进行合作，实现对 try try 小程序的引流。

【案例总结】通过 try try 的案例，我们可以得到以下启发。

（1）小程序也可以成为获得潜在用户的渠道，通过分享可以使小程序快速实现流量裂变。

（2）低参与门槛的小程序活动更能提高用户的参与热情，反馈快的小程序活动更能得到用户的主动分享。

（3）通过文案提示用户利益，可以激励用户关注公众号或下载 App。

13.3 其他网络运营推广案例实战

很多企业或自媒体进行网络营销推广，并不会只选择微信或微博两个平台，他们也会在其他平台上进行运营推广，下面就具体来看看这些运营推广案例。

13.3.1 旺仔借助抖音玩出自己的营销风格

【案例描述】对于旺仔品牌，大家应该都不陌生，随着零食品牌的增加，旺仔也面临着外部危机，再加上广告媒介的变化，旺仔还面临着营销推广上的危机。面对这两大危机，旺仔也做了很多改变。

首先，推出新产品，如乳酸菌饮品、咖啡等。其次，改变推广方式，如下面要重点介绍的抖音推广。

在抖音上，旺仔也有自己的官方账号"旺仔俱乐部"，截至 2018 年 10 月该账号已获得了图 13-35 所示的点赞量和粉丝量。

图 13-35

旺仔在抖音上的营销有着自己的风格,主要是搞笑、卖萌风格,有的视频还获得了100多万的点赞量,如图13-36所示。

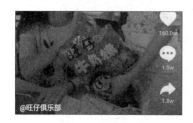

图 13-36

【案例分析】在旺仔俱乐部发布的抖音视频中,我们可以看到各种旺仔零食,通过发布抖音视频,旺仔也收获了一批年轻的用户。

除了抖音外,旺仔也在微博上进行营销,如转发投票、发布旺仔联名服装、玩旺旺雪饼零钱包等,如图13-37所示。

图 13-37

这些有趣的微博内容也让旺仔官微获得了不少转赞评。另外,旺仔的天猫店铺"旺旺食品旗舰店"也在进行营销推广,如零食+旺仔周边产品组合销售,如图13-38所示。

图 13-38

同时,对顾客在天猫旗舰店购买食品时的一些经历,其官方微博也会根据粉丝发布的微博进行回复或解答,让粉丝感受到旺仔对顾客的重视。

【案例总结】通过旺仔的营销案例,我们可以得到以下启示。

(1)企业要学会与时俱进,要懂得利用新兴的媒体营销推广自己。

(2)企业在抖音上发布视频,可以采用幽默诙谐的方式,然后将产品巧妙地植入视频中。

(3)企业进行营销推广可以多平台进行,不同平台的推广营销方式要有区别,且符合平台特性。

13.3.2 "自律的我"小程序提高用户留存率

【案例描述】"我要WhatYouNeed"是一个聚集年轻人的公众号,曾多次进入微信月榜500强,如图13-39所示。

图 13-39

该公众号创建了一款名为"自律的我"的小程序，这款小程序和游戏结合在一起，通过游戏化的方式帮助年轻人实现自律。有资料显示，该小程序上线3个月就获得了近20万的用户。另外，老用户的留存率也很高，达50%左右，那么这款小程序是如何实现用户留存的呢？

通过使用该小程序你会发现，该小程序的"我要专注"利用的原理是番茄工作法，但是相比枯燥的设定番茄时间，使用该小程序更具趣味性。例如，进入小程序后，用户需要进行基础形象的设置，完成任务获得经验可以进行换装。另外，其页面也符合年轻人的喜好，采用的是比较明亮欢快的色彩，如橙色、蓝色。

在功能上，该小程序主要提供了两个功能：一是"我要专注"，二是"早起排行"，如图13-40所示。

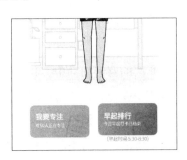

图 13-40

"我要专注"功能可以随时使用，而"早起排行"则有固定的时间限制。为了鼓励用户在小程序中停留更长时间，当用户在使用专注功能时，小程序还会进行文案提醒"专注时，请不要退出小程序"，这样可以提高用户在小程序中的停留时长。

【案例分析】对于部分无法专注工作、学习和早起的用户来说，使用"自律的我"辅助工具能够帮助自己养成自律的习惯，对这些用户来说，这款小程序就足够实用，再加上趣味的养成游戏，该小程序获得了很多年轻人的青睐。

在进行小程序推广时，该小程序充分利用了公众号的粉丝量优势，在公众号中进行引流。此外，还与其他平台联合举办主题活动，例如第一财经联合举办吃早餐专注活动。大家知道，大多数年轻人对吃早餐都不是特别注重，常常都是在上班路上草草解决，有的年轻人甚至不吃早餐。通过调查了解到年轻人的这种生活方式后，"自律的我"小程序就策划了这样的主题活动，可以看出，这一主题活动牢牢抓住了年轻人的生活习惯。

【案例总结】通过"自律的我"小程序，"我要WhatYouNeed"公众号也进一步展示了自己的品牌价值，同时也使公众号对粉丝更有价值，从而增强粉丝的黏性。通过这则案例，我们可以得到以下启发。

（1）微信公众号可通过开发小程序来连接粉丝的生活，提升公众号的价值，从而更好地留住粉丝。

（2）在开展小程序活动时，要充分考虑自己的用户群体，可通过调查的方式来进行，使活动内容与用户有紧密联系。

13.3.3 德芙用主题活动实现品牌营销

【案例描述】2018年9月，德芙开启了一场社会化营销活动，这次营销活动获得广大女性用户的参与，下面来看看德芙是如何开展此次营销的。

在此次营销活动代言人的选择上，德芙主要选择能够代表当代女孩坚强、向上个性的新生代偶像明星作为"德芙女孩"。大家知道，现在年轻人中刷短视频的有很多，于是德芙在微视上开启了营销活动，由其明星代言人通过短视频的方式发布"#德芙愉悦闪光舞#"挑战，如图13-41所示。

图 13-41

在短视频中，我们可以看到"德芙女孩"表现出来的坚持愉悦的态度，图13-42所示为微视中"#德芙愉悦闪光舞#"的话题点赞量。

图 13-42

针对"愉悦"主题，德芙还在微博上发起了话题讨论，微博上的话题为"#德芙因愉悦而不凡#"，在微博上，德芙这一话题获得了上亿的曝光量和近70万的讨论，如图13-43所示。

图 13-43

通过数据，我们可以看到德芙此次活动在微博上受欢迎的程度。德芙此次营销活动更像是一场"动情"的营销战役，其传递出的是一种理念和态度，从其代言人发布的微博中也可以看出这一点，如图13-44所示。

图 13-44

【案例分析】对许多中国女性来说，在生活、工作中或多或少都会遇到困难和阻碍，无法真正活出自己想要的模样。德芙通过发起以"愉悦"为话题的主题活动，由代言人讲述愉悦故事，鼓励女性追寻愉悦、实现不凡人生，这引发了很多女性的共鸣，打动了很多女性消费者。

从德芙此次的营销活动中，我们可以看到德芙传递出的品牌理念，从精神层面与用户进行一场对话，无疑是营销中的一种高级做法。德芙从过去"丝滑"的营销广告转变为了传递态度和力量，这种营销方式的改变在众多女性心中留下了深刻的印象。

【案例总结】通过德芙的营销案例，我们可以得到以下启发。

（1）在营销推广中，让用户动情是一种更高级的做法，要让用户动情，就须充分了解自己的用户，德芙此次营销动作，就体现了对女性用户的了解。

（2）对于知名企业来说，在请明星代言人为自己的品牌代言时，也要考虑该代言人与自身品牌的契合程度。